KON-TEXTE
Wissenschaften in philosophischer Perspektive

Herausgegeben von
Hans Goller und Johannes Müller

Die monographisch angelegte Reihe KON-TEXTE gibt Einblicke in wissenschaftstheoretische, anthropologische und ethische Grundfragen der Sozialwissenschaften und Naturwissenschaften wie Psychologie, Soziologie, Physik und Biologie. Behandelt werden fächerübergreifende Themen, aktuelle Probleme und Grenzfragen der jeweiligen Fachgebiete. Anliegen der Reihe ist es, interdisziplinäres Denken zu fördern und einseitige Positionen und Einschätzungen zu vermeiden. Sie will zwischen den Wissenschaften vermitteln und so zur theoretischen Grundlegung und philosophischen Reflexion einzelwissenschaftlicher Befunde beitragen.

Christian Kummer

Philosophie der organischen Entwicklung

Verlag W. Kohlhammer
Stuttgart Berlin Köln

Die Deutsche Bibliothek – CIP-Einheitsaufnahme

Kummer, Christian:
Philosophie der organischen Entwicklung / Christian Kummer.
– Stuttgart ; Berlin ; Köln : Kohlhammer, 1996
(Kon-Texte)
ISBN 3-17-013545-7

Alle Rechte vorbehalten
© 1996 Verlag W. Kohlhammer GmbH
Stuttgart Berlin Köln
Verlagsort: Stuttgart
Umschlag: Data Images
 audiovisuelle Kommunikation GmbH
Gesamtherstellung:
W. Kohlhammer Druckerei GmbH + Co. Stuttgart
Printed in Germany

Inhaltsverzeichnis

Vorwort 11

1 Evolution als Dimension des Lebendigen 15
   1.1 Erkenntnistheoretische Qualifikation der Evolutionstheorie 15
   1.2 Basisgrößen und Grunddimensionen in der Physik 16
   1.3 Dimensionen in der Biologie 18
   1.4 Die verschiedenen Bedeutungen von Evolution 20
      1.4.1 Evolution als Phänomen 20
      1.4.2 Evolution als Mechanismus 22
      1.4.3 Evolution als Methode 25
      1.4.4 Evolution als Geschichte 26
      1.4.5 Evolution als Hypostasierung 29
   1.5 Ist Evolution die einzige Grunddimension des Lebendigen? ... 31

2 Metaphysik des Werdens 35
   2.1 Werden als Urdatum? 35
      2.1.1 Auch die Prozeßphilosophie Whiteheads kann Veränderung nicht ohne überindividuelle Formelemente fassen .. 35
      2.1.2 Ist Veränderung bzw. Identität mit Datierbarkeit im Raum zu erklären? 36
   2.2 Der Grund des Werdens in den Anfängen der griechischen Philosophie 39
      2.2.1 Die milesischen Naturphilosophen suchen den Grund der Dinge in einem möglichst allgemeinen Stoff 40
      2.2.2 Pythagoras setzt dem Stoff der Milesier das Formprinzip gegenüber 41
      2.2.3 Die ontologische Extremposition des Parmenides 42
      2.2.4 Heraklit versucht die Wahrheit hinter der Veränderung aus der Zusammenschau von Gegensätzen zu begreifen . 45
      2.2.5 Empedokles führt die Denkstrategie der Elementarisierung des Stoffes ein, wonach sich Werden als Zusammensetzung erklärt 47

2.2.6 Für die Atomisten besteht alle Veränderung in der Bewegung elementarer Stoffquanten 51

2.2.7 Anaxagoras unternimmt eine Atomisierung des Qualitativen 53

2.3 Die Lösung des Aristoteles 57

    2.3.1 Für Aristoteles liegt der Grund der Wirklichkeit in den konkreten Dingen 58

    2.3.2 Sein wird von den Dingen in verschiedener Weise ausgesagt 59

    2.3.3 Das Sein gründet in der Ousia 60

    2.3.4 Die Form ist Ursache des Werdens 62

    2.3.5 Die aristotelische Definition der Bewegung 64

2.4 Ergebnis 66

3 Entwicklungsmechanik 69

3.1 Vier Begriffe von Entwicklung 69

3.2 Präformation und Epigenese 73

    3.2.1 Die Haller-Wolff-Debatte 74

    3.2.2 Der aristotelische Hintergrund 76

    3.2.3 Das Abrücken vom aristotelischen Ursachenschema ließ ältere Entwicklungsvorstellungen wieder aufleben, gegen die sich das Epigenese-Denken erst allmählich durchsetzen konnte 79

3.3 Experimentelle Embryologie 82

    3.3.1 Einem ersten entwicklungsmechanischen Konzept zufolge ist der Organisationsplan durch die Stoffverteilung im Eiplasma determiniert 83

    3.3.2 Regulationseier stellen das Konzept einer mosaikartigen Entwicklung wieder in Frage 85

    3.3.3 Die harmonische Regulation der Totipotenz beruht auf interzellulärer Information 87

    3.3.4 Die Augenentwicklung erweist sich als Zusammenspiel von autonomer Zellprogression und gegenseitiger Induktion 89

    3.3.5 Die Organisation des Amphibienkeims 91

3.3.6 Die obere Urmundlippe ist für die Anlage des embryonalen Organisationsplans verantwortlich 93

3.3.7 Die molekularbiologische Analyse hat das Spemannsche Organisationszentrum in eine Reihe von Induktionsstufen vor und während der Gastrulation aufgelöst 97

3.3.8 Die Induktionsereignisse der Gastrulation sind von morphogenetischen Zellbewegungen begleitet 100

3.4 Genetische Grundlagen der Entwicklungskontrolle 103

3.4.1 Grundbegriffe der genetischen Informationsübertragung 104

3.4.2 Der Transcriptionsvorgang wird bei Bakterien durch regulatorische Proteine kontrolliert 105

3.4.3 Die Entdeckung der Homeobox zeigte, daß das Grundprinzip der Transcriptionsregulation auch auf Eukaryonten anwendbar ist 108

3.4.4 Die vielen Bestandteile des eukaryontischen Transcriptionskomplexes erlauben eine umfassende genetische Kontrolle 110

4 Die Rolle der Proteine 113

4.1 Die räumliche Struktur 113

4.1.1 Die Peptidbindung führt zu charakteristischen Sekundärstrukturen 113

4.1.2 Die Tertiärstruktur wird vor allem durch die Seitenketten der Aminosäurereste bestimmt 115

4.1.3 Die epigenetische Herkunft der Proteinstruktur 118

4.2 DNA-bindende Proteine 118

4.2.1 Homeo-Domänen und Zinkfinger bauen sich aus α-Helices und ß-Faltblättern als Bindungsmotiven auf . 120

4.2.2 Leucin-Reißverschlüsse sind Dimere aus zwei überspiralisierten α-Helices 120

4.3 Der intrazelluläre Nachrichtentransport 122

4.3.1 Phospholipide bilden in wässrigem Milieu weitgehend impermeable Doppelschichten, welche die Grundform biologischer Membranen darstellen 122

4.3.2 Viele der in die Zellmembran eingebauten Proteine fungieren als Rezeptoren 124

4.3.3 Trimere G-Proteine sind charakteristisch für einen Prototyp des intrazellulären Signaltransports 127

4.3.4 Für viele zelluläre Signalwege sind Ras-Proteine das zentrale Schaltelement; die zugehörigen Membranrezeptoren besitzen hier meist selber phosphorylierende Aktivität 129

4.3.5 Viele zunächst unabhängig identifizierte Signalelemente lassen sich homologisieren und als Bestandteile genereller Transduktionsmechanismen verstehen 131

4.3.6 Große wie kleine G-Proteine sind aufgrund ihrer Fähigkeit zur GTP-Hydrolyse inaktivierbar 133

4.3.7 Einige Ergänzungen zur Veranschaulichung des abwechslungsreichen Hintergrundes, auf dem sich das Typische der Signalverarbeitung abspielt 137

4.4 Das Problem der Proteinfaltung 138

4.4.1 Die Aminosäuresequenz determiniert die Proteinstruktur nicht in eindeutig voraussagbarer Weise 139

4.4.2 Im wässrigen Milieu führen wohl verschiedene Faltungswege über dasselbe Zwischenprodukt zur Ausbildung der endgültigen Tertiärstruktur 142

4.4.3 Molekulare Anstandsdamen (Chaperone) bringen den Polypeptiden die richtige Form bei 144

5 Die Architektur der chromosomalen DNA 147

5.1 Die verschiedenen Typen codierender und nicht-codierender DNA-Sequenzen 147

5.1.1 Die repetitiven DNA-Elemente lassen sich in verschiedene strukturell oder funktionell charakterisierte Gruppen einteilen 148

5.1.2 Codierende Gen-Abschnitte sind durch Introns unterbrochen 150

5.1.3 Wieviel 'junk' enthält die DNA? 153

5.2 Die Organisation regulatorischer Sequenzen 157

5.3 Verschiedene Formen von Sekundärstruktur der DNA 158

5.4 Die Verpackung der DNA im Chromatingerüst 161

5.4.1 Die DNA-Bindung der Histone konkurriert mit den Regulationsproteinen der Transcription 162

5.4.2 Die nucleäre Matrix übt einen ordnenden Einfluß auf
die transcriptionale Informationsverarbeitung aus 164

5.5 Verschiedene Ebenen epigenetischer Gen-Kontrolle 165

5.5.1 Enzymatisch gesteuerte DNA-Methylierung verändert
die Zugänglichkeit der genomischen Information 165

5.5.2 Auch nach der Transcription kann die genetische Information noch in vielfacher Weise kontrolliert und abgeändert werden; zwei besonders auffällige Methoden
sind das RNA-Editing und -Recoding 169

6 Wie man eine Fliege macht 174

6.1 Drosophila - genetischer Musterorganismus, und doch kein Idealfall 174

6.1.1 Sättigungsmutagenese 174

6.1.2 Wieviel Gene braucht ein Organismus? 178

6.1.3 Nur zehn Prozent der essentiellen Gene treten bei der
Ausbildung des embryonalen Segmentierungsmusters in
Erscheinung 180

6.2 Die Wirkung der homeotischen Gene 182

6.2.1 Gemäß dem Lewis-Modell werden die homeotischen
Selektorgene durch ihre unterschiedliche Affinität zu
einem Morphogen-Gradienten reguliert 184

6.2.2 Der Bithorax-Komplex enthält nur drei Gene, aber
neun verschiedene regulatorische Elemente 186

6.2.3 Die zelluläre Determinierung durch die homeotischen
Zielgene wirft die Frage nach der Regulierung der
Einheit des Organismus auf 191

6.2.4 Exkurs: Reziproke und duellierende Induktionen bei
Caenorhabditis elegans 193

6.3 Die Kaskade der frühembryonalen Genaktivierung 197

6.3.1 Maternale Determinanten lassen im befruchteten Ei
Morphogen-Gradienten entstehen, die zu einer ersten
Zonierung des Keims führen 198

6.3.2 Die Vielfalt der Gap-Genexpressionen liefert die
Grundlage für die positionsspezifische Segment-Determinierung 202

6.3.3 Regulatorische Einheiten der Segmentierungsgene ermöglichen die Umsetzung der ungleichmäßig verteilten Morphogene in periodische Segmentmuster 206

6.3.4 Segmentpolaritätsgene sind großenteils Komponenten des intrazellulären Signaltransports; als solche bestimmen sie die Festlegung der parasegmentalen Einheiten auf induktive Weise 209

6.3.5 Die Regionalisierung der Segmentanlagen durch den epigenetischen Prozeß der gradientengesteuerten Genexpression erfordert darauf abgestimmte bauplan-repräsentierende Promotoren 211

6.4 Die maternale Vororganisation des Keims 216

6.4.1 Die Oogenese beginnt im Germarium des Eischlauchs mit der Erzeugung von Cysten; durch Umkleidung mit somatischen Zellen werden daraus die Eifollikel, in denen die Oocyte zur Befruchtungsfähigkeit heranreift . 216

6.4.2 Die Positionierung der maternalen Determinanten geschieht durch gerichteten Transport mithilfe des Cytoskeletts, das sich in Abhängigkeit von somatischen Signalen formiert 218

7 Bestandsaufnahme: Organisation und Ganzheit 223

7.1 Der Keim als initiales Beziehungsgefüge 223

7.2 Drei Modelle der Ganzheitsbegründung 226

7.2.1 Die Ganzheit resultiert bei gegebenen Ausgangsbedingungen aus der Kombinatorik der Elemente 228

7.2.2 Die Ganzheit ist in der 'Bionomie' der mechanischen Konstruktion begründet 229

7.2.3 Die Formganzheit von Lebewesen, von Aristoteles 'Seele' genannt, könnte sich als bewußtseinsanaloger Akt erweisen 236

Literaturverzeichnis 240

Personenregister 257

Sachregister 263

Vorwort

Die 'Philosophie' des Titels kann in doppelter Weise verstanden werden. Einmal ist Philosophie ein heutzutage geläufiger Amerikanismus, den man zum Beispiel auf ein Unternehmen, seine Werbemethoden oder auch seine Produkte anwendet. So gibt es, die alten Griechen mögen es verzeihen, etwa die 'Philosophie eines Feuerzeugs'. Der Ausdruck steht hier für die Funktionsprinzipien einer komplexen, nicht auf den ersten Augenschein schon durchschaubaren Angelegenheit. In diesem Sinn betrifft die 'Philosophie der organischen Entwicklung' die Funktionsprinzipien der Embryogenese: mit welchen Mechanismen es das kleine, homogen erscheinende Gebilde einer Keimzelle fertigbringt, zu einem hochkomplexen Organismus auszuwachsen. Man weiß über die Mechanismen, die dieses Wunder zuwege bringen, eine ganze Menge, und weite Teile dieses Buches werden dazu dienen, diese Kenntnisse zu würdigen. Wir wollen also die 'Philosophie' verstehen, die in einer kleinen Fliege steckt, und mit deren Hilfe sie zu einer neuen Fliege werden kann.

Zum andern enthält der Titel bewußt einen Anklang an ein grundlegendes – vielleicht sollte man besser sagen: aufsehenerregendes – Werk, mit dem einer der Pioniere der Entwicklungsphysiologie zu Anfang dieses Jahrhunderts seine Abkehr vom mechanistischen Erklärungsideal und Hinwendung zu einer philosophischen Interpretation der Entwicklung markierte. Gemeint ist die 'Philosophie des Organischen' von Hans Driesch (1908; ^{4}1928).

Unsere Intention ist in gewissem Sinn der seinen ähnlich. Wir glauben, die Zeit sei reif geworden, bzw. das vorliegende Material erhellend genug, um das heute übliche Grundverständnis von Entwicklung einer Analyse zu unterziehen. "Früher war Entwicklung eine philosophische Frage; heute fragen wir bloß noch, wie man das macht", sagte sinngemäß einer meiner 'entwicklungsbiologischen Nachhilfelehrer' während einer Vorlesung. Nicht, daß wir meinen, man müsse alles und jedes mit einem philosophischen Zertifikat versehen. Aber das 'bloß noch' im zitierten Satz läßt stutzen. Sollte nichts mehr weiter zu fragen sein, oder ist man des Weiterfragens überdrüssig? Da wird die Situation auf einmal ähnlich wie bei Hans Driesch. Es erscheint angezeigt, das allzu selbstverständlich gewordene mechanistische Interpretationsideal ein wenig abzuklopfen, ob es denn wirklich so fraglos das Wesen der Entwicklung (und damit des Organismus und des Lebens überhaupt) entschlüsselt hat und entschlüsseln kann.

Drieschs Antwort auf die Entwicklungsmechanik hieß (Neo-) Vitalismus. Diese Position erscheint uns schon in ihrem Ansatz philosophisch unhaltbar (Kummer 1987, 75) und nicht erst durch die Molekularbiologie überholt. In der Einschätzung seines Betrachtungsgegenstandes war Driesch jedoch im Recht: ein Lebewesen ist ein 'vitalistisches' und nicht nur ein 'mechanistisches' Etwas.

Wir sind damit der Meinung, daß die Biologie in einer prekären methodologischen Situation steckt: sie handelt als Naturwissenschaft von einem Gegenstand, dem mit dem Erklärungsideal der Physik nicht vollständig beizukommen ist. Den Grund für diese Behauptung sehen wir in der unvermeidlichen Verwobenheit der Biologie in das Leib-Seele-Problem. Lebewesen sind grundsätzlich durch die Fähigkeit zum Erleben, zur subjektiven Wahrnehmung gewisser 'innerer Zustände' befähigt. Diese Sphäre des Psychischen ist in ihrer primären Qualität materiell nicht faßbar (worin besteht die *subjektive* Seite einer Empfindung?), wiewohl jeder psychische Akt von einer lückenlosen Kette physikalischer Zustände (etwa der neuronalen Erregung) begleitet ist. Es gibt also im Bereich des Lebendigen neben der materiellen auch eine 'mentale' Ebene, und damit reicht die Erklärungskapazität der Physik für die Biologie prinzipiell nicht aus. (Wir behaupten nicht, daß alle Lebewesen psychische Leistungen zeigen müßten; es genügt, daß dieses Phänomen an mir selbst zum Vorschein kommt, um die Biologie als Wissenschaft unweigerlich mit 'Meta-Physik' zu infizieren.)

Der Beweis für die Allgemeingültigkeit einer mentalen Dimension des Lebendigen ist direkt nicht zu erbringen, weil Erleben als strikt subjektives Phänomen sich einem objektivierenden Zugriff definitionsgemäß entzieht. (Man kann nur zum 'Nachvollzug' der eigenen Einsicht einladen, aber dieses Verfahren hat den unangenehmen Beigeschmack der Autosuggestion.) Es gibt aber auch eine der objektiven Analyse zugängliche Außenseite unserer Position. Wenn sich ein Ganzheitscharakter, wie ihn der Mensch in allen Veränderungen seiner psychischen Akte als seine subjektive Identität erfährt, auch im äußeren Werden der Organismen, also in ihrer Entwicklung, nachweisen läßt, wäre dies ein starkes Indiz dafür, daß Lebewesen in grundsätzlich ähnlicher Weise konstituiert sind, wie wir das an uns selbst wahrnehmen.

Den Erklärungshintergrund für eine solche Position liefert uns die Metaphysik des Aristoteles. Primäre Ganzheiten, Substanzen (gr. 'ousíai') genannt, sind hiernach durch eine Veränderlichkeit charakterisiert, die durch die eigene Form bestimmt ist. Äußere Einflüsse führen hier nicht den nur passiven Effekt einer Umgruppierung der Elemente herbei, wie das für die sekundäre Ganzheit von Systemen typisch ist, sondern bewegen die Form zur Verwirklichung ihrer eigenen Möglichkeiten. 'Werden ist die Wirklichkeit des Möglichen als eines solchen', werden wir als aristotelische Kurzformel dafür kennenlernen.

Die Anwendung des aristotelischen Substanzbegriffs hat sich in der Physik als zunehmend schwierig herausgestellt (Büchel 1965, 426) und ist in der modernen Teilchenwelt der Quarks und Gluonen vollends unbrauchbar. Die makrophysikalische Welt der Biologie hat sich da seit den Zeiten des Aristoteles weit weniger gewandelt. So ist es gut möglich, daß der Substanzbegriff hier nach wie vor geeignet ist, eine adäquate Ontologie des Lebendigen zu entwerfen. 'Adäquat' soll heißen, Lebewesen nicht um irgendwelcher persönlicher Interessen willen (und sei es nur, ein bestimmtes Wissenschaftlichkeitsideal aufrechtzuerhalten) zu maschinenhaften Konstrukten zu depotenzieren, als es ihre (evolutive!) Einheit mit dem Menschen erlaubt — mit allen Konsequenzen, die das für Tierschutz, Ökologie, aber auch die Einstellung zum ungeborenen Leben haben mag.

Alles hängt also davon ab, ob die aristotelische Definition des Werdens (und damit die Substanz-Metaphysik) durch die molekularen Mechanismen der heutigen Entwicklungsbiologie noch gedeckt ist. Diesen Nachweis zu erbringen ist Anliegen unseres Buches.

Es mag unverzeihlich erscheinen, ein Buch, das sich mit vorwiegend morphologischen Sachverhalten befaßt (Molekularbiologie kann auf zellulärer Ebene als die legitime Erbin der einstigen vergleichenden Morphologie gesehen werden), nicht mit Abbildungen auszustatten. Der Grund für diesen Verzicht liegt in erster Linie darin, daß unsere drucktechnischen Möglichkeiten in keiner Weise mit den heute üblichen mehrfarbigen Visualisierungen der Fachliteratur konkurrieren könnten. Der Leser wird also nicht umhinkommen, in derartiges Werk neben der Lektüre zu benützen. Dem biologisch Ungeschulten sei dazu das Lehrbuch von Purves, Orians & Heller empfohlen. Er wird darin alle von uns angesprochenen molekularen Mechanismen und Strukturen in einer ebenso eingängigen wie ansprechenden Darstellungsweise vorfinden — und noch vieles andere darüber hinaus. (Liegt unsere Vorliebe für die 3. Auflage von 1992 nur an unserer Gewöhnung, oder ist bei der Neuauflage von 1995 das Styling an manchen Stellen tatsächlich schon überperfektioniert?) Der biologisch Versierte wird ohnehin zum Standardwerk von Alberts et al. (^{3}1994) greifen. Zusammen mit Gilberts 'Developmental Biology' (^{4}1994) ist er für alle von uns behandelten Einzelheiten hinreichend gerüstet, auch in den zahlreichen Fällen, wo wir auf andere Quellen verweisen.

Die Empfehlung dieser Werke soll nicht bedeuten, daß andere nicht ebenso gute Dienste, in Einzelfällen auch bessere, zu leisten vermöchten. Es finden sich darum am Ende jedes Kapitels entsprechende Verweise auf zusätzliche Literatur, darunter zum Teil auch auf Publikationen, die von uns selbst nicht ausdrücklich zu Rate gezogen wurden bzw. erst nach Abfassung des Manuskripts erschienen sind. Eine deutschsprachige Alternative zum Zweigespann Alberts/Gilbert wäre der biochemische Taschenatlas von Koolmann & Röhm (1994) zusammen mit der didaktisch meisterlich illustrierten Entwicklungsbiologie von W.A. Müller (1995). Diese Alternative ist sicher gemäßigter im Preis, aber, notgedrungen, auch weniger umfangreich im Inhalt.

Bleibt noch zum guten Schluß die angenehme Pflicht der Danksagung. Zumindest zeitlich voranzustellen ist hier Prof. Dr. P. Sitte (Freiburg), dem ich neben der bereitwilligen Überlassung von Sonderdrucken für erste Denkanstöße zum Thema 'Epigenese' verpflichtet bin. Außer Sonderdrucken danke ich für eine höchst ersprießliche Diskussion Herrn Dr. R. Schnabel (Martinsried). Den Kollegen A. Radl, J. Schmidt, B. Weissmahr und vor allem J. Seidel von der Hochschule für Philosophie (München) danke ich für die kritische Revision einzelner Teile des Manuskripts. Prof. H. MacWilliams

(Zoologisches Institut der LMU München) bzw. Prof. G. Jürgens, Dr. T. Berleth und Dr. R. Torres (damals alle Genetisches Institut der LMU) gestatteten mir während mehrerer Semester, ihre Lehrveranstaltungen in Entwicklungsbiologie bzw. Entwicklungsgenetik als privaten Nachhilfeunterricht zu benützen. Ist es eine Selbstverständlichkeit, vom Steuerzahler finanzierte Bibliotheken (des MPI für Biochemie, Martinsried und des Genetischen Instituts der Universität München) problemlos benützen zu können? Zumindest die stete freundliche Hilfsbereitschaft des Bibliothekspersonals ist es nicht.

Schließlich bleibt mir, den Herausgebern H. Goller und J. Müller für die Aufnahme in die Reihe 'Kon-Texte' zu danken. Neben Frau M.-J. Heinz lagen bei ihnen auch die technischen Mühen bei der Erstellung der 'ready-for-print'-Vorlage.

Widmen möchte ich dieses Buch den interessierten Teilnehmern meiner Seminare im WS 1993/94 und SS 1994 an der Hochschule für Philosophie, München, deren Mitarbeit einen guten Teil des Grundstocks für die Veröffentlichung geliefert hat.

München, September 1995   Christian Kummer

1 Evolution als Dimension des Lebendigen

Ist Evolution eine Tatsache? Die allermeisten Biologen würden das ohne Zögern bejahen. Das zeigt, wie der von Darwin aufgedeckte Abstammungszusammenhang des Lebendigen in einer Weise selbstverständlich geworden ist, daß sich keine ernstzunehmende Alternative zu dieser Sicht mehr bietet. "Nothing in biology makes sense except in the light of evolution", hat T. Dobzhansky einen 1973 erschienenen Artikel in der Zeitschrift *American Biology Teacher* (zit. n. Mayr 1994, 209) überschrieben und damit ein geflügeltes Wort geschaffen. Mittels der Evolutionstheorie ist die Biologie von der statisch-beschreibenden Klassifizierungstätigkeit eines Linné zu einer echten Wissenschaft geworden, die ihr Objekt, die Vielfalt des Lebendigen, aus Prinzipien heraus zu erklären vermag. Allerdings ist die evolutionäre Begründung nicht die einzige Alternative zur bloßen systematischen Katalogisierung – das zeigen Ansätze wie die idealistische Morphologie (Troll 1928, 1-51) oder die in ihren Anfängen völlig unevolutionäre Entwicklungsphysiologie (Mayr 1994, 277). Heute aber fordert die Entdeckung jedes neuen Details sofort die Frage heraus, wie sich seine Entstehung in den evolutiven Kontext einfügen lasse. Und selbst die Theologie hat gelernt, nicht nur sich mit dem Abstammungsgedanken zu versöhnen, sondern ihn für die Formulierung ihres Schöpfungsglaubens nutzbar zu machen (Rahner 1961; Haas 1974, 449).

1.1 Erkenntnistheoretische Qualifikation der Evolutionstheorie

Trotzdem: eine Tatsache, wie die Bewegung der Erde um die Sonne oder die Kugelförmigkeit der Erde, ist die Evolution darum keineswegs. Der springende Punkt dieser Vergleiche liegt auf der Hand: wie die Erde entgegen dem äußeren Anschein nicht flach oder Mittelpunkt des Sonnensystems ist, sondern kugelförmig und um die Sonne kreisend, so seien auch die Arten 'in Wirklichkeit' nicht konstant, sondern veränderlich. Aber hier greift der Unterschied: die Rundheit der Erde läßt sich aus einfachen Beobachtungen geometrisch ableiten – das wußten schon die alten Griechen (Kuhn 1981, 31). Und das heliozentrische Weltbild war für Kopernikus (1473-1543) eine mathematische Konsequenz, hundert Jahre bevor Galilei durch sein Fernrohr sah und die empirischen Beweise lieferte (Kuhn 1981, 223). Evolution dagegen ist weder aus Prinzipien deduzierbar – dem widerspricht ihr geschichtlicher Charakter, noch ist sie als Gesamtvorgang beobachtbar – dem widersetzt sich der 'mesokosmische' (Sitte 1993, 38) Charakter unserer Erkenntnis. Hinsichtlich der Beweisbarkeit der Evolution bewegt sich also alles auf dem Boden von Indizien, und damit gerät die Evolution nie zur Tatsache, sondern bleibt eine Theorie. Und Theorien sind, dem boshaften Bonmot eines Physikers zufolge, nie wahr oder falsch, sondern lediglich elegant oder langweilig.

Zu dieser erkenntnistheoretischen Grenzbestimmung gleich eine Einschränkung. Es ist bei einer gewissen Gruppe von creationistischen Wissenschaftlern Mode geworden, dem evolutionären Weltbild den Charakter der Beliebigkeit anzuhängen. Da man an die Evolutionstheorie nur 'glauben' könne (beweisen kann die Naturwissenschaft nur Einzelbefunde, gegen alle daraus erfolgenden Generalisierungen lassen sich immer auch Einwände vorbringen), sei es ebenso legitim, alternativen Erklärungen anzuhängen, die solange als erkenntnistheoretisch gleichberechtigt zu gelten hätten, als sie den verifizierbaren Einzeltatsachen nicht widersprechen. Welchen Deutungsrahmen man bevorzuge, sei eine Frage der persönlichen 'Brille' (Junker 1993, 4).

Ein solcher wissenschaftstheoretischer Subjektivismus fordert zum Widerspruch heraus, und dies ist wohl der Grund, warum sachkundige Biologen durchaus auch gläubiger Provenienz dann so sehr auf der Vokabel 'Tatsache' beharren (Sitte 1993). Es soll damit gezeigt werden, daß es nicht dem Belieben des einzelnen überlassen bleibt, Evolution anzunehmen oder nicht, sondern eine wissenschaftliche Weltsicht aus Gründen rationaler Kohärenz die evolutionäre Annahme konkurrenzlos bevorzugt. Um das zu unterstreichen, verwenden wir allerdings lieber den Ausdruck *Dimension* und versuchen, dieser Sprechweise von der Physik her einen möglichst präzisen Sinn zu geben.

1.2 Basisgrößen und Grunddimensionen in der Physik

'Dimension' bezeichnet in der Physik eine Menge von Größen derselben Art. 'Größen' wiederum sind die eindeutigen, weil durch den Bezug auf eine Meßvorschrift definierten Begriffe der Physik. So sind z.B. die Größen 2 m oder 0,27 cm eindeutig definiert durch den Bezug auf die Einheit 1 m, welche früher der Abstand der beiden Meßmarken auf dem Platin-Iridium-Stab des Urmeters in Paris (bei einer bestimmten Raumtemperatur) war, seit 1960 jedoch das 1 650 793,73-fache der Vakuumwellenlänge des orangefarbigen Lichtes ist, das elektrisch angeregtes Krypton 86 aussendet. Die Kompliziertheit der heutigen Definition veranschaulicht das Bemühen der Physiker um möglichste Eindeutigkeit, das die für atormare Maßstäbe unerträglich großen Ausdehungsschwankungen des Urmeters auf diese Weise auszumerzen wußte.

Es sei aber auch darauf hingewiesen, daß dieses Eindeutigkeitsideal seinen Preis hat im Verzicht auf die Beschreibbarkeit der ganzen Wirklichkeit. Nicht alle Phänomene lassen sich in meßbaren Größen ausdrücken. "Die Welt der physikalischen Begriffe ist auf der einen Seite eingeschränkt, auf der anderen präzisiert" (Höfling 1979, 5). Diese Ausschnitthaftigkeit der physikalischen Betrachtungsweise ist zwar jedem Physiker evident, bleibt aber bei der Übernahme des Wissenschaftsideals der Physik auf andere Sachgebiete und Fragestellungen häufig unbeachtet.

1.2 Basisgrößen und Grunddimensionen in der Physik 17

Um mit physikalischen Größen rechnen zu können, muß man wissen, welche von derselben Art sind — nur solche kann man addieren oder subtrahieren. Es macht keinen Sinn, von einem Meter fünf Sekunden abziehen zu wollen; wohl aber ist es möglich, das mit 5 mm zu tun, wenn man die Definition des Millimeters kennt. Definitionen zeigen also, was alles nach demselben Prinzip gemessen wird, und solche Größen werden zusammengefaßt zu einer Größenart oder Dimension. Länge wäre in unserem Beispiel die entsprechende Dimension, Zeit eine andere.

Im Unterschied zu Addition und Subtraktion macht das Multiplizieren und Dividieren von Größen der unterschiedlichsten Art keine Schwierigkeit. Auf diese Weise entsteht ein ganzes Heer von neuen Größen, die als 'abgeleitet' bezeichnet werden, weil sich ihre Definitionen auf andere Größen zurückführen lassen. Für abgeleitete Größen braucht man prinzipiell keine eigenen Meßvorschriften aufzustellen (obwohl es aus praktischen oder historischen Gründen häufig dennoch tunlich sein kann); sie ergeben sich aus bestimmten Relationen der ihnen zugrundeliegenden 'Basisgrößen'. So läßt sich die Größe einer Fläche darstellen als das Produkt zweier Längen, Geschwindigkeit als erste Ableitung einer Länge nach der Zeit.

Es liegt zunächst im persönlichen Belieben, welche Größen man als Basisgrößen annimmt. Sind sie aber erst einmal festgelegt, ergibt sich daraus die Ableitung der Gesamtstruktur des physikalischen Begriffssystems mit Notwendigkeit. An ein solches System sind lediglich zwei Forderungen zu stellen: (a) Konventionalisierung aus Gründen universaler Verständlichkeit (weshalb sich der eindeutige Meter gegenüber dem vieldeutigeren Fuß durchgesetzt hat) und (b) geschickte Wahl der Basisgrößen, um mit einem geringen Sortiment einfacher Meßvorschriften möglichst weitreichende Ableitungen vornehmen zu können. Diesen Forderungen entsprechend ist das heute international standardisierte Sortiment an Basisgrößen durch folgende Grunddimensionen charakterisiert: Länge (L), Zeit (Z), Masse (M), elektrische Stromstärke (I), thermodynamische Temperatur (T), Lichtstärke (I_L), Stoffmenge (N). Damit ist das Gesamtgebiet der klassischen Physik (d.h. mit Ausnahme der Atomphysik) definiert, da sich die Dimension jeder beliebigen Größe aus dieser Menge als Potenzprodukt angeben läßt: $L^p \; Z^q \; M^r \; I^s \; T^t \; I_L^u \; N^v$, wobei p bis v irgendwelche ganze Zahlen (positiv, negativ oder Null) sein sollen (Höfling 1979, 12).

Hinter der Einigung auf ein bestimmtes Basis- bzw. Einheitensystem steckt ein grundsätzliches Anliegen der Physik. Nicht alle entdeckten Phänomene offenbaren ihre 'wahre' Natur derart, daß sie sofort an ihren endgültigen Platz im Basissystem eingeordnet werden könnten. Das bedeutet ein ständiges Bestreben nach Vereinheitlichung, nicht nur, um das Basissystem möglichst bequem überschaubar zu halten, sondern, um mit einer erfolgreichen Rückführung einer vermeintlichen Grundgröße als Ableitung aus einer anderen dem Fortschritt in der Erkenntnis der Natur Ausdruck zu geben. So wurde etwa im Vergleich zu früheren Darstellungen des Basissystems die Grunddimension der elektrischen Ladung (Q) durch jene der Stromstärke ersetzt. Dies ist eine meßtechnische Vereinfachung, weil sich der elektrische Strom viel leichter exakt als Basisgröße definieren läßt (aus der magnetischen Kraftwirkung zwischen zwei stromdurchflossenen Leitern: Höfling 1979, 402) als die elektrische Ladung (aus der Abscheidung einer bestimmten Menge von Silber aus der Elektrolyse von Silbernitrat). Die Beziehung I = Q/T macht hier den Wechsel zwischen Basis- und abgeleiteter Größe leicht möglich.

Anders die Eliminierung der Grunddimension des 'elektromagnetischen Flusses' (ϕ), die früher ebenfalls als Bestandteil des Basissystems aufgefaßt wurde. Aus dem schon angedeuteten Bezug zur Stromstärke ergab sich die Möglichkeit einer Rückführung der Phänomene des Magnetismus auf die Gesetzlichkeiten des elektrischen Feldes und somit ein Fortschritt im theoretischen Verständnis. Wohlgemerkt: Vereinheitlichung bedeutet nicht Reduktionismus. Phänomene werden dabei nicht (ob ihrer unklaren Faßbarkeit) methodisch ausgeblendet, sondern in eine allgemeinere Ursachenebene eingeordnet.

Auf der anderen Seite kann es auch sein, daß die fortschreitende Präzisierung des Basissystems zur Erweiterung der Dimensions-Palette führt. Das ist im Fall der Masse geschehen, die physikalisch aus der Trägheit der Körper bzw. ihrer Anziehung durch die Erde bestimmt wird (Höfling 1979, 76). Damit ist aber nichts Definitives ausgesagt über einen anderen Aspekt von Masse, der in unserer Alltagssprache enthalten ist, nämlich das Quantum an Stoff. Diese aus der Teilchennatur der Materie stammende Einsicht zwang zur Festsetzung einer neuen Dimension, der Stoffmenge N (Höfling 1979, 327).

1.3 Dimensionen in der Biologie

Was bedeutet die physikalische Konzeption von Grunddimension und Basissystem für die Biologie? Schließlich ist die Biologie, anders als die Physik, auf weite Strecken keine messende, sondern eine beschreibende Wissenschaft, deren Ausdrucksmittel nicht die Zahl ist, sondern das Wort (Vogel 1972, 161). Dieser qualifizierende Charakter gilt weitgehend auch noch für die Molekularbiologie (Maddox 1992).

Es ist offensichtlich, daß der Dimensionsbegriff nicht die definitorische Schärfe der Physik annehmen kann, wenn er denn in der Biologie überhaupt verwendet werden soll. Andererseits hat 'Dimension' in der Physik auch nicht nur die strikte Bedeutung eines Oberbegriffs gleichartiger Größen, sondern wird auch als — womöglich fiktiver — Beschreibungsrahmen zur Einordnung von Beobachtungstatsachen verwendet. Das ist etwa mit der Dimension 'Zeit' geschehen, deren absolute Gleichförmigkeit aus der Sicht der speziellen Relativitätstheorie Einsteins aufgegeben werden mußte (Büchel 1965, 187). Dennoch wird der Newtonsche Zeitbegriff, selbst auf die Gefahr hin, eine Fiktion zu sein, in der Makro- wie in der Mikrophysik mit Erfolg weiterverwendet — als Meßraster zur Einordnung des Nacheinander von Ereignissen. In einem ähnlichen Sinn versucht auch die Biologie einen allgemeinen Rahmen

1.3 Dimensionen in der Biologie

zu finden, aus dem heraus die Ordnung und das Verständnis einer möglichst großen Anzahl ihrer Objekte möglich wird.

Genau im Sinne eines solchen Beschreibungsrahmens ist die Evolution Dimension. Das ihr zugrundeliegende Erklärungsprinzip ist von Darwin aufgestellt worden und heißt 'natürliche Zuchtwahl', Selektion. Es ist erstaunlich, was für eine Vielzahl von Phänomenen – sogar bis weit über die Grenzen der Biologie hinaus – in diesen Erklärungsrahmen paßt. Nicht nur ist die Artkonstanz des Linné einer Veränderlichkeit der Arten gewichen, sondern auch die damit verbundene prästabilierte Harmonie eines Schöpfungsplans, in dem jede Lebensform ihren Platz und Sinn verordnet bekam, dem poststabilierten Gleichgewicht der ökologischen Anpassung. Entsprechend braucht es auch keinen Schöpfer mehr, der sich die Artenvielfalt ausgedacht hätte. Neues erklärt sich nun nicht mehr als Erfindung oder Idee, sondern als zufällige Erwerbung, die von der Selektion ihr Plazet erhalten hat. Da der Artwandel (ähnlich der Formung der Erdoberfläche gemäß Lyells Prinzipien der Geologie, die Darwin studiert hatte) allmählich verläuft, lassen sich Sprünge im Evolutionsverlauf als scheinbar, bedingt durch die Lücken in der fossilen Überlieferung, auffassen oder durch Integrationsvorgänge von Elementar-Systemen verstehen (Symbiogenese: Schwemmler 1991, 154).

Evolutionäres Denken bringt auch den von philosophischer Seite so sehr beschworenen 'Hiatus' des Geistigen zum Verschwinden; er wird ersetzt durch die 'Fulguration' aus dem Zusammentritt zahlreicher Anpassungen mit ursprünglich andersartigem ökologischen Wert (Lorenz 1973, 223). Damit verlieren die von Kant zum Apriori erhobenen Kategorien unserer Verstandeserkenntnis ihre idealistische Bedeutung und werden zu evolutiv erworbenen und genetisch tradierten Anpassungs-Schemata unserer Wahrnehmung, deren hypothetischer Charakter sich an der harten Wirklichkeit einer selektionierenden Außenwelt bewährt hat (evolutionäre Erkenntnistheorie: Vollmer 1984). Ja, selbst solche von allen tierischen Leistungen völlig verschiedenen Bereiche wie Moral und Religion werden mit der soziobiologischen Betrachtungsweise einer evolutionären Deutung zugänglich (Wuketits 1990; Sommer 1993a).

Der Erklärungsrahmen des evolutionären Mechanismus paßt also tatsächlich derart gut um die gesamte Wirklichkeit, daß es praktisch keine Eigenschaft oder Leistung von Lebewesen gibt, die nicht darin eingeordnet werden könnte. Evolution scheint damit tatsächlich die spezifische, womöglich einzige, Dimension zur Beschreibung sämtlicher Facetten des lebendigen Phänomens zu sein. Allerdings ist Vorsicht geboten. Bei näherem Zusehen zeigt sich schnell, daß die Gegenstände, auf welche die Dimension des Evolutiven angewendet wird, in zwei Klassen zerfallen: eine, für die sich die evolutionäre Erklärung aus der Natur der Sache heraus nahelegt, und eine zweite, auf welche dieser Erklärungsrahmen auch angewendet wird, weil eben nichts anderes zur Verfügung steht, sprich: keine andere Erklärungsebene zugelassen wird. Man vergleiche unter dieser Rücksicht die spekulativen Anteile in der Argumentation bei Darwins Darstellung der natürlichen Zuchtwahl (Werke II, Kap.4) und der Entstehung der geistigen Eigenschaften (Werke V, Kap.3). Aber um die Wertung dieser Argumente soll es hier nicht gehen. Es sollte nur gezeigt werden, was für ein Erklärungspotential, um nicht zu sagen: welche Suggestivkraft, die Anwendung der Dimension des Evolutiven in sich enthält. Der Schluß von der Brauchbarkeit auf die Richtigkeit des evolutionären Erklärungsansatzes wird von führenden Biologen unterschiedlichster weltanschaulicher Couleur − Mayr (1994) wie Sitte (1993a) − vollzogen.

1.4 Die verschiedenen Bedeutungen von Evolution

Kann es sein, daß die Brauchbarkeit der evolutiven Dimension, die für sich genommen noch keine Garantie der Richtigkeit ist, auch von einem nur fiktiven Rahmen geleistet wird? Es ist offensichtlich, daß Evolution als Dimension verstanden die Phänomene des Lebens aus einem einheitlichen Mechanismus heraus erklären und nicht nur elegant beschreiben will. Insofern berührt die Etablierung der Dimension sehr wohl die Ebene der Faktizität in mindestens derselben Weise, wie die klassischen Grunddimensionen der Physik makrophysikalisch auch nicht als bloße Fiktionen aufgefaßt werden, sondern als Repräsentationen der Realität. Obschon also Evolution aus den erwähnten Gründen keine beobachtbare oder deduzierbare Tatsache sein kann, beansprucht ihre Anwendung als Dimension dennoch einen Wahrheitsgehalt im Sinne des naturwissenschaftlich üblichen (wenngleich erkenntnistheoretisch als 'naiv' einzustufenden) Realismus. Da der Bezug zum erklärenden Mechanismus nicht immer gleich deutlich ist, kann es hilfreich sein, die verschiedenen Ebenen anzugeben, auf denen die Verallgemeinerung zur Dimension vorgenommen werden kann.

1.4.1 Evolution als Phänomen

Wenn es nicht um den Gesamtablauf der Evolution geht, sondern um einen gewissen, definierbaren Ausschnitt, kann Evolution sehr wohl ein beobachtbares Phänomen sein. So geben Mikroorganismen mit ihrer kurzen Reproduktionsrate und hohen Individuenzahl die Möglichkeit zum direkten Feststellen bzw. experimentellen Testen des Darwinschen Mechanismus. Der klassische Versuch von Luria und Delbrück zur Widerlegung der These von der Vererbung erworbener Eigenschaften ist ein Beispiel dafür (Hausmann 1995, 59). Der Beweis beruht darauf, daß man *sehen* kann, wie ein experimentell erzeugter neuer Umweltfaktor (Zugabe eines Antibiotikums) vorhandene Resistenz-Mutanten einer Population selektiert, statt sie zu erzeugen. Auch die gezielte Produktion neuer Tier- bzw. Pflanzensorten in der experimentellen Züchtungsforschung und die Isolation künstlich erzeugter Mutanten z.B. von Drosophila (Griffiths et al. 1993, 182 und 200) ist als beobachtbarer Beweis für die Veränderlichkeit von Arten zu werten, wie ja Darwin selbst die vom Menschen durchgeführte künstliche Zuchtwahl als Modell für die natürliche

1.4 Die verschiedenen Bedeutungen von Evolution

Wandelbarkeit der Arten zu nehmen wußte (Werke III und IV). Auch wenn es sich bei den genannten Beispielen um innerartliches Variieren handelt, und Darwins Taubenrassen immer Tauben bleiben, solange man auch an ihnen weiterzüchtet (beim Spektrum der Hunderassen ist die Variationsbreite schon bedenklicher), so gibt es doch auch Fälle echter Artenentstehung innerhalb eines vom menschlichen Beobachter überblickbaren Zeitraums. Vor allem bei Pflanzen ist die Evolution neuer Spezies durch die Bastardierung polyploider Ausgangsarten ein häufig nachweisbares Phänomen: die verschiedenen evolutiven Reihen der Weizenarten (nicht nur -sorten!) sind wohl das bekannteste Beispiel dafür (Stebbins 1980, 162). Weniger bekannt sind die 'amphiploiden' Bastarde (Grant 1976, 140) mancher Tabak-, Primel- und Galeopsisarten, oder auch die Kreuzung von Rettich und Kohl ('Raphanobrassica'), an denen sich diese Form von Artbildung auch experimentell nachvollziehen läßt.

Von der Kombination verschiedener Chromosomensätze zu einem neuen reproduktionsfähigen Genom ist es nur noch ein kleiner logischer Schritt zur symbiontischen Integration ganzer Zell-Organellen bzw. ursprünglich selbständiger Organismen in einen neuen Organismusverband. Auch das läßt sich, einigen mikroskopischen Aufwand und Scharfsinn vorausgesetzt, an geeigneten Organismen nachweisen und so die Entstehung neuer Organisationsformen (nicht nur Arten!) als 'intertaxonische Kombination' rekonstruieren (Sitte 1991, 90). Gerade bei den Algen lassen sich die verschiedensten Intensitätsgrade solcher Endosymbiosen feststellen: von den oft nur extrazellulären Vergesellschaftungen von Alge und Pilz bei den Flechten über 'Zoochlorellen' als dauernde Insassen in den Zellen niederer Tiere (Ciliaten, Hohltiere, Schnekken) bis hin zu jener extremen Endocytobiose von Blaualgen ('Endocyanome') in den Zellen der 'Alge' Glaucocystis (und anderer), die außerhalb ihrer Wirte nicht mehr zu leben vermögen (Kies und Kremer 1993) und so eine Vorform der Evolution der Chloroplasten in Zellen der grünen Pflanzen repräsentieren. Die Auffassung vom 'suprazellulären' Chimärencharakter (Sitte und Eschbach 1992, 39) der eukaryontischen Zelle (Eucyte) ist damit gut belegt.

Bei den letztgenannten Beispielen handelt es sich um Beobachtungsdaten, die lediglich die Wandelbarkeit der Organismen, allerdings auch über die Grenzen bloßer Rassenbildung hinaus, belegen. Aber auch der andere Aspekt der Evolution, der die Dynamik der Populationsbildung betrifft, läßt sich außerhalb von mikroorganismischen Systemen beobachten, wenn man den (nun nicht mehr überblickbaren) Zeitfaktor auf die räumliche Verbreitung übertragen kann. Tier- wie Pflanzengeographie liefern zahlreiche Beispiele, wie die Ausbreitung einer Art von allmählicher Sippenbildung begleitet ist. Einen extremen Fall stellen die vielgestaltigen Sippen des Silberschwerts (Argyroxyphium sandwicense), eines endemischen Korbblütlers auf Hawaii, dar (Kobbe 1992). So bietet die Besiedlungsgeschichte junger vulkanischer Inselgruppen in dieser Hinsicht besonders lehrreiche Beispiele, und das klassischste unter ihnen ist sicher der Galápagos-Archipel vor der Küste Ecuadors. Hier hat schon Darwin (Werke I, Kap. 17) das entscheidende Anschauungsmaterial für die evolutive Artbildung vorgefunden, und hier ist es auch heute noch möglich, das Wirken der Selektion aktuell zu verfolgen (etwa nach extremen Wetterschwankungen), wie das P. Grant (1991) für verschiedene Darwinfinken nachgewiesen hat.

Natürlich sind all diese Befunde streng genommen auch keine Beobachtungen des Evolutionsprozesses an sich, sondern immer nur evolutionäre Interpretationen von Resultaten. Aber die erkenntnistheoretische Spitzfindigkeit kann an dieser Stelle getrost beiseite gelassen werden. Es geht nur darum festzuhalten, daß unter bestimmten Bedingungen der Überblick über den zeitlichen Verlauf und damit die Objektivierbarkeit des Phänomens in einer Weise möglich wird, daß dabei die mesokosmische Erkenntnisbegrenzung unseres Beobachtungsvermögens hinfällig wird. Unter der Voraussetzung eines bestimmten endlichen Auflösungsvermögens (das allerdings im Fall der mikrobiellen Populationsgenetik ziemlich hoch sein kann) und eines eingeschränkten Geltungsbereichs ist Evolution zweifellos eine beobachtbare Tatsache (Weiner 1995).

1.4.2 Evolution als Mechanismus

Der dem Phänomen Evolution zugrundeliegende Mechanismus – zwar nicht einfach zutage liegend, aber in den erwähnten Testsystemen sich manifestierend – geht auf Darwin zurück und ist oft genug beschrieben worden. Kurz gesagt ist der Schlüssel zu Darwins Theorie die Lösung eines Paradoxons: einerseits bringen Lebewesen in geometrischer Progression Nachwuchs hervor, andererseits bleiben aber die Populationen trotz dieser Überproduktion in ihrer Individuenzahl dennoch mehr oder weniger konstant. Die Einsicht Darwins, gestützt auf das Werk des englischen Nationalökonomen T.R. Malthus (1766-1834), war es, der Umwelt mit ihren konkreten Bedingungen diese limitierende Rolle zuzuschreiben. Dabei ist es zweitrangig, ob die Umwelt mit Katastrophen gegen die Bevölkerung durch Lebewesen zu Felde zieht oder nicht – sie muß es gar nicht, denn die Lebewesen selber arbeiten sich auf jeden Fall früher oder später an der gegebenen Umwelt auf. Wie reichhaltig die Ressourcen eines Biotops auch sein mögen, endlich sind sie allemal und damit bleiben sie irgendwann hinter der Selbstverdoppelungsrate der von ihnen ernährten Lebewesen zurück.

So wie die Rolle der Umwelt sich mit beinahe analytischer Selbstverständlichkeit aus dem Phänomen der Vermehrung ergibt, so auch die Antwort auf die Frage, wer denn bei dieser Ausmerzung des Überschusses übrigbleibt. Da die in Überzahl produzierten Nachkommen einer Population hinsichtlich der Ausschöpfung der Umweltvorräte in Konkurrenz zueinander stehen, bleiben die übrig, die in diesem Konkurrenzkampf irgendwie 'die Nase ein wenig weiter vorn' haben, d.h. gegenüber ihren Zeitgenossen in irgendeiner Hinsicht im Vorteil sind: 'survival of the fittest'.

Nun ist verständlich, warum das Variieren der Nachkommen untereinander so wichtig ist, und Darwin gerade auf diesen Punkt soviel Zeit und Aufmerksam-

1.4 Die verschiedenen Bedeutungen von Evolution

keit verwendet hat. Wären die Nachkommen alle völlig identisch, gäbe es keine Bevorzugung durch die Selektion — natürliche Zuchtwahl wäre unmöglich. Das Übrigbleiben wäre kein nach irgendeinem Kriterium sich richtender Vorgang, der zu einer Dynamik in den Populationen führte, sondern reiner, stagnierender Zufall. In diesem Extremfall bestünde das Leben in einem Biotop, ja, letztlich auf der ganzen Erde, im Dahinsiechen einer einzigen Lebensform am Rande der Übersättigung — vergleichbar der Stagnation einer Bakterienkultur im Röhrchen nach Beendigung der logarithmischen Wachstumsphase. Da und dort ein paar die Todesfälle ausgleichenden Reproduktions-Fluktuationen auf einem Heer von Leichen — das wäre das Horrorszenario des Lebens, wenn die Umwelt der einzige regulierende Faktor wäre.

Glücklicherweise unterscheiden sich aber die miteinander ums Überleben kämpfenden Artgenossen und halten so den Umfang ihrer eigenen Population begrenzt und auf dem Weg besserer Anpassung. Und erst recht glücklicherweise gibt es neben diesem innerartlichen Kampf ums Dasein auch noch den anderen, bei dem eine Art mit der anderen aufzuräumen versucht. Diese interspezifische Selektion ist die Grundlage aller ökologischen Gleichgewichte und damit all der Artenvielfalt, die wir in der 'ungestörten Natur' so sehr bewundern. Wahrscheinlich ist es das, was viele Menschen an Darwins Theorie so unwillkürlich abstößt: daß die Harmonie der Schöpfung auf ein so grausames Prinzip zurückzuführen sein soll. Aber wirklich grausam wäre nur das eben gemalte Horrorszenario, und wir sollten uns angewöhnen, allen Kampf und Tod in diesem Ringen um das Gleichgewicht als Ausdruck eines schöpferischen Urvermögens zu verehren, oder wenigstens zu respektieren, statt als erbsündlichen Fluch zu verteufeln. Erst eine Art wie die unsrige, die sich selber vom Wirken der Selektion befreit, ist in der Lage, das Großartige dieses Gleichgewichts von Grund auf zu ruinieren.

Für das Bestehen des Konkurrenzkampfes ist es zunächst gleichgültig, woher eine vorteilhafte Eigenschaft kommt. Auch individuell erworbene Modifikationen leisten hier ihren Dienst. Für das dauerhafte Durchsetzen einer bestimmten 'Linie' ist es dagegen notwendig, daß das Auftreten eines Selektionsvorteiles an die Nachkommen weitergegeben wird. Es war Darwins großes Problem, das erbliche Zubucheschlagen des — beobachtbaren — Variierens zu erklären. Es wäre zu schön, wenn die Veränderungen als Antwort auf die Umweltanforderungen auftreten und dann 'irgendwie' im Erbgut verankert würden. Diese 'lamarckistische' Deutung, der auch Darwin mehr oder weniger anhing, ist aber, wie wir heute wissen, sachlich falsch. In Wirklichkeit wird der umgekehrte Weg beschritten: es werden nicht äußere Veränderungen erblich fixiert, sondern Veränderungen des Erbguts phänotypisch wirksam. Das ist der Beitrag, den die moderne Genetik zu Darwins Theorie leistete und dadurch die 'synthetische Evolutionstheorie' etablierte.

Man sagt gewöhnlich, daß Gene in mehreren verschiedenen Allelen auftreten können, und durch die Sexualität, die Vermischung von väterlichem und mütterlichem Erbgut, eine fortwährende Neukombinationen der Allel-Verteilung erfolgt, die das Variieren der Nachkommen begründet. Darüber vergißt man gern, daß diese 'Allele' in der Regel keine qualitativen Merkmalsinformationen, sondern nur quantitative Ausprägungs-Unterschiede des jeweiligen Gens sind. Genwirkungen können unterschiedlich in Erscheinung treten (Griffiths et al. 1993, 181), je nachdem, wie effizient die Funktion des von ihnen gebildeten Proteinprodukts ist, bzw. in welchem Umfang sie sich in ihrer Syntheseleistung aktivieren lassen. (Die Einzelheiten zum Verständnis von genetischer Expression und Kontrolle werden wir in späteren Kapiteln noch kennenlernen.)

Für die Ausprägung eines äußerlich sichtbaren Merkmals sind meist Reaktionsketten von Genwirkungen erforderlich, so daß die Identifikation einer bestimmten qualitativen Eigenschaft mit einem einzigen Gen eine allzu grobe Vereinfachung darstellt. Sie ist nur insofern zulässig, als es tatsächlich Expressionsketten gibt, die sich nur an einer einzigen Stelle, sagen wir in der Syntheserate eines einzigen Zwischenprodukts, unterscheiden und dadurch eine strikte Korrelation von Merkmalsunterschieden auf diesen einen Punkt genetischer Wirksamkeit erlauben. Diesem günstigen Umstand ist es zu verdanken, daß die klassische Faktorengenetik überhaupt möglich war und Mendel aufgrund glücklich gewählter Beispiele seine Gesetze aufstellen konnte. Eine gelbe und eine grüne Erbse unterscheiden sich also eigentlich nicht dadurch, daß die eine das Allel 'gelb' und die andere das Allel 'grün' hätte, sondern in der unterschiedlichen Fähigkeit, das Pigment der Photosynthese, das Chlorophyll, zu synthetisieren. Es gibt auch nicht besondere Gene für rote und weiße Augenfarbe bei der Taufliege Drosophila, sondern nur unterschiedliche Produktionsraten (eventuell noch kombiniert durch verschiedene Oxidationsstufen) ein und desselben Farbstoffs Melanin.

Wenn dann ein Individuum eine genetische Ausstattung besitzt, bei der in der Produktionskette des betreffenden Pigments ein Defekt auftritt, 'hat es das Allel' gelb bzw. weiß. Wird ein solches Individuum mit einem anderen gekreuzt, das an der betreffenden Stelle ein funktionsfähiges Gen aufweist ('das Allel grün bzw. rot hat'), wird in den Nachkommen der Defekt des einen Elternteils durch die Funktionsfähigkeit des anderen wieder kompensiert, und die genannte Reaktionskette hat ihre alte Funktionsfähigkeit wiedererlangt: vollständig, wenn ein aktives Gen für den Syntheseweg ausreicht (das Allel grün bzw. rot ist dann 'dominant' über gelb bzw. weiß); teilweise, wenn eigentlich zwei Gene für die volle Wirksamkeit notwendig wären (die selteneren Fälle von 'intermediärer' Kreuzungswirkung). Das ist in kurzen Worten der molekulare Hintergrund der mendelschen Faktorenanalyse. (Man hat seither allerdings auch Fälle kennengelernt, wo beide Exemplare eines Gens intakt sein müssen, um die Ausbildung des entsprechenden Merkmals herbeizuführen; Mutanten solcher Genorte werden als 'haploinsufficient' bezeichnet: Wilkins 1993, 7).

Es ist selbstverständlich, daß die meisten Eigenschaften eines Lebewesens nicht nach dem beschriebenen einfachen Schema 'mendeln', weil ihre Variabilität auf der Veränderung vieler an der Merkmalsausprägung beteiligter Gene beruht. Man hat diese Art von genetischer Merkmalsbeeinflussung früher gern 'Polygenie' genannt, und dieser Ausdruck besteht zu Recht. Nur bezeichnet er nichts Besonderes, sondern den Regelfall, wenn man davon ausgeht, daß nicht so sehr das gleichzeitige Zusammenwirken vieler Gene für die Merkmalsausprägung entscheidend ist, sondern die Abfolge. Entsprechend enthält auch der Gegenbegriff der 'Pleiotropie', der Bedeutung eines Gens für viele Merkmale, nur eine Binsenweisheit. Je früher eine Genwirkung in einem Reaktionsweg erforderlich ist, desto leichter kann ihre Veränderung eine ganze Anzahl weiterer, an späteren Verzweigungspunkten davon abhängender Reaktionswege beeinflussen.

Die molekulare Genetik macht es so möglich, eine Vielzahl von komplizierten Befunden der klassischen Genetik einer einheitlichen Erklärung zuzuführen. Sie bedeutet aber auch, daß alles qualitativ Neue, was das Leben im Laufe der Evolution hervorgebracht hat, auf zufällige quantitative Unterschiede zurückgeführt wird. Hier liegt das sachliche Akzeptanzproblem des Evolutionsmechanismus – nicht im Wirken der Selektion. Daß die Selektion neue Eigenschaften fördern und erhalten kann, wenn sie erst einmal aufgetreten sind, leuchtet unmittelbar ein. Die Frage ist aber, ob alle organisatorischen Errungenschaften ihre Entstehung einem mikromutativen Ursprung verdanken, ähnlich einfach dem von grünen und gelben Erbsen (Kummer 1994).

1.4.3 Evolution als Methode

Die evolutionstheoretische Betrachtungsweise läßt sich auch auf Bereiche ausdehnen, wo die Beobachtung des Phänomens nicht mehr möglich erscheint: in den fossilen Dokumenten ausgestorbener Lebewesen. Deren Deutung als verwandtschaftlichen Zusammenhang ist eine der Hauptaufgaben der Paläontologie. Zwar kann sich die Paläontologie strikt genommen nur der morphologischen Methode bedienen: Beschreibung der Objekte und Gruppierung aufgrund von Merkmalsähnlichkeiten. Die Wertung dieser Ähnlichkeiten kann aber durchaus unter evolutionärer Rücksicht erfolgen. Unter der Annahme, daß auch die fossilen Zeugen früheren Lebens auf dieser Erde durch denselben Artbildungsprozeß entstanden sind, der auch heute noch gilt (Prinzip des Aktualismus), lassen sich diese – lückenhaften – Dokumente als ausgezeichnete Punkte ins Koordinatensystem des Evolutionskontinuums eintragen. Das muß keine simple Überführung der 'Stufenreihe' in eine 'Ahnenreihe' sein, also die umittelbare Übertragung der Ähnlichkeitswertung in eine Linie der Höherentwicklung (Kummer 1987, 116). Es geht lediglich um die Frage nach dem evolutiv Möglichen als eigenem Wertigkeitskriterium der Ähnlichkeit. Die Diskussion von homologen und analogen Merkmalen hat in diesem Zusammenhang ihren Platz (Remane 1952, 23).

Obgleich also die Paläontologie notgedrungen immer morphologisch bleiben muß, ist Schindewolf (1950, 455) nicht ganz Recht zu geben, wenn er die Eigenständigkeit der phylogenetischen Systematik verneint. Die evolutionäre

Denkweise gibt den gedanklichen Ableitungen eine historisch definierte Ordnung, da sie jetzt nicht mehr 'genauso gut' von + nach — als auch von — nach + (Remane 1952, 151) gelesen werden können. Vielmehr muß die geologisch ältere Dokumentation als Repräsentation der ursprünglicheren Organisationsform verstanden werden, von der aus in Anwendung der evolutionstheoretischen Prinzipien die späteren Organisationsformen als 'realhistorische Ableitungen' (Zimmermann 1969, VI) verständlich werden.

Wie groß auch unter strikter Anwendung der zur Verfügung stehenden Mechanismen der Spielraum der evolutionstheoretischen Methode ist, illustriert in phantastischer Weise Dixon (1982). Er entwirft in seiner "Zoologie der Zukunft" eine Welt nach dem Aussterben der menschlichen Art mit einem Reigen von Fabelwesen, die alle im Goetheschen Sinn 'konsequent' wären (Troll 1928, 19), ohne daß man sagen kann, daß eines von ihnen jemals existieren werde. Der Grund dafür liegt natürlich darin, daß die Stammesgeschichte durch ihre Mechanismen niemals restlos determiniert ist, sondern — als echte Geschichte — stets ein Zufallsmoment in sich enthält. Damit ist eine natürliche Grenze der Reichweite der phylogenetischen Methode markiert. Sie kann Entwicklungslinien angeben, die evolutionstheoretisch denkbar sind, aber sie kann nie den Einzelfall eindeutig festlegen. Sie bietet nur einen Denkrahmen, innerhalb dessen sich Ableitungen vernünftigerweise bewegen sollten, ohne damit das subjektive Gutdünken des Systematikers restlos auszuschalten.

1.4.4 Evolution als Geschichte

Wenn schon die fossile Überlieferung mit Hilfe der Dimension des Evolutiven als Abstammungszusammenhang beschrieben werden kann, so gilt das für das gegenwärtige Reich des Lebendigen erst recht — stellen doch seine Formen in dieser Sicht nichts anderes dar als die momentanen Endpunkte des phylogenetischen Liniennetzes. Eine bestimmte Spezies oder Formengruppe kann also nicht nur systematisch, sondern auch morphologisch nur dann richtig verstanden werden, wenn sie aus dem Blickwinkel ihrer evolutionären Geschichte betrachtet wird. Der eingangs zitierte Satz Dobzhanskys (1973): "nothing in biology makes sense except in the light of evolution" hat hier seinen Platz.

Was aber für die Lebewesen gilt, gilt für die Entstehung des Lebens ebenfalls. Auch die Ursprünge der Biogenese müssen in dieser Sicht folgerichtig evolutionär verstanden, oder besser: rekonstruiert werden. Der Bioevolution wird solcherart eine Chemoevolution vorgelagert, die selber wiederum aus den Entstehungsbedingungen der Erde abzuleiten ist, welche ihrerseits Ergebnis einer galaktischen und letztlich kosmischen Evolution sind. Leben wird damit eingeordnet in einen universalen Zusammenhang wachsender materieller Selbstorganisation, der vom Urknall an aus wenigen allgemeinen Prinzipien bzw. Naturkonstanten abgeleitet werden kann. Diese kosmologische Perspektive der Evolution gab in den siebziger Jahren Anlaß zu einer ganzen Reihe von 'natürlichen Schöpfungsgeschichten' (etwa: Ditfurth 1972, Riedl 1976,

1.4 Die verschiedenen Bedeutungen von Evolution

Bresch 1977), welche die universale Geschichte des Lebens oft mit mehr anschaulichem Schwung als logischer Pedanterie nacherzählten — Überführung der evolutiven Dimension von der Denkform in die Kategorie des Narrativen.

Man muß sich allerdings im klaren sein, daß bei derartigen Generalisierungen der Begriff der Evolution verändert wird. Es handelt sich dann nämlich nicht mehr um den — nur auf Lebewesen anwendbaren — präzisen Mechanismus der Auslese neuer Merkmale bzw. Eigenschaften aufgrund gegenseitiger Konkurrenz, sondern eher um die Anwendung einer mit dem Darwinismus einhergehenden allgemeinen (um nicht zu sagen: vagen) Grundüberzeugung, daß Neues aus Vorstufen zu erklären sei (Erben 1990, 17). Die Betrachtungsweise ist dabei grundsätzlich systemtheoretisch (Riedl 1976), d.h. das Neue wird als Kompositum, als Integration von Teilsystemen verstanden. Das bedeutet nicht, daß das Neue schon immer in den Teilen enthalten sein müßte, wohl aber, daß das evolutionäre Denken seinen Ausgang von der Elementebene nimmt und in der Ganzheit stets etwas Sekundäres sieht (Erbrich 1988, 71). Innerhalb der Biologie behält die systemtheoretische Betrachtungsweise dann stets ihren selektionären Rahmen. Wie immer man die Entstehung von Neuem im einzelnen faßt — die Durchsetzung wird mit der Begünstigung durch die äußeren Umstände erklärt. Störend ist dabei nur, daß in der Diskussion häufig die Plausibilität der Selektion vorteilhafter Eigenschaften mit der Erklärung ihrer Entstehung verwechselt wird — ein Fehlschluß, der besonders für die soziobiologische Argumentation typisch scheint (Sommer 1993c, 502; gegen Kummer 1993b, 465; gegen Sommer 1993b).

Lücken gibt es indessen nicht nur bei der Argumentation, sondern auch bei der Darstellung der Geschichte des Lebendigen, also innerhalb des eigentlichen Geltungsbereichs der Evolution. Drei wesentliche seien genannt: die Entstehung zellulärer Organisation, die Ableitung der Großbaupläne und die Herkunft des Mentalen.

Auch wenn man die cheomevolutive Seite der Entstehung lebendiger Systeme aus 'präbiotischen' Makromolekülen wegen der Überschreitung des Geltungsbereichs der Theorie ausklammert, bleibt das Zustandekommen der eukaryontischen 'Urzelle' aus bakterienartigen Vorläufern ein Problem. Das muß trotz der Erklärungserfolge der Endosymbiontentheorie festgestellt werden und wird auch von Sitte, einem der führenden Exponenten dieser Theorie, stets betont (Sitte 1991, 92; Sitte und Eschbach 1992, 35). So akzeptabel die Erklärung von Mitochondrien und Plastiden als endosymbiontische Prokaryonten erscheint, so kontrovers bzw. unklar ist das immer noch für die zahlreichen anderen Organellen der Eucyte (Zusammenstellung: Sitte 1991, 87). Und welcher Art sollte der die Endosymbionten aufnehmende Urorganismus sein? Seinerseits ein Bakterium, wie das Margulis insinuiert (Schema: Schwemmler 1991, 112)? Dann stellt sich schließlich doch die Frage nach dem Zustandekommen des ersten zellulären Systems, das von Woese (1981, 89) nach Bekanntwerden der Archaebakterien als 'Progenot' bezeichnet wurde. Auch dafür gibt es eine Reihe postulierter Vorformen (Präzyte, Protobiont, Eobiont:

Schwemmler 1991, 64). Sie sind aber doch sehr nach dem wohlbekannten reduktionistischen Schema konzipiert, Einzelfunktionen eines Systemganzen in aufeinanderfolgende Organisationsformen zu zerlegen, also die formale Analyse phylogenetisch zu interpretieren. Selbst Schwemmler, gewiß kein Gegner umfassender evolutionärer Entwürfe, stellt das Hypothetische und Spekulative derartiger Rekonstruktionen heraus.

Die Ableitung der Großbaupläne (also dessen, was man in der zoologischen Systematik als Phylum, in der botanischen als Abteilung bezeichnet) krankt in der Regel daran, daß man eine Erklärung auf ausschließlich mikromutativem Weg versucht (Mayr 1994, 274). Die dafür bemühten paläontologischen Belege – allen voran das Paradebeispiel Archaeopteryx als 'Bindeglied' zwischen Reptilien und Vögeln – sind aber stets unterhalb des zur Debatte stehenden Organisationsniveaus angesiedelt und leisten damit als Beweise nie das, was sie sollen (Kummer 1994, 227). Archaeopteryx gehört ebenso wie alle Reptilien und Vögel (die eigentlich nur ein spezialisierter Ast einer bestimmten Reptiliengruppe sind: Colbert 1965, 149) zum einen Stamm der Wirbeltiere, wenn nicht sogar in ein und dieselbe Klasse. Daß aber die verschiedenen Wirbeltiergruppen einem gemeinsamen Bauplan gehorchen, war selbst bei den Zoographen des 16. Jahrhunderts (P. Belon) schon bekannt (Jahn, Löther und Senglaub 1985, 193).

Bei der Einordnung des Modellorganismus Amphioxus, wo es wirklich interessant wird, beginnen indessen die Schwierigkeiten. Während dieses 'Lanzettfischchen' von Haeckel (1889, 599) die Rolle des primitivsten Wirbeltiers zugewiesen bekam, mehrten sich mit der Zeit die Zweifel an der Ursprünglichkeit der Organisation und Höhe des stammesgeschichtlichen Alters (Webb 1968) und ließen Amphioxus schließlich unter den Wirbellosen rangieren. Hier sollte er als Evolutionsmodell für die Herausbildung des Wirbeltier- bzw. Chordatenbauplans fungieren. (Ruppert & Barnes 1994, 908). In jüngster Zeit haben aber die Übereinstimmungen in der genomischen Organisation der Hox-Gene (das sind Kontrollgene für die regionale Spezifizierung der Körperlängsachse) erneut das Plädoyer für die Zugehörigkeit von Amphioxus zum Wirbeltierphylum laut werden lassen (Garcia-Fernández & Holland 1994; Gee 1994). Zwar sind solche taxonomischen Territorialstreitigkeiten eher ein Beweis dafür, daß Amphioxus tatsächlich zwischen zwei Bauplänen vermittelt – zu welcher basaleren Organisationsform dieser Urahn der Chordaten aber überleiten soll, ist nach wie vor unklar. Das Beispiel zeigt, daß dem Problem des Typenwandels auf Bauplanebene nicht mit dem Mechanismus additiver Anpassungen beizukommen ist. Alternative Ansätze, wie vor allem der der 'Frankfurter Theorie', welche Bauplanänderungen aus den Konstruktionsbedingungen hydraulischer Systeme verständlich machen will (Gutmann 1994), finden aber bei den Vertretern der Synthetischen Theorie nicht die gewünschte Akzeptanz (Mayr 1994, 208).

Was die Entstehung des Mentalen betrifft, leidet die evolutionäre Ableitung hier seit Darwin an der Konfusion von instinktiven bzw. kognitiven Leistungen und deren emotionalen Voraussetzungen. Dabei ist der Kern des Problems von Darwin durchaus richtig gesehen worden. Es geht nämlich primär gar nicht um eine evolutionäre Rechtfertigung der geistigen 'Sonderart' des Menschen. Dessen 'Geist' wird, wenn es überhaupt Evolution gegeben hat, natürlich auch evolviert sein, und was tut es im Grunde, daß wir über sein Zustandekommen genauso wenig wissen wie über die Entstehung der Vogelfeder. Es geht vielmehr um die Anerkennung der Eigenqualität des Psychischen als solchen. Mit Recht behandelt Darwin in seiner "Abstammung des Menschen" die menschlichen "Geisteskräfte" im Zusammenhang mit den tierischen "*Gemüts*"-zuständen (Werke V, Kap.3). Sein Fehler ist nur, daß er, wie bereits betont, infolge eines unklaren Instinktbegriffs diese innere Zustandsebene dauernd mit der äußeren Leistungsebene vermengt. Auf der gemeinsamen psychischen Basis von Mensch und Tier ließe sich aber sehr wohl eine Evolution des Geistigen etablieren, weil dann das Zusammentreten von materiell definierten Teilfunktionen (jede für sich gleichzeitig mit der Qualität des Psychischen begabt) eine rekonstruierbare Emergenz erlaubt. In diesem Sinn gilt der Satz: Mentales evolviert nur aus Mentalem (Kummer 1993b, 466). Nicht, daß Mentales nichts mit Materie zu tun hätte; sondern, daß eine materielle Anordnung nur dann einen mentalen Effekt 'entläßt', wenn ihre Teilsysteme selber schon eine mentale Potenz enthalten.

Eine solche Sicht der Evolution des Geistes verlangt freilich eine grundsätzlich 'bifaziale' Materieauffassung, wie sie Teilhard de Chardin (1955, 49) paradigmatisch mit seiner Sicht der 'Innenseite' der Dinge ("le dedans des choses") entworfen hat. Danach wird den materiellen Elementen nicht nur die Eigenschaft zufälligen Aggregierens, sondern auch die Fähigkeit zur 'überzentrierenden' Synthese zugesprochen (Kummer 1987, 247). Naturwissenschaftlern ist eine solche Konzeption für gewöhnlich zu 'mystisch' (Erben 1990, 111) – sie hat zu wenig mit dem handgreiflichen Meßbarkeitsideal der Physik zu tun. Eine solche Zurückhaltung hat aber für Biologen ihren Preis; sie bedeutet den Verzicht auf eine vollständige 'Nacherzählung' der Evolution des Lebens, zu der eben – zumindest für den Fall meines eigenen, subjektiven Erlebens – diese nichtquantifizierbare Innenseite auch gehört (Bieri 1992, 50).

1.4.5 Evoluion als Hypostasierung

Es liegt nahe, die unbewältigten Sprünge im Ablauf der Evolutionsgeschichte mit Sätzen zu überwinden, bei denen 'die Evolution' die Rolle eines handelnden Subjekts erhält. Beispiele dafür gibt es in der popularisierenden wie in der fachwissenschaftlichen Literatur zuhauf – Hoimar v. Ditfurths Rede vom "Erfinder Evolution" bei der Schilderung der Augenentwicklung (Ditfurth 1972, 269) mag symptomatisch für sie alle stehen. Solange man sich der metaphorischen Redeweise bei solchen Formulierungen bewußt bleibt, ist wenig dagegen einzuwenden. Dann kann ja im 'Ernstfall' jeder derartige Satz in eine präzise Funktionsabfolge des Evolutionsmechanismus umgeschrieben werden. Wo aber eine solche Übersetzung nicht mehr lückenlos möglich ist, wie eben im Beispiel der ungeklärten Übergänge, gerät 'die Evolution' unversehens zum handelnden Helden der Erzählung. Sie wird dann vom blinden Prozeß zum planenden Subjekt hochstilisiert, welches all das zu leisten imstande ist, was man am menschlichen Bewußtsein biologisch nicht erklären kann.

Etwas ähnliches geschah früher mit dem Ausdruck 'die Natur' — allerdings mit dem Unterschied, daß die romantische Naturphilosophie in der grenzenlosen Produktivität der Natur ausdrücklich eine göttlich-schöpferische Konnotation erblickte (Zeltner 1954, 144 und 249). Dieser Bezug der Natur zum Göttlichen wurde von Haeckel (1889, 8) ersatzlos gestrichen, ohne aber das damit verbundene schöpferische Element aufzugeben. In dieser begründungsbedürftigen Zwitterrolle befindet sich der biologische Natur- bzw. Evolutionsbegriff bis auf den heutigen Tag, wenn er in der evolutionären Berichterstattung Erklärungen vorspiegelt, welche durch die Theorie so nicht gedeckt sind.

Es liegt nahe, vor diesem Hintergrund des Haeckelschen Monismus Evolution und Schöpfung gegeneinander auszuspielen. Davor sollte uns aber die Fassung von Evolution als Dimension bewahren. Das Denken in dieser Dimension, unter der jedes biologische Problem betrachtet wird, schließt selbstverständlich auch die Sprünge im Ablauf mit ein. Nicht gestattet ist lediglich die ungedeckte Umsetzung dieser Denkform in die bare Münze einer Geschichtsschreibung, die so tut, als wären diese Sprünge durch die 'Tätigkeit' einer hypostasierten Evolution schon beseitigt.

Unser Ansatz unterscheidet sich damit diametral von der fundamentalistischen Alternative eines 'Schöpfungsmodells' (Junker und Scherer 1988, 17). Die Argumentationsstruktur dieses Ansatzes läuft darauf hinaus, das Unzureichende einer evolutionstheoretischen Erklärung als Beweis für das Vorliegen von Schöpfung zu nehmen. Es wird also mit einer gewissen heimlichen Freude der Finger in eine Wissenslücke gelegt und festgestellt: "seht, das kann die Evolutionsforschung nicht erklären, ohne sich in Widersprüche zu verstricken" [zu welcher Hypothese ließen sich keine Einwände anmelden?]; "wir aber wissen, wie das geht, nämlich durch Schöpfung." Indessen ist diese Lösung nur scheinbar eine Alternative, weil sie keine inhaltliche Bestimmung bietet, worin der 'Schöpfungsmechanismus' im Gegensatz zum Evolutionsmechanismus besteht, sondern lediglich Unkenntnis des Zustandekommens zum Synonym von Schöpfung macht. 'Empirisch testbar', wie Fundamentalisten mit scheinbarer Aufgekärtheit in ihren Schriften immer wieder behaupten, ist an diesem 'Modell' gar nichts.

Wenn wir die Ursächlichkeit Gottes nicht in theologisch unhaltbarer Weise als Faktor ins kategoriale Geschehen einreihen, kann Schöpfung nicht als Ersatz für fehlende evolutionäre Mechanismen stehen. Die Naturwissenschaft und Theologie polarisierende Parole 'Schöpfung oder Evolution' der darwinistischen Ära ist nicht durch eine mosaikartige Kombination von 'Schöpfung *und*

Evolution' zu überwinden, sondern nur durch ein synthetisches Zusammendenken von 'Schöpfung *in* Evolution', das die verschiedenen Seins- und Erkenntnisebenen respektiert und in Relation zueinander setzt. Unter dieser Voraussetzung ist das Schöpfungsdenken nicht der Kitt für die Lücken im System, sondern resultiert, wenn überhaupt, aus dem religiösen Staunen über die Sinnhaftigkeit der Mechanismen (Wickler 1991, 796), bzw. als metaphysische Voraussetzung aus der logischen Analyse einer in möglichster Geschlossenheit vorliegenden Kausalkette (Koltermann 1994, 154). Es ist der Vorteil der hier vorgetragenen Konzeption von Evolution als Dimension, den Bogen der Integration so weit zu spannen, daß alles noch Unverstandene in der Hoffnung auf zukünftige Aufklärung darin eingeordnet werden kann, ohne durch vorschnelle Lösungen einseitigen Ideologien, seien sie biologistischer oder creationistischer Art, Vorschub zu leisten.

1.5 Ist Evolution die einzige Grunddimension des Lebendigen?

Die grundsätzliche Anwendbarkeit der evolutiven Dimension auch über die Grenzen des noch Ungeklärten hinaus legt die Vermutung nahe, daß die organische Naturbeschreibung tatsächlich in der Lage ist, mit einer einzigen Grunddimension ihr Auslangen zu finden. Der Erweis der – auch theologischen – Unhaltbarkeit einer Vermengung von Schöpfung mit Evolution auf der Ebene der empirischen Mechanismen bestätigt noch den Verdacht, daß das 'Basissystem' der Biologie tatsächlich den Zustand maximaler Vereinheitlichung erreicht hat.

Es gibt indessen eine andere grundsätzliche Erwägung, die diese Eindimensionalität des Lebens in Zweifel ziehen läßt. Evolution sieht den einzelnen Organismus stets im Generationszusammenhang, im Fluß der allmählichen und steten, wenn auch nur in geologischen Zeiträumen auffallenden Abwandlung. Was eine Art ist, läßt sich nur fiktiv festschreiben: als künstlicher Ausschnitt aus dem Netzwerk der räumlichen Fortpflanzungsgemeinschaft bzw. als Momentaufnahme des zeitlichen Verlaufs einer phylogenetischen Linie. Wie willkürlich diese Abgrenzung oft ist, davon weiß jeder Systematiker bei der Bearbeitung 'schwieriger' Sippen ein Lied zu singen. Gegenüber diesem kontinuierlichen, nach Anfang und Ende undefinierbaren Fluß der Evolution gibt es aber noch eine zweite Daseinsform des Lebendigen, die nicht in geologischen Zeiträumen verläuft, sondern nach Tagen oder Jahren gemessen wird und einen klaren Anfangs- und Endpunkt besitzt: die individuelle Entwicklung eines Organismus von der Zeugung bis zum Tod.

Der Tübinger Botaniker W. Zimmermann hat den Zusammenhang von Evolution und Individualentwicklung in einem immer wieder publizierten Schema zur Darstellung gebracht. Danach resultiert die Evolution aus der Aneinanderkoppelung individueller Lebenskreise (Ontogenesen), die aufgrund der evolutiven Abwandlung nie zur ihrem Ausgangspunkt zurückkehren, sondern in einer schraubenförmigen Vorwärtsbewegung zusammenhängen (Zimmermann 1953, 5). Die kontinuierliche Abfolge dieser Ontogenesen wird von ihm als 'Hologenie' bezeichnet. Die Hologenie stellt seiner Meinung nach den einzig realen Entwicklungsvorgang dar, demgegenüber die Ontogenesen nur begriffliche Zurechtschnitte sind (ebd., 6). Also trotz aller Bezugnahme der Phylogenese auf die Ontogenese letzten Endes doch wieder Rückführung des individuellen Werdens auf die Dimension des Evolutiven?

Das Schema Zimmermanns hat einen offensichtlichen Mangel. Es läßt die Generationen in einer Weise ineinander übergehen, wie das nur für Einzeller der Fall ist, die sich durch Zweiteilung vermehren: eine Mutterzelle geht hier restlos in zwei Tochterzellen auf. Nur in diesem Fall der sogenannten vegetativen Vermehrung löst eine Ontogenese die andere ab. In der überwiegenden Mehrzahl der Fälle, bei allen Mehrzellern und auch bei vielen Einzellern, übernimmt die Fortpflanzung (wenigstens zusätzlich) die Rolle der Vermehrung. Fortpflanzung aber bedeutet die Erzeugung neuer, selbständiger Individuen auf dem Weg über Reproduktionszellen. Bei Tieren ist dazu in aller Regel zwischen Keimbahn und Soma zu unterscheiden, wenigstens in dem Sinn, daß das 'hologenetische' Kontinuum über die (meist schon sehr früh in der Embryonalentwicklung abgesonderten) Keimzellen verläuft, in denen ein Individuum sein Erbgut weitergibt, ohne sich darin selbst aufzulösen. Es behält vielmehr seinen individuellen Körper (eben das 'Soma') mehr oder weniger lange über den Zeitpunkt seiner (ersten) Fortpflanzung hinaus und stirbt eines Tages seinen individuellen Tod − wenn alles gut geht − 'satt an Jahren und Kindeskindern', um die Sprache der alttestamentlichen Patriarchen zu bemühen. Das Paradebeispiel für die Evolution von Keimzellen und Soma ist die Stufenreihe der Koloniebildung bei den Grünalgen-Flagellaten (Volvocales), wo der Übergang zur Vielzelligkeit (Coenobien-Bildung) durch das Absterben des Mutterorganismus bei der Fortpflanzung markiert ist (Gilbert 1994, 16).

Diesem Sachverhalt des Abzweigens des Fortpflanzungszusammenhangs von der individuellen Entwicklung wird die Schrauben-Bewegung der Hologenie bei Zimmermann nicht gerecht. Es ist durch ein Verzweigungs-Schema zu ersetzen, bei dem der zentrale Stamm den generativen Zusammenhang repräsentiert, während die davon abgehenden und blind endenden Seitenzweige die individuellen Lebensgeschichten darstellen (Schindewolf 1972, 250).

Das Merkmal der definierten Ausgrenzbarkeit der Individualentwicklung ist durch die Dimension des Evolutiven nicht erfaßt, wenngleich auch nicht verneint. Es ist wie im geschilderten Fall der aus Gründen präziser Definition erfolgten Unterscheidung von Masse und Menge in der Physik. Unsere Präzisierung des Begriffsverständnisses von Evolution − weg von der Tatsache und hin zur Dimension − zwingt uns zu einer erweiternden Unterscheidung. Wir haben das individuelle Werden vom Evolutionsverlauf begrifflich abzutrennen, weil, wie das Schema Zimmermanns gezeigt hat, Individualität aus der Dimension der Evolution nicht ableitbar ist (Spaemann 1984, 89). Das besagt wohlgemerkt nicht, daß die Dimension Evolution nicht auf das Individuum anwendbar wäre: die in den Keimzellen verankerte Mutabilität und die stets am Soma von Individuen ansetzende Selektion beweisen das Gegenteil.

Die entscheidende Frage für die Einführung einer neuen Grunddimension in das 'Basissystem' der Biologie ist, wie denn die Eigenart dieser Individualität zu fassen sei, die mit der Zeugung auftritt und mit dem Tod verschwindet. Ist dafür ein eigener Träger anzunehmen? Die Materie selber kommt jedenfalls dafür nicht so ohne weiteres in Frage, denn sie überdauert die Reichweite der individuellen Entwicklung offensichtlich. Lebewesen sterben zwar, aber ihre Materie hört darum nicht auf zu existieren. Sie 'zersetzt' sich, und ihre Bestandteile finden als 'Komponenten' anderer Gebilde weiter Verwendung. Materie ist unserer Erfahrung nach wenn schon nicht ewig (das entzieht sich unserer Anschauung), so doch von Dauer. Lebewesen aber sind ebenso offensichtlich vergänglich.

Ist also der Träger der organismischen Individualität nur immateriell zu fassen? Damit würde das 'subiectum' (nichts anderes heißt 'Träger' zunächst in der lateinischen Fachsprache) lebendiger Entitäten unversehens in die Nähe unserer eigenen, nur geistig zu fassenden Subjektivität gerückt, von der bei der Evolution des Mentalen schon die Rede war. Dann wäre aber weiter das individuelle Werden nach dem Vorbild unseres eigenen bewußten Tuns als Selbstursächlichkeit zu bestimmen (Kummer 1991, 549), welche Form und Inhalt des Daseins in eigener Zweckhaftigkeit vollzieht (Spaemann und Löw 1991, 308).

Aber Vorsicht: die materielle Unfaßbarkeit des Trägers ist nicht unbedingt gleich real zu verstehen − sie könnte auch rein sprachlogischer Natur sein und wäre dann nur Ausdruck unseres Unvermögens, das Besondere der Lebensgeschichte eines Organismus anders zu fassen. Einmalig im Sinne ihres definierten Entstehens und Vergehens könnte eine Materiekonstellation auch in bezug auf ihre besondere Zusammensetzung oder Struktur sein − das Individuelle wäre dann als 'System' ausgewiesen. Ein System verschwindet mit der Auflösung in seine Elemente rückstandslos und macht die Annahme eines eigenen Trägers hinter den Elementen überflüssig. (Allerdings nicht die Annahme einer Form, welche den Elementen ihre spezifischen Beziehungen zuweist, aber damit sind wir schon mitten in der philosophischen Problematik des Werdens, der das nächste Kapitel gewidmet ist.)

Die Klärung des Dimensionsproblems der Ontogenese läuft also auf die Frage hinaus, ob Lebewesen Systeme oder Subjekte sind. Im ersten Fall ist ihr Werden durch determinierte Mechanismen charakterisiert, welche sich aus der Natur der Komponenten ergeben. Im zweiten Fall ist die Ursache ihres Werdens in einem immateriellen Individualitätsträger zu sehen, der in Analogie zum menschlich-teleologischen Handeln zu konzipieren ist. Im ersten Fall sollte eine Rückführung des ontogenetischen Werdens auf die Dimension der Evolution prinzipiell möglich sein, im zweiten Fall nicht.

Zur Lösung dieser Frage ist zu untersuchen, ob sich die Entwicklung eines Lebewesens auf ein Element oder eine Struktur zurückführen läßt, die 'weniger' ist als ein Lebewesen. Ist ein solches Element auszumachen, ist der Systemcharakter des Lebendigen erwiesen. Geht das nicht, setzt also das Werden eines Lebewesens immer schon eine strukturelle Einheit voraus, die nicht weniger als lebendig ist, und sei sie auch noch so elementar, so ist das ein guter Grund, die Subjekthaftigkeit des Lebendigen anzunehmen.

Es ist allerdings zu erwarten, daß sich die Alternative 'System oder Subjekt' nicht in voller Gegensätzlichkeit aufrechterhalten läßt. Auf weite Strecken wird die Entwicklung eines Organismus Systemcharakter aufweisen, was die zahlreichen Publikationen entwicklungsbiologischer Mechanismen schon insinuieren, noch bevor wir sie im einzelnen untersucht haben. Die Frage ist aber, ob eine mechanistische Interpretation der Ontogenese vollständig durchführbar ist, oder ein prinzipieller 'Rest' bleibt, der zur Annahme der zweiten Alternative zwingt oder sie doch wenigstens nahelegt. Nicht nach Art eines zusätzlichen Tüpfelchens auf dem ohnehin schon wohlgeratenen I, sondern als Perspektive, aus der die materiellen Mechanismen, die aufgedeckten wie die künftigen, in aller Vollständigkeit zu betrachten sind. Nicht als Ersatz also, sondern eben als Dimension. Wie denn diese Dimension zu nennen wäre, und ob man sie überhaupt braucht, kann erst am Schluß des Buches, nach Kenntnis des Funktionierens der Entwicklungsmechanismen, diskutiert werden. Zuvor aber ist zu analysieren, was unter Werden zu verstehen ist (an einer Stelle hat sich die Notwendigkeit schon gezeigt), um die verschiedenen Kausalitäts-Schemata von System und Subjekt voneinander abheben zu können.

Literaturempfehlungen

Erben (1990)
Isak (1992)
Ridley (1993)
Ethik und Sozialwissenschaften, 5 (1994) 203-279
Haszprunar und Schwager (1994)
Wieser (1994)

2 Metaphysik des Werdens

Die Überschrift mag erschrecken oder insgeheime Vermutungen bestätigen. Es wurde lange überlegt, ob am Beginn nicht klugerweise ein neutralerer Begriff, wie 'Analyse' oder einfach 'Philosophie', zu stehen habe. Aber der Vorsatz, Farbe zu bekennen, soll gelten, und der Begriff 'Metaphysik' trifft auch in einem ersten Vorverständnis genau das, worum es bei der Fragestellung am Ende des letzten Kapitels ging: ob es am Werden etwas gibt, das hinter alle 'Physik', d.h. hinter alle greifbare Veränderlichkeit zurückreicht und diese womöglich erklärt. Mit dieser Metaphysik der Fragestellung ist nicht schon entschieden, daß es einen solchen 'trans-empirischen' Grund auch tatsächlich gibt. (Wir werden sehen, daß die Frage nach dem Seins-Grund des Werdens auch zu ganz handfest materialistischen Lösungen führen kann.) Was wir tun ist lediglich, wie in manchen geometrischen Rätselaufgaben einen Hilfspunkt außerhalb der gegebenen Raummenge anzunehmen, um die vorhandenen Punkte in ununterbrochener Linie miteinander zu verbinden. Ob diese Hilfskonstruktion 'notwendig' ist, zeigt sich erst an der Überlegenheit der Lösung, d.h., wenn bei anderen Verfahren stets (reale) Punkte übrigbleiben.

2.1 Werden als Urdatum?

Es mag einem am naturwissenschaftlichen Bildungsideal großgewordenen Mitteleuropäer des zwanzigsten Jahrhunderts kurios erscheinen, ein Alltagsphänomen wie das Werden zur philosophischen Frage hochzustilisieren. Und wahrscheinlich haben schon die Zeitgenossen der ionischen Naturphilosophen, mit denen wir uns gleich befassen wollen, den Kopf geschüttelt über Leute, die die Suche nach Weisheit (nichts anderes heißt Philosophie im Wortsinn übersetzt) zu ihrem Beruf machen wollten, und dann den lieben langen Tag mit der Frage vertaten, wie es möglich sei, daß etwas, was ist, zu etwas anderem wird. Warum das Werden nicht einfach als Urdatum unserer Erfahrung hinnehmen, wenn unser ganzes Leben von Anfang bis Ende davon gekennzeichnet ist?

2.1.1 Auch die Prozeßphilosophie Whiteheads kann Veränderung nicht ohne überindividuelle Formelemente fassen

Man kann sehr wohl Werden zum Grundelement eines erkenntnistheoretischen Systems machen, wie das A.E. Whitehead mit seiner Prozeßphilosophie versucht hat, wo die, man verzeihe den Ausdruck, 'Geschehnismonaden' der "actual entities" die einzige wirkliche Wirklichkeit sind. Es gibt für ihn keine unveränderlichen, isoliert betrachtbaren Subjekte, sondern nur im Subjekt-Subjekt-Nexus sich erfahrende und erfahrbare — und damit in ständiger Veränderung sich befindende — Aktualitätszentren. Ohne auf dieses System näher einzugehen — es ist bei seiner eigenwilligen Terminologie alles andere als einfach nachzuvollziehen —, sei nur soviel bemerkt, daß Whitehead nicht umhinkommt, neben der "elementaren Prozeßstruktur" (Holz 1984, 414) allen Seins überindiviudelle Ordnungselemente ("formative elements", vgl.: Leclerc 1984, 134) anzunehmen, um den definitiven Charakter materieller Strukturbildungen zu erklären (PR I, ch. III, § 2). Whitehead zählt die Existenzweise solcher Ordnungselemente zu den "eternal objects" (PR I, ch. II, § 2), von Holz (1984, 416) mit "raumzeitlich unabhängigen Gegenständlichkeiten" übersetzt, was sie durchaus in die Nähe der aristotelischen 'forma substantialis' rücken läßt. Damit setzt er aber seiner Urwirklichkeit der 'actual entities' doch noch einmal einen überzeitlich-unveränderlichen Erklärungsrahmen voran.

2.1.2 Ist Veränderung bzw. Identität mit Datierbarkeit im Raum zu erklären?

Der kurze Bezug auf Whitehead soll genügen, um zu zeigen, daß eine erkenntnistheoretische Rekonstruktion der Welt im Ausgang vom Werden zwar möglich ist, aber die Sache dadurch keineswegs einfacher wird. Woran bzw. wieso erkenne ich ein Ding in der Veränderung als es selber? Die Antwort auf diese Frage ist keineswegs so trivial, wie das Werden als Phänomen auf den ersten Blick erscheinen mag, und diese Einsicht kann unseren Aufenthalt beim philosophischen Problematisieren des Werdens rechtfertigen. Es geht um die Frage nach dem Grund der Identität eines Gegenstands in und hinter all seiner Veränderung. Diese Begründung muß nicht gleich am metaphysischen Ideenhimmel ansetzen. Hans Driesch hat in seiner "Philosophie des Organischen" (1928, 370) zur Bestimmung der Veränderung den Begriff des "Räumlichkeitsdatums" geprägt, welches der Definition genügt: "jetzt ein solches hier". Daraus läßt sich ein handfestes materielles Kriterium für die Identitätsfestlegung gewinnen. Ich kann einen Gegenstand als bestimmtes Beziehungsgefüge von Punkten im cartesischen Raum auffassen, als ein Etwas, das eine bestimmte Anzahl von Schnittstellen im isotropen dreidimensionalen Koordinatengitter auszeichnet und sich über die Zeit verfolgen läßt. Es lassen sich drei Fälle unterscheiden.

Fall (a): Es erfolgt keine Bewegung, so daß zum Zeitpunkt t_2 die Besetzung der Raumpunkte durch den Gegenstand immer noch dieselbe ist wie zum Zeitpunkt t_1. Die Identität des Gegenstandes ist durch dieselbe Raumdatierung zu beiden Zeitpunkten erwiesen. Ich kann das Zeitintervall beliebig ausdehnen — solange — oder immer wenn — ich hinschaue, sehe ich jeden besetzten Raumpunkt mit sich selbst identisch, woraus notwendig die Identität des gesamten Gegenstandes folgt.

Fall (b): Die Lage des Gegenstandes wird durch Ortsbewegung verändert. Zum Zeitpunkt t_2 ist also ein anderes Ensemble von Raumpunkten gegenstandsbesetzt als zum Zeitpunkt t_1. Durch infinitesimale Verkleinerung des Beobachtungszeitpunktes ($\delta t \to 0$) kann aber jeder Raumpunkt r_2 (zum Zeitpunkt t_2) mit beliebiger Genauigkeit auf sein Pendant r_1 (zum Zeitpunkt t_1) zurück-

2.1 Werden als Urdatum? 37

geführt werden. Die Vollständigkeit dieser Retroprojektion beweist die räumliche Identität des Gegenstandes $R_2(t_2)$ gegenüber dem Gegenstand $R_1(t_1)$ und für den Grenzwert $\delta t=0$ auch die sachliche Identität. Weil es sich um eine Grenzwertbetrachtung handelt, ist eine 'vollständige' Überführung des Falles (b) in den Fall (a) natürlich nicht möglich, und darum der raumdatierte Identitätsbeweis nicht absolut stringent, aber mit nicht nur annähernder, sondern (entsprechende Geduld vorausgesetzt) beliebiger Genauigkeit führbar. Die daraus resultierende Gewißheit ist mehr als eine nur praktische, weil die Grenzwertbetrachtung keine andere Lösung als die der Identität zuläßt. Es ist also mehr als nur common sense, von der Bewegung ein und desselben Gegenstandes zu sprechen, statt von einer wahrnehmungsabhängigen Sequenz von unabhängigen Gegenständen an verschiedenen Orten, die nur durch die Tätigkeit unserer Vernunft bzw. durch unser Urteil zu einem einzigen Gegenstand verknüpft würden. Die Begründung der Identität bedarf hier nicht des Rückgriffs auf die Metaphysik oder eines sonstigen erkenntnistheoretischen Konstrukts; es genügen vielmehr die Gesetze der Mathematik bzw. der Logik.

Etwas anderes ist freilich die Begründung der Ortsbewegung selber. Im gedanklichen Ableitungsprozeß läßt sich jeder Ort von R_2 auf R_1 projizieren und umgekehrt — das Hin- und Herspringen geht ohne allen Kraftaufwand. In der Realität gibt es dagegen keine beliebige Umkehrbarkeit von R_1 und R_2, sondern ein durch die Zeit 'vektorisiertes' Nacheinander, das nicht willkürlich umkehrbar ist. Dieses unumkehrbare Nacheinander (eben die Bewegung) der Zustände bedarf einer Ursache, die mit der Raumdatierung noch nicht gegeben ist.

Fall (c): Der Gegenstand verändert nicht nur seinen Ort, sondern auch seine Form. Nun ist eine Rückführung der gegenstandsbesetzten Raumpunkte zum Zeitpunkt t_2 in solche des Zeitpunkts t_1 nicht mehr restlos möglich, weil auch die Anzahl der Punkte, welche den Gegenstand vertreten, variiert. Es können ja infolge der Formveränderung gegenstandsbesetzte Raumpunkte wegfallen oder — schwieriger zu begründen — hinzukommen. Wie soll man z.B. das Auftreten von zwei neuen Punkten erklären, die ein Quadrat in ein Sechseck verwandeln? Die Identität beider Gegenstände ist hier ganz und gar nicht evident, sondern im Gegenteil, hätte man das Hervorgehen der einen Figur aus der anderen nicht beobachtet, würde man selbstverständlich von zwei verschiedenen Gegenständen reden. Und ist das Auseinanderhervorgehen tatsächlich beobachtbar, so fragt man unwillkürlich, wie denn das möglich sei und erwartet als hinreichende Ursache eine weit aufwendigere Erklärung als im Fall bloßer Ortsbewegung. Natürlich läßt sich jede Strecke, in unserm Beispiel also die Seite eines Quadrats, in beliebig viele Punkte auflösen und somit die unterschiedliche Biegung der Linien durch eine entsprechende Anzahl von Bahnkurven einzelner Raumpunkte beschreiben. Und nun ließe sich wieder die Methode der Infinitesimalisierung des zeitlichen Betrachtungsabstandes anwenden wie im Fall (b). Allerdings divergieren diesmal die Bewegungsbahnen der Raumpunkte nach Länge und Richtung, so daß zur identischen Überführung von R_2 in R_1 die Bahngleichungen getrennt für jeden Raumpunkt angegeben werden müssen. Außerdem muß für jede divergierende Bewegungslinie eine eigene Ursache definiert werden. Da die Teilbarkeit einer Strecke streng genommen gegen unendlich geht, artet diese Methode der Identitätsfestlegung zumindest bei komplizierten Figuren schnell zu einer mathematischen Sisyphusarbeit aus.

Dabei wäre der qualitative Seinszuwachs für sich selbst noch gar nicht begründet, d.h. der Frage noch gar nicht nachgegangen, warum eine Zunahme an Mannigfaltigkeit überhaupt sein kann. Im Fall der Umformung eines Quadrates, sagen wir aus Draht, in ein Sechseck braucht es dazu nicht weniger als die Absicht und die technischen Fähigkeiten eines diesen Draht biegenden, 'schaffenden' Subjekts. Dabei kann man sich natürlich erst recht die Frage stellen, ob denn das entstandene Sechseck überhaupt noch etwas mit dem Quadrat zu tun hat, ob also die bloße Tatsache, daß es sich um denselben Draht handelt, Rechtfertigung genug ist, von einer Identität beider Gegenstände zu sprechen. Wie man sieht, trägt im Fall der Formveränderung die Raumdatierung gar nichts mehr zur Klärung der Frage von relativer oder absoluter Identität und Nicht-Identität bei. Diese ist vielmehr eine Frage des Vergleichs, und der gründet nicht in der Methode der geometrischen Rückführung eines Gegenstandes in einen anderen, sondern in der Wertung von Merkmalen dieser Gegenstände in bezug auf ein 'tertium comparationis'. Dieses ist seinerseits kein konkreter Gegenstand mehr, sondern wird auf abstraktivem Weg gewonnen (Kummer 1987, 35), womit die Grundlage der Identitätsbetrachtung ideeller, oder wenigstens begrifflicher Natur ist.

Man kann die Frage auch von einer anderen, weniger theoretisch wirkenden Seite angehen. In der phylogenetischen Systematik ist es üblich, morphologische Unterschiede verwandter Tierarten als 'allometrisches Wachstum' zu interpretieren und das verursachende morphologische Differenzierungsgefälle mittels der von d'Arcy Thompson (1860-1948) eingeführten Koordinatentransformation verständlich zu machen (Rensch 1954, 178). Dazu denkt man sich über die eine Form ein Koordinatennetz gebreitet und versucht, die Form der verwandten Art durch entsprechende Verzerrung dieses Gitternetze zu erzeugen. Es erfordert ein hohes Maß an räumlichen Vorstellungsvermögen (und ist bei komplizierten Formverhältnissen oft gänzlich unmöglich), die Detailunterschiede in wenige allgemeine Prinzipien der Koordinatentransformation zu übersetzen. Das mag als Beispiel dafür stehen, wie schwierig es ist, komplexe Gestaltinformation auf quantitative, mathematisch behandelbare Formalismen zu reduzieren, selbst wenn das mit allen simulatorischen Effekten moderner Computergrafik (Dawkins 1987, 79) versucht wird.

In der Praxis wird also die Formveränderung eines Gegenstandes nicht aus der Kontinuität von Räumlichkeitsdata, sondern durch den Bezug auf 'wesentliche' Merkmale festgestellt. Was aber ist 'wesentlich'? Die Theorie der sinnlichen Wahrnehmung bzw. der Mechanismus der Gestaltwahrnehmung, wie er von der Sinnesphysiologie verstanden wird, behilft sich mit 'charakteristischen' Merkmalen, die, in ihrer Auswahl oft keineswegs wesentlich, die Identifizierung eines Gegenstandes unter den verschiedensten Verhältnissen ermöglichen. Charakteristische Merkmalskombinationen stehen also für einen Gegenstand, sie symbolisieren ihn auf sensorischer Ebene, wie das auf begrifflicher Ebene eine Zeichen- oder Lautkombination tut. Aber davon abgesehen, daß (Sinnes-) Täuschung hierbei sehr leicht möglich ist, und sich damit sofort das Problem ergibt, woran ich Täuschung erkenne, wie sich 'richtige' von 'falscher' Ähnlichkeit abheben läßt, stellt sich auch die viel grundsätzlichere Frage, wofür denn das charakterisierende Symbol eigentlich steht. Für die Summe der Veränderungen, denen der Gegenstand unterliegt? Sicher nicht, sondern für den 'Gegenstand selber'. Was aber ist der Gegenstand 'selber' — unabhängig von all seinen Veränderungen?

Wie man sieht, ist der Grund für die Identität eines sich verändernden Gegenstandes eine materiell nicht so ohne weiteres zu fassende Sache — er hat nicht direkt mit seiner Ausdehnung zu tun oder mit seinen Eigenschaften, aber ist doch auch wieder nicht völlig unabhängig von all dem. Dieser Grund ist nicht ein zusätzlich zum Gegenstand hinzukommendes Etwas, sondern ist 'er selber', mit dem 'Wesen' (was immer das sein mag) dieses Gegenstandes gegeben. Dieser Grund ist nicht durch einfaches Hindeuten oder naive sinnliche Wahrnehmung zu erheben, sondern verlangt eine rationale Analyse in begrifflicher Abstraktion. Das macht ihn zu einem geistigen Gehalt (vielleicht auch nur zu einem Gedankending), der die Beschäftigung mit ihm zu einem philosophischen Unterfangen und, sollte sich die Realität des geistigen Gehalts erweisen, sogar zu einem metaphysischen geraten läßt.

2.2 Der Grund des Werdens in den Anfängen der griechischen Philosophie

Mit der Frage nach dem Grund der Veränderung (im doppelten Sinn, den der Genitiv zuläßt: als Grund für die Veränderung und als Grund, auf dem sich die Veränderung abspielt) landen wir bei den Anfängen der griechischen (Natur-)Philosophie. Sie verdankt ihre Entstehung einer rationalen Einstellung zur Wirklichkeit: dem Wissen-wollen von Ursachen und Gründen, statt alle Erklärung im Geheimnis-Dunkel des Mythos zu belassen. Das Begriffspaar 'aitía' bzw. 'aítion' (Ursache) und 'arché' (Grund, Prinzip) dient dazu, mit der Frage nach dem Werden zu Rande zu kommen. Einerseits ist die Ursache der Veränderung, wie wir gesehen haben, in der Ausrichtung von Raum-Zeit-Sequenzen in die Einsinnigkeit eines Ursache-Wirkungs-Zusammenhangs zu sehen.

Andererseits fußt die Frage nach dem Grund der Veränderung auf der Unterscheidung von Schein und Wirklichkeit. Es ist uns ja aus der Alltagserfahrung bekannt: bei weitem nicht alles, was nach Veränderung aussieht, ist wirklich eine solche, und nicht alles, was beharrlich erscheint, ist tatsächlich unveränderlich. Die Sonne wandert nur scheinbar um die Erde, die 'ewigen

Berge' heben und senken sich in geologischen Zeiträumen, und ein und dasselbe Blatt Papier kann je nach Perspektive ganz verschiedene geometrische Formen annehmen. Veränderung zu erklären heißt also zuerst einmal, vermeintliche von tatsächlicher Veränderung zu unterscheiden, und das verlangt, die Dinge in ihrem Grund zu kennen. Sinneserkenntnis schafft kein sicheres Wissen, sondern nur Meinungen, wird Platon am Ende diesen Denkansatz resümieren (Timaios 28a-29d).

Gewißheit gibt es nur durch Einsicht in den Grund der Dinge, durch die Erkenntnis ihres wahren Wesens. Über die Frage, ob die Sonne um die Erde kreist oder umgekehrt, kann man solange streiten, bis die Astronomie die Bahnen der Gestirne ihrem (mathematischen) Wesen nach verstanden hat und damit zugleich den Grund angeben kann, warum es unserer Anschauung anders als 'in Wahrheit' vorkommen muß. Das Beispiel weist wieder darauf hin, daß dieser 'wahre Grund' der Dinge ein nur geistig zu fassender Gehalt ist, was dann Platon zur Entwicklung seiner Ideenlehre veranlaßt hat. Es läßt aber auch schon eine Gefahr ahnen, daß nämlich über die Suche nach dem idealen Grund alles konkret den Sinnen Erscheinende, weil veränderlich, zur Unwirklichkeit, zum bloßen Schatten des Eigentlichen verblaßt.

2.2.1 Die milesischen Naturphilosophen suchen den Grund der Dinge in einem möglichst allgemeinen Stoff

Der Weg bis hin zur platonischen Idee — und was man im Gefolge daraus gemacht hat — ist allerdings noch weit. In ihren Anfängen sucht die griechische Naturphilosophie den Grund der Dinge im Stofflichen. Die 'arché' wird hier also noch materiell gefaßt und ist damit weniger Grund-Prinzip als Ur-Element. Möglichst weit verbreitet muß dieser Stoff sein, möglichst überall zu finden und möglichst konturlos, amorph, damit er die Bedingungen erfüllt, die an ein Grundprinzip zu stellen sind: Allgemeinheit und Bestimmbarkeit. Wasser ist dieser Urstoff bei Thales von Milet (ca. 624-546 vChr), Luft bei Anaximenes (ca. 585-528). Wasser, weil es überall vorkommt und Voraussetzung alles Lebendigen — Paradigma des Werdens überhaupt — ist. Es ist leicht nachzuvollziehen, daß in der Sonnenglut einer karstigen Mittelmeerküste das Wasser zum Urstoff, zum Urbeginn von Bildung und Sein schlechthin avanciert (Kirk 85)[1].

Das Denken des Anaximenes ist da schon weniger anschaulich, stärker theoretisch orientiert. Luft ist erst recht allgegenwärtig, aber noch weniger handgreiflich als Wasser, ist absolute Konturlosigkeit, und darum geeignet, beim Abstraktionsprozeß des Geformt-Veränderlichen als letzte, qualitätslose Ge-

---

[1] Im Gegensatz zur üblichen Zitierweise nach der Ausgabe von Diehls und Kranz bevorzugen wir für unsere Verweise das Werk von Kirk, Raven und Schofield (gekennzeichnet mit: Kirk und dort verwendeter laufender Numerierung), weil es neben einer genügenden Fragmentauswahl den Vorteil der thematischen Zusammenstellung bietet.

meinsamkeit von allem übrigzubleiben. Man sieht, wie der geistige Gehalt des Identitätsproblems unweigerlich zu wirken beginnt, und das Festmachen des Grundprinzips im Materiellen immer feiner und diffuser geraten läßt. Daneben will Anaximenes aber auch die 'aítia', die Ursachen fassen, durch welche die Verschiedenheit der konkreten Dinge aus dem konturlosen Urstoff werden kann. Es sieht sie in einem Prozeß der Verdichtung und Verdünnung, durch welchen sich die materiellen Gegenstände aus der Luft verfestigen, bzw. beim Vergehen wieder in sie auflösen (Kirk 140).

Noch weiter formalisiert Anaximander (ca. 610-545), indem er die Allgemeinheit des Grundprinzips vom Stofflichen ins Begriffliche zu verlagern beginnt. Wenn das Grundprinzip in allem, was ist, zu finden sein soll, so seine Überlegung, dann muß es vor jeder Bestimmung sein, die wir an einem Gegenstand unserer Erfahrung denken können. Nichts anderes als 'ápeiron' ist darum die 'arché', das restlos Unbestimmte, das, was vor aller Spezifizierung (und damit auch Veränderung) ist (Kirk 108 und 101). Die Ethymologie illustriert mehr als alle inhaltlich-definitorische Erörterung, was dieses Apeiron noch sein kann. 'Peráo' bedeutet im Griechischen das Durchqueren des Meeres, das Hinüberfahren von einem Ufer ans andere. (Empirie ist darum ursprünglich der Reisebericht, das Erzählen eines Mannes, der 'Erfahrungen' gemacht hat.) 'Apeiron' ist dann das, was man mit Überqueren nicht erreichen kann, wo man mit dem Hinüberfahren nie zu Ende kommt, weil sich hinter jedem ausgemachten Uferhorizont wieder ein neuer auftut. Das Apeiron ist also ein Grenzbegriff unserer Erfahrung, und man könnte in diesem Ausdruck ein Indiz für die Transzendentalität, die erfahrungsübersteigende Jenseitigkeit des Grundprinzips sehen — allerdings in die falsche Richtung einer sich entleerenden Unendlichkeit. Reine Unbestimmtheit kann ja wohl nicht die Grundlage, wenigstens nicht die einzige, unserer konkret sich bestimmenden Erfahrungswelt sein.

2.2.2 Pythagoras setzt dem Stoff der Milesier das Formprinzip gegenüber

Neben das Apeiron des Anaximander stellt sich mit logischer Notwendigkeit das Ordnungskonzept der pythagoreischen Schule. Sie faßt den Grund der Wirklichkeit in das Gegensatzpaar zweier Prinzipien: das Begrenzende oder Ungerade und das Unbegrenzte oder Gerade. Die Synthese aus beidem ist die Zahl 1, deren Vervielfältigung im Tetraktys-Schema (Ricken 1993, 29) das Unbegrenzte zu formaler Ordnung gerinnen läßt. Man wird sich nicht am Künstlichen eines solchen Zahlensymbolik aufhalten dürfen, wie es Aristoteles (Met. I 5, 986a 3) mit der Behauptung tut, für die Pythagoreer bestünde die ganze Wirklichkeit nur aus Zahlen. Hinter diesem mathematischen Gewand steckt vielmehr die Absicht, das Grundprinzip der Wirklichkeit nicht vom Stofflichen aus zu fassen, sondern vom Formalen. "Man soll nicht nur fragen, woraus die Dinge wurden, sondern auch, was aus dem Urstoff wurde, und wie sich dieses Was erklärt" (Hirschberger 1991, 26). Nicht im Material steckt das eigentliche Konstitutivum der Dinge, sondern in ihrer Form. Ob eine Statue aus Holz ist oder aus Gips, ist zweitrangig gegenüber dem, was sie darstellt. Was uns für ein Kunstwerk selbstverständlich ist, gilt ebenso für die Naturdinge. Natur ist erkannte Gestaltung, aufgedeckte Struktur.

Durch diesen Zusammenhang mit der Erkenntnis erweist sich das Formprinzip als geistiger Gehalt, womit der pythagoreischen 'arché' gelungen ist, was bei Anaximenes und Anaximander schon intendiert wurde: die Transzendentalität dieses Prinzips gegenüber der Erfahrungswelt auszuweisen. Es ist nur folgerichtig, daß die Mathematik zum Kennzeichen dieses Wirklichkeitsverständnisses wird: als reinste, von aller materiellen Konkretisierung befreite Darstellung des formalen Gehalts der Dinge und als Ausdruck des Überzeugtseins von der harmonischen Ordnung und Vernünftigkeit des Weltganzen (Kirk, Raven und Schofield 1994, 156-259). Auch in der heutigen Physik, für die das Ideal der Mathematisierbarkeit zur Selbstverständlichkeit geworden ist, gelten Symmetriebetrachtung und formale Eleganz als Kriterien für die Richtigkeit einer Theorie, wenn deren Gegenstände (z.B. die Bildung der Elementarteilchen) jenseits der Grenzen der Anschaulichkeit und der empirischen Überprüfbarkeit liegen. Ganz im Sinne der Pythagoreer wird in solchen Fällen die Schönheit einer mathematischen Lösung als Entdeckung eines Stücks der kosmischen Vernünftigkeit angesehen.

2.2.3 Die ontologische Extremposition des Parmenides

Bei aller Betonung des Formalen äußert sich das pythagoreische Denken doch mehr im Symbolhaften als in der logischen Analyse. Anders dagegen Parmenides (ca. 540-470). In der Frage nach dem wahren Grund der Dinge nimmt er den deduktiven Faden des Anaximander wieder auf, ohne dessen Scheinlösung der 'transzendentalen' Unbestimmtheit zu erliegen. Wenn schon die Suche nach dem Urstoff in Richtung des Allgemeinen weist und dieses Allgemeine auf den Begriff zu bringen ist, so ergibt die logische Analyse, daß alle Dinge darin übereinkommen, daß sie sind. Nicht ein gemeinsamer 'Urstoff' ist die Grundlage von allem, auch nicht eine ins Unendliche sich verlierende Unbestimmtheit, sondern das Sein der Dinge selbst.

Was dieser Übereinkunft im Sein gegenüber die Unterschiede der Dinge ausmacht, liegt in dem, was sie nicht sind. Ein Apfel ist keine Birne, ein Mann keine Frau. Beide sind sie, aber das eine ist nicht das andere. Sein und Nichts — mit diesen beiden Begriffen ist der Grund der Vielfalt der Dinge zu fassen. Sein oder Nichts — dazwischen gibt es aber auch kein Drittes. Die Dinge sind, was sie sind, und sie sind nichts anderes. Das ist ihre Bestimmung, die mit ihrem Sein gegeben ist. Daß Sein Nichtsein ausschließt, hat eine schwerwiegende Konsequenz. Es bedeutet folgerichtig die Verneinung des Werdens. Was sollte Werden schon sein? Der Übergang vom Nichts zum Sein? Der ist ausgeschlossen. Denn entweder ist das, was wird, schon mit dem, was ist, gegeben: dann war es immer schon da, und es liegt kein Werden vor; oder das, was wird, war nicht immer schon da: dann kann es nicht sein, denn es ist unmöglich, daß aus nichts etwas hervorgeht (Kirk, Raven und Schofield 1994, 269). Die Konsequenz aus diesem 'parmenideischen Dilemma': Werden kann es aus logischen Gründen nicht geben, und alle anders lautende Alltagserfahrung entpuppt sich als Schein.

So glücklich der Ausgangspunkt von Parmenides' Denken in der 'arché'-Frage gewählt war — es landet in einer ontologischen Extremposition, die das Werden im Sein auflöst. Wenn der Grund aller Dinge ihr Sein ist, dann ist trotz aller formalen Erhebung des gemeinsamen Grundes der Dinge eigentlich nichts erklärt. Die Dinge bleiben vielmehr in ihrer Verschiedenheit, was sie sind, ohne daß diese Vielfalt in einer verstehbaren Einheit zusammenkäme. Die rein formale Fassung der 'arché' findet keine Rückbindung in der 'aitía'. Für eine naturwissenschaftliche Betrachtungsweise ist eine solche Art von Ontologie offensichtlich ungeeignet. Was hier bliebe, wäre lediglich die Hinnahme eines Nebeneinanders von Phänomenen nach Art eines statischen Klassifizierens, ohne alle Möglichkeit, die Frage nach dem Zusammenhang des Komplexen und Unbekannten mit einfacheren und verstandenen 'Vorformen' auch nur zu stellen.

Eine evolutive Weltsicht verbietet sich für einen solchen Ansatz von selbst, und für eine Theorie der Entwicklung hat er definitionsgemäß nichts beizutragen. Was ein Organismus wird, ist er immer schon, heißt die parmenideische Lösung. Das muß keinen Präformismus im physischen Sinne bedeuten, wohl aber einen metaphysischen: das 'Seiende' hat all seine Eigenschaften explizit — nicht nur der Möglichkeit nach — schon in seinem Sein, so daß Entwicklung im besten Fall Selbstentfaltung, nicht aber Selbstüberbietung (Weissmahr 1983, 80) sein kann. Für die typische Fragestellung der Entwicklungsbiologie, wie aus einem undifferenzierten Ausgangssystem die ebenso extensive wie intensive Mannigfaltigkeit eines Organismus werden kann, liefert ein solcher in sich gerundeter Ontologismus keinen Verständnisrahmen. Jeder entdeckte oder auch nur postulierte Mechanismus der Strukturbildung kann ja sofort unhinterfragt unter die Vollkommenheit des jeweiligen arttypischen Seins subsumiert werden, ohne daß dieses Sein selber ein Kriterium abgeben könnte, ob seine Eigenart damit adäquat erklärt ist oder nicht. Insofern degeneriert die Totalität des parmenideischen Seinsbegriffs schnell zum Nominalismus.

Die naturphilosophische Unbrauchbarkeit ist natürlich nicht das letzte Urteil über den parmenideischen Seinsbegriff. Ricken (1993, 35) weist in der Würdigung von Parmenides' Philosophie darauf hin, daß dessen Prädikate des Seienden — ungeworden, unvergänglich, unveränderlich, vollkommen — die bleibenden Kennzeichen jeder Art von Letztbegründung der Wirklichkeit sind. Sie gelten für Platons Ideen genauso wie für Aristoteles' unbewegten Beweger oder den Gottesbegriff der christlichen Philosophie. Ja, selbst eine materialistische Weltdeutung kommt nicht daran vorbei, den letzten Materiebausteinen diese Seinsweisen zuzuschreiben und damit wider Willen einen Restbestand parmenideischer Metaphysik als historisches Erbe mitzuführen. Parmenides geht es gewiß nicht darum, das Werden um seiner selbst willen zu leugnen, sondern er braucht seinen 'zementierten' Seinsbegriff, um die Möglichkeit wahrer Erkenntnis zu begründen. Sein Problem ist, daß er Wahrheit mit Wirklichkeit gleichsetzt, wenn er axiomatisch festlegt, daß nur das sein kann, was (widerspruchsfrei) zu denken ist. Wenn die Erfahrungswelt aus diesem Rahmen der Denkbarkeit herausfällt, wie es das dargestellte 'Dilemma' gezeigt hat, dann ist sie ersatzlos zu streichen, mag auch aller gesunde Augenschein der Welt dagegenstehen.

Diese absolute Priorität des Denkens, die allen ontologischen Gewißheitsbegründungen von Parmenides bis Descartes eignet, ist es, was Naturwissenschaftlern den Zugang zur Philosophie und insbesondere zur Metaphysik so sehr erschwert. Man baut mit äußerstem Raffinement eine unumstößlich gültige Welt des Geistes auf um den Preis, das nicht mehr begründen zu können, was im Alltagsleben auf der Hand liegt. Es ist naturwissenschaftlich einfach nicht nachzuvollziehen, daß dem 'reinen Denken' mehr zu trauen sein soll als unserem Anschauungsvermögen. Gewiß verkennt ein solcher Einwand die Sinnspitze eines logischen Geltungsaufweises. Aber ist nicht auch wahr, daß unser Denken den Schlüssel zur Gewißheit der Erkenntnis keineswegs so selbstsicher in Händen hält, wie man philosophischerseits gern meint? Neigt unser Denken nicht immer wieder zu Engführungen, die erst am Kontakt mit der 'rauhen Wirklichkeit' aufgebrochen werden, aller ehemals 'logischen Notwendigkeit' zum Trotz? Die Kritik des parmenideischen Dilemmas kann als Beispiel dafür stehen.

Wie Ricken (1993, 38) zeigt, kennt Parmenides nur einen 'einstelligen' Seinsbegriff. Das hängt damit zusammen, daß im Griechischen das Verb 'denken' ('noein') nur mit Akkusativobjekt, nicht aber mit einem Konsekutivsatz konstruiert wird. "Ich denke Seiendes" hat dann dieselbe grammatikalische Struktur wie: "ich fühle Warmes" oder: "ich sehe Farbiges". Wie die Möglichkeit des Wahrnehmungsaktes Wahrnehmbares, Farbe oder Wärme, voraussetzt, so der Denkakt Sein. In diesem Sinn ist Nichtsein nicht denkbar, weil Nichtseiendes keinen Denkakt erlaubt. Wenn ich aber denke, *daß* etwas ist, dann kann ich auch denken, daß es nicht ist. Hier wird nicht Seiendes als Seiendes, sondern ein Sachverhalt gedacht. Ich denke, daß eine Sache so oder nicht so ist. Diesem 'zweistelligen' Denken liegt ein zweistelliger Gebrauch von sein (kleingeschrieben!) zugrunde: 'A ist b'. In dieser Weise ist das Denken von negativen Sachverhalten, von Nichtseiendem möglich.

Insofern hier mit logischen Mitteln das Unzureichende am parmenideischen Seinsbegriff aufgewiesen ist, bleibt zwar die in Frage gestellte Priorität der Welt des reinen Denkens noch einmal in Gültigkeit (und letztlich muß sie das auch bei jeder rational einsichtigen Begründung). Die Frage ist aber, ob eine solche erweiterte Analyse des Denkinhalts 'Sein' geschehen wäre, hätte sich nicht unsere Alltagserfahrung mit allen Mitteln gegen das parmenideische Dilemma zur Wehr gesetzt.

2.2.4 Heraklit versucht die Wahrheit hinter der Veränderung aus der Zusammenschau von Gegensätzen zu begreifen

Mit Heraklit aus Ephesus (ca. 544-484) wird üblicherweise die Gegenposition zum parmenideischen Seinsmonopol markiert, die in der Auflösung des Seins im Werden besteht. Heraklit "leugnet das Sein, um dem Gesetz des Werdens nichts zu vergeben", schreibt Zeller in seinem Standardwerk über die Philosophie der Griechen (Band I 2, 809). Das berühmte 'panta rei', 'alles ist im Fluß', läßt sich nur zu bequem in diese Richtung deuten, ohne daß für gewöhnlich die aristotelische Herkunft dieser Formel in Erinnerung behalten wird (Kirk, Raven und Schofield 1994, 203). Sie läßt sich auch widerstandslos mit dem ebenso bekannten Fragment 91 Heraklits zusammenbringen: "Man kann nicht zweimal in denselben Fluß hinabsteigen" (Kirk 215) – sowohl, weil das Wasser, als auch, weil man selbst inzwischen ein anderer geworden ist.

Was hier als Alltagserfahrung formuliert ist (mit durchaus tiefgehender Bedeutung, wie jeder weiß, der nostalgisch verklärte Erfahrungen zu reaktivieren sucht), gilt nach Heraklit auch für den Kosmos als ganzen. Die Welt der Stoffe geht aus einem Urfeuer hervor, verdichtet sich unter fortwährender Veränderung im Abstieg zur Erde, um in aufsteigender Verdünnung wieder zum Feuer zurückzukehren. So jedenfalls lautet die kosmologische Deutung, wie sie dem Fragment 60: "der Weg hin und zurück ist ein und derselbe" (Diels/Kranz 22 B 60) unterlegt werden kann. "Die Umwandlung des Stoffes bewegt sich demnach im Kreise. Nachdem sich seine elementarische Beschaffenheit in der Erde am weitesten von seiner Urgestalt entfernt hat, kehrt er durch die früheren Zwischenstufen zu seinem Anfang zurück. Die Gleichförmigkeit und die feste Ordnung dieser Bewegung ist das einzige, was im Fluß der Welt beharrt" (Zeller 1963, 855).

Kein Element bleibt also in diesem Fluß der Dinge dasselbe, das Bleibende ist nicht der Stoff oder irgendein Urelement im Sinne der ionischen 'arché', sondern die Gesetzmäßigkeit, mit welcher die Elemente ineinander übergehen. Daß die Welt stets ein und dieselbe ist, liegt an der genauen Entsprechung von Auf und Ab im Stoffkreislauf. Die Harmonie, mit der das kreislaufartige Ineinanderübergehen aller Dinge und Zustände geschieht, wird als Ausdruck göttlicher Ordnung, als 'Logos' gesehen.

Man darf sich die Sache indessen nicht zu einfach machen. Nicht nur, daß die Quellenlage bei Heraklit noch weniger als bei anderen Vorsokratikern ein Hochstilisieren zu einem geschlossenen System erlaubt. Man muß man sich davor hüten, die einzelnen, aphorismenhaften Sentenzen aus dem Vorurteil heraus, Heraklits archaisches Denken besäße noch keine genügende logische Präzision, ohne weiteres in einen fremden Verstehenskontext zu übertragen (Held 1980, 152). Es ist vielmehr in Erinnerung zu behalten, was Heraklits eigentliches Anliegen ist. Und da ist festzustellen, daß es ihm, genau wie Parmenides, nicht um eine metaphysische Analyse von Seiendem und Werden

geht, sondern um die alte Grundfrage nach der Wahrheit von Erkenntnis.
Diese Wahrheit versucht er nun nicht an der Unwandelbarkeit irgend eines
'dahinterliegenden' oder die Erfahrungswelt übersteigenden Prinzips festzumachen, sondern in der Originalität einer besonderen Art des Denkens, der es
gelingt, die Vielfalt und Wandelbarkeit der Welt aufzunehmen und auszuhalten
und dadurch ihre Einheit herzustellen.

Es ist richtig, daß Heraklit das Werden und die Veränderung allen Seins als
Grundwirklichkeit auffaßt. Und er will diese Grunderfahrung von Welt auch
nicht, oder jedenfalls nicht primär, in die höhere Einheit eines kosmischen
Kreisprozesses aufheben. Er will sich vielmehr einen Überblick, mehr noch,
Einsicht in den Sinn des Ganzen verschaffen. Dafür steht das Fragment 2 als
Programm: "Darum tut es not, das Gemeinsame zu befolgen. Doch obwohl
der Logos gemeinsam ist, führen die Vielen ihr Leben so, als hätten sie eine
private Einsicht" (Übers. Held 1980, 133). Hier kommt das Aristokratisch-
Menschenverachtende (Ricken 1993, 30) an Heraklit zum Vorschein. Er
erhebt sich über das Vielerlei der Ansichten, welche die Menschen üblicherweise von den Dingen haben und gegeneinander ausspielen. Die Verschiedenheit der Ansichten ist ja nichts weiter als das Abbild der Veränderlichkeit der
Dinge, und damit hat jede dieser Ansichten für ihren Teil recht. Was nicht
sein darf, ist indessen die Bevorzugung einer Ansicht gegenüber einer anderen, denn sie sind alle zusammen gleichermaßen richtig, und nur im Aufprall,
im 'Rechtbehalten' der Meinungen aneinander enthüllt sich das Ganze der
Wahrheit. So wird tatsächlich "der Krieg zum Vater von allem" (Fragment 53,
Kirk 212). Was nottut, um im Hin- und Hergeschütteltwerden der verschiedenen Meinungen die Orientierung zu behalten, ist die Fähigkeit zum Denken in
Gegensätzen. Die verschiedenen Ansichten lassen sich ja alle in der Bandbreite
zwischen zwei Extremen ansiedeln, und wenn es gelingt, diese Extreme
zusammenzusehen, dann entsteht Einsicht in das Gemeinsame, in den Logos,
der sich in der Vielfalt des Denkens (und des Seins) ausdrückt.

'Logos' ist also so etwas wie Fähigkeit und Resultat einer geistigen Synthese,
welche Unterschiede weder nivilliert noch zurückführt, sondern bestehen läßt,
indem sie das Nacheinander der verschiedenen Ansichten in der Gleichzeitigkeit einer 'dialektischen' Zusammenschau in der Schwebe hält. In dieser
Weise erschließt sich das bekannte Bildwort aus Fragment 51 von der "gegenspännigen Verbindung" (Kirk 209) der Leier und des Bogens. Nur wenn und
solange es gelingt, das Auseinanderstreben der Gegensätze in der Spannung
einer geistigen Zusammenschau zu halten, resultiert daraus als Einsicht der
'Logos' des Sinnes des Ganzen, dargestellt im Bild der nur auf gespannten
Saiten erzielbaren Töne (und ihrer Harmonie) bzw. der nur aus der Spannkraft
von Bogenenden und Sehne beruhenden Flugbahn des Pfeils.

Auch die scheinbare Trivialität von Fragment 103: "Gemeinsam sind Anfang
und Ende auf dem Kreis" (Kirk 203) weicht nun einem tieferen Sinn. Es geht
nicht um die geometrische Gleichwertigkeit aller Punkte auf dem Kreis, womit
die Beliebigkeit von Anfang und Ende dieser Linie gegeben ist, sondern wie

Held (1980, 148) wohl richtig sieht, um das Abschreiten einer Strecke (nämlich der Spannbreite von Ansichten bzw. Erscheinungen), die sich bei richtiger Sicht der Dinge als Kreis entpuppt und den Gegensatz des einen als die Kehrseite des andern verstehen läßt. Hier wird die Mühsal des Aushaltens von spannungsgeladenen Gegensätzen ausdrücklich zur 'Harmonie' (im ursprünglich griechischen Sinn der Zusammenfügung sonst getrennter Einzelstücke — vgl. Held 1980, 145) eines Ganzen, und der Logos, sonst Resultat meiner geglückten Bemühung um Einsicht, offenbart sich nun auch als alle Verschiedenheit umfassender Einheitsgrund, der damit auch im kosmischen Sinn verstanden werden darf. Was die Welt in der Fülle der sich fortlaufend verändernden Erscheinungen ist, ist der menschlichen Erkenntnis nur in der Form von Gegensätzen zugänglich. In der Dynamik der Zusammenführung dieser Gegensätze — einer Geisteshaltung, die sich von keiner Einzelmeinung usurpieren und von keiner noch so großen Verschiedenheit entmutigen läßt — hat unsere Erkenntnis aber eine Möglichkeit, den Logos des Ganzen zu finden oder, wenigstens, den Einklang mit ihm zu entdecken.

Hat uns Heraklit damit eine Möglichkeit geschaffen, Werden zu verstehen? Keineswegs, denn er akzeptiert es tatsächlich als Grundform unserer Wirklichkeit und führt es nicht auf etwas anderes zurück. Aber er kann uns immerhin einen Weg weisen, wie unsere Erkenntnis mit verwirrenden, widersprüchlichen Erscheinungen zurechtkommen kann: sie unverstanden im Spannungsfeld von gegensätzlichen Beschreibungen stehen zu lassen, statt einseitig Position zu beziehen und Wahrheit mit Verneinung der Gegenseite zu verwechseln; und den Versuch nicht aufzugeben, durch wechselweise Annäherung von beiden Seiten her einen allmählichen Verständnisfortschritt bzw. ein Gespür für den Sinn zu bekommen. Was der Physik in dieser Hinsicht mit der Beschreibungs-Komplementarität der Wellen- und Korpuskel'natur' von Elementarteilchen gelungen ist, könnte eine Leitlinie auch für die Biologie sein in der Streitfrage, wie mechanistisch oder psychistisch das Leben zu bestimmen sei. Jedenfalls hat die Geisteshaltung des Heraklit, Gegensätze auf Vollkommenheit hin zu durchschauen, nichts von ihrer Aktualität für ein naturwissenschaftliches Weltbild verloren.

2.2.5 Empedokles führt die Denkstrategie der Elementarisierung des Stoffes ein, wonach sich Werden als Zusammensetzung erklärt

Der Grund der Veränderung, die 'arché', wurde in den bisher untersuchten Denkansätzen entweder in *einer* Substanz oder in *einem* Prinzip gesehen. Einmal sind es die göttlich-lebendigen Potenzen des Urstoffes selbst, welche ihn in vielerlei Erscheinungsweisen auftreten lassen — deutlich beim Hylozoismus des Thales (Kirk 90), aber auch noch beim unerschöpflich schöpferischen Vorrat, den das anaximandrische Apeiron besitzt. Oder es ist ein Prinzip, welches ein zunächst unbestimmtes materielles Substrat in seinen Eigenschaften determiniert — mechanistisch gefaßt im Prozeß der wechselweisen Verdichtung und Verdünnung bei Anaximenes; formal gefaßt als durch Zahlenverhältnisse bestimmte Ordnung bei den Pythagoreern. Das Prinzip kann freilich auch heißen, daß es Ordnung nur im Wandel gibt (Heraklit), oder daß überhaupt keine Veränderung sein darf (Parmenides). Aber auch dann wird die Wirklichkeit noch vom Prinzipiellen her definiert, nämlich von der geltungslogischen Deduktion der Bedingungen wahrer Erkenntnis.

Demgegenüber stellt der Ansatz des Empedokles (ca. 492-432) insofern einen Fortschritt dar, als er nicht nur (dezidierter als Anaximenes oder Pythagoras) Stoff und Ursachen nebeneinanderstellt, um das Werden verständlich zu machen, sondern vor allem, indem er erstmals eine Mehrzahl von Urstoffen annimmt, aus denen die materielle Welt besteht. Damit werden die 'archaí' zu Elementen ('stoicheíoi'), ein Ausdruck, den Empedokles selbst freilich noch nicht benützt. Er spricht von 'rhizómata' (Kirk 346), den Wurzeln aller Dinge, was diesen Elementen denselben Grad an Unveränderlichkeit und Unvergänglichkeit verleiht, mit dem Parmenides dem Begriff des Seienden charakterisiert. Auf diese Weise gelingt es Empedokles, die Lehre von der Gesichertheit der Erkenntnis, welche nach Parmenides Werden (als Entstehen aus dem Nichts) ausschloß, mit der Annahme realer Veränderungen in der Welt zu vereinen. Daß die Rhizomata ewig sind — es sind die klassischen vier Elemente: Feuer, Wasser, Erde, Luft (Kirk 349) — wird zwar nicht in logischer Ableitung deduziert, sondern als göttliche Offenbarung deklariert. Aber auch damit ist ein Boden sicherer Gewißheit geschaffen, auf dem Erkenntnis möglich ist, weil alle veränderlichen Dinge sich als Kompositionen auf letzte unverbrüchliche Seinseinheiten zurückführen lassen (Röd 1988, 160).

Entstehen ist Mischung, Vergehen Trennung dieser vier das substantielle Sein ausmachenden Elemente (Kirk 355, 356). Veränderung ist nicht Zustandswechsel eines Urstoffes, sondern Änderung des Mischungsverhältnisses von vier in sich unwandelbaren Urstoffen. Was die Identität der konkreten Substanzen ausmacht, ist ein bestimmtes Zahlenverhältnis der an ihrem Aufbau beteiligten Elemente — ein Konzept, das als 'Stöchiometrie' in der analytischen Chemie bis heute seine Gültigkeit behalten hat (Röd 1988, 161). Wichtig ist dabei, daß mit dem Rekurs auf Zahlenverhältnisse ein Grundgedanke der pythagoreischen Philosophie wiederaufgenommen wird. Dies ist wohl als Hinweis dafür zu verstehen, daß die Philosophie der Alten nicht einfach privates Hobby einzelner esoterischer Geister war, sondern ein Gedankengut darstellte, das unter den Gebildeten in Umlauf war, diskutiert und weiterentwickelt wurde.

Mit der Zusammensetzung der sinnlich wahrnehmbaren Dinge aus unveränderlichen Grundelementen, die — für sich genommen — sich unserer Sinneswahrnehmung entziehen (Röd 1988, 161), ist der Grund angegeben, auf dem das Werden basiert. Dabei könnte man zunächst durchaus offenlassen, ob der Abstraktionsgrad dieser vier Grundelemente substanzhaft aufgefaßt werden muß, so daß sie selbst tatsächlich die letzte Stoffinstanz darstellen, aus dem die Dinge sind, oder ursprunghaft-ontologisch — was die Rede von den "Wurzeln des Seins" eher nahelegt (Lüth 1970, 17) —, womit sie der in sich vielfältige Ermöglichungs- und Bestimmungsgrund der wechselnden Eigenschaften der Dinge in einem relationalen Sinne wären. Wenn aber Empedokles den Seinsgründen der Veränderung Ursachen an die Seite stellt, welche für die unterschiedlichen Mischungsverhältnisse verantwortlich sind, dann ist mit diesem Funktionszusammenhang von Konstitutions- und Bewegungsprinzipien doch wohl die Entscheidung für eine substanzhaft-mechanische Auffassung der Grundelemente getroffen. Ein Dualismus von Kräften und Stoffen gewährleistet eine hinreichende Erklärung der Veränderungen in dieser Welt und ist somit Ausdruck eines ersten durchgreifenden Mechanismus, der für den geordneten Ablauf des Weltganzen keiner weiteren planenden Intelligenz mehr bedarf. Zwar kennt Empedokles auch die Rede von Gott als "heiligem Geist" ('phren hieré'), aber sie kommt nur im Zusammenhang seines ethischen Lehrgedichts "Katarmoi" vor, ohne daß sich hieraus ein rechter Zusammenhang zur Konzeption seiner Kosmogonie herstellen ließe (Röd 1988, 172).

Die auf die Grundelemente einwirkenden Kräfte werden von Empedokles als Liebe ('Philótes') und Haß bzw. Streit ('Neîkos') bezeichnet (Kirk 348). Liebe ist die Ursache der Vereinigung, Haß jene für die Trennung der Elemente. Der Antagonismus zwischen beiden Kräften, bzw. ihre unterschiedliche Vorherrschaft bewirkt die Unterschiede in den Mischungsverhältnissen. Derselbe Antagonismus ist aber auch Grund für den Gesamtablauf der Welt, der seinen Ausgang von einem nur von der Liebe bestimmten, restlose Einheit darstellenden 'Sphairos' nimmt, welcher dann unter dem zunehmenden Einfluß des Streits die Elemente ausgliedert (Kirk 358), die ihrerseits angetrieben durch die beiden Kräfte zu den Mischungen der Erscheinungsdinge führen (Kirk 360).

Es ist naheliegend, den Fortgang dieses Prozesses weiter auszuziehen und eine dritte Weltperiode der ausschließlichen Haßherrschaft zu konstruieren, in der alles nur noch Entzweiung ist und keinerlei Einheit mehr existiert, worauf sich in neuerlichem Umschlagen des Kräfteverhältnisses eine vierte Periode wachsender Liebe (und entsprechend neuerlicher Synthesefähigkeit der Elemente) anzuschließen hätte, die schließlich wieder im Zustand des Sphairos kulminiert. Es wird allerdings von einer Reihe von Philosophiehistorikern bezweifelt, ob eine solcherart geschlossene zyklische Kosmogonie wirklich der Intention des Empedokles entspricht und nicht vielmehr nur die Interpretation des Aristoteles darstellt (Röd 1988, 164). Authentisch empedokleisches Gedankengut ist jedenfalls die Identifizierung des gegenwärtigen Zustands der Welt mit der zweiten Phase. Das besagt, daß der spezifische Grund für die Vielfalt unserer Erfahrungswelt im Aufkommen der dissoziierenden Kraft des Neikos gesehen wird. Der Streit ist also in einem kosmogonischen Sinn tatsächlich der Vater aller Dinge — eindeutiger Anklang, wenn nicht bewußte Anleihe am Erbe Heraklits (Kirk 212), als dessen Versöhner mit dem parmenideischen Seinsdenken Empedokles ja gemeinhin gilt.

Interessant für unseren Zusammenhang, wenn auch nicht ohne weiteres ergiebig, sind Empedokles' Ansichten über die Entstehung der Lebewesen. Er läßt die einzelnen Organe gesondert aus den Elementen des Erdinnern hervorgehen und sie dann in einem Prozeß zufälliger Mischung zusammensetzen. Dabei entstehen neben allen möglichen phantastischen Kombinationen schließlich auch die uns vertrauten Formen, denen allein die Fähigkeit zur geschlechtlichen Fortpflanzung, und damit zum Überleben, zugeschrieben wird (Kirk 375).

Ob man in dieser Spekulation bereits eine Vorwegnahme der Selektionstheorie sehen darf, wie das einige Interpreten tun (z.B. Röd 1988, 167), sei dahingestellt. Näherliegend scheint die Annahme, daß Empedokles damit die Existenz mythologischer Fabelwesen erklären wollte als auch das Auftreten anatomischer Mißbildungen. Jedenfalls ist mit dieser Zoogonie noch einmal ein deutlicher Hinweis dafür gegeben, daß Empedokles' Weltentwurf tatsächlich als mechanistischer Interpretationsversuch zu werten ist: auch Höherentwicklung und organische Ordnung werden allein aus materie-immanenten Kräften verständlich gemacht, ohne daß es dafür einer eigenen, die autonome Determiniertheit der zyklischen Weltbewegung übersteigenden Zielsetzung bedürfte (Ballauf 1954, 25).

Die Möglichkeit, Werden als mechanischen Gesetzen unterliegenden Prozeß zu begreifen, beruht auf der Strategie materieller Elementarisierung. Durch die Auflösung des einen Urstoffes in eine Mehrzahl von Elementen entsteht die Möglichkeit, Werden aus der demiurgischen Potentialität der 'arché' in die kausal begründbare Kombination von Bestandteilen überzuführen. Das parmenideische Dilemma, wonach Neues entweder nicht möglich oder nicht neu sein kann, wird durch eine Verteilung auf zwei Seinsebenen gelöst. Das Neue ist nicht schlechthin neu, sondern besteht aus auf höherer Ebene schon Vorhandenem. Werden ist deshalb Anordnung (Gruppierung und Umgruppierung) von in sich beständigen Materieteilen.

In dieser Grundstrategie des Mechanismus, der auch unser heutiges naturwissenschaftliches Denken unterliegt, steckt zugleich das alte parmenideische Erkenntnisideal einer Gewißheit, die auf Unwandelbarkeit beruht. Erklärt ist ein neues Phänomen, wenn ich es auf 'schon Bekanntes', und das ist letztlich das immer schon Dagewesene, zurückführen kann. Was das Neue an diesem Vorhandenen ausmacht, beruht auf Krafteinwirkung auf diesen schon (immer) bestehenden Stoff.

Damit ist natürlich die ganze Frage, was denn die Qualität des Neuen ausmacht, wieso und wie sehr es uns 'neu' (im Sinn von noch nicht dagewesen) vorkommt, auf den Bedeutungsgehalt von 'Krafteinwirkung' verschoben. Wenn diese 'Kraft' zur "Fulguration" hochstilisiert und mystifiziert wird, wie das die Systemtheoretiker im Gefolge von Konrad Lorenz gern tun, kann schließlich alles und jedes aus dem schon Bekannten 'emergieren'. Eine solche Art von Emergentismus, beinhaltet sie mehr als nur den historisch-zufällig bedingten "nicht rationalisierbaren Rest" (Lorenz 1975, 54), ist aber keine naturwissenschaftliche Erklärung mehr (Kummer 1994, 227). Das mechanistische Ideal der Erklärung als Rückführung auf Bekanntes heißt in seiner strikten Form, die Kraft, welche für die Neu-Anordnung von 'vorhandenen' Elementen verantwortlich ist, als Ursache reiner Ortsbewegung aufzufassen. Von diesem Ideal ist Empedokles noch ziemlich entfernt. Das von ihm eingeführte Kräftepaar, nicht umsonst Liebe und Haß genannt, ist keineswegs als bloße Metapher für mechanische Bewegungsprinzipien zu verstehen, sondern enthält eine deutliche personifizierende Komponente (Röd 1988, 160). Damit steckt in ihnen doch noch viel von der psychisch-schöpferischen Potenz der milesischen 'arché'. Ebenso sind die Rhizomata nicht bloß quantitative Vervielfältigungen des Stoffes, sondern mit so konkreten Eigenschaften bedacht, daß es schwerfällt, in ihnen unveränderliche Letztbestandteile zu sehen (was ja deshalb durch den Rekurs auf göttliche Offenbarung erhärtet werden soll), oder ihre Mischbarkeit als hinreichende Ursache für alle möglichen Qualitäten anzusehen (Anaxagoras wird darum genau in diesem Punkt widersprechen).

2.2.6 Für die Atomisten besteht alle Veränderung in der Bewegung elementarer Stoffquanten

Die eben genannten Unzulänglichkeiten überwindet der Atomismus, wie er vor allem von Demokrit (ca. 460-370) entwickelt wurde, weitgehend. Der Urstoff wird nicht länger in nur einige qualitativ verschiedene Bereiche aufgeteilt, die letztlich doch wieder mehr Prinzipien als Bestandteile sind, sondern ist jetzt in extensiver Vielfalt gequantelt. Es gibt damit eine unendliche Anzahl von Grundbausteinen, die ihrerseits das Prädikat unvergänglichen Seins erhalten, und darum, obwohl sie ausgedehnt sind, als unteilbar ('átoma') gelten. Der Grund für diese Annahme wird mit dem Fehlen von Zwischenräumen innerhalb der Atome angegeben, die alleine eine Teilung von Materie zuließen (Kirk 558; Röd 1988, 195). Das besagt einmal, daß Materie im Sinn einer unveränderlichen Letzt-Substanz als kompakt und undurchdringlich aufgefaßt wird, aber auch, daß die veränderlichen Dinge, aus Atomen zuammengesetzt, auch noch nicht mit Materie gefüllte 'Zwischenräume' besitzen, die ihre Teilbarkeit in Atome (als Voraussetzung für Veränderung bedeutendes Rearrangement) erlauben (Kirk 545).

Neben der ewigen und unzerstörbaren Materie, die wieder die ontologischen Qualitäten des parmenideischen Seins erhält, gibt es also ein zweites Prinzip, welches auf den ersten Blick scheinbar mit dem Nichts des Parmenides korrespondiert, aber wohl davon zu unterscheiden ist: den leeren Raum (Kirk 556). Diesen leeren Raum kannte Empedokles noch nicht (Röd 1988, 161); weil das Nichts im Gefolge des parmenideischen Denkens als kontradiktorischer Gegensatz zu Sein zu begreifen war, mußte das All restlos von den vier Elementen erfüllt sein — etwas anderes wie Sein durfte es ja nicht geben. Nun aber wird das Nichts zum physikalischen Begriff des 'leeren Raums', der als solcher mit dem ontologischen Anti-Begriff des parmenideischen Nichts logisch inkompatibel ist. Denn dem leeren Raum kommt natürlich Sein zu, obgleich er keine Materie ist. Diese Feststellung mag zunächst paradox erscheinen, denn voraussetzungsgemäß war ja der Seinsbegriff von den Atomisten auf die materiellen Elementarpartikel übertragen worden. Das Paradoxon löst sich aber sofort, indem es uns zeigt, daß Demokrit den Seinsbegriff in einer doppelten Weise zu gebrauchen verstand: gegenständlich zur Bezeichnung der Substanz und formal zur Bezeichnung der Existenz. Mit dieser Unterscheidung war die logische Aporie des parmenideischen 'to be or not to be' hinsichtlich des Werdens endgültig überwunden — und wäre selbst der heutigen Physik bzw. Kosmologie der Weg gewiesen, das Phänomen des leeren Raumes nicht mit dem Nichts 'außerhalb' der Singularität des Big Bang zu verwechseln.

Der leere Raum eröffnet die Möglichkeit, das Zusammentreten von Atomen zu materiellen Körpern als Folge reiner Ortsbewegung aufzufassen (Kirk 584). Es bedarf für deren Synthese keiner anderen Kraft als jener von Druck und Stoß (Kirk 579), womit sich die Atome von Ewigkeit her in Bewegung halten. Das Problem des Werdens scheint damit in einem genial einfachen Mechanismus aufgelöst: die Veränderlichkeit der Dinge ist eine Erscheinung, die sich auf die Bewegung von in sich unveränderlichen Elementarteilen zurückführen läßt. Dennoch verbirgt sich dahinter ein Problem, auf das schon Aristoteles (Met. I 4, 985b) aufmerksam gemacht hat: wenn die Atome ihre Bewegung durch mechanische Impulsübertragung erhalten, diese Bewegung aber gleichzeitig ewig sein soll, ist sie auf diese Weise nicht erklärt, weil jedes Bewegte immer noch Bewegung voraussetzt, und die Ableitung somit einen regressus in infinitum enthält. Ein ähnlicher Fortgang ins Unendliche tritt auch schon hinsichtlich der Gesamtheit des Stoffes auf, wenn die Atome zugleich ausgedehnt und unendlich an Zahl sein sollen; das Problem wird dort durch eine unendliche Abfolge von Kosmogonien umgangen (Kirk 563), wie hier durch die Ewigkeit der Bewegung.

Es ist jedoch nichts zu machen: wenn Bewegung als etwas zusätzlich zur Materie Bestehendes verstanden wird, nicht zur 'Natur' der Materie selbst gehört, dann bedarf sie einer eigenen Begründung, und solange diese nicht gefunden ist, ist die mechanistische Erklärung nicht restlos kohärent. Das unbewältigte Problem liegt also darin, daß "Demokrit nicht zu einem dynamischen Begriff der Materie vorgedrungen ist" (Röd 1988, 199), sondern Materie in parmenideischer Denktradition nur in univoker Starrheit begreifen konnte.

Von dieser 'Unzulänglichkeit' einmal abgesehen — sie soll nicht als nebensächlich abgetan werden, denn das blinde Auge für den Ursprung der bewegenden Kraft wird das Erbleiden der mechanistischen Interpretationsversuche bleiben — ist zu fragen, wie weit mit dieser Konzeption von Werden als Atombewegung die Vielfalt der entstandenen Dinge erklärbar geworden ist. Lassen sich tatsächlich alle qualitativen Unterschiede auf Ortsveränderung von Materiequantitäten zurückführen? Demokrit gibt auf diese Frage eine doppelt abgesicherte, aber gerade darum inkonsistente Antwort. Einmal werden die

Sinnesqualitäten tatsächlich als subjektives Resultat unseres Wahrnehmungsapparates verstanden, dessen Funktion der Druck-und-Stoß-Mechanik der Atome, wenn auch besonders kleiner und leicht beweglicher, voll entspricht (Kirk 587). Insoweit wird also Qualität tatsächlich auf Quantität zurückgeführt und die Sinnesqualitäten erweisen sich als 'sekundär' (Kirk 549). Daneben kennt Demokrit aber auch primäre Qualitäten, und diese eignen den Atomen selbst, insofern sie sich nicht nur durch die Größe, sondern auch durch die Form ('schêma', auch 'morphé' oder 'idéa') unterscheiden (Kirk 556).

Die Dinge sind also hinsichtlich ihrer Größe, Schwere, Härte, äußeren Form und dergleichen auch 'an sich' verschieden, je nachdem, aus welchen Atomsorten sie sich zusammensetzen. Aufgrund der unterschiedlichen Formen der Atome sind diese Dinge auch nicht nur passive Zusammenballungen schwerer Massen, sondern spezifische atomare Anordnungen, bei denen es neben Art und Anzahl der einzelnen Atomsorten auch auf deren Lagebeziehungen zueinander ankommt (Kirk 555). Freilich resultieren die Anordnungen (Systeme würde man heute sagen) einzig aus den sich kreuzenden Bahnen der atomaren Ortsbewegung, aber die Form dieser Resultate ist durch spezifische Atomeigenschaften determiniert, welche sich nicht allein durch Zahl und Masse ausdrücken lassen. Insofern ist es nicht ganz korrekt zu sagen, Demokrit habe den Stoff in Elementarteilchen zerlegt und das Werden durch rein quantitative Beziehungen (Röd 1988, 196) erklärt. Er hat − neben der Fähigkeit zur Bewegung − ein immer noch beträchtliches Potential an formgebender Kraft von der alten Arche hylozoistischer Prägung auf seine Atome übertragen.

Es bleibt natürlich immer zu bedenken, daß Demokrit eine im modernen Sinn physikalische Theorie weder liefern konnte noch wollte. Seine Atomistik muß stets als spekulative Antwort auf die von Parmenides aufgeworfene ontologische Aporie des Werdens verstanden werden. Trotz dieser Unbrauchbarkeit als Ahnherr neuzeitlich-naturwissenschaftlichen Denkens (Röd 1988, 200) zeigt Demokrit aber in einer exemplarischen Weise, wie das mechanistische Erklärungsideal (Qualitätsänderung auf quantitative Umverteilung zurückzuführen) aus einer metaphysischen Fragestellung hervorgegangen ist (den Seinszuwachs beim Auftreten von Neuem zu begreifen) und (wie im Fall der Ursache der Bewegung) schnell Gefahr läuft, die Reichweite der metaphysischen Perspektive durch logisch unhaltbare Lösungen zu verkürzen, oder (wie im Fall der Eigenschaften der Atome) altes metaphysisches Erbe unbedacht im neuen Lösungsanspruch mitzuführen.

2.2.7 Anaxagoras unternimmt eine Atomisierung des Qualitativen

Demokrit ist mit der Bewältigung qualitativer Veränderung im Sinn einer Rückführung auf Bewegung von Quantitäten nicht restlos zu Rande gekommen. Das mag den Ansatz des Anaxagoras (ca. 500-428) rechtfertigen, die Atomisierung auf qualitativem Wege zu versuchen. Entsprechend dem Grundaxiom des Parmenides, daß wirklich Neues nicht entstehen könne, sieht er sich außerstande, Qualitäten auseinander hervorgehen zu lassen. Wie sollte aus Nicht-Haar Haar geworden sein oder aus Nicht-Fleisch Fleisch (Kirk 484)? Was immer es also an Eigenschaften gibt, muß es immer schon gegeben haben; die Qualitäten sind daher ebenso ewig und unwandelbar wie die atomaren Quanten des Demokrit. Andererseits setzen sich die Dinge gewöhnlich aus einer Vielzahl von Eigenschaften zusammen, und Veränderung bedeutet Wechsel von Eigenschaften. Um diese Wandelbarkeit mit der Unveränderlichkeit des qualitativen Seins zu vereinen, müssen die Qualitäten ebenso elementarisierbar gedacht werden wie die Materie der Atomisten.

'Spermata' nennt Anaxagoras seine elementaren Qualitätsträger (Kirk 468), denen aber im Gegensatz zu Demokrits Atomen keine Ausdehnung zugeschrieben wird (Kirk 472). Der Grund dafür ist in der Überlegung zu sehen, daß Ausdehnung immer Teilbarkeit bedeutet. Jede Strecke kann ja immer noch weiter geteilt werden, solange sie noch eine Strecke, d.h. von Null verschieden ist. Diesem Problem hat Demokrit ja dadurch zu begegnen gesucht, daß er der mathematischen Teilbarkeit im konkreten Fall den leeren Raum als Bedingung für physikalische Teilbarkeit gegenübergestellt hat, bzw. die Unmöglichkeit eingesehen hat, aus dem Grenzwert des ausdehnungslosen mathematischen Punktes eine Körperwelt zu konstruieren (Röd 1988, 197).

Mit den unräumlichen Spermata schafft sich Anaxagoras eine Möglichkeit, die Mischung von Eigenschaften als konstitutiv für körperliche Gegenstände aufzufassen. Das unendlich Kleine könne nicht an sich existieren (eine eher stillschweigende Hommage an den Ausgedehntheitsbeweis der Atome bei Demokrit), weshalb reine Qualitäten kein selbständiges, getrenntes Sein haben (Ricken 1993, 43), sondern nur in Mischungen vorliegen, welche die körperlichen Dinge darstellen (Kirk 469). Jedes Ding läßt sich also definieren als spezifische Häufigkeitsverteilung aller möglichen Qualitäten. Wie man sieht, sind die Anklänge an Empedokles' Mischungstheorie der Elemente beträchtlich, und man dürfte nicht fehlgehen, Anaxagoras die Kenntnis dieses Zeitgenossen zu unterstellen (Röd 1988, 176).

Aus der denkerischen Unmöglichkeit reiner Substanzen und der unbegrenzten Teilbarkeit der Materie folgt als logische Konsequenz, daß jedes Ding aus einer unendlichen Anzahl von gleichartigen Teilen besteht, die von Aristoteles (Met. I 3, 984a 14 bzw. 988a 28) so bezeichneten Homoiomerien ('homoiomerê' = gleichartige Teile), die, wie groß oder klein man ihr Quantum auch ansetzen mag, stets dasselbe, für diesen Körper spezifische Mischungsverhältnis aller in der Welt vorkommenden Spermata-Arten haben.

Es ist schwer nachzuvollziehen, wie dieses Homoiomerie-Prinzip "alles in jedem" (Kirk 481) mit dem schon erwähnten Fragment 10 (Fleisch könne nur aus Fleisch, Haar nur aus Haar bestehen) zusammengeht, weil ja in jedem Körperteil stets dasselbe Eigenschaften-Verhältnis stecken müßte wie im gesamten Organismus auch. Ohne uns auf das Grundproblem der Anaxagoras-Interpretation einzulassen, wie denn das "wahrhafte Sein" der Dinge genau zu bestimmen sei (eine Darstellung der verschiedenen Positionen bietet Röd 1988, 181), soll hier nur auf zwei Gesichtspunkte hingewiesen werden. Einmal gilt als sicher, daß Anaxagoras seine Intention stark auf die Erklärung biologischer Sachverhalte, insbesondere den Stoffwechsel und die Entwicklung richtet (Röd 1988, 177). Beides, das Hervorbringen aller Arten von Geweben und Organen aus einem uniformen Keim, wie auch die Ernährung des ganzen Organismus durch relativ einheitliche Nahrung, ist ihm nur verständlich, wenn all die im Organismus anzutreffenden Eigenschaften auch im Ausgangspunkt, Nahrung oder Keim, schon vorhanden sind (Kirk 496).

Zum andern ist das Homoiomerie-Prinzip nur von der Kosmogonie-Vorstellung des Anaxagoras her zu begreifen. Danach differenzieren sich die Dinge aus einem Urstoff (Kirk 468), der alle Qualitäten in noch homogener Mischung enthält, durch einen auf Rotation beruhenden sukzessiven Ausscheidungsprozeß. Sie erhalten dabei von allen Eigenschaften etwas, aber in so unterschiedlicher Mengenverteilung, daß die Dinge in ihrer Eigenart durch jene Spermata bestimmt sind, von denen sich am meisten in ihnen findet.

Die Verteilung der Spermata erfolgt jedoch nicht zufallsmäßig, sondern wird von einem intelligenten Schöpfungsprinzip bewirkt, das 'Noûs', Geist, genannt wird. Er ist sowohl der Grund für die unterschiedlichen Zahlenverhältnisse in der Anordnung der Spermata — zweifellos ein Anklang an das Formkonzept der Pythagoreer -, als auch die Ursache für die genannte, das Hervorgehen der Dinge bewirkende Rotationsbewegung (Kirk 476), womit das Demokrit gegenüber angemahnte Defizit der Bewegungsbegründung behoben ist. Allerdings wird der Nous nicht rein geistig, sondern durchaus stofflich verstanden. Als reinster und feinster Stoff zwar, der im Unterschied zu allen anderen Substanzen keine Mischung (Kirk 482) in sich enthält, aber eben doch als Stoff, der sich als solcher auch mit anderen Stoffen mischen kann, wie das etwa bei der Beseelung der Lebewesen geschieht (Ricken 1993, 44).

Insgesamt ist so die Lehre des Anaxagoras nicht von größerer Kohärenz als das System des Demokrit. Das liegt einmal natürlich daran, daß historisch gesehen Anaxagoras, weil älter, keine Auseinandersetzung mit dem Atomismus darstellt, sondern den ausdrücklichen Versuch einer Überwindung der Kontrapositionen Heraklits und Parmenides' (Röd 1988, 176). Das war schon das Anliegen des Empedokles, und die Korrektur bzw. Weiterführung dieses Konzepts der Mischung elementarer Eigenschaften ist, wie schon betont, bei Anaxagoras deutlich zu spüren. Andererseits rechtfertigt das unbewältigte Qualitätenproblem bei Demokrit unsere methodische Gegenüberstellung von quantitativem und qualitativem Atomismus. Bezogen auf das Verhältnis von Form und Materie kann man in Anaxagoras ebenso den Gegenpol zu Demokrit sehen wie in Pythagoras den zu Anaximander.

Neues Sein kann der mengenmäßigen Anordnung nach aus Umverteilung hervorgehen, wenn Sein mit Materie gleichgesetzt und Materie elementarisiert wird. Was aber ist qualitativ neues Sein, wenn Sein nicht mit Materie gleichzusetzen ist? Woher kommen neue Eigenschaften? Sie könnten, in analoger Atomistik, als Summation primärer Qualitäten aufgefaßt werden und wären damit als wandelbare sekundäre Eigenschaften qualifiziert. Soweit ginge Anaxagoras' Ansatz mit Demokrit ineins, der die Unterscheidung von primären und sekundären Qualitäten ja ausdrücklich trifft. Woher aber die primären Qualitäten? Und genau hier beginnt die Sonderstellung des Anaxagoras und, wenn man will, auch das Sonderbare. Eigenschaften können nicht entstehen, ist sein unaufgebbares Axiom. Für sie gilt die unveränderliche Univozität des parmenideischen Seins. Und das bedeutet natürlich, daß Qualitäten von 'primärer' Gewißheit sind — "Welt 2" darstellen, würde Popper (systematisiert in: Eccles 1975, 227) sagen. Was Gold oder Fleisch 'ist', das weiß man, das hält Anaxagoras für unmittelbar gegeben — ohne allen Abstraktionsprozeß (Röd 1988, 180). Wenn man vom wahren Sein solcher Qualitäten ausgeht und zurückfragt, wo sie herkommen, landet man unwillkürlich bei einem ins Unendliche gehenden Teilungsprozeß, der gleichwohl diese Eigenschaften immer bestehen läßt, und zwar stets als *konkrete* Eigenschaften, die auch dann noch an Materie gebunden sind, wenn dieses Quantum konkreten Seins infinitesimal wird.

Der Fehler des Anaxagoras ist, daß er die Eigenschaften nicht von der Materie zu abstrahieren versteht. Statt das Qualitative zu abstrahieren, zerkleinert er dessen Träger und gelangt am Ende dieses Prozesses, der eigentlich niemals zu Ende geht, zu unendlich kleinen Qualitätsquanten, die aber immer noch ein konkretes Sosein darstellen. Erst dann vollzieht er den Übersteig der mathematischen Grenzwertbetrachtung und erhält die ausdehnungslosen Elementarqualitäten, die Spermata, die "real nicht existieren können" (Ricken 1993, 43), sondern nur im Verband gemischter Substanzen in Erscheinung treten. Natürlich können sie für sich allein nicht bestehen, aber nicht etwa, weil es keine reinen Substanzen gäbe, sondern weil die Spermata keine Substanzen mehr sind, und das nicht wegen eines ins Ausdehnungslose vorangetriebenen Teilungsvorgangs, sondern wegen einer 'metábasis eis állo génos', des unreflektiert vollzogenen Übergangs von der Betrachtung materieller Eigenschaftsträger zur formalen Abstraktion der Eigenschaften 'an sich'.

Wegen dieses fehlenden Abstraktionskonzepts verstrickt sich Anaxagoras in Widersprüche und Hilfskonstruktionen, die kennzeichnend sind für alle Versuche, die Abstraktion des Allgemeinen der Form durch Infinitesimalisierung der konkreten Form zu ersetzen. Alle Eigenschaften eines Gegenstandes müssen dabei immer in seinem kleinsten denkbaren Teil dieses Gegenstandes enthalten sein; es kann kein eigentliches Werden als Entstehung von Neuem geben, sondern die Vielfalt ist mit der Entstehung der Welt festgelegt; was als Veränderung erscheint, ist nur möglich, weil der gesamte Kosmos qualitativ schon in jedem Element vorhanden ist. Die prästabilierte Harmonie in Leibniz' Monadenlehre ist nur letzter logischer Ausdruck einer Aporie des Werdens, welche aus einer konsequent durchgeführten 'Homoiomerisierung' der Dinge notwendigerweise resultiert. Insofern ist der Versuch einer qualitativen Atomistik, wiewohl dem Anschein nach eine gegenüber Demokrit notwendige

Korrektur, die nach den Ursachen für Form und Bewegung fragt, im letzten keine mit der mechanistischen Interpretation des Werdens ernsthaft konkurrierende Lösung.

2.3 Die Lösung des Aristoteles

Der Gang durch die Anfänge der griechischen Philosophiegeschichte hat die wichtigsten Strategien aufgedeckt, die angewendet werden, um mit dem metaphysischen Problem des Werdens, dem Entstehen neuen Seins, zu Rande zu kommen. Es lassen sich vier solche Strategien unterscheiden: man führt das Werdende auf eine höhere Ebene der Unveränderlichkeit zurück; man elementarisiert dieses Grundprinzip des Seins; man erklärt die Widersprüchlichkeit des Werdens zum unhinterfragbaren Urdatum und versucht es in dialektischer Annäherung zu erfassen; man leugnet echtes Werden um der Unveränderlichkeit des Seins willen, die allein Gewähr für sichere Erkenntnis bietet.

Die Strategie der Trennung von empirischem Werden und überzeitlichem Sein führt in der Folge zur Zwei-Welten-Lehre Platons (427-347). Nicht, daß hier den Gegenständen der Erfahrung wie bei Parmenides schlechterdings das Recht zu sein abgesprochen würde. Aber sie sind nur Schatten, unzuverlässiger und unvollkommener Abdruck einer eigentlichen Welt des Geistes, in der das Wesen der Dinge in Form von selbständigen Urbildern repräsentiert wird. Diese Ideen (von gr. 'ideîn', sehen, weil die Wesensgehalte nur − geistig − geschaut werden können) stellen die ursprüngliche und normgebende Wirklichkeit dar, deren Einsicht allein sichere Erkenntnis verleiht. Insofern in dieser Welt des ewig Wahren "Wesen und Struktur dessen, was dem erkennenden Subjekt in der Welt begegnet, nicht weiter problematisiert" wird (Graeser 1993, 141), gelangt die idealistische Sicht Platons zu keiner der Dynamik des Werdens adäquaten Auffassung (Hirschberger 1991, 144 und 198)[2].

Wir können damit die platonische Position für unser Thema außer Betracht lassen. Das soll freilich nicht heißen, Platon wäre für eine naturwissenschaftliche Erkenntnisbegründung überhaupt ohne Bedeutung. Wie hilfreich die platonische Ideenlehre gerade für die Bewältigung des Gestaltproblems in der Biologie sein kann, wurde an anderer Stelle gezeigt (Kummer 1987, 37). Hier soll es uns jedoch nicht um die Frage gehen, wie gestaltliche Information auf evolutivem Wege zustande kommen kann, sondern nur, wie diese Information, ist sie einmal vorhanden, in der Ontogenese eines Lebewesen zur Verwirklichung gelangt. Diese Fragestellung ist gegenüber der evolutionären Gestaltproblematik entschieden eingegrenzter und spezieller, setzt sie doch die

---

[2] Daß auch eine von dieser üblichen Auffassung abweichende Meinung vertreten werden kann, welche Platons Dualismus von Erfahrungs- und Ideenwelt wieder relativiert und Elemente einer Bewegungslehre zumindest in den Spätdialogen findet, spricht Weissmahr (1985, 138) an.

Existenz der Gestaltinformation als gegeben voraus. Dennoch ist auch das Thema der ontogenetischen Gestaltbildung immer noch komplex genug, geht es doch um die Frage, wie aus der Einfachheit einer Keimzelle die Mannigfaltigkeit eines Organismus werden kann. Insoweit sich der Vorgang dieser Informationsverwirklichung klären läßt, wird er freilich auch Licht auf die Art der Niederlegung der Gestaltinformation werfen. Das hilft wiederum die Frage präzisieren, wie die evolutive Entstehung solcher Information zu denken sei. Will man sich in dieser Grundfrage nicht von vornherein auf den Zufall als einzig mögliche Erklärung festlegen, wird man schwerlich auf platonische Denkschemata, etwa in der Fassung einer Gestalt-Idee (Kummer 1987, 68), verzichten können.

2.3.1 Für Aristoteles liegt der Grund der Wirklichkeit in den konkreten Dingen

In ausdrücklichem Gegensatz zu seinem Lehrer Platon sieht Aristoteles (384-322) den Inbegriff der Wirklichkeit nicht in irgendwelchen idealen Wesenheiten, sondern in den konkreten Dingen selbst (Spaemann und Löw 1991, 53). Aristoteles ist so gesehen der erste Empiriker unter den hier behandelten griechischen Philosophen, weil er über die 'arché', das Grundprinzip der Wirklichkeit, nicht in einem die Erfahrungswelt übersteigenden Hintergrund spekuliert (was, wie dargestellt, selbst der Atomismus Demokrits noch tat), sondern die Wirklichkeit dort sein läßt, wo sie hingehört, nämlich in den materiell gegebenen und geformten Gegenständen. Aristoteles übernimmt dafür den aus der platonischen Tradition stammenden Ausdruck 'ousía', der dort das wirkliche Sein der Dinge im Sinne der Idee bezeichnete (Phaidon 65 e), um damit das konkrete Einzelding in seiner Besonderheit – also z.B. dieser Mensch Peter, dieses bestimmte Pferd (Kat. 2a 20) – zu bezeichnen.

Ousia wird in unserem Zusammenhang üblicherweise mit 'Substanz' übersetzt. Das trifft durchaus etwas Richtiges, insofern dadurch auf den Selbstand der Erfahrungsdinge gegenüber ihrer bloß uneigentlichen Seinsweise bei Platon (Timaios 27 d) hingewiesen wird. Der Ausdruck will aber mehr besagen. Die Endung '-ía' kennzeichnet im Griechischen ein Abstraktivum, so daß 'ousía', vom Partizip Präsens von 'sein' abgeleitet (Frisk 1970), soviel wie 'Seiendheit' heißt, was im Deutschen gewöhnlich mit 'Wesen' wiedergegeben wird. Dieser Wortgebrauch läßt die Grundbedeutung aus der griechischen Alltagssprache anklingen, wo 'ousía' für 'Eigentum, Anwesen' steht (Vollrath 1972, 89). Beides zusammen, die alltagssprachliche Sachhaftigkeit und Greifbarkeit und die platonische Bedeutung vom wirklichen Sein (des Allgemeinen), fließen im aristotelischen Ousia-Begriff zusammen, um die Letztgültigkeit der Erfahrungsdinge – allerdings, wie wir später sehen werden, in einer ontologischen Doppelstruktur – zu unterstreichen.

2.3.2 Sein wird von den Dingen in verschiedener Weise ausgesagt

Das Wesen der Dinge sind die Dinge selbst. Wenn dieses Satz mehr bedeuten soll als die naive Hinnahme der Faktizität des Vielen, kann die unreflektierte 'Seiendheit' der Dinge nicht ihr letzter Erklärungsgrund sein. Und hier zeigt sich nochmals das Besondere am Ansatz des Aristoteles. Statt das von den konkreten Substanzen abstrahierte Sein zum Prinzip zu erheben, fragt er nach der Art und Weise, wie wir 'sein' von den Dingen aussagen. Er analysiert die unterschiedliche Bedeutung von Ist-Sätzen und kommt damit zu einem differenzierten Seinsbegriff, der die (in der Vergangenheit so lähmend wirkende) Univozität des parmenideischen Seins endgültig überwindet. Im 7. Kapitel seines 'philosophischen Wörterbuchs', was das fünfte Metaphysikbuch dem Inhalt nach ist, stellt Aristoteles die Gebrauchsweisen von 'sein' zusammen.

(1) Sein kann einmal in 'zukommendem' Sinn ausgesagt werden, wie das etwa für Eigenschaften gilt. "Der Gerechte ist gebildet", ist das Beispiel des Aristoteles (1017a 8). Es zeigt, daß Bildung in diesem Fall nur deshalb vorhanden ist, weil ein bestimmter Mensch, nämlich dieser gewisse Gerechte, sie hat. Ein Gerechter könnte ja auch ungebildet sein; Bildung geht nicht notwendig mit Rechtschaffenheit zusammen, sie ist nur in diesem besonderen Fall — "zufällig", sagen wir dafür gewöhnlich — einem bestimmten Gerechten eigen. Mit diesem Gebrauch von 'zufällig', der ja eigentlich nicht exakt ist, denn bezogen auf das Tun des Gerechten ist dessen Bildung alles andere als Resultat eines Zufalls, trifft sich die Alltagssprache mit einem philosophischen Fachterminus. 'Zufällig' heißt dort 'akzidentell', und das wiederum ist die lateinische Übersetzung des aristotelischen "katà symbebekós", dem genannten Sein unter der Rücksicht des (einem andern) Zukommens. Akzidentell besagt also zweierlei: daß etwas nicht notwendig ist, und daß es nur sein kann, insofern es in einem andern ist. Die zweite Bedeutung ist die allgemeinere, aus der die erste zwangsläufig folgt (de Vries 1980, 61 Nr.5).

Das Gesagte läßt sich auch noch einmal auf den Träger des Gebildetseins, den Gerechten selber, anwenden. Auch der Gerechte hat Sein nicht in sich, insofern er Gerechter ist, sondern nur insofern er ein Mensch ist. 'Gerecht' ist also wiederum eine Bestimmung, der akzidentelles Sein zukommt, und unsere Alltagserfahrung bestätigt das bitter genug: weiß Gott nicht alle Menschen sind gerecht, und dennoch findet sich diese Eigenschaft nie für sich, sondern immer nur in Menschen. Genau das meint akzidentelles Sein: etwas ist nur, "weil es mit einem anderen Seienden, das in sich ist, zusammengeht" (Ricken 1993, 118). Die Charakterisierung dieses akzidentellen Seins ist logisch so trivial, daß der gedankliche Fortschritt zu Parmenides gar nicht mehr in die Augen fällt. Sein, in dieser logischen Weise aufgefaßt, ist nicht schlechthin notwendig, und zwischen Sein und Nichts gibt es sehr wohl etwas Drittes: etwas, das im akzidentellen Sinne kann, kann sein und auch nicht sein.

(2) Man kann Bestimmungen wie die eben erwähnten natürlich auch für sich betrachten: nicht, daß jemand gerecht ist, sondern das Gerechtsein an sich

selbst. Dann sieht man diese Eigenschaft unter der Rücksicht des 'An-sich-Seins' und steht damit vor der zweiten Bedeutung von Sein. Auch dieses Sein 'an sich', 'kath' hautó', sagt Aristoteles, hat keine hypostatische Bedeutung. Es meint nicht einen tieferen, womöglich transzendenten Seinsgrund von allem, sondern ist schlicht eine logische Rücksicht, unter der sich das akzidentell Seiende betrachten läßt. Man isoliert ('abstrahiert') es von seiner Beziehung zum Träger, von dem es ausgesagt wird, und betrachtet es als eigene Seinsweise, wie das im vorigen Abschnitt im Beispiel des 'Gebildet-seins' ganz selbstverständlich getan wurde.

(3) In einem dritten Sinn bedeutet Sein soviel wie 'Wahr-sein'. Wenn von dem Gerechten gesagt wurde, er sei gebildet, so will man mit diesem 'ist' ausdrükken, daß es sich wirklich so verhält. Es ist offensichtlich, daß dieses 'veritative Sein' nichts über die Dinge selbst aussagt, sondern über unser Denken der Dinge. "Wahr und Falsch sind nicht Eigenschaften von Dingen, sondern von Aussagen, die wir von den Dingen machen" (Ricken 1993, 120).

(4) Wichtig ist wieder die vierte Bedeutung von Sein, die eine Unterscheidung betrifft: Sein der Möglichkeit oder der Wirklichkeit nach. Mit der Einführung dieser Begriffe: Möglichkeit ('dynamis') und Wirklichkeit ('entelécheia') wird die Einsinnigkeit des parmenideischen Seins noch einmal aufgesprengt und zugleich das begriffliche Instrumentarium geschaffen, das Werden einer ontologischen Analyse zu unterziehen.

2.3.3 Das Sein gründet in der Ousia

In welcher der genannten Bedeutungen hat nun die Ousia Sein? Man ist geneigt, vorschnell das 'Sein an sich' zu bemühen, vergißt darüber aber, daß "das Wort 'sein' bzw. 'seiend' keine isolierte Bedeutung hat" (Ricken 1993, 119), also nicht nach Art von Prädikaten verselbständigt werden kann. Was sollte 'Seiend-sein' im Vergleich etwa zu 'Gelehrt-sein' schon beinhalten? Aristoteles fragt darum anders. Weil für ihn das Sein kein Letztbegriff ist, kann er nach den Ursachen und Gründen des Seins fragen. Und der Grund des Seins, genauer: das, worin alle Weisen zu sein gründen, ist für ihn die Ousia. Denn wenn auch Sein in vielfachen Bedeutungen ausgesagt wird, so stehen diese Weisen zu sein doch alle "in Beziehung auf *ein* Prinzip" ('arché'), heißt es im vierten Buch der Metaphysik (1003b 5), und dieses Prinzip ist in jedem Fall die Ousia. Für das akzidentell Seiende ist das offensichtlich; sein Begriff setzt ja den Begriff eines selbständig Seienden, dem es als dem Zugrundeliegenden zukommen kann, inhaltlich voraus (Vollrath 1972, 123).

Wenn man also das Sein des Seienden untersucht, und das ist die vornehmste Aufgabe der Philosophie, ist "erste Philosophie", wie Aristoteles die Metaphysik bezeichnet, dann muß man die Ousia analysieren. "Und die Frage, welche vor alters so gut wie jetzt und immer aufgeworfen und Gegenstand des Zweifels ist, die Frage, was das Seiende ist, bedeutet nichts anderes, als was

2.3 Die Lösung des Aristoteles

die Wesenheit ist", lautet die berühmte Stelle, mit welcher das 1. Kapitel des 7. Metaphysikbuches schließt (1028b 2).

Was also ist die Ousia, wenn sie der Grund des Seins ist? Daß es sich nicht einfach nur um die Faktizität der Substanz handeln kann, wurde schon festgestellt. Ihr verschiedenartiges Sein wollen wir ja gerade verstehen und ihr Werden analysieren. Auch die eben vorgetragene Übersetzung von 'ousía' mit Wesenheit statt mit Substanz deutet schon an, daß es hier um einen anderen, allgemeineren Sinn gehen muß. Und in der Tat muß Aristoteles, trotz aller Betonung der Erstrangigkeit des Konkreten, verschiedene ontologische Ebenen in seiner Sicht der Ousia unterscheiden.

Die Ousia als konkrete Einzelsubstanz wird von ihm gern bezeichnet als 'tóde ti' (Met. VII 1, 1028a 3), als 'Dieses-was', d.h. als die Antwort auf die Frage: "was ist x?" (Ricken 1993, 122). Damit steckt in der Charakterisierung der Substanz zweierlei: einmal der Bezug auf ein konkretes Einzelding, auf das mit dem Demonstrativpronomen hingewiesen werden kann; und zum andern ist dieses spezielle 'Dieses-da' ein 'Was' − es erklärt sich durch den Bezug auf ein Allgemeines, dessen singuläre Verkörperung es darstellt. In diesem Sinn konnte schon die Kategorienschrift feststellen, daß 'ousía' zunächst und im eigentlichsten Sinn das individuelle Seiende meint, dann aber in einem zweiten Sinn die Art und die Gattung (Kat. 5, 2a 12-16). Nun aber, unter metaphysischer Rücksicht, präzisiert sich dieser Doppelsinn und kehrt sich um. Die 'erste Ousia', die konkrete Substanz definiert sich dadurch, daß sie individuelle Verkörperung eines Allgemeinen, der 'zweiten Ousia' oder 'Wesenheit' ist. Und diese 'zweite Ousia' ist ontologisch gesehen eigentlich die wichtigere und erstrangige − durch sie erklärt sich ja die Einzelsubstanz als das, was sie ist. Die Frage: "was ist Peter?" ist damit beantwortet, daß wir feststellen: "Peter ist ein Mensch" − es sei denn, Peter wäre in diesem Fall ein Hunde- oder Katzenname, aber auch dann zeigt sich das durch die Verknüpfung mit der entsprechenden Gattung. Die Gattung erklärt das Individuum, und, weil entsprechend der metaphysischen Grundannahme die Logik der Sprache die Wirklichkeit wiedergibt (Graeser 1993, 210), die zweite Ousia die erste.

Die Dinge sind also Verkörperungen von Wesenheiten. Das ist eindeutig platonisch gedacht − nur von der anderen Seite her. Verleiht bei Platon die exemplarische Erstwirklichkeit der Idee in zweiter Instanz dem konkreten Menschen sein abbildhaftes Sein, so erklärt sich für Aristoteles der konkrete Mensch als erste Instanz der Wirklichkeit aus der Bezugnahme auf seine erst in zweiter Instanz abgeleitete allgemeine Form. Damit ist das entscheidende Wort gefallen. Die zweite Ousia ist die Form der konkreten Dinge. Aristoteles scheut sich nicht, sie mit dem platonischen Terminus 'eîdos' zu benennen, ist sie doch genauso ewig und unveränderlich, wie das die platonische Idee ist, ja, in bester parmenideischer Tradition Kennzeichen aller wirklichkeitsbegründenden 'arché'-Konzepte sein muß. Es gibt nur keine eigene Welt der Ideen wie bei Platon, sondern Aristoteles packt die Ideen in die Welt (Hirschberger

1991, 194), insofern die zweiten Ousiai nirgends anders als in den ersten vorkommen. Aber weil die Wesenheit die Substanz begründet, ist das Eidos in einem dreifachen Sinn, nämlich dem Begriff, der Erkenntnis und der Zeit nach (Met. VII 1, 1028a 33) das Vorrangige gegenüber dem Einzelding. Deutlicher konnte auch Platon die materielle Unabhängigkeit seiner Ideen kaum fassen.

2.3.4 Die Form ist Ursache des Werdens

Die Form, das Eidos, ist also die Ursache der konkreten Substanz. Die eine Ursache, muß man hinzufügen. Denn es muß ja auch etwas geben, das geformt wird, und dieses Substrat der Formbarkeit ist natürlich der Stoff, die 'hyle'. Wir rühren damit an die vierfache Unterscheidung von Ursache bei Aristoteles (Phys. II 3, 194b 24-33 bzw. Met. V 2, 1013a 24-33), deren klassische Begriffsinhalte Spaemann und Löw (1991, 61) mit den viererlei Antworten auf die Frage: "warum ist das Klavier verstimmt?" ebenso originell wie anschaulich dargestellt haben. Kurz zusammengefaßt kann die Antwort auf die Frage mit Bezug auf das verwendete Holz geschehen (Materialursache), auf die feuchte Luft (Wirkursache), auf die Eigenart der Fertigung (Formursache), oder auf den Umstand, daß es nicht zum richtigen Spielen tauge (Zielursache). Es ist offensichtlich, daß die letztgenannte Antwort von anderer 'Grammatik' ist als die übrigen. Sie trägt nichts zur Identifizierung der Fehlerquellen bei, aber sie motiviert deren Behebung. Insofern liefert die Zielursache eine den übrigen Ursachen übergeordnete Letztbegründung − zumindest des Handelns.

Im 7. Buch der Metaphysik wird am Beispiel der Kunstdinge näher erläutert, in welcher Weise die Form Ursache der ersten Substanz ist. Die "Form in der Seele" ('to eîdos en tê psychê', 1032b 23) des Werktätigen wird durch dessen Wirksamkeit auf den Stoff übertragen. Das Beispiel von der Kugel aus Erz macht deutlich, daß der Werktätige nicht Ursache der Formen ihrer Entstehung nach ist (VII 8, 1033a 29), sondern nur akzidentell im Sinne ihres 'Hinzukommens' bzw. Anbringens *an* der Materie (1034a 5). Die Form selbst unterliegt also, wie schon im Bezug auf Platon betont, nicht dem Werden, sondern ist ewig, immer schon vorgegeben da (im Geist des Werktätigen, der sich die Form ja nicht ausdenkt, sondern sie einfach hat − 1033b 10) und ist als solche immaterielles, konstitutives Prinzip für das Sein der Dinge (VII 17).

Insofern der Gegenstand durch Formübertragung (von der Psyche des Herstellers auf die Hyle des Gegenstandes) gemacht wird, ist die Form auch eigentliche Wirkursache des Werdens der Dinge. Die Formulierung mag zunächst befremden, denn entsprechend dem Vier-Ursachen-Schema sollte die Wirkursache doch der Hersteller selbst sein. Er ist es aber, wie schon betont, nur in einem akzidentellen, d.h zusätzlichen und sekundären Sinn. Denn die Wirkursache gibt die Antwort auf die Frage, *wodurch* etwas wird, und das ist in erster Hinsicht die Form, weil sie bestimmt, was ein Ding wird. Der Werktätige ist demgegenüber nur in einem abgeleiteten und uneigentlichen

2.3 Die Lösung des Aristoteles

Sinn Antwort auf die Wodurch-Frage, weil er bezüglich des 'tóde ti', des 'Was' der Dinge nichts Bestimmendes beiträgt. Es muß ihn zwar geben, aber es spielt keine Rolle, ob es dieser oder jener ist. Im Grunde genommen ist so das, was wir gewöhnlich mit Wirkursache bezeichnen (im Beispiel also der Werktätige), gar keine Antwort auf die Wodurch-Frage, sondern erklärt nur das 'Warum': warum die Formübertragung 'zufälligerweise' gerade hier und so und nicht anders geschieht.

Es legt sich nun nahe, mittels der Kennzeichen des Formprozesses artifizieller Gegenstände auch die Gestaltung natürlicher Dinge, insbesondere von Lebewesen, zu verstehen, wie das A. Haas (1959, 456) im Anschluß an die Analyse des Finalnexus bei Nicolai Hartmann gemacht hat. Es ist aber zu bedenken, daß Aristoteles das natürliche Werden klar von jeder Art des Werdens, die er "Werktätigkeit" ('poíesis') nennt, unterscheidet. Nur für die Poiesis sind die einzelnen Etappen der Formbildung auszumachen (Met. VII 7 1032b 6): wie sie im Denken ('nóesis') mit der ganzen Form beginnt, mit der Vorstellung der jeweils naheliegendsten Mittel der Verwirklichung fortfährt, bis sie beim entferntesten Mittel, dem Ausgangsmaterial, angelangt ist und sozusagen auf geistigem Weg die Form auf den Stoff übertragen hat, um dann in der realen Verwirklichung die gegenläufige Richtung, vom Stoff zur angezielten Form, einzuschlagen (N. Hartmann 1951, 66). Für die natürlichen Dinge lassen sich solche Etappen der Formübertragung nicht unterscheiden, sondern das Werden geht hier einfach "aus der Natur" hervor (1032a 17).

Man muß wissen, daß 'Natur' ('physis') für Aristoteles in diesem Zusammenhang — denn auch Natur ist für ihn wieder ein vieldeutiger Begriff (Met. V 4) — die Form als "Prinzip der Bewegung" (1015a 14-19) bedeutet. Bewegung ('kínesis') ist nur ein anderes Wort für Werden, und so besagt diese Ausdrucksweise in unserem Zusammenhang zunächst nur, daß die eine lebendige Form Entstehungsursache der anderen ist. "Der Mensch erzeugt wieder einen Menschen", heißt hier die eine Standardformulierung des Aristoteles (Met. VII 8, 1033b 31). Er führt sie an, um sowohl die Untrennbarkeit der Form von der Substanz als auch ihr Ungewordensein zu dokumentieren; sie impliziert, wie leicht einzusehen ist, die Ewigkeit der Arten.

Bei genauerem Zusehen bedeutet der Ausdruck 'Form als Prinzip der Bewegung' aber mehr; er sagt nicht nur etwas über die Ursache des Produkts der Erzeugung, sondern auch über den Vorgang der Erzeugung, womit die Form Wirkursache des eigenen Werdens ist. Ein Lebewesen gibt seine Form ja nicht nach Art einer identischen Kopie weiter, sondern als Keim. Das heißt, es gibt eine gewisse Ausgangsform, die als solche von der endgültigen Form verschieden ist, aber doch die Ursache der Bewegung auf die endgültige Form hin darstellt. Es liegt im Wesen des Keims, zum vollen Organismus zu werden, sagen wir, ohne uns bewußt zu sein, wie sehr hier der tiefere aristotelische Wortsinn die oberflächliche Trivialität des Gesagten zersprengt: Das 'Wesen', die 'ousía', des Keims enthält, genauer, ist die Fähigkeit, das Ganze des Organismus hervorzubringen. Die Ousia — das ist der ganze Keim, nicht irgendein spezielles Stück an oder in ihm, sondern der Keim 'als solcher', als das, was er ist.

Das Ganze des Keims ist also in der Lage, eine größere extensive wie intensive Ganzheit aus sich hervorzubringen. Das ist exakt die Formulierung des organischen Werdens und zugleich ihrer Problematik. Sie legt offen, daß es sich beim Wachstum der Form, welches das Werden darstellt, tatsächlich um einen Seinszuwachs handelt, um ein Mehrwerden des Seienden, das eine metaphysische Erklärung verlangt. Die Begründung dieses Seinszuwachses führt Aristoteles schließlich zur Annahme eines 'ersten Seins', das als "ewige unbewegte Ousia" (XII 6, 1071b 4/5) reine Wirklichkeit und Voraussetzung aller Bewegung ist (1071b 29). So weit wollen wir indessen unsere Fragestellung nicht ausdehnen, sondern lediglich die ontologischen Strukturen erheben, die die konkrete Ousia (des Keims) als Ursache ihrer eigenen Vervollkommnung verständlich machen.

2.3.5 Die aristotelische Definition der Bewegung

Wie kann eine keimhafte Form Ursache der endgültigen Form sein? Eine Unterscheidung, die Aristoteles bei seiner Differenzierung des Seinsbegriffs getroffen hatte (1017b 1), hilft uns hier weiter: die Unterscheidung von aktuellem und potentiellem Sein, von Wirklichkeit und Möglichkeit. Die Form des Keims hat die Möglichkeit in sich, zur vollen Form des Organismus zu werden. Sagt das etwas Neues gegenüber der im letzten Abschnitt schon verwendeten Formulierung der Fähigkeit? Man muß sich in Erinnerung rufen, daß die Form nur die eine Ursache des Werdens der Substanz ist. Das andere Prinzip ist die Materie, der Stoff. Er gibt nicht nur an, *woraus* etwas wird (im Unterschied zum Formprinzip, das beantwortet, *wodurch* etwas wird), sondern erklärt auch, warum etwas sein und auch nicht sein kann − also die Antwort auf das altbekannte parmenideische Seinsproblem. Der Stoff oder die Materie ('Hyle') ist damit das Prinzip der Beliebigkeit eines Seinszustandes, so wie die Form das Prinzip seiner Bestimmtheit ist.

Genausowenig wie die Form gibt es die Materie an sich. Beide Prinzipien kommen ontologisch nur in der konkreten Substanz vor und können nur unter der logischen Rücksicht des Ansich-Seins davon abstrahiert werden, − aber sie erklären die konkrete Substanz. So erklärt die Materie die Allmählichkeit bzw. graduelle Vervollkommnung in der Ausprägung der Form: weil sie dem Haben der Form gegenüber indifferent ist, läßt sie unterschiedliche Verwirklichungsstadien zu. Die Form dagegen, abgetrennt von der Materie als Eidos betrachtet, ist immer ein und dieselbe. Insofern ist sie auch bei noch unvollkommener materieller Verwirklichung schon als ganze da. Deshalb kann man den Stoff die Ursache der Möglichkeit des Werdens nennen und die Form die Ursache für die Wirklichkeit des Werdenden, oder, was dasselbe ist, die Wirkursache des Werdens.

2.3 Die Lösung des Aristoteles 65

Angewandt auf die im letzten Abschnitt verwendete Formulierung von der 'Möglichkeit' der Keimform, zur Vollform zu werden, heißt das, daß nicht die Form als Eidos des Keimorganismus die Möglichkeit hat, zu etwas anderem zu werden, sondern, daß der geformte Keim als Substanz sich verändert, wenn er sich zum erwachsenen Organismus entwickelt. Was sich verändert ist also die Verwirklichung oder Ausprägung der Form an der diese Ausprägung ermöglichenden und erfahrenden Materie des wachsenden Organismus. Der Keim hat keine andere Form (wir sollten besser sagen: kein anderes Eidos, um die Doppeldeutigkeit des deutschen Ausdrucks zu vermeiden) als der fertige Organismus, sie nur anders wirklich, nämlich erst anfanghaft materiell verwirklicht. Der Keim 'hat' das Ganze der Form, aber er 'ist' diese ganze Form erst der Möglichkeit nach. Als materielle Anfangsverwirklichung der Form steckt in ihm die reale Möglichkeit, das Ganze der Form als fertiger Organismus zu sein.

Das ist der Inhalt der so knappen aristotelischen Definition der Bewegung aus dem 3. Buch der Physik, die Spaemann und Löw (1991, 57) unseres Erachtens treffend wiedergeben mit: "Bewegung ist die Wirklichkeit des Möglichen als des Möglichen" (Phys. III 1, 201a 11; auch: Met. XI 9, 1065b 16). Insofern das Ganze des Eidos schon mit der keimhaften Verwirklichung als deren formende Ursache gegeben ist, ist die Möglichkeit des fertigen Organismus schon Wirklichkeit (im Sinne einer 'wirklichen' Möglichkeit). Insofern die Wirklichkeit des Keims das Eidos noch nicht vollständig materiell — vielleicht sollten wir sagen: strukturell — verwirklicht hat, ist diese Wirklichkeit noch Möglichkeit.

Nicht die 'wirkliche' (= materiell verwirklichte) Form des Keims ist die Ursache des fertigen Organismus, sondern die Tatsache, daß in dieser Verwirklichung die Form als Ganze der Möglichkeit nach steckt. Die Wirklichkeit des Keims ist nicht die Wirklichkeit des vollentwickelten Organismus. Das ist eine solche Binsenweisheit, daß sie keiner weiteren Diskussion bedarf. Schließlich ist am Anfang der Keimesentwicklung vom Organismus so gut wie noch nichts 'da', außer eben das jeweilige Keimstadium. Aber jedes dieser Keimstadien ist andererseits eine Zustandsform genau des betreffenden Organismus und keines anderen. Die Wirklichkeit des Keims ist also, obzwar nicht identisch mit der Wirklichkeit des fertigen Organismus, identisch mit der Möglichkeit des fertigen Organismus. Die Tatsache, daß die Form des Organismus im Keim bereits anfanghaft verwirklicht ist, ist die Gutschrift dafür, daß sie auch vollständig zur Wirklichkeit gelangen soll. Gäbe es diesen 'Garantieschein' oder dieses 'Vorschußkapital' nicht, könnte auch nichts zur Wirklichkeit kommen.

Aus der reinen Form allein 'wird' nichts, weil die Form immer schon alles ist (was sie als diese Form sein kann) und deshalb nicht veränderlich ist. Werden heißt nicht Veränderung der Form, sondern Veränderung der Materie durch die Form. Geformte Materie ist Wirklichkeit. Und nur aus Wirklichkeit kann Wirklichkeit hervorgehen. Aber Wirklichkeit ist eine vielschichtige Angelegenheit; sie kann mehrere Möglichkeiten in sich enthalten. Und darum kann aus weniger Wirklichkeit (mit vielen, noch verborgenen Möglichkeiten) mehr Wirklichkeit (mit wenigen, noch verbleibenden Möglichkeiten) werden. Auch aus bloßer Möglichkeit wird nichts. Sie muß immer schon anfanghafte Verwirklichung ihrer selbst sein, Wirklichkeit des Möglichen eben, oder, wie Spaemann und Löw (1991, 57) auch sagen, "Realmöglichkeit", damit etwas aus ihr werden kann. Das ist der schlichte Kern des oft als ebenso kompliziert wie antiquiert verschrienen aristotelischen 'Hylemorphismus', der in der etwas saloppen Darstellungsweise der letzten Sätze womöglich banal erscheinen mag, unseres Erachtens aber von entscheidendem Erklärungswert für das Wesen der embryonalen Entwicklung ist.

Es läßt sich nun auch ein jahrzehntealtes vitalistisches Mißverständnis klären. Das, was wir mit Wirklichkeit übersetzen, heißt bei Aristoteles 'entelécheia'. Bewegung ist also die 'Entelechie' des Möglichen. Damit taucht das von Driesch (1928, 126) seinerzeit so unglücklich verwendete Wort auf, aber nur, um auf der Stelle allen 'mystischen' Beigeschmack zu verlieren. Nichts liegt dem aristotelischen Gebrauch ferner als eine vitalistische Konnotation. 'Entelechie' gibt es für ihn im Bereich des Lebendigen wie des Anorganischen, des Natürlichen wie des Künstlichen. Sie bedeutet nichts anderes als 'wirkliches Seiendes', 'Sein der Wirklichkeit nach', 'Wirklichkeit'. Das Besondere der 'natürlichen Entelechie' ist lediglich, daß sie den Prozeß der Formübertragung an sich selbst vollzieht, statt wie die Entelechie des Kunstdings bloßes Resultat einer Fremddeterminierung zu sein. Freilich impliziert eine solche Konzeption der werdenden Substanz als Anlage auf Verwirklichung hin eine Antizipationsstruktur, und somit eine teleologische Komponente, worauf Spaemann und Löw (1991, 58) ausführlich hingewiesen haben.

2.4 Ergebnis

Mit Aristoteles haben wir die Frage, was 'Werden' ist, beantwortet. Wohlgemerkt, nicht die Frage, ob es berechtigt ist, Werden als eigene Kategorie neben der evolutiven Veränderung zu führen. Eine Antwort darauf hätte der Rückgriff auf die griechische Philosophie nicht zu leisten vermocht, denn es fehlt ihr noch jeder Begriff von eigentlicher (biologischer) Evolution — trotz aller Anklänge, die man in den verschiedenen Kosmogonien schon zu finden meint. Das Verhältnis von Evolution und Werden haben wir darum ja von der Evolution ausgehend im Dimensions-Kapitel geklärt. Was jetzt dazugewonnen wurde, ist eine Antwort auf das philosophische Problem des Werdens, nämlich, worin die Identität eines Gegenstandes in der Veränderung begründet liegt.

Wir haben die Prinzipien des Werdens erhoben, und dazu hat Aristoteles den wesentlichen Beitrag erbracht. Nachdem überhaupt einmal die Frage nach dem Grund der Dinge aufgeworfen worden war, hat er vermieden, die 'Archai', die Prinzipien, als eigene Schicht von Wirklichkeit aufzufassen. Statt eine

Identifizierung von Grund und Wirklichkeit vorzunehmen und beide zusammen von der konkreten Welt zu trennen, hat er diese Welt als Wirklichkeit hingenommen und die Prinzipien zu Ursachen ihrer Erklärung werden lassen. Dabei wird die zunächst auf logischem Gebiet vollzogene Unterscheidung von Erklärungsprinzipien als konstitutiv für die Dinge im Sinne von Seinsprinzipien verstanden. Mit Hilfe der Begriffspaare von Substanz und Wesen, Materie und Form, Möglichkeit und Wirklichkeit gelingt so eine ontologische Deutung der konkreten Welt, die der Dynamik und Veränderlichkeit der Erfahrungsdinge genauso Rechnung trägt wie der Sicherung wahrer Erkenntnis.

Zugleich werden damit wesentliche Elemente aus der vorsokratischen philosophischen Tradition aufgenommen. Neben der Frage nach den Gründen und Ursachen finden wir so die pythagoreische Bedeutung der Form wieder; die parmenideischen Attribute der Unveränderlichkeit und Ewigkeit für die Inhalte der ontologischen Letztbegründung, die nun natürlich in den Formen gesehen werden; das heraklitische Denken in der Koinzidenz von Gegensätzen, wie es vor allem bei der materialen Einheit von Wirklichkeit und Möglichkeit auftritt; und anderes, für unsere Belange nicht Ausgeführtes mehr, wie etwa den Logosgedanken oder auch die Übernahme der empedokleischen Elemente.

Wir wollen nicht behaupten, die aristotelische Substanz-Metaphysik hätte sämtliche Fragen des Werdens gelöst. Es bleiben wesentliche Problemkreise offen. Dazu gehört das Ungenügen der Individualitätsbestimmung durch die qualitätslose Materie allein. (Daß das Wesentliche von 'Peter' nur in seinem allgemeinen Menschsein liegen soll, aber individuelle Besonderheiten darin nicht eingehen, sondern als materielle Zufälligkeiten abgetan werden, leuchtet schwerlich ein.) Oder das Problem von Einheit und Teilbarkeit der Substanz (de Vries 1980, 89), das es der modernen Physik unmöglich macht, den aristotelischen Substanzbegriff für ihre Materieauffassung zu übernehmen (Erbrich 1988, 78). Oder auch die aus der Einheit der Form resultierende Abgeschlossenheit der Substanz, die zunächst keinen Begriff davon enthält, daß für lebendige Einheiten auch die Bezogenheit auf ihre Umwelt wesentlich ist. Diese offenen Fragen, Beispiele für sicher eine ganze Reihe von Schwächen, die sich in der aristotelischen wie in jeder anderen Philosophie finden lassen, wenn sie zum System erhoben wird, sollen weder geleugnet noch heruntergespielt werden. Wir sagen auch nicht, daß die aristotelische Metaphysik die letzte Antwort auf alle Probleme der Naturphilosophie liefern müßte. Aber sie bietet uns ein brauchbares begriffliches Instrumentarium, um die Grundfrage der Entwicklung, wie aus einer einfachen Zelle die Mannigfaltigkeit eines Organismus wird, auf einer soliden Basis anzugehen, als das mit dem ungeklärten Form-Konzept der mechanistischen Alternative möglich ist.

"Aristoteles hatte recht, wenn auch mit falscher Begründung", schreibt Lewis Wolpert (1993, 62) hinsichtlich des (im nächsten Kapitel zu erklärenden) Epigenese-Begriffs. Mit 'falsch' meint er die philosophische statt der experimentellen Argumentation. Nun, es will uns scheinen, eine Argumentation könne nie experimentell sein, sondern nur auf Experimenten aufbauen. Und genau das wollen wir im Folgenden. Uns den Ergebnissen der experimentellen Embryologie zuwenden, wie sie in den heutigen zellbiologischen und entwicklungsgenetischen Ansätzen vorliegen, und sie in den aristotelischen Werde-Rahmen einpassen. Füllen sie diesen theoretischen Rahmen aus, sprengen sie ihn oder hinterlassen sie noch Leerstellen? Es ist unsere Überzeugung, daß gerade hier im Bereich der lebendigen Formbildung die aristotelischen Grundbegriffe "sich auch heute noch für die Interpretation wissenschaftlicher Ergebnisse gebrauchen lassen und hier anderen Ontologien aufgrund ihrer Kohärenz, ihres Integrierungsvermögens und ihrer Differenzierungsfähigkeit überlegen sind" (Ricken 1993, 138). Der Grund für diese Eignung liegt vermutlich darin, daß Aristoteles seinen Substanzbegriff selbst in erster Linie an der Körperwelt des Lebendigen (Met. VII 2, 1028b 9) gewonnen hat.

Literaturempfehlungen

Vollrath (1972)
Röd (1988)
Spaemann und Löw (1991)
Ricken (1993)
Buchheim (1994)
Kirk, Raven und Schofield (1994)

3 Entwicklungsmechanik

In welcher Weise enthält der Keim die Form des ganzen Organismus? Wie ist das zu verstehen, daß etwas der Möglichkeit nach Vorhandenes Wirklichkeit wird? Als was für ein Prozeß stellt sich die Verwirklichung der Form an der Materie dar und von welchen Faktoren wird er betrieben? Das sind die Fragen, die sich aus der aristotelischen Definition des Werdens ergeben, wenn wir die ontologische Analyse auf dem Feld der konkreten Embryologie erproben wollen. Läßt sich nicht genauer angeben, in welcher Weise – und das heißt in naturwissenschaftlichem Verständnis: gebunden an welche Struktur – das Ganze der Form vom Keim 'gehabt' wird und wie es sich von diesem strukturellen Speicher aus im werdenden Organismus durchsetzt. Nach üblichem populär-biologischem Verständnis ist der Ort dieser Ausgangsform das Genom der Keimzelle(n): In der genetischen Information der DNA-Moleküle ist der gesamte Organismus als 'Realmöglichkeit' enthalten, und die Übertragung dieser codierten Planstruktur von der Informationsebene auf die Realisationsebene stellt den der aristotelischen Bewegungsdefinition entsprechenden Vorgang dar.

Es ist wieder der Bezug auf Hans Driesch, der in dieser Auffassung zu weiterer Klarheit des Begriffs verhilft. Das könnte stutzig machen, denn am Ende des vorigen Kapitels haben wir das vitalistische Entelechieverständnis Drieschs noch scharf abgelehnt. Darum hier ein Wort über die Bedeutung, die wir in Drieschs Werk für unsere Überlegungen sehen. Wir halten Drieschs gewissenhafte, wenn auch manchmal recht umständliche und in ihrer Diktion altmodisch anmutende Begriffsanalysen in der Regel für äußerst hilfreich, um die Fragestellung in die richtige Richtung voranzutreiben. Das bedeutet nicht, daß wir mit seinen Ergebnissen gleichermaßen einverstanden sein müßten. Zuviel hat sich seither auf dem Gebiet der Technik (insbesondere der Informationsverarbeitung) wie der Molekularbiologie getan, als daß seine von der Vorstellungswelt des Dampfmaschinenzeitalters getragene Unterscheidung von 'Maschine' und 'Organismus' noch greifen könnte. Das ändert aber, wie gesagt, nichts an der Brauchbarkeit seiner begrifflichen Analysen, die sich, wenigstens in einer ganzen Reihe von Fällen, durchaus auf den heutigen Stand der Dinge anwenden lassen und bisweilen die dahinter verborgene Begrenztheit nicht minder deutlich freilegen, als das unser molekularbiologischer Verständnishorizont gegenüber Drieschs vitalistischen Engführungen erlaubt.

3.1 Vier Begriffe von Entwicklung

In der Anwendung seiner "Lehre von den vier a priori möglichen Kausalitätsarten" unterscheidet Driesch (1928, 374) im Hinblick auf das Entwicklungsgeschehen vier Fälle der Komplexitätszunahme eines materiellen Systems. Einmal kann die Erhöhung der "Mannigfaltigkeit", wie Driesch in treffender Wiedergabe des Vorstellungsinhalts für den heute so abgegriffenen Ausdruck 'Komplexität' sagt, durch Summierung von Einzelwirkungen entstehen, welche von außen erfolgen oder sich durch Bezogenheit der Elemente aufeinander ('Rückkopplung' in heutiger Sprechweise) ergeben. Er nennt diese Art von Mannigfaltigerwerden 'Häufung' oder *Kumulation* und bringt als Beispiel dafür die Gebirgsbildung, deren makroskopischer Effekt aus vielen verschiedenen Einzelwirkungen resultiert, ohne daß diese auf das Ergebnis ausgerichtet wären. Sie summieren sich einfach zu diesem Masseneffekt, ohne ihn zu intendieren. Es bedarf keiner Einführung eines Formbegriffs, würden wir mit unserem Verständnishintergrund jetzt sagen, um den Effekt zu erklären.

Es liegt keine Notwendigkeit einer teleologischen Deutung der Formübertragung vor, sondern die Form kommt dem System als "bloß beiläufige Folge" zu, wie Aristoteles diesen Zusammenhang formuliert (Phys. II 8, 198b 23). Er verwendet hierbei das Wort 'symbébeken', was uns sofort an das akzidentelle Sein erinnert. Und in der Tat trifft diese Seinsweise genau den Sachverhalt: der Formeffekt ist dem System äußerlich und zufällig, und nicht wie bei der Verwirklichung der Ousia in eine ganz bestimmte Richtung festgelegt, weil hier dem entsprechenden Seienden eben 'wesentlich' notwendig. Nicht, daß aus zufälligen Ereignissen nicht auch notwendige Folgen hervorgehen könnten; die triviale Wahrheit, daß ein zufälligerweise meinen Kopf treffender Stein dort mit Notwendigkeit Schaden anrichtet, ist auch Aristoteles nicht verborgen geblieben. Er beschreibt diesen Zusammenhang von Zufall und Notwendigkeit an der genannten Stelle im 8. Kapitel des zweiten Physikbuches, worauf Spaemann und Löw (1991, 65-71) eine eingehende Analyse gründen.

Auch in solchen zufälligen, d.h. nicht angezielten Zusammentreffen (Erbrich 1988, 92) können sich gewisse Regelhaftigkeiten einstellen — Wettervorhersagen wären andernfalls unmöglich. Aber wie das Beispiel zeigt, handelt es sich dabei nicht um den strengen Determinismus elementarer Naturgesetze, sondern um darauf aufbauende sekundäre Wirkungen. "Kumulativgesetze" sagt Driesch (a.a.O.) dazu und trifft damit das entscheidende Merkmal dessen, was heute unter selbstorganisatorischen Prozessen verstanden wird: materielle Strukturbildung als spontan sich einstellendes Zusammenwirken zunächst ungerichteter Einzelelemente. Hermann Haken hat aus der vergleichenden Betrachtung solcher Systeme unterschiedlichster Herkunft eine ganze Wissenschaft gemacht, die er 'Synergetik' ("Lehre vom Zusammenwirken") nennt und definiert als "Wissenschaft vom geordneten, selbstorganisierten, kollektiven Verhalten", welches "allgemeinen Gesetzen unterliegt" (Haken 1983, 21). Das will sagen, daß er nicht aus der Analyse der Elemente eines Systems, sondern aus dem Vergleich der Resultate des Komplexitätswachstums zur Formulierung "übergeordneter Zwangsläufigkeiten" (ders., 10) kommt, welche das Verhalten der Systemelemente in eine bestimmte Richtung zwingen.

Es werden also nicht sämtliche Mikrozustände eines Systems auf ihren Sonderwegen bis zum Ende des Prozesses verfolgt, um daraus die Anordnung des Endzustandes abzuleiten, sondern aus gewissen generellen Eigenschaften des Makrozustandes wird ein durchschnittliches Verhalten der Mikrozustände

3.1 Vier Begriffe von Entwicklung 71

idealisiert und daraus die allgemeine Gesetzmäßigkeit erhoben. Damit ist der statistische und sekundäre Charakter der an kumulativen Wirkungen abgelesenen Gesetze ersichtlich. Haken gibt selbst zu (1983, 23), daß dieses Verfahren einen Informationsverlust bedeutet, weil zur Gesetzesbildung eine Beschränkung auf "relevante Informationen" erforderlich ist. Die Gefahr unkontrollierbarer Vereinfachung liegt damit auf der Hand, weil die Bestimmung dessen, was als 'relevant' angesehen wird, auf weite Strecken dem subjektiven Ermessen dessen, der ein Gesetz finden will, überlassen bleibt.

Es fehlt nicht an Kritikern des hier nur kurz skizzierten synergistischen Erklärungsansatzes (Mutschler 1992, v.a. 96-97). Unseres Erachtens besonders schwer wiegen der zu verallgemeinerte Strukturbegriff (Haken 1983, 13-15) und der damit zusammenhängende Fehlschluß, die Regeln der Synergetik ließen sich auch auf "nichtmaterielle" (Haken 1983, 21) Systeme anwenden. Die Beispiele, die Haken anführt (Kap.12 und 13), belegen lediglich, daß sich ein und derselbe mathematische Formalismus auch auf anthropogene Phänomene anwenden läßt, weil auch Menschen Elemente in einem Massenwirkungsprozeß sein können. Dann aber wird gerade von einer planenden Selbstbestimmung abgesehen und die einzelnen Subjekte lassen sich tatsächlich wie Bestandteile eines — unter dieser Rücksicht eben doch wieder materiellen — Systems behandeln. Daß Kumulationen nicht auf anorganische Elemente beschränkt sein müssen, sondern sich auch mit dem Bereich des Lebendigen "vertragen", wußte auch Driesch (1928, 375). Was er aber entschieden ablehnt, ist die Brauchbarkeit der kumulativen Mannigfaltigkeitserhöhung als Erklärungsmodell für organische Entwicklung.

Mit dieser Ansicht steht Driesch in vollständigem Gegensatz zu einer Gruppe heutiger Entwicklungsbiologen (Gierer 1986; Meinhardt 1987), die das Paradigma der Selbstorganisation für einen prinzipiellen Schlüssel zur Lösung biologischer Gestaltungsprobleme, insbesondere auch der Keimesentwicklung, halten. Es sei unbestritten, daß damit eine ganze Reihe von organischen Formbildungen erklärbar wird (Rensing und Deutsch 1990; Meinhardt und Klingler 1991). Diese betreffen aber in der Regel nur äußere Musterungen, wie Streifung oder Fleckenbildung der Körperoberfläche, die regelmäßige Ornamentierung von Schalen und dergleichen, bestenfalls noch die Verzweigungen pflanzlicher Sproßachsen. Hinsichtlich der Brauchbarkeit für das Problem des embryonalen Gestaltwachstums, für die dieses Erklärungsmodell ursprünglich konzipiert wurde (Gierer 1974), ist es aber inzwischen aus Gründen, die wir noch kennenlernen werden, eher still geworden. Es ist vermutlich wie bei der allzu umfassenden Ausweitung des Strukturbegriffs der Synergetik: die dadurch gewonnene Analogiefähigkeit greift am Ende nicht mehr. Entsprechend läßt sich eben auch fragen, ob 'Selbstorganisation' auf der Ebene des Lebendigen nicht etwas ganz anderes bedeutet als in der Physik (Kummer 1991).

Die erste Form von struktureller Veränderung eines Systems, die nach Driesch mit Entwicklung überhaupt in Beziehung gebracht werden kann, ist für ihn das, was gewöhnlich als Präformation bezeichnet wird. Dieses naheliegende Konzept, die Entwicklungspotenz der Keimzellen auf das Auswachsen einer minuziösen Vororganisation des Gesamtorganismus im Keimplasma zurückzuführen, wird von Driesch (1928, 375) allerdings ebenso scharf wie treffend als *"Scheinentwicklung"* beurteilt. Der Grund: es liegt kein echtes Mannigfacherwerden des Systems vor, sondern nur ein "Sichtbarwerden einer vorher unsichtbaren gegebenen Mannigfaltigkeit" (ebd.). Von 'Entwicklung', das ist die hiermit angesprochene wesentliche Einsicht, läßt sich nur unter der Voraussetzung von Komplexitätswachstum reden. Ob allerdings die Weismannsche Keimplasma-Theorie zu Recht in diesen Rahmen der Scheinentwicklung einzuordnen ist, wie Driesch das tut, bleibt zu diskutieren.

Was Driesch in einem dritten Begriff als *"präformierte Entwicklung"* bezeichnet, ist die Abhängigkeit der Mannigfaltigkeit eines zunächst nur "summenhaften" Systems von einem zweiten, immer schon "ganzen" System, welches seine Ganzheit den anderen, noch ungeordneten Systemelementen "aufdrückt" (1928, 376). Diese Beschreibung deckt sich exakt mit dem, was wir eingangs als populär-biologisches Verständnis der Rolle des Genoms für die Entwicklung dargestellt haben. Das 'ganze System' bzw. der 'ganzmachende Systemteil' ist hier der Entwicklungsplan in den Genen. Dieser prägt seine Information, seinen 'Formgehalt' den Einzelteilen des restlichen Systems, den molekularen Bestandteilen des wachsenden Keims auf und organisiert sie dadurch zur Vollform. Was überrascht ist lediglich, daß Driesch diese Art von Entwicklung als Präformation ansieht. Und doch hat er recht. Es geht nämlich nicht nur um die von Generation zu Generation unveränderte Weitergabe der materiellen Träger der Gestaltinformation, was wir hier als 'präformiert' ansprechen, sondern darum, daß in dieser genetischen Information die Ganzheit der Form enthalten sein muß. Nicht nur ein Summe von Erbfaktoren muß das Genom enthalten, wenn es die einzige Verantwortung für den Ablauf der Entwicklung tragen soll, sondern auch den Fahrplan der richtigen Reihenfolge im Abrufen der einzelnen genetischen Anweisungen. Damit liegt aber in dieser Sicht die Verwirklichung des Organismus nach Art eines von Anfang bis Ende durchdachten Befehlssystems im Genom schon fest, und das ist nichts anderes als Präformismus: das Ganze der Form ist der Anlage nach schon vorhanden, zwar nicht in der Organisation eines Keimplasmas, aber, nicht minder komplett, in der Organisation der Informationsspeicherung.

Als letzte und natürlich einzig 'eigentliche' Form von Entwicklung gibt es im Vokabular Drieschs noch den Begriff der *"entelechialen oder nicht-präformierten Entwicklung"* (a.a.O. 376). Wir könnten uns dieser Terminologie unter der schon erwähnten Einschränkung anschließen, daß wir unter Entelechie nicht einen besonderen, immateriellen Faktor verstehen wollen, sondern die Möglichkeit (des Formganzen) in der Wirklichkeit der (vorhandenen) Form. Wir bevorzugen aber doch, um etwaigen Mißverständnissen vorzubeugen und eine bloß negative Kennzeichnung zu vermeiden, die Redeweise von der 'epigenetischen' Entwicklung, weil es sich hierbei um den klassischen Ausdruck handelt, mit dem die Gegenposition zu allen präformistischen Vorstellungen charakterisiert werden kann.

Auch wenn sich erst im Verlauf der Untersuchung herausstellen wird, in welcherlei Weise das 'Epi'-genetische, also das auf der genetischen Information Aufsitzende und zu ihr Hinzukommende zu sehen ist, sei hier ein erster Vorbegriff gegeben. Wir wollen unter epigenetischer Kontrolle der Entwicklung all jene Faktoren und Prozesse verstehen, welche, unabhängig von ihrer Verursachung durch das Genom, eine eigene Bedeutung für die Modifikation der vom Genom gelieferten Information besitzen. Die Definition mag im Augenblick noch furchtbar theoretisch und vielleicht auch rätselhaft klingen für jemanden, der gewohnt ist, Information nur in den Genen zu sehen. An dieser Stelle sei nur soviel zur Erläuterung vorweggenommen, daß dabei z.B. an morphogenetische Prozesse zu denken wäre, an Veränderungen von Gestalt und Zusammenhalt von Zellen etwa. Ausgelöst werden solche Veränderungen durch den Einbau bestimmter Proteine in die Zellmembran oder durch Veränderungen im Cytoskelett, und dafür sind natürlich bestimmte Gene verantwortlich. Der Effekt der Formveränderung jedoch, daß etwa aus einem flächigen Epithelstück ein Rohr oder eine Rinne wird, ist nicht direkt genetisch, sondern mechanisch bedingt. Auf diese Weise wird eine genetisch induzierte Formveränderung epigenetisch in den gesamten Organisationszustand integriert, und erst daran kann die nächste 'Welle' genetischer Information wieder ansetzen.

3.2 Präformation und Epigenese

Es ist interessant festzustellen, wie die vier von Driesch dargelegten Denkmöglichkeiten von Entwicklung nicht nur gängige Auffassungen auf den Begriff bringen, sondern auch die klassischen Positionen des Werdens widerspiegeln. Der heraklitisch-demokritische Versuch, Ordnung allein aus der Bewegung zu begreifen, taucht in der Theorie der Selbstorganisation ebenso wieder auf, wie die parmenideisch-pythagoreische Rückführung des materiell Neuen auf eine höhere Ebene formaler Präexistenz im genetischen Informationskonzept, oder die bei Anaxagoras so betonte Unrückführbarkeit des Qualitativen im Vexierbild präformativer Scheinentwicklung. Es war also kein Fehler, sich mit der Frühgeschichte der Philosophie zu beschäftigen, um mit Kriterien für die Unterscheidung von vorschnellen und tragenden Lösungen in der Entwicklungsproblematik gerüstet zu sein. Und genauso wird es hilfreich sein, einen Blick auf die Geschichte der biologischen Entwicklungstheorien zu werfen, um einen Begriff von Epigenese zu bekommen.

3.2.1 Die Haller-Wolff-Debatte

Der Begriff der Epigenese ist in der Biologie unauflösbar verknüpft mit dem Namen des in Berlin geborenen Arztes und Naturforschers Caspar Friedrich Wolff (1733-1794). Er hatte 1759 in Halle eine Dissertation mit dem Titel "Theoria generationis" veröffentlicht und darin die Auffassung vertreten, daß sich die Bildung von Organismen, tierischen wie pflanzlichen, durch Verfestigung einer ursprünglich unorganisierten, flüssigen Materie vollziehe. Die verschiedenen, ein Lebewesen ausmachenden Organe sind demgemäß nicht einmal der Anlage nach von allem Anfang an da, sondern bilden sich erst nach und nach im Lauf eines Verfestigungsprozesses dieser Keimsubstanz aus. Die dazu notwendige Materialzufuhr stammt seiner Auffassung nach von den Nahrungssäften, ihre organisierende Umwandlung von einer 'formgebenden Kraft' und die Einheit des Organismus aus dem Zusammenhang aller Organbildungen mit ihren noch ungegliederten Vorläuferstadien. An deren Beginn steht nach Wolff ein 'erstes Nutriment', das nicht wie die übrigen Nahrungssäfte erst umgewandelt werden muß, sondern die Fähigkeit zur spontanen Verfestigung hat und somit alles weitere, nämlich die weitere Organisation der aufgenommenen Nahrung, in Gang bringt. Dieses "im höchsten Grad vollkommene Nutriment" wird mit dem männlichen Samen identifiziert, der mit der Empfängnis die Formung des uterinen bzw. ovulären Schleimes initiiert. Erstes Nutriment, Verfestigung ('solidescibilitas') der Nahrungssäfte und formende Kraft ('vis essentialis') sind für Wolff die hinreichenden Prinzipien, um die Organisation eines Lebewesens ontogenetisch zu konstituieren (Müller-Sievers 1993, 43-44).

Man kann sich kaum vorstellen, was für einen Sturm des Widerspruchs diese heute eher versponnen wirkenden Thesen eines jungen Außenseiters in der damaligen Scientific Community auslösten. Tatsächlich stand Wolffs Zeugungstheorie in absolutem Gegensatz zu der Vorstellung von Entwicklung, die damals praktisch alle Gebildeteten teilten, der Idee der Präformation. Danach sollte der Keim nicht nur alle Organanlagen in nuce schon aufweisen, sondern auch alle weiteren Generationen bis zum Ende der Welt ineinandergeschachtelt in sich enthalten. Entwicklung war damit wirkliche 'Evolution' im ursprünglichen Sinn des Wortes: ein Auseinanderwickeln eines mit dem Beginn der Schöpfung gegebenen Organisationszusammenhangs. Daß die Eizellen der armen Stammmutter Eva bzw. der Samen Adams damit größenmäßig restlos überfordert gewesen wären, spielte als Argument keine Rolle. Der alte, schon bei Anaxagoras angetroffene Trugschluß, daß Qualitäten, weil ausdehnungslos, beliebig teilbar wären (ein Trugschluß insofern, als Teilbarkeit Ausdehnung voraussetzt), war über jede molekulare Grenze erhaben.

Und man hatte auch die Anschauung auf seiner Seite: Pflanzenknospen ließen sich scheinbar endlos in immer noch kleinere Blattanlagen aufpräparieren; Blattläuse, die doch eigentlich ideale Anwärter für Urzeugung aus Pflanzensaft hätten sein können, brachten tatsächlich noch winzigere Abbilder ihresgleichen zur Welt; und die ersten Mikroskope ließen in den optisch schlecht aufgelösten

3.2 Präformation und Epigenese

Samentierchen die schattenhaften Konturen eingepackter Homunculi erahnen (Hett 1959). Was Wunder, daß niemand von Rang und Ansehen von der seit fast einem Jahrhundert durch Philosophen (Leibniz, Malebranche) wie Naturwissenschaftler (Leeuwenhoek, Malpighi, Swammerdam) wohl etablierten Überzeugung abrücken wollte.

Die eigentliche Auseinandersetzung wurde jedoch nicht mit Autoritätsargumenten geführt, sondern vollzog sich durchaus auf dem Feld der harten Empirie − oder dem, was man damals darunter verstand. Der Exponent der zeitgenössischen Gegnerschaft gegen die epigenetische Entwicklungstheorie Wolffs war der 25 Jahre ältere und damals schon auf dem Höhepunkt seines Ruhmes stehende Schweizer Arzt und Dichter Albrecht von Haller (1708-77) in Göttingen. Er hatte genauso wie Wolff an bebrüteten Hühnereiern gearbeitet und dabei die Anlage des Herzens als erstes sichtbares Organisationszentrum des jungen Keims beschrieben. Das lag ganz auf der Linie seiner umfangreichen Vivisektionsexperimente, in denen er u.a. die Selbsterregbarkeit des Herzmuskels gefunden hatte (Ballauf 1954, 292), was ihm eine bleibende Bedeutung als Begründer der modernen Physiologie verlieh. Natürlich sollte eine Entdeckung, die einen Großbestandteil der eigenen Autorität ausmachte, möglichst auch als Erklärungsgrundlage für andere Phänomene herhalten − welcher große Entdecker ist schon der Überbewertung seiner eigenen Theorie nicht erlegen?

Demgegenüber war es geradezu so etwas wie Blasphemie, wenn ein noch unverdienter Eleve derselben akademischen Zunft am gleichen Objekt zu anderen Resultaten kommt und die Wirbelsäule zur ersten organischen Bildung des Keims erklärt, wie Wolff das tat. Sicher markiert diese Gegenposition auch einen Wandel in der Auffassung über den Sitz der Lebenskraft (Müller-Sievers 1993, 43, Anm. 55). Vor allem aber war es eine Frage der Methode: wie genau man hinschaut, bevor man zu einer Theorie greift. So stand für Haller die Richtigkeit des Präformismus schon vor der Beobachtung fest. Deshalb kann er das Beobachtungsdefizit, zusammen mit dem ersten embryonalen Blutkreislauf nicht schon alle anderen Organanlagen zu sehen, mit einem Rekurs aufs Prinzipielle begegnen: wenn auch nur das Herz am Anfang sichtbar sei, so müsse, da kein Organ für sich allein existieren könne, damit schon der ganze Körper, aber eben unsichtbar, dasein (Müller-Sievers 1993, 45). Dagegen polemisiert Wolff mit Recht: "Wie kann man nun behaupten, einen Körper wegen seiner Kleinheit nicht sehen zu können, wenn doch die Teile, aus denen er sich zusammensetzt, sehr wohl zu unterscheiden sind?" (Dannemann 1922, 120). So ergibt sich ein argumentatives Patt: Wolff hat die Logik auf seiner Seite und Haller die schlechte Leistungsfähigkeit der damaligen Mikroskope (Müller-Sievers 1993, 45).

Vom heutigen Kenntnisstand aus hatte Wolff allerdings nicht nur in der Logik recht, sondern auch in allen beobachteten Einzelheiten; er hatte, wie seine Zeichnungen ausweisen, sogar schon die Zellen gesehen, wenn auch nicht als solche erkannt. So kurios seine Begründung erscheinen mochte − an der von ihm erhärteten Tatsache der Epigenese war nicht zu rütteln. Es ist eben nicht alles schon von Anfang an da, sondern der Organismus bildet sich nach und nach, ist 'aufbauendes Werden', wie man Epigenese dem Wortsinn nach übersetzen könnte. Am Darm des Huhns bewies Wolff das ausdrücklich, als er 1768 feststellte, daß dieser zunächst in Form einer einschichtigen Membran angelegt wird, die sich erst allmählich zu einem zylindrischen Rohr auffaltet (Hett 1959, 490). An den Knospen findet er in geduldigem Präparieren schließlich den Vegetationskegel, der keine Blattgestalt mehr aufweist, aber, bei völlig gleichem Aussehen, sowohl zum beblätterten Sproß als auch zur Blüte werden kann (Roe 1981, 48). Er sieht, wie die Nierenanlagen erst nach der Bildung der Wirbelsäule entstehen und zwar als so durchsichtige Bläschen, daß die Ausflucht, es könnten sich darin die fertigen Organe verbergen, einfach unsinnig wird (Dannemann 1922, 121).

Trotz dieser Beweise, welche die Präformationstheorie auf dem Feld der Empirie widerlegen, hat Wolff keinen Sieg davon getragen. Es ist auch im naturwissenschaftlichen Betrieb nicht so, daß nur die Fakten zählen, sondern es kommt auch darauf an, wer an den Schaltstellen der Macht sitzt. Wer kennt nicht das Bonmot jenes geistreichen Spötters, daß neue Theorien erst dann ein Chance haben, wenn die Inhaber der etablierten Lehrmeinung ausgestorben sind. Genauso war es im Fall Wolff. Hallers Einfluß war genügend groß, um eine Professur Wolffs an einer deutschen Universität zu verhindern. So landet er auf einen Ruf Katherinas der Großen an der Akademie der Wissenschaften in Petersburg, um dort in aller Stille und vergessen vom wissenschaftlichen Establishment weiter seine entwicklungsgeschichtlichen Studien zu betreiben. Tragisch, wie er auch von dort aus noch in seinen Briefen die Anerkennung des von ihm stets als Autorität verehrten Widersachers sucht (Roe 1981, 170).

3.2.2 Der aristotelische Hintergrund

Nun wäre es zu billig, die Kontroverse um Epigenese und Präformation auf die persönliche Fehde von Haller und Wolff zu reduzieren. Die Hintergründe dieser Streitfrage reichen viel weiter zurück und haben ihren ersten ausdrücklichen Niederschlag in der Zeugungstheorie des — wie könnte es anders sein — Aristoteles. In dessen fünf Büchern 'De generation animalium' ist zwar der Ausdruck 'epigénesis' nicht zu finden, und auch das zugehörige Verb 'epigígnesthai' kommt nur an einer Stelle (I 22, 730b 3) in unserem Bedeutungszusammenhang vor. Der Sache nach ist die aristotelische Theorie aber als ausdrückliche Ablehnung jener antiken präformistischen Vorstellungen (etwa bei Aischylos oder Euripides) zu verstehen, wonach das Individuum nach Art eines Keimlings im 'Samen' des einen Elternteils schon vorgebildet ist, und Befruchtung nur noch den (väterlichen) Wachstumsanstoß oder das Einpflanzen in den (mütterlichen) Nährboden bedeutet (Preuss 1975, 285). Die Widerlegung liegt auf der Hand und wurde zu allen Zeiten als Argument gegen den Präformismus verwendet: Wenn die Nachkommen tatsächlich als Keimlinge nur eines Elternteils entstünden, woher dann ihre mögliche Ähnlichkeit mit beiden Eltern?

Aristoteles wendet sich aber auch gegen die Pangenesis-Lehre der Vorsokratiker, wonach die Zeugung in der Mischung eines männlichen und eines weiblichen Keims besteht, die ihrerseits ein Kompositum darstellen, das von allen Teilen des väterlichen bzw. mütterlichen Körpers gebildet wird (Preuss 1975, 52). Mit dieser Annahme, die schon fast die Mendelsche Faktorengenetik vorwegnimmt, oder wenigstens vor diesem Hintergrund verständlich wird, sollte sich die Ähnlichkeit der Nachkommen mit beiden Elternteilen erklären lassen. Diese Theorie trägt auch durchaus epigenetisch interpretierbare Züge und wurde in der Neuzeit auch so verstanden. Aristoteles lehnt sie dennoch ab mit dem Hinweis, daß die Ähnlichkeit nicht in den Einzelteilen, sondern in deren Synthese begründet liege. Damit führt er das Ganzheits-Problem, das die Pangenetiker nicht gelöst haben, ins argumentative Feld und entlarvt den Pangenismus als in dieser Hinsicht doch präformistische (und noch dazu unvollständige) Theorie.

Aristoteles' eigene Theorie basiert auf seiner üblichen Frage-Trias zur Analyse des Werdens: wodurch? – woraus? – wozu? (Met. VII 7, 1032a 13). Damit ergibt sich scheinbar logisch die Aufteilung, daß das Ziel der Zeugung, der Keim bzw. das neue Lebewesen aus dem mütterlichen Stoff durch die väterliche Form gebildet wird. Daß die Mutter (durch den Uterusschleim bzw. das Menstruationsblut) Materialursache für die Erzeugung eines Nachkommens sein muß ('arché tês hyles,' De gen. anim. I 2, 716a 7), steht für Aristoteles außer Frage. Weniger klar ist ihm die Art der Formübertragung. Zwar ist sie seiner Meinung nach einzig Sache des männlichen Geschlechts und muß darum durch den Samen geschehen, aber in welcher Weise, wird dabei eigenartig in der Schwebe gelassen. Aristoteles bevorzugt hier, vom männlichen Zeugungspartner als dem Prinzip der Bewegung ('arché tês kinéseos', 716a 6) zu sprechen, und diese Ausdrucksweise meint die Wirkursache, wie ein Kapitel zuvor die Rekapitulation der Ursachenlehre (715a 7) explizit ausweist, und nicht die Form. Er vergleicht so die Bewegung des Samens mit der Hand des Bildhauers, in deren Bewegung die Form transponiert ist und zum Material hingebracht wird (I 22, 730b 14).

Es ist offensichtlich, daß Aristoteles die Rede von einem männlichen Keim vermeiden will, der nach Art eines Homunculus zwar die Form in sich enthielte, aber damit doch schon ganze Substanz des neuen Lebewesens wäre. Das stünde ja im Widerspruch zu der von ihm so betont vertretenen epigenetischen Grundauffassung, daß die Zeugung oder Entstehung ('génesis') eines neuen Lebewesens von beiden Geschlechtspartnern in ebenbürtiger Weise auszugehen habe (I 2, 716a 5). Mit der Aufteilung von Materie und Form versucht er nun, der Bedeutung beider Geschlechter gerecht zu werden. Wir wissen aber, Form allein gibt es nicht; sie braucht immer ein Substrat, das sie trägt. Genau dieses Problem verfolgt nun Aristoteles bei seiner hylemorphistischen Interpretation der Zeugung. Beim Kunstwerk war es noch einfach – hier gab es einen Träger, den Künstler, der die Form 'en tê psychê' zum formbaren Material transportieren konnte. Und ein Anklang daran schwebt Aristoteles wohl auch für die Zeugung vor. Der Träger der Form ist nun der Same, aber nicht insofern er Materie, sondern insofern er Bewegung ist. Der Same geht nicht als formtragendes Etwas, als Keim ('kyma') in den weiblichen Stoff ein, sondern er überträgt von sich die formende Bewegung auf die weibliche Stoffausscheidung, die dadurch zu organisierter Gerinnung (729a 21) befähigt wird. Der materiellen Beschaffenheit nach, als Geschlechtsprodukt ('goné'), ist die Samenflüssigkeit bloß Werkzeug zur Bewegungsübertragung, welche die eigentliche Aufgabe des männlichen Samens, "erster von außen kommender Bewegungsanstoß" ('to prôton kinêsan éxothen', 735a 13) für die Keimbildung zu sein, ermöglicht und gewährleistet.

Soweit, so gut. Nun verläßt Aristoteles aber das von der Bildhauerei inspirierte Modell der Formweitergabe durch mechanische Impulsübertragung und erklärt den Samen aufgrund seiner Bewegung als beseelt (735a 8). Muß er ja, darf man hinzufügen, denn das uterine Ausscheidungsmaterial soll ja nicht nur geformt, sondern belebt werden, und das geht nur durch Übertragung des lebendigen Formprinzips, welches die Seele ist. Der Samenbewegung, bisher nur äußerer Formimpuls, kommt damit die Aufgabe zu, die Seele 'weiterzuleiten'. Wie soll das gehen? Es wird jetzt offenkundig, daß der Versuch, aus dem Bildhauermodell eine Identifikation von Form- und Bewegungsprinzip abzuleiten, die Aristoteles für seine Interpretation der Zeugung so notwendig gebraucht hätte, nicht standhält. Die Handbewegungen des Bildhauers enthalten nämlich nicht wirklich die Form, sondern stehen lediglich im Dienste ihrer Übertragung auf das Material. Die Form hat nach wie vor die 'Seele' bzw. das Bewußtsein des Bildhauers, und da bleibt sie, auch bei ihrer Übertragung auf das Material. Die Form geht nicht vom Kopf auf die Hände über und dann in das Material hinein. Ganz verschiedene Handbewegungen können bei verschiedenen Künstlern, ja auch bei ein und demselben, zum selben Resultat führen, weil die Vorstellungen des Künstlers den Prozeß steuern, und nicht seine Hände. Nun aber soll die Bewegung des Samens als Indiz dafür genommen werden, daß die Seele darin zugegen ist, so, als wäre die Form doch in den Handbewegungen des Künstlers. Damit findet aber unweigerlich eine im Rahmen der Theorie unzulässige Hypostasierung der Form statt. Denn spätestens zum Zeitpunkt der ausdrücklich nur als äußerlichen Bewegungsanstoß verstandenen Formübertragung muß die Seele ohne ihren bisherigen materiellen Träger, dem Samen, der definitionsgemäß nichts zur Materie des Keims beitragen darf, auf den Empfänger, den uterinen Stoff, als immaterielles Etwas übergehen.

Man könnte versucht sein, zur Lösung dieses Problems das Wesen der Seele als reine Bewegung aufzufassen und damit ihren Übergang vom männlichen auf den weiblichen Keim in der Weise geschehen zu lassen, wie eine Billardkugel ihren Impuls einer anderen mitteilt, ohne daß es darum einen Stoß 'an sich' geben müßte. Das würde heißen, die Seele bewirkt nicht mehr bloß die Bewegung des Samens, sondern *ist* diese Bewegung. Das ist aber offensichtlich ein terminologisches Unding. Denn Bewegung ist *körperlicher* Ausdruck der Seele, nie Seele 'an sich'. Wo also kein Körper ist, kann sich auch nichts äußern, und die Rede von Seele und Bewegung wird gleichermaßen sinnlos.

Aristoteles ist sich dieses Dilemmas offenbar bewußt. Er sucht darum in Kapitel II,3 seine Zuflucht in allerlei Hilfsannahmen, die aber insgesamt wenig erhellen (Preuss 1975, 90-91), außer daß sie das hylemorphistische Ursachenkonzept zur Erklärung des Zeugungsvorgangs wenig geeignet erscheinen lassen. Dieses Urteil soll indessen keinen Widerspruch zu der von uns so sehr herausgestellten Brauchbarkeit der aristotelischen Grundbegriffe für die Werdeproblematik bedeuten. Es heißt nur, daß Epigenese nicht als Resultat einer von außen kommenden Verbindung von Materie und Form gefaßt werden kann, weil hierbei die Einheit der *metaphysischen* Konstituenten der Substanz, auf der das Werden gründet, in unstatthaftem Physikalismus zerrissen wird. Epigenese kann sich nur auf dem Hintergrund des Substanzbegriffs abspielen, und das bedeutet hinsichtlich der Zeugung Vereinigung von zwei nach Geschlechtern zwar verschiedenen, aber in beiden Fällen substantiell ganzen Keimen, wie das im Pangenismus wenigstens vom Ansatz her richtig gesehen wurde.

3.2.3 Das Abrücken vom aristotelischen Ursachenschema ließ ältere Entwicklungsvorstellungen wieder aufleben, gegen die sich das Epigenese-Denken erst allmählich durchsetzen konnte

Der bis in die Neuzeit reichende Einfluß der aristotelischen naturkundlichen Schriften ist allgemein bekannt und braucht hier nicht besonders belegt zu werden. Es ist offensichtlich, daß Wolffs Vorstellung von der 'Solidescibilitas' der Nahrungssäfte und der besonderen Bedeutung des männlichen Samens für die Formung des Embryos ebenso von Aristoteles inspiriert ist, wie der Vorrang, den Haller der Entstehung des Herzens bei der Organentwicklung eingeräumt hat. Ja, selbst die 'wesentliche Kraft', die bei Wolff als Ursache für die epigenetische Formbildung verantwortlich ist, hat in der aristotelischen 'Lebenskraft', der 'zotiké arché' (De gen. anim. II 3, 737a 5) ihren Vorläufer, wenigstens insoweit, als beide Begriffe Hilfskonstrukte zur Lösung des leidigen Problems der Weitergabe der Form bei der Zeugung sind.

Aber nicht nur Haller und Wolff hatten ihren Aristoteles gelernt. Es ist leicht nachzuvollziehen, daß die von der Scholastik tradierten Lehren des Aristoteles gerade auf naturkundlichem Gebiet immer stärkeren Widerspruch hervorrufen mußten und mehr und mehr zur Ablehnung des Vier-Ursachen-Schemas führten (Müller-Sievers 1993, 31). Ebenso naheliegend war damit die Rückkehr zu den alten, von Aristoteles einst abgelehnten Alternativkonzepten der Zeugung. So feierte einerseits der Pangenismus vor allem durch den großen französischen Enzyklopädisten der Naturforschung G.L. Leclerc de Buffon (1707-88) sein wissenschaftliches Comeback. Das alte Problem, wie aus allen

Teilen des Organismus die Eigenschaften in den Keimen zusammenfließen konnten, wurde jetzt mit der Vorstellung der 'molécules organiques' verständlich gemacht. Diese sollten sich in der − männlichen wie weiblichen − Samenflüssigkeit anreichern (Müller-Sievers 1993, 36) und entsprechend ihrem 'moule intérieur', einer inneren Bauplan-Repräsentation nach Art der leibnizschen Zentralmonade (Kummer 1987, 40 und 52), zum Organismusganzen zusammenfinden. Man deutete diese mikroskopisch sichtbaren 'Lebensmoleküle' also nicht wie Leibniz als fertig präformierte Organismen, sondern mit Newtons Korpuskulartheorie als Elemente, die der Anziehungskraft einer Gesamtform unterliegen.

Der Rückgriff auf Newton half auch zur Neudefinierung des weiblichen Beitrags bei der Zeugung, konnte doch jetzt die rein passive Bestimmbarkeit der aristotelischen Hyle als 'vis inertiae', als für das Einwirken des männlichen Form-Impulses notwendige Gegenkraft gefaßt werden (Müller-Sievers 1993, 23). Gegenüber diesen mit dem neuen naturwisssenschaftlichen Inventar behende jonglierenden Spekulationen − Buffon war trotz seiner mathematischen Begabung alles andere als ein exakter Geist − etablierte sich auf der anderen Seite der Präformismus als ganz auf der Linie Descartes' liegende mechanistische Theorie. Keimesentwicklung als 'Evolution' zu begreifen − es war der Genfer Physiologe Charles Bonnet (1720-93), der mit diesem Ausdruck die Entfaltung ineinander verschachtelter Anlagen bezeichnete (Hall 1992, 4) − war eine solide, dem Handwerkszeug der Anatomen zugängliche Angelegenheit.

Der Siegeszug oder, besser, das Wiedererstarken des Präformismus im 18. Jahrhundert war jedoch nicht nur vom Verlangen nach empirischer Begreifbarkeit getragen, sondern offenbarte auch eine starke theologische Komponente. Schon Descartes konnte ja die perfekte Funktion seiner lebendigen Automaten nicht anders begründen als durch den Rückgriff auf göttliche Konstruktion (Discours de la Méthode, 56, 5-9). Demselben Problem standen Physiologen wie Bonnet oder Haller bei der Erklärung der organischen Komplexität, dem 'Mannigfaltigerwerden' eines als Maschine verstandenen Organismus, gegenüber. Die Lösung konnte auch hier nur sein, den Ursprung all dieser unverstandenen Wunderwerke direkt in die Hände Gottes zu legen (Müller-Sievers 1993, 31). Dieses Rekurs hatte allerdings seinen erheblichen Preis. Man handelte sich mit ihm die ganze Last des Theodizee-Problems ein, weil ja in präformistischer Sicht auch das Auftreten aller Arten von Monstrositäten schon im göttlichen Schöpfungsplan enthalten sein mußte. Haller hat entsprechend ein Leben lang mit diesen Zweifeln an der Kohärenz seines Systems gerungen (Müller-Sievers 1993, 41). Auf der anderen Seite wußte er seine religiöse Überzeugung sehr wohl als argumentative Waffe zu nutzen: in seiner bedingungslosen Bekämpfung der Epigenesislehre machte er den verdutzten Wolff auch des Angriffs auf das Gebäude der Schöpfungstheologie schuldig (Hett 1959, 491). Daß der pietistische Eifer Hallers und Bonnets sich auch mit der libertinen Sexualitäts-Auffassung Buffons anlegen mußte, lag auf der Hand. Auch hierin ist eine − zwar unterschwellige, aber darum nicht weniger wirksame — Ursache für die im deutschen Sprachraum herrschende Diskreditierung nicht-präformistischer Entwicklungskonzepte zu sehen (Müller-Sievers 1993, 38).

Auf diesem Hintergrund mußte es die Neuetablierung einer epigenistischen Theorie, wie Wolff sie unternahm, schwer haben. Die Vorbelastung durch die aristotelische Zeugungstheorie, die ablehnende Haltung gegenüber dem französischen Pangenismus, die Vorliebe für eine physiko-theologische Weltdeutung — das wog alles zusammen schwerer als eine noch so minuziöse Beobachtung der tatsächlichen Phänomene. Und das umso mehr, als Wolff zwar die Fakten auf seiner Seite hatte, aber zu ihrer Deutung eine einigermaßen obskur anmutende Terminologie bemühen mußte, eben jenes Postulat der nicht weiter analysierbaren 'vis essentialis'. So gesehen ist das Wunder nicht, daß sich die Zeitgenossen Wolffs gegenüber den Beweisen für die Richtigkeit seiner Anschauung verschlossen zeigten, sondern vielmehr, wie die epigenetische Theorie dennoch zum Durchbruch gelangen konnte.

Es ist eine der typischen Ironien des Schicksals, daß ausgerechnet ein Schüler Hallers, der Göttinger Ordinarius für Medizin J.F. Blumenbach (1752-1850) mit seiner Lehre vom 'Bildungstrieb' (und einer entsprechenden Portion Sarkasmus für die Anschauungen seines Lehrers) zum entscheidenden Vorkämpfer für die epigenetische Entwicklungsauffassung werden sollte (Müller-Sievers 1993, 46). Er tat dies zwar in einer ausdrücklich vitalistischen Version, und entsprechend lakonisch fällt die Würdigung seines Werkes heutzutage in den Kompendien der Geschichte der Biologie aus. Es ist aber sein bleibendes Verdienst, daß er die Ergebnisse von Regenerationsexperimenten als eindeutige Beweise für die Richtigkeit der Epigenese zu nehmen wußte. Wenn die Teilstücke eines entzweigeschnittenen Süßwasserpolypen sich wieder zu ganzen, funktionsfähigen Polypenkörpern regenerieren können, bedeutet dies offensichtlich die Fähigkeit zur Neubildung fehlender Strukturen, und solche 'Epimorphosen' bzw. 'Morphallaxen' (Kühn 1965, 480) sind nun wirklich epigenetische Bildungen par excellence.

Es ist eigenartig, oder aber bezeichnend, daß sich die Präformisten mit solchen Regenerationserscheinungen kaum beschäftigt hatten. Beschreibungen von Regenerationserscheinungen sind zwar in den Naturgeschichten seit dem ausgehenden 17. Jahrhundert nachzuweisen und waren damit den Präformisten durchaus bekannt. Bonnet stellt so z. B. die Regenerationsexperimente an Salamanderextremitäten ausführlich dar (Jahn et al. 1985, 234). Sie nötigten die Präformisten aber höchstens zur Entwicklung abenteuerlicher Zusatzannahmen, ohne in das Gebäude der eigentlichen Theoriebildung aufgenommen zu werden. Im Gefolge Blumenbachs sollten es aber gerade die künstlich herbeigeführten Störungen des natürlichen Entwicklungsverlaufs sein, die zur Standardmethode embryologischen Forschens avancierten und damit die Ära der experimentellen Embryologie einleiteten.

Bleibt noch als letztes, wenn auch indirektes Verdienst Blumenbachs zu erwähnen, daß durch ihn Kant für die epigenetische Theorie gewonnen wurde

(Müller-Sievers 1993, 49). Dieses Siegel philosophischer Gutheißung von sozusagen höchster Stelle war es vor allem, was das Ansehen des Präformismus zunehmend in den Schatten stellte und der neuen Anschauung zur endgültigen Akzeptanz in den Kreisen der Gebildeten verhalf.

3.3 Experimentelle Embryologie

Vom Standpunkt einer kausalen Naturforschung mußte die Annahme einer 'vis essentialis' als Prinzip der epigenetischen Formbildung unbefriedigend erscheinen. Gewiß war das aristotelische Problem der Formübertragung durch Bewegung durch die Anleihe bei Newtons Kraftbegriff wenn nicht bereinigt, so doch eleganter und philosophisch weniger anstößig formuliert. Andererseits war damit der Vorgang des Mannigfacherwerdens, die Lokalisierung der dafür im einzelnen notwendigen Faktoren, hinter einem Begriff versteckt, der wenig mehr als eine Metapher sein konnte. Embryonale Selbstorganisation ist nun einmal ein so komplexer Vorgang, daß man sie schwerlich im Vorstellungsrahmen eines einfachen Kraftzusammenhangs nach Art der Newtonschen Gravitation beschreiben kann. Oder man setzt sich dem Vorwurf aus, in dieser 'Kraft' das Formproblem genauso ungelöst zu verschleppen wie die Präformisten in der Unendlichkeit der Generationenfolge.

Das Haupthindernis, das den alten Embryologen bei ihren Theoriebildungen im Wege lag, war ihre Unkenntnis über den zellulären Aufbau der Organismen. Wolff hatte zwar bereits Zellen gesehen, wie einige seiner Zeichnungen ausweisen (Jahn et al. 1985, 242), konnte sie aber nur als 'Bläschen' oder dergleichen beschreiben, ohne ihre wahre Natur zu erfassen. Erst nachdem M. Schleiden und T. Schwann in den dreißiger Jahren des vorigen Jahrhunderts die 'Zellentheorie' des Lebendigen etabliert hatten (Sander 1989; Sitte 1992), war es möglich, den weiblichen Beitrag an der Embryonalentwicklung authentisch in Keimzellen festzumachen, statt ihn in bloßer passiver Materiallieferung des uterinen Schleims zu sehen.

Nun war die formgebende Kraft der Keimbildung endlich auf beide Geschlechter verteilt, wie das Buffon in pangenistischer Manier zwar richtig postuliert, aber als 'weibliche Spermatozoen' völlig falsch interpretiert hatte (Taylor 1963, 109). Ja, entsprechend ihrer Größe konnte die Eizelle sogar als weit wichtiger für das Entwicklungsgeschehen betrachtet werden als die im Vergleich dazu winzigen 'Samentierchen'. Jedenfalls mußte es für den ersten Beobachter des Befruchtungsvorgangs beim Seeigel (Oskar Hertwig, im Jahre 1875) weit eher den Eindruck haben, daß hier die Eizelle als die eigentliche Urform des Organismus von den eintreffenden Spermien zur Entfaltung ihrer Entwicklungspotenzen angeregt wird, als daß diese ihr die Form aufprägten.

3.3.1 Einem ersten entwicklungsmechanischen Konzept zufolge ist der Organisationsplan durch die Stoffverteilung im Eiplasma determiniert

Der Organisation der Eizelle sollte so fortan das Interesse der Embryologen gelten. Was lag da näher, als in der mikroskopisch mehr oder minder deutlich wahrgenommenen Stoffverteilung des Eiplasmas die Erstursache für den embryonalen Gestaltungsprozeß zu sehen? Nach epigenetischer Vorstellung sollte ja der Keim durch zunehmende Verfestigung des mütterlichen Stoffes in seine Form gebracht werden, natürlich unter dem formenden Einfluß der vis essentialis. Wenn nun dieser Stoff in der Eizelle selbst schon eine gewisse Organisationsstruktur aufwies, konnte man hierin doch Ausgangspunkt und Ursache einer differenzierenden Zellentwicklung sehen, welche den Gesamtplan aller Organanlagen liefern konnte. Der geheimnisvolle Schleier einer vitalistischen Bildungskraft wäre damit ein für allemal beiseite geschoben und die Möglichkeit für ein mechanistisches Verständnis des Entwicklungsgeschehens eröffnet. Ein solcher Denkansatz entsprach ganz dem Ideal einer kausalanalytischen Vorgehensweise: die strukturellen Untereinheiten für den in Frage stehenden Vorgang auf dem Weg atomistischer Reduzierung (Sitte 1985, 94) zu identifizieren und dann umgekehrt aus diesen elementaren Ursachen den Mechanismus zu rekonstruieren.

In dieser Weise wollte A. Weismann (1834-1914) seine Keimplasma-Theorie verstanden wissen. Durch fortgesetzte inäquale Zellteilungen sollte das den ganzen Organismus repäsentierende Anlagengemisch der Eizelle derart verteilt werden, daß am Schluß jede Zellart nur noch die ihr eigentümliche 'Determinante' aufwies, welche diese Zellart auf ihre charakteristische Rolle im gesamten Organisationsplan festlegte. Man darf sich durch die Terminologie nicht täuschen lassen, die dadurch einigermaßen verwirrend ist, daß Weismann sein Konzept praktisch zeitgleich mit der Aufdeckung der Feinstruktur des Zellkerns entwickelte. Nachdem ihm klar wurde, daß der Kern als Sitz der 'Erblichkeitsstrukturen' anzusehen war, versuchte er, seine Vorstellungen mit den neuen Gegebenheiten in Einklang zu bringen. So identifizierte er sein 'Keimplasma' mit dem von Flemming 1880 entdeckten Chromatin und die Determinanten mit Untereinheiten (heute würde man sagen: Genorten) der von Waldeyer 1888 beschriebenen Chromosomen.

In heutiger Diktion versteht man dagegen unter Determinanten zusätzlich zu den Genen vorhandene plasmatische Faktoren. Diese begriffliche Unterscheidung und funktionale Zuordnung von Determinanten und Genom war Weismann noch nicht klar. Dennoch darf man sein Determinanten-Konzept nicht etwa als Vorläufer einer genetischen Theorie der Entwicklung ansehen, denn dazu fehlte ihm noch der genaue informationstheoretische Hintergrund. Vielmehr stellte sich Weismann den Zusammenhang seiner Determinanten, wiewohl in den Chromosomen lokalisiert, ganz nach Art eines räumlichen Anlagenplans vor, wo jeder Abschnitt "in Beziehung zu bestimmten Theilen des fertigen Tieres steht, also gewissermassen die 'Anlage' derselben vorstellt, ohne daß aber irgend eine Ähnlichkeit zwischen diesen 'Anlagen' und den fertigen Theilen da zu sein braucht" (Weismann 1902, 388).

In gewissem Sinn hatte Driesch (1928, 375) also recht, wenn er herausstellte, daß bei der Weismannschen Entwicklungsauffassung gar keine Erhöhung von Mannigfaltigkeit vorliege; tatsächlich ist die Anordnung der Determinanten schon genauso komplex wie nachher die fertige Organisation. Eine solche Auffassung aber als 'Scheinentwicklung' abzutun, scheint die Unähnlichkeit der Determinantenverteilung mit dem entwickelten Organisationsgefüge nicht genügend zu würdigen.

Roux (1913, 14) hat den informationsartigen Aspekt des Determinantenmusters gegenüber dem Organisationsmuster schärfer erfaßt und aufgrund der Notwendigkeit einer Umwandlung der einen Ebene in die andere diese Art von Präformismus als 'Neoevolution' bezeichnet. Sie unterscheidet sich seiner Meinung nach vom Präformationskonzept klassischer Prägung, für das Entwicklung nur das Sichtbarwerden einer vorher unsichtbarer Organisation war, wie die matrizenabhängige Arbeit eines mechanischen Zeichenapparats von der Entwicklung einer photographischen Platte (ebd. 15). Echte Entwicklung, von Roux an derselben Stelle 'Neoepigenesis' genannt, ist auch nach dieser Einteilung durch wirkliche Erhöhung der Mannigfaltigkeit charakterisiert. Allerdings wird diese, und das rechtfertigt die Zufügung der Vorsilbe 'Neo-' gegenüber dem klassischen Epigenismus, nicht länger als Folge einer verborgenen Lebenskraft aufgefaßt, sondern als Grundeigenschaft jedes mechanischen Wirkens verstanden (ebd.).

Es bleibt noch anzumerken, daß die Weismannsche Theorie, so brauchbar und anregend sie für die Bildung entwicklungsmechanischer Konzepte auch sein konnte, nur von kurzer Lebensdauer war. Der Nachweis der generellen Gleichheit aller mitotischen Zellteilungen machte die Unterscheidung von Keim- und 'Idioplasma' hinfällig und entzog damit der Theorie schon vier Jahre nach ihrem Erscheinen die entscheidende Realitätsgrundlage (Sitte 1985, 96).

Ein anderes Konzept Weismanns, die Unterscheidung von Keimbahn und Soma, konnte sich jedoch über die Terminologie hinaus auch sachlich behaupten. Es sollte in den letzten Jahren sogar zur Grundlage für die soziobiologische Betrachtungsweise der Selektion werden, welche den Organismus zum bloßen 'Vehikel' für die Verbreitung von Genen ('Replikatoren') stempelt (Dawkins 1988, 59 und 74). Auch der Weismannsche Begriff der Determinante hat seinen Platz in der modernen Entwicklungsbiologie behalten. Zwar hat sich sein Inhalt im angesprochenen Sinn etwas gewandelt, aber die damit verknüpfte Vorstellung zellautonomer Entwicklung, die den Organismus als mosaikartige Zusammensetzung (scheinbar) unabhängiger Klone begreift (Wolpert 1993, 56), ist ein Modell embryonaler Musterbildung, das bei einigen Organismengruppen (z.B. Mollusken und Fadenwürmern) Anwendung findet. (Das eingeklammerte 'scheinbar' soll andeuten, daß dieses Konzept der zellautonomen Entwicklung noch einer gewissen Korrektur zu unterziehen sein wird.)

3.3.2 Regulationseier stellen das Konzept einer mosaikartigen Entwicklung wieder in Frage

Die Vorstellung eines alle Anlagen im Organisationszusammenhang verkörpernden Keimplasmas gab nun den Anlaß, im Ei selbst ähnlich teratologisch zu experimentieren, wie das einst Blumenbach und seine Vorgänger an der ausgebildeten Organisation des Süßwasserpolypen oder von Strudelwürmern unternommen hatten. In dieser Weise sind die klassischen, von W. Roux 1888 publizierten 'Anstichversuche' zu verstehen. Die Erwartung der Keimplasmatheorie war ja, daß eine befruchtete Eizelle, die nach ihrer ersten embryonalen Teilung das Zweizellstadium erreicht hatte, in jeder dieser 'Blastomeren' nur noch fünfzig Prozent der für die Ausbildung der Organisation notwendigen Determinanten aufweisen würde, genauer, daß das 'Idioplasma' jeder Blastomere nur noch die Hälfte des Gesamtorganismus verkörperte. Genau das stellte Roux fest, als er an einem zweizelligen Amphibienkeim eine Zelle abtötete. Aus der anderen Zelle entwickelte sich exakt ein halber Embryo (Gilbert 1994, 577). Damit schien die Determinantenlehre Weismanns bewiesen und der ontogenetische Aufbau eines Organismus als *Mosaikentwicklung* entlarvt.

Der gegenteilige Befund ließ indessen nicht lange auf sich warten. Wenige Jahre nach der Veröffentlichung von Roux' Anstich-Experimenten wies H. Driesch am Seeigel nach, daß bei der Zerlegung von vier- und achtzelligen Embryonen in Einzelzellen jede Zelle ein komplettes Individuum regenerieren konnte. Ja, er konnte kurz darauf sogar zeigen, daß bei entsprechend schonend vorgenommener Umlagerungen am achtzelligen Keim, der infolge der ersten Äquatorialfurchung bereits aus zwei Zellebenen besteht, Zellen der unteren, 'vegetativen' Vierergruppe bei ihrer Eingliederung in die obere, 'animale' Gruppe sich dort sinngemäß ('ortsgemäß' wird später der Fachausdruck dafür sein) im Zellverband weiterentwickeln. Sie liefern also jetzt wie 'normale' Zellen des animalen Pols ihren Beitrag für die geordnete Ausbildung des larvalen Vorderendes und zeigen dabei keinerlei Verhalten mehr, das an ihre ursprüngliche Herkunft aus der Basalregion erinnerte. Driesch sah sich deshalb genötigt, den sich entwickelnden Keim als 'harmonisch-äquipotentielles System' anzusprechen, bei dem jeder Bestandteil, sprich jede einzelne Zelle, dieselbe Fähigkeit zur Bildung eines ganzen Organismus hat, im Verband aber diese Fähigkeit nach Maßgabe ihres Anteils an der Ganzheit des Keims einzuschränken 'weiß'. Entwicklung war hiermit eindeutig, ganz im Gegensatz zu Roux, als *regulativer* Vorgang entlarvt (Gilbert 1994, 578).

Man könnte geneigt sein, die widersprüchlichen Ergebnisse der beiden Forscher auf die Verschiedenheit ihrer Versuchsobjekte zurückzuführen. Und in der Tat gibt es hier große Unterschiede; neben Organismengruppen, es war davon schon die Rede, die nahezu vollständige Mosaikentwicklung zeigen, gibt es andere, Paradebeispiel sind die Säugetiere, deren Keime bis ins oft Hunderte von Zellen umfassende Blastocystenstadium perfekte Regulation aufweisen. Paradoxerweise hatte aber Roux die Mosaikentwicklung gerade an einem Keimtyp nachgewiesen, der eine sehr starke Fähigkeit zur Regulation besitzt, während Driesch sein harmonisch-äquipotentielles System an einem Eityp mit deutlichen Mosaikeigenschaften etablierte.

Die Einseitigkeit der Ergebnisse war also weniger durch die Untersuchungsobjekte als durch die Untersuchungsmethode bedingt. Roux hatte die Blastomeren dadurch ausgeschaltet, daß er mit einer heißen Nadel deren Kern abtötete. Der Ansatz war durchaus vernünftig, denn nach Weismann sollte ja das Keimplasma im Kern lokalisiert sein. Hätte er aber, wie Jahrzehnte nach ihm McClendon und vor allem Spemann, die beiden Blastomeren schonend voneinander getrennt (vor allem die Haarschlingentechnik Spemanns ist hier hervorzuheben – vgl. Mangold 1953, 134; Sander 1985, 115), so hätte er ebenso wie Driesch intakte Individuen erhalten und auch das Molchei als Regulationskeim ausgewiesen. Driesch auf der anderen Seite hat die Blastomeren des Seeigelkeims durch Schütteln mit Glasnadeln voneinander getrennt und später durch Entzug der Calcium-Ionen im Kulturmedium. Durch diese nicht unter ständiger mikroskopischer Beobachtung durchgeführten Trennungsmanipulationen konnte ihm verborgen bleiben, daß bei den Embryonen des Achtzellen-Stadiums immer nur die Zellen des vegetativen Pols zu intakten Larven auswuchsen, nie dagegen die animale Vierergruppe. Er mußte die sich nicht oder nur unvollkommen weiterentwickelnden Zellen für versuchsbedingte Schädigungen halten, denn natürlich war seine Methode der Blastomeren-Isolierung eine ziemlich grobe Angelegenheit.

Erst die um 1930 einsetzenden, sehr detaillierten Untersuchungen von S. Hörstadius deckten auf, daß nur die Zerlegung in Medianrichtung zu richtig organisierten Larven führt; teilt man die Blastomeren dagegen entlang der Äquatorialebene, erhält man nur aus den unteren Zellen des Achterstadiums einigermaßen normal aussehende Larven, während sich die Zellen des animalen Pols nur zu einer 'Dauerblastula' weiterentwickeln (Gilbert 1994, 581). Dasselbe hätte Driesch, entsprechend feine Operationstechniken vorausgesetzt, die eben erst Hörstadius entwickelte, schon am Seeigel-Ei feststellen können. Nach Teilung in medianer Richtung entwickeln sich aus den Eihälften kleine, aber normale Larven; bei Teilung in äquatorialer Richtung bilden sich wieder gleiche Anteile leicht aberranter Larven und Dauerblastulae. Das Eiplasma weist hier also bereits eine gewisse organisatorische Zonierung auf, die im Sinne der Determinantentheorie interpretiert werden muß und die Eier des Seeigels als (mäßig ausgeprägte) Mosaikeier kennzeichnet (Gilbert 1994, 582). Weil so Determinations- und Regulationseigenschaften in nahezu jedem Eityp nebeneinander anzutreffen sind, wenn auch in unterschiedlicher Verteilung, schlägt Sander (1993, 22) vor, die historisch bedingte Klassifizierung in Mosaik- und Regulationseier durch die Ausdrücke 'früh'- und 'spätdifferenzierende Eientwicklung' zu ersetzen.

Die Fähigkeit zu der von Driesch beobachteten harmonischen Regulation des Seeigelkeims wird von diesen Einschränkungen allerdings nicht berührt. Es bleibt festzuhalten, daß die Furchungszellen aus der Lage im Gesamtverband ablesen können, welchen Beitrag an Entwicklungspotenz sie zu leisten haben. Im Prinzip mußte man schon das von Roux durchgeführte Anstichexperiment in diese Richtung deuten. Der eigentliche Befund ist hier ja nicht, daß aus einer Furchungszelle nur ein halber Embryo gebildet wurde, sondern, daß die eine Hälfte des in all diesen Stadien gleich großen Keimvolumens sich organisiert, während die andere Hälfte im Zustand des Eiplasmas beharrt. Die 'andere Keimhälfte' ist also, wenn auch unentwickelt, immer noch da. Offensichtlich genügt die Anwesenheit dieser inaktivierten Blastomere, um dem restlichen Keim die Positionsinformation zu geben, welchen Anteil an embryonaler Organisation er zu bilden habe.

Das weitere Bemühen der Embryologen mußte nun folgerichtig der Frage gelten, auf welchem Wege und mit welchen Mitteln das embryonale Geschehen den notwendigen Informationsaustausch für solche Regulationen bewerkstelligt. Während Roux unter dem Eindruck der Determiniertheit der Eistruktur dafür das Programm einer 'Entwicklungsmechanik' formulierte, deren Ziel es sein sollte, das ganze Entwicklungsgeschehen auf in ihrer Wirkung materiell verstehbare 'Faktoren' zurückzuführen (Roux 1913, 11), sah sich Driesch auf die Dauer außerstande, die Frage nach dem Regulationsprinzip der Entwicklung physikalisch befriedigend zu beantworten. Vielmehr postulierte er dafür einen 'immateriellen Faktor', eben jenen von ihm geprägten Sonderbegriff der 'Entelechie', und erklärte damit das in den Regulationsvorgängen sich offenbarende Wissen des Organismus von seiner Ganzheit. Mit dieser vitalistischen Interpretation hatte Driesch natürlich vom entwicklungsmechanischen Erkenntnisideal einer Maschinentheorie des Lebendigen, von dem er ursprünglich ebenso überzeugt war wie Roux (Hamburger 1988, 14), Abschied genommen. "Driesch renounced the study of developmental physiology and became a philosophy professor, proclaiming vitalism until his dead", kommentiert Gilbert (1994, 579) diese Konversion mit sichtlichem Bedauern.

3.3.3 Die harmonische Regulation der Totipotenz beruht auf interzellulärer Information

Andererseits muß auch festgestellt werden, daß Driesch mit seinen Rekombinationsexperimenten an Furchungszellen ein Phänomen aufgedeckt hat, dessen Bedeutung vielfach unterbewertet wird: die 'negative Induktion' (Gilbert 1994, 585). Obwohl der Induktionsbegriff bisher noch nicht eingeführt wurde, sei an dieser Stelle ein kurzer Vorgriff gestattet.

Wie schon erwähnt, impliziert die Ortsveränderung von Blastomeren des vegetativen Pols neben solche der animalen Hälfte (Schema: Gilbert 1994, 579) eine Änderung der 'prospektiven Bedeutung' der verlagerten Zellen; aus ursprünglich für die Bildung des Darms zuständigen Zellen werden jetzt solche, die zur Bildung der Epidermis beitragen (vereinfacht ausgedrückt; für genauere Details vgl. Groepler 1986, 186). Diese Bedeutungsänderung kommt zustande durch 'Informationsfluß' von den Nachbarzellen, die diese prospektive Bedeutung schon besitzen. Man spricht hierbei von Induktion: die vorhandenen animalen Furchungszellen 'induzieren' in den Neuankömmlingen die Ausrichtung auf einen neuen Entwicklungsweg.

Das heißt aber auch, daß die ursprünglichen Furchungszellen des animalen Pols nunmehr um das weniger zur Verwirklichung ihres Entwicklungsauftrags beisteuern müssen, was von den neuen, experimentell hinzugefügten Zellen übernommen wird. Die Vermehrung der Zellzahl in der animalen Hälfte bewirkt ja keine Überproduktion an Strukturen dieses Bereichs, sondern ein sinngemäßes Zusammenwirken zur ganz normalen Form. Das weist aber hin auf die Existenz eines zweiten Induktionsvorgangs, diesmal mit negativer Bedeutung. Während in der einen Richtung die Nachbarzellen in den Neuankömmlingen ein neues Entwicklungsschicksal induzierten (man sagt auch: die Zellen 'umdeterminierten'), induzieren gleichzeitig in umgekehrter Richtung die hinzugefügten Zellen eine Verminderung der Entwicklungspotenz in der ursprünglichen Zellpopulation − dasselbe, was die Anwesenheit der inaktivierten Eihälfte im Zweizellenstadium des Roux'schen Amphibienkeims bewirkte.

Die Etablierung der negativen Induktion als eines eigenen Vorgangs, der von der positiven Differenzierungsleistung bzw. der Umdeterminierung zu unterscheiden ist, wurde von der älteren Entwicklungsphysiologie in der Regel übersehen. Dagegen hat der Naturphilosoph Adolf Haas in den sechziger Jahren darauf hingewiesen, daß diese Information durch Anwesenheit ein eigener, aktiver Vorgang sein müsse und ihn, für naturwissenschaftliche Ohren leider etwas zu blumig, als 'Präsenzakt' bezeichnet (Haas 1963, 33).

In den letzten Jahren hat nun dieses vitalistisch anmutende, aber in sich logisch notwendige Postulat seine experimentelle Bestätigung gefunden. J. Henry und Mitarbeiter (1989) konnten zeigen, daß Zellpaare des animalen Pols, die in isolierter Kultur ekto- und mesodermale Strukturelemente zu bilden vermögen, in ihrer Bildungsrate drastisch eingeschränkt werden, wenn man sie mit weiteren, gleichartigen Zellen des animalen Pols zusammenbringt. Ettensohn und McClay (1988) wiesen eine analoge Einschränkung der Entwicklungspotenz zwischen Zellen der animalen und der vegetativen Hälfte nach. Auch ein Stück des molekularen Mechanismus der negativen Induktion ist inzwischen aufgeklärt (Hurley u.a. 1989); bei der Lösung von Blastomeren aus dem Zellverband stellen sich in den isolierten Zellen wesentliche Änderungen in der Produktion bestimmter mRNA-Spezies ein. Die Regulation dieser Syntheseraten bzw. der entsprechenden Genexpressionen ist offensichtlich der positiv auszumachende Vorgang, der dem Begriff der negativen Induktion zugrunde liegt.

3.3.4 Die Augenentwicklung erweist sich als Zusammenspiel von autonomer Zellprogression und gegenseitiger Induktion

Die Erkenntnis Drieschs, daß schon am Beginn der Keimesentwicklung elementare Regulationsvorgänge ablaufen, macht deutlich, daß Determination nicht eine fertige strukturelle Eigenschaft der Eizelle sein kann, sondern als allmählich fortschreitender Prozeß zu verstehen ist. Auch ein solcher Vorgang zunehmender Determinierung muß jedoch nicht notwendig schon hinter der geheimnisvollen Wand lebendiger Eigentätigkeit verschwinden, sondern sollte einer weiteren entwicklungsmechanischen Analyse zugänglich sein. Es war nur ein Frage der richtigen Experimente, und das heißt, bezogen auf die mikroskopische Kleinheit der Versuchsobjekte, einer genügend feinen experimentellen Technik, ob man den sich entwickelnden Keimen in diesem Sinn durch weitere Eingriffe auf den Leib rücken konnte. Die hier erzielten Fortschritte gehen vor allem auf Hans Spemann (1869-1941) und seine Schüler zurück. In den ersten Jahrzehnten dieses Jahrhunderts wurden hier die entscheidenden methodischen Standards geschaffen und der Amphibienkeim als Modellorganismus des epigenetischen Entwicklungsverständnisses etabliert. Spemann erhielt für seine Leistungen 1935 den Nobelpreis.

Den Übergang von regulativer Informierbarkeit zur Determiniertheit zeigte Spemann an der Entwicklung der Augenanlage der Amphibien. Das Auge der Wirbeltiere organisiert sich aus einer Ausstülpung der frühembryonalen Gehirnanlage, der optischen Vesikel, welche auf die Außenhaut (Epidermis) zuwächst. An der Berührungsstelle beginnt sich die Epidermis umzuwandeln und, während sich die optische Vesikel zum Augenbecher einstülpt, die Linse abzuschnüren. Aufgrund des anatomischen Befundes lag es nahe, einen Einfluß des Augenbechers auf die Linsenbildung anzunehmen. Spemann brachte nun den experimentellen Nachweis, daß tatsächlich der Augenbecher für die Linsenbildung verantwortlich ist. Nachdem er zunächst durch die klassische Methode des Ausbrennens der Augenanlage gezeigt hatte, daß bei Fehlen der Augenanlage keine anschließende Linsenbildung in der Epidermis mehr erfolgt, wollte er den positiven Nachweis durch entsprechende Transplantationsexperimente führen. Dazu mußte entweder der Augenbecher an andere Körperregionen verpflanzt werden, oder die Epidermis über der Augenanlage durch solche von anderer Stelle ersetzt werden. Spemann wählte den zweiten, methodisch einfacheren Weg, und es gelang ihm, mittels selbst hergestellter mikrochirurgischer Glasinstrumente (Mangold 1953, 111) solche Transplantationen an den nur millimetergroßen Embryonen auszuführen. Das Gegenexperiment, die Verpflanzung von Augenanlagen unter die Epidermis anderer Körperregionen, wurde von W. Lewis 1904 ebenso erfolgreich durchgeführt (Hamburger 1988, 19).

Die Experimente ergaben, daß Epidermis aus verschiedenen Körperregionen zur Linsenbildung fähig ist, wenn sie in unmittelbaren Kontakt zum Augenbläschen gelangt. Allerdings waren die Ergebnisse nicht einheitlich. Verschiedene Amphibienarten zeigten bei der Linsenbildung unterschiedlich starke Abhängigkeit von der Anwesenheit der Augenanlage; beim Wasserfrosch konnte die Epidermis sogar alleine Linsen ausbilden. Außerdem war das Alter der Embryonen von entscheidender Bedeutung; wurde die Transplantation an zu fortgeschrittenen Keimstadien vorgenommen, war fremde Epidermis nicht mehr in der Lage, auf den Augenbecher zu reagieren.

Durch diese klassischen, bis 1912 durchgeführten Experimente (Einzelheiten s. Mangold 1953, 115-121) konnte Spemann eine Reihe von Phänomenen klären und auf Begriffe bringen, die bis heute Gültigkeit besitzen. Es war nun für einen konkreten Fall eindeutig erwiesen, daß Determination nicht oder nur in geringem Maß in einer strukturellen Vororganisation der Eizelle besteht, hauptsächlich jedoch durch zwei Prozesse zustandekommt: durch autonome Zellprogression und durch interzelluläre Kommunikation. Die Zellen der Epidermis wurden ja nicht nur durch irgendeine Art Befehl oder Signal vom Augenbläschen zur Linsenbildung veranlaßt, sondern mußten auch selber in der Lage sein, diesen Befehl zu verstehen. Das bewiesen die 'zu alten' Transplantate, die nicht mehr zur Linsenbildung anzuregen waren. Das konnte nichts anderes bedeuten, als daß sie in ihrer Entwicklung schon zu weit fortgeschritten waren, was wiederum voraussetzt, daß im Lauf der Entwicklung eine zunehmende Veränderung des 'inneren Zustandes' der (und zwischen den) Zellen des Keimlings stattfinden muß. Diesen fortlaufenden zellulären Determinierungsprozeß wollen wir mit 'autonomer Zellprogression' bezeichnen (Chandebois 1980, 10).

Ein Induktionsvorgang besteht also aus zwei Elementen: aus dem *Aktionssystem*, welches den Induktionsbefehl sendet, und aus dem *Reaktionssystem*, welches ihn empfängt und nach Maßgabe seiner Möglichkeiten ausführt. Zwar ändert sich auch der Zustand des Aktionssystems mit der Zeit — es ist ja kein der Entwicklung übergeordnetes Kontrollorgan, sondern stellt, wie die Augenbecher-Entwicklung zeigt, auch nur eine temporäre Instanz im Fluß des embryonalen Organisationsgeschehens dar; entscheidend für den Induktionserfolg ist aber der Wandel in der Reaktionsbereitschaft. Der 'richtige', d.h. auf den Induktionsbefehl abgestimmte Determinierungszustand des Reaktionssystems wird als *Kompetenz* bezeichnet. Ob ein transplantiertes Hautstück bei der Linseninduktion *ortsgemäß* (im Sinne der Einfügung in den Organisationsplan) reagiert, oder *herkunftsgemäß* auf der Linie seines bisher eingeschlagenen Entwicklungsweges beharrt, hängt also davon ab, ob die Transplantation während der Kompetenz-Phase für den betreffenden Induktionsbefehl durchgeführt wurde oder nicht.

Es sei noch hinzugefügt, daß das Reaktionssystem weitgehend auch die Art der Ausführung der Induktionsanweisung bestimmt. Der Spemann-Schüler Harrison konnte zeigen, daß bei chimärischen Transplantationen die eingepflanzten Epidermisstücke zwar den induktiven Stimulus des wirtsseitigen Augenbläschens für die Linsenbildung brauchen; die Größe der erzeugten Linse ist aber im wesentlichen epidermisabhängig und durch den vorhandenen Augenbecher nur in geringem Umfang modifizierbar (Mangold 1953, 125). Ein Induk-

3.3 Experimentelle Embryologie 91

tionsbefehl sagt also nur, *daß* bestimmte Struktur gemacht werden soll, *wie* sie aber gemacht wird, hängt von den Möglichkeiten des Reaktionsystems ab.

Durch die Experimente von Harrison, Holtfreter und anderen wurden im Lauf der folgenden Jahrzehnte die Verhältnisse bei der Augenentwicklung immer genauer aufgeklärt, so daß heute die Anlage des Wirbeltierauges zu den am besten verstandenen Induktionssystemen gehört (Gilbert 1994, 656). Es hat sich gezeigt, daß daran eine ganze Reihe von Induktionsvorgängen beteiligt ist, die von verschiedenen Zentren ausgehen, wie auch, daß der Empfänger eines Induktionsbefehls selbst wieder zum Induktor für ein anderes Reaktionssystem werden kann. Ohne noch den molekularen Hintergrund zu verstehen, hat Spemann alle dafür wesentlichen Vorgänge auf den Begriff gebracht. Dennoch hat er den Ausdruck 'Induktion' in diesem Zusammenhang nicht verwendet, obwohl er als terminus technicus durch die theoretischen Arbeiten Drieschs seit 1894 vorlag (Hamburger 1988, 20). Vermutlich war Spemann der Wirkmechanismus, der einer Informationsübertragung von einem Gewebeteil auf einen andern zugrunde liegt, noch zu unklar, als daß er diese Unkenntnis hinter einer fertigen Begriffsprägung verbergen wollte. Es ist ja bekannt, daß Spemann ein erklärter Gegner aller vorschnellen, nur durch Abstraktion gewonnenen Theoriebildung war und in seinen Formulierungen immer möglichst objektgetreu sein wollte (Sander 1985, 113). Seit den zwanziger Jahren war dann die experimentelle Grundlage aber so breit geworden, daß der Ausdruck 'Induktion' nicht länger mehr in einem vagen, von der lateinischen Wortbedeutung herrührenden Sinn verstanden werden mußte, sondern die physiologisch präzise Bedeutung einer "embryonic activity which determined the cytological fate of the reacting cells" erhalten konnte (Definition von Holtfreter und Hamburger: Hamburger 1988, 20).

3.3.5 Die Organisation des Amphibienkeims

Für die weitere Klärung, wie die Organisation des Embryos durch Induktion zustande kommt, war ein anderer Ansatz der Spemannschen Entwicklungsexperimente ausschlaggebend. Wir hatten schon erwähnt, daß es Spemann mittels seiner Schnürtechnik gelungen war, im Gegensatz zu Roux am Amphibienei Regulationsvermögen nachzuweisen. Nun fielen allerdings nicht alle Trennungen von Zweizellen-Stadien derart aus, daß, je nach Stärke der Schnürung, ganze oder teilweise Zwillingsbildung am Keim erfolgte. In der Mehrzahl der Fälle ergab die Trennung der Blastomeren nur einen intakten Embryo und ein wenig differenziertes Bauchstück (Sander 1985, 115). Das lag nicht an mangelnder Exaktheit im Anlegen der Haarschlinge, obwohl auch das bei den ca. 1 mm messenden Eiern ein riesiges, mit entsprechend hohen Ausfällen bezahltes Geduldsspiel war. Spemann war aber unerbittlich in der Auswahl der erfolgversprechenden Präparate. Nur einwandfrei manipulierte Embryonen wurden weiterkultiviert, alles andere sofort verworfen.

Wenn nun trotzdem nur ein kleiner Teil der Eier ungestörte regulative Potenz aufwies, so konnte das nur mit der unterschiedlichen Richtung der ersten Furchungsebene zusammenhängen. Diese ist bei den verwendeten Amphibienarten zwar immer median (d.h. sie verläuft durch den animalen und vegetativen Pol), aber entlang welcher Mediane das radialsymmetrische Ei geteilt wird, ist nicht festgelegt. Die Teilungsebene wird in einem Teil der Fälle durch den späteren 'Urmund' gehen (eine Zone, die im befruchteten Ei durch den 'grauen Halbmond' gekennzeichnet ist: Purves, Orians & Heller 1992, 331), und dann ergeben beide Zellen im Fall der Trennung ganze Embryonen. Häufiger läuft die Teilungsebene der ersten Meridionalfurchung aber am grauen Halbmond vorbei, und dann bildet nur die Hälfte, die den (späteren) Urmund enthält, einen intakten Embryo. An Schnürversuchen mit älteren Embryonen konnte dieser Befund erhärtet werden. Nur Teilstücke, die wenigstens die Hälfte des oberen Urmundrandes besaßen, waren in der Lage, die dorsalen Achsenorgane (Neuralrohr, Chorda, Ursegmente) zu bilden. Spemanns Folgerung aus diesen Befunden war klar: in der Urmundregion mußte der Sitz einer "Differenzierungssubstanz" oder eines "differenzierungsfähigen Materials" (Hamburger 1988, 14) liegen, das für die Organisation des Achsensystems verantwortlich war.

Eine nähere Charakterisierung dieses Organisationszentrums war mit dem Mitteln der Schnürversuche nicht zu gewinnen, sondern konnte erst durch Anwendung der mikrochirurgischen Praktiken der Transplantationsmethode erfolgen. Für ein Verständnis dieser Experimente ist es zuerst notwendig, die wichtigsten Stadien der Keimesentwicklung zu rekapitulieren. (Die Amphibien haben den Vorteil, einen relativ 'typischen', d.h. wenig verwirrende Spezialanpassungen aufweisenden Verlauf zu bieten).

Nach der Befruchtung beginnt der aus weiblichem und männlichem Chromosomensatz bestehende Zygotenkern sich in regelmäßigen Abständen zu teilen, was, wie wir schon wissen, eine Aufteilung des Eiplasmas in immer kleiner werdende Furchungszellen zur Folge hat. Dieser Vorgang verläuft bis zur Bildung einiger hundert Zellen, die sich schließlich, wohl aus Gründen mechanischer bzw. hydraulischer Stabilität, hohlkugelartig anordnen. Bis zu diesem Stadium, der *Blastula*, behält der Keim die ursprüngliche Größe und Form des reifen Eies, nur mit dem Unterschied, daß er jetzt eben keine Einzelzelle mehr ist, sondern ein vielzelliges Gebilde.

So unterschiedlich der Furchungsablauf aufgrund der Dottermenge des Eies bei verschiedenen Organismengruppen auch sein mag, ein Blastulastadium mit einem inneren Hohlraum ('Blastocoel') wird in allen Fällen durchlaufen (Darstellung charakteristischer Blastulaformen: Purves, Orians & Heller 1992. 332). Bei den Amphibien ist die Blastula wie gesagt eine schöne, aus mehreren Zellagen bestehende Hohlkugel, wobei die Zellen des dotterreicheren vegetativen Pols wesentlich größer sind, und das Blastocoel dadurch auf die animale Hälfte beschränkt bleibt.

Nach dem Erreichen des Blastulastadiums setzen massive morphogenetische Bewegungen ein, die zu einem neuen charakteristischen Embryonalstadium, der aus mehreren unterscheidbaren Keimblättern bestehenden *Gastrula* führen. Bei den Amphibien geschieht diese Umlagerung des Zellmaterials durch Invagination. im Zentrum des grauen Halbmonds bildet sich eine kleine, zunächst sichelförmige Öffnung, die sich später kreisförmig ausweitet. Diese Öffnung ist der schon erwähnte Urmund oder 'Blastoporus', durch welchen Teile des Blastoderms ins Keimesinnere gelangen und dort die beiden inneren Keimblätter Entoderm und Mesoderm bilden. Da die Invaginationsbewegung nicht überall am Urmund gleich stark erfolgt, sondern auf der dorsalen Seite wesentlich intensiver ist als auf der ventralen, wird von den dorsal gelegenen animalen Zellen der größte Teil des entodermalen Materials und das ganze Mesoderm geliefert, während die ventral einwandernden vegetativen Zellen nur einen relativ kleinen Beitrag an 'subblastoporalen Entoderm' leisten, das später zum Boden des Urdarms wird. Mit dem Verschluß des während der Invagination immer größer gewordenen Urmundes durch einen 'Dotterpropf' (den letzten, übriggebliebenen großen Dotterzellen des vegetativen Pols, die mit der Zeit vom sie einhüllenden Darm verdaut werden) zeigt die Einwanderungsbewegung ihr Ende an. Die Invagination ist begleitet von einer Ausbreitung ('Epibolie') der animalen Zellen über die ganze Keimoberfläche, wodurch das äußerste Keimblatt, das Ektoderm, zustande kommt (Gilbert 1994, 212).

Die Gastrula besteht also schließlich aus einer ektodermalen Umhüllung, aus der später vor allem die Außenhaut und das Nervensystem werden. Daran schließt sich das Mesoderm, welches den allergrößten Teil des Ektoderms auf der Innenseite auskleidet. Vom Mesoderm werden die meisten inneren Organe gebildet. Die ursprüngliche Leibeshöhle des Blastocoel wird schließlich praktisch völlig verdrängt durch die schlauchförmige Blase des darmbildenden Entoderms. Schließlich faltet sich das Ektoderm vom Urmund ausgehend dorsal zur Neuralplatte auf (der ersten Anlage des Nervensystems) und das darunter liegende Mesoderm bildet mit dem Notochord und den Somiten den Ausgangspunkt für das Skelett und die innere Segmentierung (Gilbert 1994, 247). Damit ist der Übergang zum letzten grundlegenden Embryonalstadium, der *Neurula*, erfolgt (Photos der Keimstadien: Knöchel 1985, 66-67.)

3.3.6 Die obere Urmundlippe ist für die Anlage des embryonalen Organisationsplans verantwortlich

Mit diesen Kenntnissen können wir an die Besprechung der Transplantationsversuche zur Klärung des Organisatoreffekts gehen. Die Technik bestand darin, zwischen zwei Individuen Keimmaterial von unterschiedlichen Regionen auszutauschen. Die identische Größe der Transplantate wurde durch Verwendung einer Mikropipette gewährleistet, die mit minimalem Unterdruck ein 0,2 mm großes kreisförmiges Stückchen der Keimoberfläche soweit ansaugte, daß es mit einem Starmesserchen vom Pipettenmund abgeschnitten und mit einer

Haarschlinge transportiert werden konnte. Auf diese Weise ließen sich die ausgetauschten Transplantate nahtlos in die von den Eihäuten befreite Keimoberfläche einpassen und heilten auch sehr schnell an. Die Unterscheidung von Spender- und Wirtsgewebe wurde durch die Verwendung zweier verschieden stark pigmentierter Molcharten ermöglicht.

Dreierlei Vorversuche bahnten den Weg zum Organisatorexperiment. (1) Zunächst wurde an frühen Gastrulen präsumptives Medullargewebe (das die Neural-, oder, wie man früher vorzugsweise sagte, Medullarplatte zu liefern hat) gegen präsumptive Epidermis ausgetauscht. (Präsumptiv soll besagen, daß Gewebe verwendet wurde, das im weiteren Verlauf der normalen Keimesentwicklung zu Gehirn bzw. Körperhaut wird, zum Zeitpunkt des Austauschs aber durch nichts anderes unterscheidbar ist als durch die topographische Lage auf dem Keim.) Die Entwicklung der Stücke am neuen Keim verlief *ortsgemäß*. Die Determination der Zellen ist also in diesem Keimstadium noch so wenig fortgeschritten, daß die *prospektive Potenz* der einzelnen Keimbezirke noch größer ist als ihre *prospektive Bedeutung*.

Derselbe Austausch wurde (2) an zwei Embryonen des Neurulastadiums vorgenommen: ein Stück Neuralplatte (jetzt nicht mehr präsumptiv, weil die Neuralplatte bereits angelegt ist) wird gegen ein Stück epidermalen Gewebes ausgetauscht. In diesem Fall entwickeln sich beide Transplantate *herkunftsgemäß*. Das Medullarplattenstück rollt sich programmgemäß ein, wird von der benachbarten Epidermis überwachsen und bildet im Wirt eine eigene Gehirnanlage. Die transplantierte Epidermis kann am Ort der Neuralplatte nicht mehr anwachsen und wird abgestoßen. In diesem Fall ist also die Determination der Gewebe soweit fortgeschritten, daß die prospektive Potenz der Keimbezirke gleich ihrer prospektiven Bedeutung ist.

Nimmt man denselben Versuch (3) an späten Gastrulastadien vor, so erfolgt dagegen nach anfänglicher Verzögerung schließlich doch noch eine ortsgemäße Weiterentwicklung der Transplantate.

Aus diesen Experimenten erhellt, daß die Determination der Neuralplatte und der Epidermis während der Gastrulation ihren kritischen Schwellenwert erreicht. Nach vollzogener Gastrulation, im Neurulastadium, ist sie so gut wie endgültig, am Beginn der Gastrulation noch gar nicht wirksam. Die Frage ist, wer diese Determination zustandebringt. Ist sie ein autonomer Prozeß der beteiligten Zellen, oder erfolgt sie aufgrund des informierenden Einflusses durch eine andere Instanz? Die Transplantationen an den späten Gastrulen sprechen, da sie als nachträgliche Umdeterminierung eines schon eingeleiteten Determinierungsprozesses interpretiert werden müssen, für die Annahme eines Induktionsereignisses. Da die Medullarplattenbildung vom oberen Rand des Urmunds ihren Ausgang nimmt, lag es nahe, diese schon bei den Schnürversuchen aufgefallene Region als 'Organisationszentrum' verantwortlich zu machen. Hier setzt nun die Leistung der Spemann-Schülerin Hilde Pröscholdt ein. Sie verpflanzte kleine Stüke des oberen Blastoporusrandes (der 'Urmund-

3.3 Experimentelle Embryologie

lippe') von frühen Gastrulen einer Molchart (Triturus cristatus) auf die dem Urmund gegenüberliegende Seite, einer Region präsumptiver Epidermis, in ebensolchen Stadien einer zweiten Molchart, Triturus taenius. Das Ergebnis schildert ihr späterer Ehemann, Otto Mangold, in Worten, die heute noch die damals erlebte Spannung nachfühlen lassen:

"Am frühen Vormittag des 8. Mai 1921 zeigte mir Hilde Pröscholdt ihr operiertes lebendes Keimmaterial. Darunter war auch ein taenius-Keim, der gerade im frühen Neurulastadium sich befand. Er hatte seine normale Platte gut ausgebildet und besaß außerdem noch eine zweite, gegenüber der primären, auf der Bauchseite. Diese war etwas kürzer und schmäler als die normale und hatte entlang ihrer Mediane einen schmalen weißen Streifen, der sich über die hinteren zwei Drittel der Platte erstreckte und in einen offensichtlich eigenen Urmund einmündete ('sekundärer Urmund'). Der weiße Streifen war ohne Zweifel das Implantat, die Hauptmasse der Platte bestand aber aus Wirtsmaterial und mußte also von der präsumptiven Rumpfepidermis unter dem Einfluß des Implantats gebildet worden sein. Das Implantat hatte sich herkunftsgemäß verhalten; dies zeigte der cristata-Keim, der es gespendet hatte und der in seiner sich gerade anlegenden Platte ein dunkles taenius-Implantat besaß, das hinsichtlich seiner Lage und langgestreckten Form dem Transplantat des taenius-Keims vollständig entsprach. Die Streckung der ursprünglich runden Transplantate war wohl eindrucksvoll, aber nach den letzten Arbeiten von Spemann nicht so sehr überraschend, — aber die Induktion einer ganzen Medullarplatte war noch nie beobachtet worden. Dies war sicher etwas Neues von großes Bedeutung!" (Mangold 1953, 167 f.)

Die histologische Bearbeitung ergab das klassisch gewordene Bild: das Stückchen frühgastrulärer Urmundlippe hatte tatsächlich ortsfremdes Gewebe zur Bildung eines neuen, 'sekundären' Achsensystems veranlaßt (Sander 1985, 116).

Durch die 'Einsteckmethode' O. Mangolds, bei der die induzierenden Gewebsstückchen nicht mehr in einen Keimbezirk einoperiert, sondern einfach ins Blastocoel unter das Ektoderm implantiert wurden, gelang die Verifizierung der Organisatorwirkung auf breiterer Basis. Es zeigte sich, daß das der Urmundlippe der frühen Gastrula analoge Stückchen seine Induktionswirkung bis zum Neurulastadium behielt, andererseits aber die Kompetenz zur Achsenbildung auf das frühe, und mit abnehmender Wirkung auf das späte Gastrulastadium beschränkt blieb. 'Analog' zur Urmundlippe will besagen, daß der induzierende Bereich, der zunächst an der Urmund-Oberlippe sitzt, durch die Zellbewegungen der Gastrulation zunehmend ins Blastocoel verschwindet und dort an der Innenseite des Ektoderms entlanggleitet. Man muß also, um die induzierende Region zu erwischen, dem eingewanderten Gewebe immer weiter in Richtung zum animalen Pol nachfolgen. Das bedeutet aber auch, daß diese Region beim Entlanggleiten an der Innenseite des Blastoderms dieses nach und nach, von hinten nach vorn voranschreitend, zur Ausbildung der dorsalen

Organisation veranlaßt. Diese Region stellt also tatsächlich so etwas wie einen 'Organisator' des Achsensystems im Amphibienkeim dar, und unter dieser Bezeichnung ist dieses Induktionssystem auch in die Literatur eingegangen.

Spemann hat diesen ungeheueren Fortschritt im Verständnis der embryonalen Formbildungsmechanik zusammen mit Hilde Mangold, wie sie inzwischen hieß, 1924 veröffentlicht. Daß die eigentliche Entdeckerin des 'Spemannschen Organisators' nicht ebenfalls mit dem Nobelpreis geehrt wurde, lag an ihrem tragischen Tod 1924 infolge einer Gasexplosion in der Wohnung. Man kann natürlich darüber räsonieren, ob dem Zufallsfund einer Doktorandin dieselbe Bedeutung zukommt wie den dazu führenden Planungen und Vorarbeiten des Doktorvaters. Spemann ließ bei der Veröffentlichung jedenfalls keinen Zweifel an der namentlichen Priorität zu, was Hilde Mangold nur widerwillig zu akzeptieren schien (Hamburger 1988, 180). Die Frage, was Hilde Mangold für die Wissenschaft wohl noch hätte leisten können, erscheint angesichts eines kurz vor ihrem Tode aufgenommenen Photos, das sie mit ihrem neunmonatigen Sohn zeigt, einigermaßen unerheblich (Fäßler 1994).

Die Einsteckmethode Mangolds ermöglichte es in der Folgezeit, Material unterschiedlichster Herkunft auf eine eventuelle Organisatorwirkung zu testen. Hierbei stellte sich zur allgemeinen Verblüffung heraus, daß eine große Zahl tierischer Gewebsarten, selbst solches von Warmblütern, einen induzierenden Einfluß auf die Molchgastrula ausüben konnte (Auflistung: Mangold 1953, 193). Ja, Holtfreter und andere konnten dieselbe Wirkung selbst noch an abgetöteten Geweben feststellen; zum Teil waren diese in solchem Zustand noch wirksamer als bei lebendiger Verwendung, zum Teil erlangten sie durch das Abtöten sogar erst die Fähigkeit zur Induktion. Diese offensichtliche Unspezifität der als Organisatoren geeigneten Systeme gab Veranlassung, nach einem in all diesen lebenden und toten Agenzien wirksamen chemischen 'Faktor' zu fahnden, der für die Organisation verantwortlich sein sollte.

Wie man sieht, wirkte das alte Weismann-Rouxsche Erklärungsideal von der Determinierung durch einen Stoff, der die eigentliche Wirkung der Formbildung in sich enthält, immer noch nach. Aber auch diese Suche sollte enttäuschend sein. Es gab auch hier keinen spezifischen Faktor. Vielmehr wurde von den Chemikern des Freiburger Instituts eine ganze Reihe von Stoffen isoliert, die induzierende Wirkung auf das Gastrula-Ektoderm ausübten, so z.B. Ölsäure, Linolensäure, Nukleinpräparate aus Thymus und Pankreas, Adenylsäure aus Muskeln und anderes mehr. Es war offensichtlich: der Organisator war nichts anderes als eine bestimmte Region am Keim, die zur Abgabe eines auslösenden Signals fähig war, von dem weit wichtiger war, daß es abgegeben wurde, als worin es bestand. Das 'Geheimnis' der Induktionswirkung lag somit im Reaktionssystem, das 'wußte', was es mit einem Induktionsbefehl anfangen sollte, nicht jedoch im induzierenden Faktor, der so auffallend unspezifisch war. So resümiert Spemann (1936, 276) das Ergebnis dieser Versuche:

"Die induzierende Wirkung des Organisators wurde von mir von Anfang an als eine auslösende betrachtet. Auch wurde von Anfang an die Frage aufgeworfen, welchen Anteil Aktions- und Reaktionssystem am Zustandekommen und am Charakter des Induktionsproduktes haben. Bei den zur Lösung dieser Fragen unternommenen Experimenten stellte sich der Anteil des Reaktionssystems als immer größer heraus; schließlich als so groß, daß dadurch der Organisatorbegriff selbst problematisch wird. Wenn die verschiedensten Gewebsarten, sogar von Warmblütern, in Triton als Wirt induzieren können, wenn Gebilde von hoher morphologischer Struktur durch einfache Stoffe hervorgerufen werden, dann liegt in diesen Fällen die ganze Komplikation auf Seiten des Reaktionssystems; dann paßt aber hier auch der Begriff des Organisators nicht mehr. Ein 'toter Organisator' ist ein Widerspruch in sich selbst."

Der Traum von einem organisierenden Zentrum oder einer organisierenden Substanz als eigentlicher Formursache der Entwicklung war also ausgeträumt. Das ändert nichts am bleibenden Verdienst Spemanns, das Phänomen der Induktion experimentell aufgedeckt und als Grundbestandteil embryonaler Determination theoretisch präzisiert zu haben. Und zweifellos handelte es sich beim Organisator um ein fundamentales Induktionssystem der frühen Keimesentwicklung. Nur, erste Instanz in der embryonalen Formbildung war diese 'primäre Induktion', wie sie später genannt wurde, sicher nicht. Das zeigen ja schon die komplizierten Zellbewegungen am Beginn der Gastrulation, die offensichtlich Voraussetzungen für die Organisatorwirkung sind. Schon Walther Vogt, der geniale Erfinder der Farbmarkierungsmethode zur Identifizierung von Bewegungen der Keimoberfläche (Gilbert 1994, 211), hatte Spemann darauf hingewiesen, daß solche morphogenetischen Bewegungen auf eine Frühdetermination des Eiplasmas hindeuteten, von der dann auch die raum-zeitliche Staffelung der Induktionsereignisse abzuhängen habe (Hamburger 1988, 76).

3.3.7 Die molekularbiologische Analyse hat das Spemannsche Organisationszentrum in eine Reihe von Induktionsstufen vor und während der Gastrulation aufgelöst

Inzwischen hat sich das vorausschauende Konzept Vogts glänzend bestätigt. Das erste determinierende Ereignis im Leben eines Amphibienkeims ist, wenn man so will, der Eintritt des Spermiums ins Eiplasma. Er verändert die bisher radiale Symmetrie (bezogen auf die animal-vegetative Achse, welche durch die Dotterverteilung von Anfang an festgelegt ist) des Eies zugunsten einer künftigen dorso-ventralen Polarität. Das geschieht durch die Auslösung einer Verschiebungsbewegung der Rindenzone des Eies um etwa 30° in Richtung auf die Eintrittsstelle des Spermiums. Man hat auch eine Vorstellung vom dafür verantwortlichen molekularen Mechanismus. Zwischen Rindenzone und innerem Cytoplasma des Eies erscheint ein Mantel aus Microtubuli, röhrenförmigen und in der Länge veränderlichen Proteinaggregaten, die sich in

Abhängigkeit eines Sperma-Centriols (Zentren des Spindelfaseransatzes bei der Mitose) organisieren. Vermutlich ist es die Tätigkeit des Motorproteins Kinesin, welche die Rotation der Eirinde hervorruft (Gilbert 1994, 158). Durch diese Verschiebungsbewegung wird bei Lurcharten mit dunkler Eirinde auf der gegenüberliegenden Seite der Spermaeintrittsstelle eine Aufhellung sichtbar — der bereits erwähnte 'graue Halbmond' der beschreibenden Embryologen, der ihnen die Stelle des Gastrulationsbeginns bzw. der Urmundöffnung markierte.

Die Rotation der Eirinde bewirkt natürlich auch massive Umschichtungen im flüssigeren Cytoplasma des Eiinnern. Dadurch werden u.a. auch eine Anzahl cytoplasmatischer Determinanten in der vegetativen Keimhälfte von einer Seite auf die andere verlagert (Gilbert 1994, plate 6). Diese Determinanten, die eine 'dorsalisierende' Qualität besitzen, sind in der Blastula in den vegetativen Zellen in unmittelbarer Nähe des grauen Halbmonds nachzuweisen. Von ihnen geht eine induzierende Wirkung auf ihre dorsalen Nachbarn aus — der Region des Spemannschen Organisators (Gilbert 1994, 601). Es gibt also schon Induktion vor der Organisatorwirkung, eine Induktion, die dieses ursprünglich 'erste' Induktionssystem erst hervorruft, und die selber noch von einer ganzen Kette progressiv determinierender Prozesse abhängt.

Die Ausbildung und Wirkung des Spemannschen Organisators kann so heute nur noch im Gesamtzusammenhang der mesodermalen Differenzierung gesehen werden. Die vielen experimentellen Einzelbefunde wurden zunächst zu einem 'Drei-Stufen-Modell' integriert (Slack 1991, 97), das inzwischen weiter ausgebaut wurde (Kessler & Melton 1994, 597). Generell gesprochen sind es die Zellen des vegetativen Pols, welche ihre äquatorial gelegenen Nachbarn (die sogenannte Marginalzone) auf künftige Mesodermbildung festlegen. Diese Determinierung spielt sich jedoch in zwei Induktionsstufen ab, die auf zwei Regionen verteilt sind: eine größere ventral-vegetative Zone und jene kleine dorsal-vegetative Zone, die aufgrund ihres Gehalts an den erwähnten dorsalisierenden Determinanten heute 'entodermaler Organisator' oder 'Nieuwkoop-Zentrum' genannt wird. Während die ventral-vegetative Zone nur einen ersten allgemeinen Induktionsbefehl auf Mesodermbildung ausgibt, spezifiziert das Nieuwkoop-Zentrum den dorsalen Teil des mesodermalen Rings in einem eigenen Induktionsschritt auf 'Organisator-Mesoderm'. Der Lage nach ist diese Region nichts anderes als der alte Spemannsche Organisator, dem auf solch terminologischem Wege nunmehr etwas von seiner historisch bedingten Überbewertung genommen ist. Diese beiden Induktionsstufen (weil sie von der Region des prospektiven Entoderms ausgehen, verwirrenderweise auch als 'entodermale Induktion' bezeichnet, obwohl hier nichts 'zu', sondern nur 'vom' Entoderm induziert wird) setzen schon während der Furchungsteilungen ein und führen in der Blastula zu einer vollständigen Ringzone an determiniertem Mesoderm, das dorsal durch die Organisatorregion polarisiert ist. Von hier gehen in einer dritten induktiven Etappe weitere regionale Spezifizierungen des Mesoderms aus, die womöglich noch durch ein zusätzliches ventrales Induktionssystem von der Gegenseite her unterstützt werden. Zu Beginn der gastrulären Einwanderung ist dadurch der mesodermale Ring in

3.3 Experimentelle Embryologie

Zonen gegliedert, welche das Ausgangsmaterial für die verschiedenen Organbildungen abgeben, welche das Mesoderm zu leisten hat.

Erst der (nach ventraler und dorsaler Mesodermindukion) dritte Schritt der zonierenden Determination des Mesoderms ist dem Spemannschen Organisator zuzuschreiben, und auch das nur mit der Einschränkung, daß dazu wahrscheinlich noch ein zusätzliches Induktionssystem von der Bauchseite her wirksam ist. Mehrere Signalmoleküle wurden bisher identifiziert, die einzeln oder in Kombination für die verschiedenen Stufen des Induktionsablaufs spezifisch verantwortlich sind (Kessler & Melton 1994, 597; Tiedemann & Tiedemann 1995, 127). Damit wurde doch etwas vom alten Spemannschen Forschungsziel nach Induktionsfaktoren Wirklichkeit, wenngleich natürlich nicht im Sinn von gestaltbildenden Ursachen, sondern nur von Vermittlern der Informationsübertragung (man ist geneigt, die aristotelische Unterscheidung von Form- und Bewegungsursache in Erinnerung zu bringen), die aber doch die verschiedenen Stufen der mesodermalen Induktionskaskade eindeutig unterscheiden lassen.

Die vom Spemannschen Organisator ausgehende mesodermale Induktion ist spätestens zu Beginn der Gastrulation abgeschlossen. Mit der Einwanderung des dorsalen Mesoderms unter die animale Blastodermkappe setzt nun die zweite Wirkung dieses Organisators ein, die Induktion von dorsalem Ektoderm, das zur Neuralplatte umgebildet wird. Auch dieser Induktionsvorgang ist entsprechend den verschiedenen Abschnitten der Gehirnanlage ein mehrstufiger Prozeß. Das Induktionsergebnis im Ektoderm spiegelt dabei die Zonierung des induzierenden Mesoderms wider. Das Organisator-Mesoderm gibt also zunächst dem gesamten dorsalen Ektoderm sukzessiv denselben 'Erstbefehl' zur Bildung von Neuroektoderm. Wo dieser Befehl nicht weiter modifiziert wird, veranlaßt er die Bildung von anterioren Gehirnstrukturen. Das ist aber nur am dorsalen Vorderende, also in der Nähe des ursprünglichen animalen Pols der Fall. Die weiter rückwärts liegenden Regionen des Neuroektoderms erhalten von den später eingewanderten Mesodermregionen zusätzliche Induktionsbefehle, welche die Festlegung auf die mehr posterioren Anlagen des Zentralnervensystems bewirken. Auch hier ist die Abfolge der Induktionsstufen anhand verschiedener Signalmoleküle unterscheidbar (Kessler & Melton 1994, 600; Tiedemann & Tiedemann 1995, 124).

Zusätzlich zu diesem vertikalen neuralen Induktionssystem existiert noch ein zweites, das in horizontaler Richtung wirkt. Es bleibt am oberen Urmundrand lokalisiert und läßt von dort sein Induktionssignal im dorsalen Ektoderm von hinten nach vorn entlangwandern. Auf diese Weise kann auch dieses Signal zur Ausbildung verschiedener neuraler Zonierungen beitragen, je nachdem, auf welchen Grad an ektodermaler Prädetermination es regional trifft. Damit stehen wir vor der frappanten Tatsache, daß der Spemannsche Organisator bezüglich der Bildung des Neuroektoderms gleichzeitig von zwei verschiedenen Zentren aus wirkt: einem invaginierenden im dorsalen Mesoderm und einem stationären in der oberen Urmundlippe (Gilbert 1994, 608).

Es lag sicher an der leichten Durchführbarkeit der Mangoldschen Einsteckmethode, daß die Experimentatoren der Spemann-Schule zu einseitig die vertikale Neuralinduktion als entscheidendes Charakteristikum für Organisator-Wirkung angesehen hatten. Damit wurde der Blick von den übrigen Dimensionen frühembryonaler Induktion weggelenkt, und es konnte der Eindruck entstehen, als sei die Architektur des Wirbeltierkörpers ausschließlich von der neuralen Anlage her konzipiert (Slack 1991, 103). Man muß aber Spemann zugute halten, daß ihm die Komplexität von Induktionsprozessen sehr wohl schon bewußt war, er sie aber aufgrund ungenügender experimenteller Überprüfung noch nicht genügend deutlich formulieren konnte (Hamburger 1988, 67). Aufgrund der ja erst nach der Organisatorwirkung einsetzenden Linseninduktion hatte er sich auch schon mit der Idee vertraut gemacht, die gesamte embryonale Formbildung als ein hierarchisches System von Induktionsketten aufzufassen (Hamburger 1988, 74), allerdings, wie er in der für ihn typischen Weise sofort hinzusetzt, "vorbehaltlich experimenteller Prüfung im einzelnen" (Spemann 1936, 107). Die Dezentralisierung des alten Organisators in das heutige Dreigestirn von entodermalem Nieuwkoop-Zentrum, Organisator-Mesoderm und oberer Urmundlippe ist so zwar ein typisches Beispiel jener unvermeidlichen Kritik, der sich jede wissenschaftliche Pionierleistung auf die Dauer ausgeliefert sieht. Sie ist aber gleichzeitig eine Korrektur, die ganz auf der Linie von Spemanns eigenem Forschungsansatz liegt. Im übrigen läßt auch der heutige Kenntnisstand keinen Zweifel daran, daß dem Organisator-Mesoderm immer noch, trotz aller 'Kürzungen im Text', eine tragende Rolle bei der Steuerung der Amphibien-Gastrulation zukommt.

3.3.8 Die Induktionsereignisse der Gastrulation sind von morphogenetischen Zellbewegungen begleitet

Neben den einzelnen Induktionsstufen verdienen auch die Zellbewegungen der Gastrulation noch eine Würdigung als eigene formbildende Instanz. Der mesodermale Ring, der während der Blastula induziert wurde, muß ja zusammen mit dem prospektiven Entoderm ins Keimesinnere gelangen und sich dort ausbreiten, um seine weitere organisierende Wirkung auszuüben. Diese Bewegungen werden im wesentlichen durch strukturelle Veränderungen der daran beteiligten Zellen ausgelöst.

Am Anfang steht die Bildung von 'Flaschenzellen' an der Urmundlippe, durch welche die blastodermale Invagination nach innen umgeleitet wird. Die Ausbreitung der Einwanderzone erfolgt vor allem durch eine Veränderung des Zellzusammenhangs der tiefergelegenen Schichten des prospektiven Mesoderms. Die Zellen liegen hier zunächst in einem lockeren, mehrschichtigen Gewebeverband, in dem sie nur mit amöboiden Fortsätzen ('Lamellipodien') aneinander haften, die schon Holtfreter beschrieben hatte (Kühn 1965, 234). Im Zuge der Gastrulationsbewegung beginnen nun diese Zellen, ihre Gestalt spindelförmig abzuändern und sich aneinander vorbei in einen nahezu einschichtigen Verband anzuordnen ('convergent extension': Wilson & Keller

1991, 298), was natürlich eine Ausdehnung des ganzen Gewebes zur Folge hat. Durch zusätzliche Abflachung der Zellen in der Wanderrichtung wird diese Ausdehnung noch weiter gesteigert (Gilbert 1994, 218), so daß auf diese Weise die notwendige flächenmäßige Vergrößerung des Mesoderms zur Auskleidung des Blastocoels gewährleistet wird. Die epibolische Bewegung des Ektoderms beruht auf einem ähnlichen Mechanismus. Allerdings spielt hierbei auch die erhöhte Teilungsrate der animalen Blastodermzellen eine wesentliche Rolle (Kühn 1965, 235).

Für Zellgestalt und -bewegung sind vor allem die Elemente des Cytoskeletts verantwortlich. Es handelt sich dabei um die Aggregate von bestimmten Proteinen (Tubulin, Actin und einigen anderen, wie Vimentin oder Lamin), die alle die Eigenschaft besitzen, sich spontan zu faser- oder röhrenförmigen Gebilden zusammenlagern zu können. Solche Fasern verspannen das Zellinnere, verstärken den Außenrand, ermöglichen die Bewegung von Zellbestandteilen und anderes mehr. Dabei haben einzelne Fasergruppen durchaus spezielle Aufgaben. Die Aggregate der Tubuline, die *Microtubuli*, haben wir schon als Transportelemente des Zellinnern kennengelernt. Die *Actinfilamente* befinden sich vor allem an der Innenseite der Zellmembran und sind für deren Formveränderung (z.B. bei der Ausbildung der genannten Lamellipodien) verantwortlich. Die *intermediären Filamente* wirken dagegen in erster Linie formstabilisierend — sie sind also die eigentlichen 'Skeletelemente' der Zelle, während die beiden anderen Filamentgruppen eher eine Art 'Cytomuskulatur' (Alberts et al. 1994, 787) darstellen. Generell kann gesagt werden, daß zelluläre Gestaltveränderungen stets auf dem Zusammenspiel aller drei Filamentarten des Cytoskeletts beruhen, während für aktive Bewegungen in erster Linie die Anordnung der Actinfasern und der daran ansetzenden 'Motormoleküle' (Myosin, Kinesin und mancher anderer) zuständig ist (Spudich 1994).

Die Aggregation von Tubulin und Actin läßt sich gut in zellfreien Systemen nachvollziehen, wodurch ein exaktes Verständnis des Verlängerungs- und Verkürzungsmechanismus dieser Filamente auf molekularer Basis möglich geworden ist (Alberts et al. 1994, 810 bzw. 822). Das bedeutet, daß die Zellbewegungen, so sehr sie dem außenstehenden Betrachter als typisches Zeichen lebendiger Eigengesetzlichkeit vorkommen mögen, auf biochemische Elementarvorgänge zurückführbar sind und daraus ohne prinzipielles Defizit rekonstruiert werden können. Das mechanistische Erklärungsideal, Lebenserscheinungen als biochemische Prozesse begreifen, ist also für ein seit Aristoteles wesentliches Kennzeichen des Lebendigen, die Eigenbewegung, so gut wie vollständig erreicht.

Ähnlich gut erklärbar ist auch die Gerichtetheit der Bewegung bei der Einwanderung des Mesoderms. Sie folgt einem Netzwerk aus Fibronectinfasern, die von der Basis der innersten blastodermalen Zellschicht stammen und das Blastocoel-Dach auskleiden. Fibronectin ist ein allgegenwärtiges Glycoprotein der extrazellulären Matrix und dient generell der Adhäsion von Zellen auf einer Unterlage. Über komplexe Membranproteine, die 'Integrine', sind die

Actinfasern mit dem Fibronectin-Netz in Kontakt und können daran mit Hilfe einiger bewegungs- und energievermittelnder Hilfsproteine (Talin, Vinculin, α-Actinin) eine geordnete zelluläre Gleitbewegung bewirken. Die verschiedenen, an der Zellbewegung beteiligten Interaktionselemente von Cytoskelett und Plasmamembran lassen sich zu einem detaillierten Funktionsmodell vereinen (Luna & Hitt 1992, 960).

Bleibt schließlich noch der Zusammenhalt zwischen den Zellen zu berücksichtigen, der ebenfalls eine wesentliche Rolle spielt, wenn der Gewebeverband von einem mehrschichtigen in den einschichtigen Zustand übergeht, wie das bei der mesodermalen Auskleidung der Blastocoel-Innenwand und der ektodermalen Epibolie der Fall ist. Die dafür verantwortliche 'convergent extension' bedeutet ja nicht nur eine aktive Beweglichkeit dieser Zellen mittels ihrer Lamellipodien und eine Veränderung der äußeren Form, sondern auch eine Lösung und Neuverknüpfung der Zellkontakte untereinander. Die entscheidende Bedeutung kommt hierbei einer bestimmten Gruppe von Zelladhäsionsmolekülen zu, den 'Cadherinen'. Sie verknüpfen das Cytoskelett benachbarter Zellen durch die Zellmembranen hindurch (Gilbert 1994, 95). Durch ihre Bindungsinteraktionen mit anderen Proteinen solcher als 'adherens junctions' (Wolfe 1993, 258) und 'Desmosomen' (Alberts et al. 1994, 957) bezeichneten Kontaktstellen sind sie wesentlich an Sortierungsprozessen embryonaler Gewebe beteiligt. Solche Vorgänge wurden ursprünglich vor allem an Säugern und Vögeln untersucht; inzwischen ist aber der Einfluß der Cadherine auf die Morphogenese von Amphibien ebenfalls experimentell belegt (Takeichi 1991, 1453).

Das Darstellen oder besser Streifen molekularbiologischer Details der morphogenetischen Bewegungen geschah mit der Absicht, auf die prinzipielle Möglichkeit ihrer genetischen Steuerung hinzuweisen. Gene codieren für einzelne Proteine. Wenn also ein zellulärer Prozeß bis auf die Ebene seiner Proteinmoleküle und ihrer Funktion analysierbar ist, steht einem Verständnis seines Zustandekommens auf genetischem Wege grundsätzlich nichts mehr entgegen. Man sollte sich indessen nicht täuschen. Die Erfassung aller Gene, die auch bei einem scheinbar noch so überschaubaren Vorgang wie der Gastrulationsbewegung beteiligt sind, und die Rekonstruktion des Netzwerkes ihrer Regulation erreichen schnell eine Größenordnung an Komplexität, die wirkliches Begreifen eher verhindert als ermöglicht. Schon der Beschreibungsaufwand, der für unsere noch sehr oberflächliche Darstellung der beteiligten molekularen Mechanismen nötig ist, läßt etwas von diesem Umfang ahnen. Wenn auf diesem Weg nichts anderes erreicht würde, als mit dem Hinweis auf die Komplexität eine billige Ausflucht vor der Frage nach dem Typischen des Lebens zu bekommen, wäre dieses Vorgehen der Mühe nicht wert. Als 'asylum ignorantiae' ist die Rede von der Komplexität noch ungeeigneter als der Bildungstrieb Blumenbachs.

Es bleibt auch eine prinzipielle Frage. Mit der Rückführung der Morphogenese-Prozesse auf genetische Aktivität sind zunächst nur Orte auf der Landkarte der chromosomalen DNA-Anordnung markiert. Was die von den Genen codierten Proteine tun, wie sie in einem bestimmten Mechanismus zusammenwirken, diktieren aber nicht mehr nur die Gene, sondern in erster Linie die speziellen chemischen und räumlichen Eigenschaften dieser Moleküle selbst. Zur genetischen Basis tritt hier also ein im strikten Sinn epigenetischer Überbau wesentlich hinzu. Die morphogenetischen Bewegungen sind geradezu ein Paradebeispiel für die Notwendigkeit der epigenetischen Betrachtungsweise. Sie waren es von allem Anfang an — man erinnere sich nur an die von Wolff beobachtete Einrollung des Darmrohrs beim Hühnerembryo (Roe 1981, 78). Und sie wurden von der klassischen Entwicklungsphysiologie als fundamentale Voraussetzung aller aufgedeckten Determinations- und Induktionsmechanismen verstanden. Wie Wolpert (1993, 20) es in unnachahmlicher Pointierung ausgedrückt hat: "weder Geburt noch Heirat oder Tod, sondern vielmehr die Gastrulation [ist] das wirklich wichtige Ereignis in unserem Leben".

Die moderne Entwicklungsgenetik muß aufpassen, daß sie diesen Organisations-Zusammenhang nicht vor lauter Freude am Identifizieren immer neuer Gene aus den Augen verliert. Es ist stets in Erinnerung zu behalten, daß die mechanistische Interpretation eines Entwicklungsvorgangs erst vollständig ist, wenn sie folgende drei Ziele erreicht hat: (a) Identifikation der beteiligten Gene; (b) biochemische Aufklärung der Genprodukte; und (c) Funktionsanalyse, d.h. Feststellen, wie diese Genprodukte im zellulären Geschehen eingreifen. Die ersten beiden Arbeitsziele sind heute auf weite Strecken schon erreicht; beim dritten steckt man dagegen nicht weit mehr in den Anfängen. Aber eben erst der funktionale Rekonstruktionsversuch ist die Probe aufs Exempel, wie vollständig die genetische und biochemische Analyse einen Prozeß erfaßt haben. Die Mechanismen des Lebendigen spielen sich nun einmal auf der Ebene des Molekularen ab, und jede mechanistische Interpretation, die nicht bis zu diesem Niveau vordringt, muß in ihrem Erklärungswert irgendwo metaphorisch bleiben. Entsprechend hält die Mehrzahl führender Entwicklungsbiologen in einer jüngst durchgeführten Befragung die Aufklärung der morphogenetischen Mechanismen für das 'Problem Nr.1'. Und sie sind überzeugt, daß in den nächsten Jahren hier Entscheidendes geleistet wird (Baringa 1994). Fünf Jahre sind schnell vorbei. Aber die angeführten erfolgreichen Beispiele aus der Amphibien-Gastrulation deuten darauf hin, daß die Hoffnung berechtigt ist.

3.4 Genetische Grundlagen der Entwicklungskontrolle

Wir sind mit unserem Eingehen auf die molekularbiologische Analyse des Gastrulationsgeschehens der Situation Spemanns erheblich vorausgeeilt. Sein großes ungelöstes Problem war die Natur des Signalübetragungsmechanismus bei der Induktion. Daß das Aktionssystem Positionsinformationen liefert, welche für die Topologie der embryonalen Organisation entscheidend sind, war ihm klar. Wie aber relativ unspezifische Reize eine derart sinnvolle Antwort im Reaktionssystem hervorrufen können, blieb das große Rätsel. Eine

Antwort auf diese Frage sollte erst mit den Mitteln der modernen molekularen Genetik möglich werden, welche das 'Reaktionssystem' als Regelsystem des genetischen Apparates entzifferte.

3.4.1 Grundbegriffe der genetischen Informationsübertragung

Obwohl die Architektur des Genoms erst im übernächsten Kapitel zur Sprache kommt, müssen hier schon einige Grundbegriffe der molekularen Genetik abgehandelt werden. Wir beschränken uns auf Dinge, die inzwischen zum Allgemeingut der Wissenschaftsbeilage jeder größeren Tageszeitung gehören.

Was man landläufig als 'Gen' bezeichnet, ist eine Reihenfolge, eine 'Sequenz', von DNA-Bausteinen (Nucleotiden), die mittels der zellulären Decodierungsmaschinerie der Ribosomen in einen Eiweißkörper, ein Protein, übersetzt werden kann. Den Bau von Proteinen werden wir im nächsten Kapitel kennenlernen. Viele zelluläre Proteine sind 'Enzyme', d.h. Katalysatoren, welche den Ablauf biochemischer Reaktionen ermöglichen. Mit den Enzymen steht und fällt so das eigentliche Zellgeschehen. Man muß sich vor Augen halten, daß das 'zelluläre Labor' weitgehend mit den Eigenheiten von organischen Verbindungen zu tun hat, deren Umsetzungen im allgemeinen viel langsamer ablaufen als anorganische Ionenreaktionen. Außerdem ist es in dem dicht gepackten zellulären Stoffgemisch gar nicht so einfach, daß die Reaktionspartner in der gewünschten Weise aufeinandertreffen. Für die vielen biochemischen Reaktionen, die in einer Zelle ablaufen, steht dazu ein Heer an speziellen Enzymen bereit, die diese Aufgaben übernehmen. Sie fischen die richtigen Reaktionspartner heraus und halten sie zusammen, und sie liefern die für den Reaktionsablauf notwendige aktivierende Energie.

Auch die Übertragung einer DNA-Sequenz in ihr zugehöriges Protein ist eine Reaktionskette, deren einzelne Schritte von spezifischen Enzymen gesteuert wird. Der erste Schritt in dieser Kette ist das Abschreiben der DNA-Sequenz in ein Botenmolekül, das diese Information vom Zellkern an den Ort der Eiweißsynthese im Cytoplasma überträgt. Diese Kopie der genetischen Information wird 'Boten-RNA' (englisch 'messenger-RNA', darum abgekürzt mRNA) genannt, und den Vorgang des Abschreibens nennt man 'Transcription'. Die Transcription, also das Kopieren eines Gens in die zugehörige mRNA, ist ein große Exaktheit erfordernder Vorgang (es kommt hier ja auf möglichst fehlerfreie Synthese einer zur DNA-Matrize spiegelbildlichen Molekül-Abschrift an), und hat selbstverständlich sein eigenes Enzym. Es handelt sich um die 'RNA-Polymerase', deren es verschiedene Typen gibt: Bakterien haben ihre eigene, und die Eukaryonten haben gleich drei verschiedene, die auf das Abschreiben verschiedener Gen-Klassen spezialisiert sind. Diese Unterschiede brauchen hier nicht zu interessieren; wir sprechen meistens, dem Laborjargon folgend, einfach von 'Polymerase', wenn wir das transcriptionskatalysierende Enzym bezeichnen wollen.

3.4 Genetische Grundlagen der Entwicklungskontrolle 105

So wie bei einem Kopierapparat die schönste Druckqualität nichts hilft, wenn die Vorlage nicht richtig positioniert ist, ist es auch bei der Polymerase. Die Transcription eines gewünschten Gens ist nur dann erfolgreich, wenn die Polymerase dieses Gen von Anfang bis Ende kopiert und nicht nur einen Ausschnitt. Das richtige Positionieren der Polymerase geschieht an einer eigenen, der 'codierenden Sequenz' vorgeschaltetenen Gen-Region, dem 'Promoter'. Die Fähigkeit zur Proteinbindung, die Promotoren besitzen müssen, um die Polymerase andocken zu lassen, kann nun auf einfache Weise zur Steuerung des Transcriptionsvorgangs benutzt werden.

3.4.2 Der Transcriptionsvorgang wird bei Bakterien durch regulatorische Proteine kontrolliert

Es wurde schon erwähnt, daß das Zellgeschehen auf weite Strecken Enzymtätigkeit ist. Für jede spezifische Aufgabe wird mindestens ein spezielles Enzym, wenn nicht sogar eine ganzes Sortiment gebraucht. Die Frage ist, wo die Zelle den Platz für all die verschiedenen katalysierenden Proteine hernimmt. Wie wir wissen, lösen die Zellen höherer Organismen, der Eukaryonten, dieses Problem auf dem Weg der Differenzierung. Die verschiedenen Organe weisen unterschiedlich spezialisierte Zellen auf, die sich, neben ihrem strukturellen Besonderheiten, auf spezielle Funktionen festgelegt haben und nur die dafür notwendigen Proteine besitzen.

Anders die Bakterien. Hier muß eine einzige, noch dazu viel kleinere Zelle sämtliche lebensnotwendigen Enzyme besitzen. Und dazu muß sie sich, etwa bei den Vertretern unserer Darmflora, noch auf die ganze Bandbreite des Nahrungsangebots einstellen können, das durch den Appetit des sie beherbergenden Wirts bedingt ist. Es ist rein aus Platzgründen unmöglich, daß eine Zelle von Escherichia coli, unserem Darmbakterium, das zum Versuchstier Nr.1 der molekularen Genetik geworden ist, genügend Moleküle von jedem eventuell benötigten Enzym beherbergen kann. Die Bakterien lösen dieses Problem durch eine Organisation ihres Genoms, die als 'Operon'-Struktur in die Literatur eingegangen ist und ihren Entdeckern, F. Jacob und J. Monod 1965 den Nobelpreis eingebracht hat (Hausmann 1995, 146).

Es geht um das Phänomen der substratinduzierten Enzymaktivität. Bakterien haben keineswegs jede Enzymsorte, die sie eventuell zur Nahrungsverarbeitung brauchen, auf Lager, sondern sie erzeugen diese Enzyme erst in Abhängigkeit vom Nahrungsangebot. Die aufgenommene Nahrung 'induziert' die Erzeugung der benötigten abbauenden Stoffwechsel-Enzyme. Das ist natürlich ein weit sparsameres Verfahren. Denn nur die genetische Information für die Enzymsorten ist so von vornherein vorhanden, nicht aber Tausende von Kopien jeder dieser Genprodukte, die bei Nichtgebrauch nur unnötigen Ballast darstellen und die anderen, aktuell notwendigen Stoffwechselwege behindern. Es kommt also darauf an, daß die genetische Information in dem Augenblick die Erzeugung katalysierender Proteinprodukte ankurbelt, wo diese gebraucht werden, und sie wieder unterläßt, sobald sie überflüssig sind. Das geht am einfachsten dadurch, daß ein von außen durch die Zellwand eintreffendes Nahrungsmolekül als Signal für das Kopieren jener Gene genutzt wird, die für die benötigten abbauenden Enzyme codieren.

Die Stationen der genetischen Regulation, auf welcher die substratinduzierte Enzymaktivität beruht, sind damit folgende: Zunächst sind die benötigten Gene (es handelt sich meist nicht um ein einziges, sondern eine ganze, den Schritten des enzymatischen Abbaus entsprechende Genkette, 'Operon' genannt) abgeschaltet. Das geschieht durch eine Blokade der Promoterregion. Ein auf eine bestimmte Stelle des Promoters passendes Steuerprotein hindert die Polymerase am Andocken, womit die Transcription dieses Genorts, bzw. der ganzen, hinter den Promoter geschalteten Genkette auf wirkungsvolle Weise unterbunden bleibt.

Dieses Protein hat aber, wie gesagt, 'regulierende' Wirkung. Es kann außer mit einem bestimmten Promoter auch noch mit einem oder mehreren anderen Molekülen eine Bindung eingehen. In unserem Fall muß das aus 'taktischen Gründen' natürlich das zur Debatte stehende Nahrungsmolekül sein. Zu einem solchen speziellen Substratmolekül hat unser regulierendes Protein sogar eine viel höhere Affinität als zum Promoter. Das hat zur Folge, daß eintreffende Moleküle des genannten Substrats das regulierende Proteinmoleküle binden, womit die Promoter-Blockade aufgehoben wird. Nun kann die Polymerase andocken und die Gene abschreiben, was die entsprechende Enzymsynthese bewirkt. Weitere ins Zellinnere eindringende Substratmoleküle treffen also auf eine wohlvorbereitete Enzymaussteuer für ihren Abbau.

Im Lauf der Verwertung dieses Nahrungsvorrats werden die Substratmoleküle allmählich knapper, so daß schließlich auch die an den Steuerproteinen gebundenen Substratmoleküle von der Enzymmaschinerie angegriffen werden. Damit ist das Ende des Vorgangs eingeläutet. Die Regulatormoleküle verlieren ihren Substratpartner und wandern damit zurück auf die zwar weniger 'beliebte', aber mangels Besserem wieder 'attraktiv' gewordene Promoterregion. Damit wird die Transcriptionstätigkeit dieser Region wieder eingestellt, die Synthese weiterer Enzymmoleküle unterbleibt, und die bisher gebildeten werden, da nun nicht mehr in Funktion, ihrerseits von protein-abbauenden Enzymen verdaut. Das Ganze ist also ein höchst effektives Verfahren, um schnell mit einem kurzzeitig hereinbrechenden speziellen Nahrungsüberangebot fertig zu werden, indem die Zelle vorübergehend all ihre verfügbaren Kräfte diesem Spezialeinsatz widmet, um sie anschließend wieder auf die Palette der Routineaufgaben zu verteilen.

Wir wollen nicht dabei stehenbleiben, die innerbetriebliche Effizienz zu bewundern, mit denen der Bakterienhaushalt Arbeitsspitzen meistert. Für unseren Zusammenhang sind zwei andere Tatbestände wichtiger. Zum einen ist deutlich geworden, daß die für die differentielle Enzymaktivität notwendige genetische Regulation, das An- bzw. Abschalten bestimmter Gene, auf der Ebene der Transcription erfolgt. Ob ein Gen wirksam ist oder nicht, hängt davon ab, ob von seiner Information Arbeitskopien erstellt werden. Genetische Regulation ist also Regulation der Polymeraseaktivität, genauer: des Andockens oder der 'Initiation' der Polymerase an der Promoterregion der DNA. Sie muß nicht immer nach dem Prinzip der negativen Rückkoppelung ablaufen, wie im Fall der Substratinduktion. Es ist auch möglich, daß das regulierende Protein die Promoterregion nicht blockiert, sondern das Andocken der Polymerase erst ermöglicht. Man spricht dann von *positiver* Genkontrolle, während die beschriebene Substratinduktion ein typischer Fall *negativer* Kontrolle ist (Alberts et al. 1994, 419; Wilkins 1993, 11).

Obwohl auch andere Methoden genetischer Regulation vorstellbar sind und auch verwirklicht werden, ist doch die Transcriptionskontrolle die wichtigste und wohl auch verbreitetste Methode. Das gilt, wie wir sehen werden, auch für die Eukaryonten und das Differenzierungsproblem. Die Frage, wie sich in einem vielzelligen Organismus Tausende von höchst unterschiedlichen Zelltypen bilden können, obwohl sie alle dieselbe genetische Ausstattung besitzen, löst sich weitgehend auf diese Weise. Die Differenzierung verschiedener Zelltypen aus einer Eizelle beruht auf differentieller Genaktivität, und diese wird in erster Linie durch Regulation der Transcription erreicht.

Zum andern wurde bei der dargestellten Form der substratbedingten Enzymtätigkeit der Ausdruck *Induktion* verwendet. Die Anwesenheit eines Signalmoleküls 'induziert' die Aktivität bestimmter Gene. Das muß zunächst nicht viel besagen. Wie schon festgestellt, ist dieser Ausdruck gängige Münze, um die Veranlassung eines Effektes zu bezeichnen, dessen Ursachenkette noch nicht vollständig bekannt ist. Im Fall der Substratinduktion kennt man aber den Mechanismus genau — bis in seine molekularen Einzelheiten. Das kann zumindest die Frage wecken, ob mit diesem Mechanismus nicht ein allgemeingültiges Schema gefunden worden ist, das sich auch auf jene 'Induktionen' anwenden läßt, mit denen sich die Entwicklungsmechanik befaßte. Auch dort handelte es sich ja um den Empfang von äußeren Signalen durch ein reaktionsfähiges System. Die Kleinheit und z.T. anorganische Natur der von der Spemann-Schule entdeckten 'organisierenden Faktoren' wäre mit einem Mal verständlich und ebenso die von Spemann mit solcher Verwunderung konstatierte Inadäquatheit der Induktormoleküle bezüglich ihrer formgebenden Effekte. Die signalisierenden Moleküle können ruhig klein sein und unspezifisch, wenn sie nur auf ein spezifisches regulatorisches Protein passen und dadurch eine ganz bestimmte genetische Aktivität auslösen. Auch die geheimnisvolle 'black box' des Reaktionssystems wäre jetzt aufgehellt; die Eigenart der Reaktion ist durch die induzierte genetische Information bestimmt.

Die Brauchbarkeit dieses Schemas für die Erklärung des auf Spemann zurückgehenden Verständnisses von Entwicklung als Folge von Induktionsketten schien so bestechend, daß Anfang der siebziger Jahre weithin (wenigstens im deutschen Sprachraum) die Überzeugung herrschte, alle Entwicklungsprobleme seien prinzipiell auf genetischem Weg lösbar (vgl. Bresch und Hausmann 1972, 313). Die Entwicklungsmechanik oder 'Entwicklungsphysiologie', wie sie sich offiziell in den Lehrplänen nannte, war programmatisch in 'Entwicklungsgenetik' aufgelöst. Es ist der anders laufenden Entwicklung in den Vereinigten Staaten zu verdanken, daß dort die Fragestellungen der experimentellen Embryologie stärker weitergepflegt wurden und um 1980 im neuen Gewand einer molekularen zellbiologischen Betrachtungsweise als 'developmental biology' zu uns zurückkehrten. Seither ist 'Entwicklungsbiologie' der gängige Name für die Forschungsrichtung, die den Schwerpunkt ihrer Betrachtungsweise auf die formbildenden Mechanismen legt, während sich die Entwicklungsgenetik primär mit der Aufklärung des zugrundeliegenden genetischen Schaltplans beschäftigt. Durch die gemeinsame molekularbiologische Methodik sind beide Disziplinen aber eng miteinander verbunden.

3.4.3 Die Entdeckung der Homeobox zeigte, daß das Grundprinzip der Transcriptionsregulation auch auf Eukaryonten anwendbar ist

Die Euphorie über die Möglichkeit einer genetischen Analyse der Entwicklungsmechanismen wurde anfangs allerdings dadurch stark gedämpft, daß man bei Lebewesen mit echtem Zellkern keine Operons finden konnte, wie sie das Jacob-Monod-Modell für die bakterielle Genregulation voraussetzte. Das lag zum einen natürlich an der Unkenntnis der genauen genomischen Architektur. Heute, wo die Sequenzierung der chromosomalen DNA z.B. bei dem Fadenwurm Caenorhabditis elegans erheblich vorangeschritten ist (Wilson et al. 1994), zeigt sich, daß bei diesem kleinen Nematoden vermutlich ein Viertel aller Gene Operonstruktur aufweist (Zorio et al. 1994). Nun ist zwar das C.elegans-Genom für Eukaryonten ungewöhnlich 'ökonomisch' organisiert, aber die Vermutung drängt sich doch auf, daß bei noch mehr Daten aus der DNA-Sequenzierung ähnliche Entdekungen auch in anderen Organismen gemacht werden. Man darf gespannt sein, was in dieser Hinsicht das 'Human-Genome-Project', das Mammutunternehmen der Sequenzierung der gesamten menschlichen DNA, zum Vorschein bringt.

Ein solcher direkter Einblick in den Aufbau der Gene war natürlich vor zwanzig Jahren noch reine Zukunftsmusik, und so blieb nichts anderes, als auf indirektem Weg, d.h. vom Effekt her, auf die Existenz von Operons und damit einer Regulation der Transcription zu schließen. Mitte der siebziger Jahre waren bei Pflanzen einige Fälle bekannt, die als Substratinduktion interpretiert werden konnten (Heß 1976, 222); ansonsten gab es aber so gut wie keine Hinweise auf eine Übertragbarkeit der bakteriellen Regelmechanismen. Auf zoologischer Seite mußte ein führendes Lehrbuch zu dieser Zeit noch konstatieren, daß "ein Operon, das den Anforderungen des Jacob-Monod-Modells vollständig entspricht, bisher nicht gefunden worden" sei (Remane, Storch und Welsch 1978, 246). Man wußte, daß differentielle Genaktivität die Ursache für die Differenzierung der Eizelle in einen vielzelligen Organismus sein mußte, aber man sah die genetischen Schalter viel eher in den 'Histonen', jenen Proteinen, auf die die DNA in den Chromosomen gewickelt ist (Kornberg 1974).

3.4 Genetische Grundlagen der Entwicklungskontrolle

Diese Situation änderte sich grundlegend, als Anfang der achziger Jahre die 'Homeobox' entdeckt wurde. Man versteht darunter eine 'konservierte' DNA-Sequenz von 180 Basenpaaren, die bei einer großen Zahl von entwicklungsrelevanten Genen der verschiedensten Organismen vorkommt. 'Konserviert' soll besagen, daß diese Sequenz bei allen sie enthaltenden Genen in praktisch derselben Weise vorliegt, wie groß auch sonst die Sequenz-Unterschiede dieser Gene sein mögen. Entdeckt wurde die Homeobox bei der Sequenzaufklärung homeotischer Gene, einer Gengruppe, die, wie wir noch sehen werden, bei der Entwicklung von Drosophila und vieler anderer Organismen eine wichtige Rolle spielt. Die damals gerade etablierten Methoden der Gentechnik erlaubten es, den langen DNA-Faden eines ganzen Chromosoms in seiner Gesamtheit zu analysieren. Man zerlegte ihn dazu in passende Stücke, die sich in Bakterien vermehren ließen, und bestimmte anschließend durch wechselseitige Paarung von sich überlappenden Teilstücken ('chromosomal walking': Purves, Orians, & Heller 1992, 320) deren Reihenfolge im Chromosom. Auf diese Weise wurde die molekulare Identifizierung ganzer Gene möglich. Die Arbeitsgruppen von W.Gehring in Basel und D.S. Hogness an der Standford University (Kalifornien) leisteten diese Arbeit für die ersten beiden homeotischen Gene von Drosophila (Gehring 1985, 155). Dabei fiel die konservierte Sequenz der Homeobox auf, und ihre Verwendung als Gen-Sonde brachte zum Vorschein, daß diese Sequenz in einer ganzen Reihe weiterer Gene, auch nicht homeotischer, von Drosophila vorliegt, und daß auch ganz andere Organismen, Wirbeltiere wie Wirbellose, ja, sogar Pflanzen, diese Sequenz besitzen (De Robertis et al. 1990, 87).

In der Zwischenzeit war die biochemische Struktur der ersten, von Viren-DNA codierten Regulatorproteine aufgeklärt worden und es zeigte sich, daß diese mit einem ganz charakteristischen Bindungsmotiv an der DNA andocken (Ptashne et al. 1983, 38). Dasselbe Bindungsmotiv war auch bei regulierenden Proteinen der einfachsten echtzelligen Organismen bekannt geworden, den Hefen. Nachdem mehr und mehr Daten über die DNA-Sequenzen solcher Bindungsproteine gesammelt waren, konnte im computergesteuerten Sequenzvergleich festgestellt werden, daß die Homeobox mit solchen für regulierende Proteine wesentliche Regionen etwas zu tun haben müsse (Gehring 1985, 157). Die Strukturaufklärung der von der Homeobox codierten Proteindomäne brachte dann den Nachweis, daß diese tatsächlich mit dem DNA-Bindungsmotiv bekannter Regulatorproteine verwandt war. Diese von der Homeobox spezifizierte Proteinregion wurde entsprechend 'Homeodomäne' genannt. Inzwischen waren mehr und mehr transcriptionsaktivierende Hilfsproteine bei Bakterien wie bei Hefen bekannt geworden (Ptashne 1989), und als 1988 die ersten derartigen 'Transcriptionsfaktoren' gereinigt und in ihrer Struktur aufgeklärt wurden, gab es einige, die ebenfalls eine Homeodomäne aufwiesen (De Robertis et al. 1990, 88). Damit war der Kreis geschlossen und das Puzzle zusammengefügt. Homeobox-Gene codieren tatsächlich für DNA-bindenden Proteine, die Regulationsfunktion für Transcriptionsaktivität besitzen. Und weil homeobox-haltige Gene gerade während der Embryonalentwicklung besonders aktiv sind, war damit auch erhärtet, daß differentielle Genaktivität (zumindest auch) durch Transcriptionskontrolle zustande kommt.

Das für die Bakterien gültige Prinzip der genetischen Regulation ist also auch auf höhere Lebewesen übertragbar, wenngleich mit einigen Modifikationen, auf die Wilkins (1993, 10-12) hinweist. Einmal wird die Transcription der Eukaryonten vielfach, wenn auch keineswegs ausschließlich, auf dem Weg der positiven Kontrolle reguliert. Zum andern sind die Etappen, die vom aktivierten Gen bis zum phänotypischen Effekt, bzw. vom auslösenden (Induktions)-Signal bis zum aktivierenden Transkriptionsfaktor führen, um vieles länger als bei den Bakterien. Durch die solcherart vermehrte Anzahl von Zwischeninstanzen ist das Netzwerk der genetischen Steuerung bei höheren Lebewesen weit komplexer.

3.4.4 Die vielen Bestandteile des eukaryontischen Transcriptionskomplexes erlauben eine umfassende genetische Kontrolle

Homeobox-Gene, so haben wir festgestellt, besitzen als gemeinsames Kennzeichen eine für die Homeodomäne codierende Sequenz, unterscheiden sich im sonstigen Aufbau aber erheblich. Ein und derselbe Organismus kann so Homoebox-Gene mit vielen verschiedenen Funktionen besitzen. Außerdem kennt man inzwischen auch weitere, von der Homeodomäne verschiedene DNA-Bindungsmotive, die für wieder andere Transkriptionsfaktoren charakteristisch sind (Harrison 1991). Das bedeutet, daß für die Aktivierung eukaryontischer Gene ein ganzes Arsenal verschiedener Steuerproteine zur Verfügung steht, die zwar alle durch eine DNA-Bindungsstelle ausgezeichnet sind, ansonsten aber eine große Funktionsverschiedenheit aufweisen. Diese gegenüber den Bakterien ungleich größere Vielfalt von Transkriptionsfaktoren wird schnell verständlich, wenn man die Eigenart des eukaryontischen Transcriptionsapparates betrachtet.

Das eukaryontische Transcriptionsenzym Polymerase II, das für die Synthese der mRNA-Spezies verantwortlich zeichnet, ist nicht in der Lage, selbständig an den Initiationsort eines Gens zu binden. Die bakterielle Polymerase kann das sehr wohl, und darum sind dort die meisten Regulationsproteine Repressoren, deren Bindung auf dem Promoter lediglich verhindern soll, daß ein Polymerase-Molekül hier seine Arbeit aufnehmen kann. Anders die Eukaryonten. Hier braucht die Polymerase eine ganze Reihe von Hilfsfaktoren, um überhaupt ihren richtigen Platz auf dem Promoter zu finden. Diese Hilfsfaktoren, es handelt sich dabei um nichts anderes als einige unserer Transcriptionsfaktoren, binden zum Teil an bestimmte Promoterregionen, zum Teil zuerst nur an das Polymerasemolekül (Carey 1994, 402), um dann über gemeinsame, komplexbildende Interaktionen die Polymerase an die richtige Stelle auf dem Promoter zu manövrieren und den Transcriptionsbeginn einzuleiten. Ist dieser (energieaufwendige) Prozeß erfolgt, wird in einem weiteren enzymgesteuerten Prozeß (dieses Enzym, eine 'Kinase', ist ebenfalls ein Transcriptionsfaktor) die Polymerase von der Vergesellschaftung mit den

3.4 Genetische Grundlagen der Entwicklungskontrolle 111

initiierenden Hilfsfaktoren befreit und kann nun selbständig die mRNA transcribieren (Schema: Alberts et al. 1994, 421).

Neben diesen für eine exakte Promoterbindung unverzichtbaren 'generellen Transcriptionsfaktoren' gibt es noch andere, die für eine zusätzliche Steigerung der Syntheseleistung der Polymerase zuständig sind. Von diesen 'fakultativen Transcriptionsfaktoren' kennt man inzwischen einige Hundert, die sich auf die verschiedenen Zellarten spezifisch verteilen. Sie setzen nicht am Promoter an, sondern an eigenen, vom eigentlichen Startpunkt der Polymerasetätigkeit oft weit entfernt gelegenen Steuersequenzen der DNA, die man 'Enhancer' nennt. Nun wird die im Vergleich zur kurzen DNA-Bindungsdomäne oft sehr ausgedehnte 'variable Region' der Transcriptionsfaktoren (De Robertis et al. 1990, 89) verständlich: sie ermöglicht die Interaktion auch weiter entfernt liegender aktivierender (oder reprimierender) Faktoren mit Elementen des Transcriptionskomplexes (Tijan & Maniatis 1994, 7).

Der Sinn einer solchen Fernaktivierung des Transcriptionsortes mag einmal in einer Signalwirkung bestehen, um die Polymerase und ihre Hilfenzyme schon von größerer Distanz aus zum gewünschten Promoter zu lotsen. Zum andern bewirkt die längere DNA-Distanzen überbrückende Interaktion eines enhancerbindenden Aktivierungsproteins mit Faktoren des Polymerasekomplexes eine lokale Verspannung der DNA-Doppelhelix, was den Öffnungskomplex der Transcriptions-Initiation erleichtern und die Polymerase ohne zusätzliche Energiezufuhr starten lassen könnte (Drapkin & Reinberg 1994, 524). Immerhin erhöhen manche Enhancer die Transcriptionsaktivität um das Tausendfache oder mehr. Auch wechselweises Umschalten von aktivierender auf reprimierende Beeinflussung der Transcription ist mithilfe von enhancerbindenden Faktoren möglich (Alberts et al. 1994, 425).

Aufs Ganze zeichnet sich damit heute für die eukaryontische Genaktivität ein Bild ab, das Beardsley (1991, 65) in eine etwas surrealistisch anmutende Darstellung gebracht hat. Die DNA des Zellkerns wird lokal von ihrem chromosomalen Stützkorsett an Proteinen ('Histonen') befreit, worauf sie dem Zugriff (man ist fast geneigt zu sagen: Angriff) eines Arsenals von Transcriptionsfaktoren ausgesetzt ist, von denen es einer ganze Reihe gelingt, Abschnitte der 'nackten' DNA zu besetzen. Durch mancherlei komplexbildende Interaktion solcher fakultativer, enhancerbindender Faktoren wird die DNA-Kette in der richtigen Weise auf den Basalkomplex der Polymerase 'gefädelt', der seinerseits mithilfe der generellen Transcriptionsfaktoren die exakten Bindungsstellen am Promoter erkennt und die DNA-Doppelhelix lokal entspiralisiert. Auf seiner Rückseite entläßt das große Polymerase-Molekül das immer länger werdende einsträngige RNA-Transcript und den sich wieder aufwindenden DNA-Doppelstrang. Letzterer assoziiert sich erneut mit den Proteinen des Chromatingerüsts, während das fertige RNA-Transcript durch die Kernporen ins Cytoplasma transportiert wird. Eine nüchternere Darstellung lieferte zur selben Zeit Martin (1991); das derzeit umfangreichste, auf die Verhältnisse bei Säugetieren bezogene Modell bietet Tjian (1995).

Die möglichen Bindungsaktionen der Transcriptionsfaktoren sind vielfältig genug, um damit prinzipiell die genetische Steuerung aller zellulären Mechanismen zu konzipieren. Alle bisher besprochenen Zellfunktionen haben ja in der Tätigkeit irgendwelcher Proteine ihre Ursache. Proteine werden immer von Genen codiert. Die Gene ihrerseits werden wieder von Proteinen aktiviert. Damit entsteht ein dreidimensionales Netzwerk gegenseitiger Abhängigkeit, das (formal) im Informationsfluß der Gene seinen Ausgang nimmt, von dort auf die Proteine und ihre Funktionen übergeht und von dort (teilweise) wieder auf die Gentätigkeit zurückführt. Die Entwicklungsmechanik scheint sich mit beliebiger Genauigkeit in die drei Dimensionen dieser genetisch-epigenetischen Regelkreise auflösen zu lassen, und wir wären damit eigentlich am Ziel. Allerdings noch mit Einschränkungen. Die Mechanismen des Lebens spielen sich, wie schon einmal betont, auf molekularer Ebene ab. Wir müssen also noch den Bau von Proteinen verstehen lernen, um nicht ein letztes Mal der pseudovitalistischen Täuschung zu erliegen, und die Ungeklärtheit lebendiger Aktivität hinter der Worthülse Protein-'Interaktion' zu verbergen.

Außerdem erfolgt die Entwicklung im Gegensatz zum bakteriellen Stoffwechsel nicht nur in innerzellulären Prozessen, sondern wesentlich auch in Aktionen zwischen den Zellen. Es ist also nicht richtig, die Steuerung der Entwicklung nur in der konzertierten Aktion von Transcriptionsfaktoren zu suchen, weil diese stets nur innerzellulär abläuft. Deshalb muß auch der *intra*zelluläre Nachrichtentransport, das Einwirken eines von außen kommenden Signals auf die innerzelluläre genetische Regulation, noch geklärt werden. Ein solcher Signaltransport ist etwa für die Induktionsereignisse wesentlich. Aber es zeigt sich nun, daß Kommunikation zwischen Zellen ein generelles Phänomen sein muß. Nur wenn die Wirkung der genetischen Steuerungsfaktoren zwischen den einzelnen Zellen aufeinander abgestimmt ist, kann aus dem Ganzen einer Keimzelle ein funktionierender vielzelliger Organismus werden. Trotz aller Verstrickung in immer feiner verzweigte Details der elementaren Mechanismen taucht so am Ende dieser Betrachtungsweise mit einem Mal das Ganzheitsproblem wieder auf.

Literaturempfehlungen

Mangold (1953)
Roe (1981)
Horder, Witkowski & Wylie (1986)
Hamburger (1988)
Fäßler und Sander (1992)
Alberts et al. (1994)

4 Die Rolle der Proteine

Proteine zählen zu den Makromolekülen, deren die organische Chemie eine ganze Reihe von Klassen kennt. Man denke nur an Naturstoffe wie Kautschuk und Zellulose, oder an die 'Kunststoffe' Polyäthylen, Polyester und Polyamid. Die Nomenklatur dieser künstlichen 'Polymere' verrät schon etwas vom Aufbau solcher hochmolekularer Stoffe: sie bestehen aus charakteristischen Grundbausteinen, die in Vielzahl aneinandergereiht und durch einen bestimmten Bindungstyp miteinander verknüpft sind.

4.1 Die räumliche Struktur

Auch Proteine sind (im weiteren Sinn dieses Wortes) solche Polymere. Allerdings sind hier die Grundbausteine bei weitem nicht so uniform wie beim Polyäthylen oder bei der Zellulose. Vielmehr bestehen die in den Lebewesen vorkommenden Proteine aus zwanzig in ihren chemischen Eigenschaften sehr verschiedenen Aminosäuren, aus denen sich eine ungeheure Vielfalt an Polymerisationsprodukten erstellen läßt. In diesem Zusammenhang wird die Aufgabe des genetischen Codes verständlich. Um aus der astronomischen Menge an Kombinationsmöglichkeiten zu einer reproduzierbaren Auswahl von biologisch brauchbaren Produkten zu kommen, ist es notwendig, daß die Zusammensetzung unter Kontrolle erfolgt. Indem die elementare Sequenz einer weiteren Klasse von Makromolekülen, der Nucleinsäuren DNA und RNA, als instruierendes Raster für die Anordnung der Aminosäuren ausgenützt wird, ist diese Kontrolle gewährleistet. Da die Nucleinsäuren nur vier verschiedene Bausteine (Nucleotide, bzw. deren Basen) haben, ist eine Dreierkombination (ein 'Triplett') erforderlich, aber auch genügend, um einen eindeutigen Code für die 20 biogenen Aminosäuren aufzustellen ('Code-Sonne': Koolman & Röhm 1994, 224).

4.1.1 Die Peptidbindung führt zu charakteristischen Sekundärstrukturen

So verschieden die Aminosäuren im einzelnen auch sein mögen, sie lassen sich doch alle auf einen gemeinsamen Grundaufbau zurückführen, der es erlaubt, sie ein und derselben Stoffklasse zuzurechnen. Diese Grundstruktur kann man sich als Tetraeder vorstellen, dessen Mittelpunkt ein Kohlenstoffatom einnimmt (das zentrale C_α), und dessen vier Ecken die vier Bindungsrichtungen dieses Zentralatoms repräsentieren. Diese Bindungsmöglichkeiten werden von vier verschiedenen Substituenten eingenommen; der Reihe nach sind das: ein H-Atom, eine Carboxylgruppe (COOH), das Charakteristikum einer organischen Säure), eine veränderliche Seitenkette (R) und eine Aminogruppe (NH_2). Die Anordnung dieser vier Gruppen ist in zwei spiegelbildlichen Reihenfolgen möglich, was derart konstituierte Molekülpaare als 'Enantiomere' (Spiegelbild-Isomere) charakterisiert: chemisch identische Moleküle, deren Spiegelbilder sich nicht zur Deckung bringen lassen (Lehninger, Nelson und Cox 1994, 68).

Das zentrale C_α-Atom stellt in allen Aminosäuren das Spiegelbild-Isomerie bewirkende 'asymmetrische Zentrum' dar — mit einer einzigen Ausnahme: beim Glycin (CH_2-NH_2-COOH) ist die Seitenkette R durch ein H-Atom ersetzt, was die Asymmetrie des C_α natürlich aufhebt. Das zelluläre Reaktionsgeschehen bevorzugt eigenartigerweise die eine enantiomere Molekülform vor der anderen — alle biogenen Aminosäuren liegen darum nur in dieser 'bevorzugten' sogenannten 'L-Konfiguration' vor.

Die Aminogruppe einer Aminosäure kann mit der Carboxylgruppe einer zweiten reagieren und unter Abspaltung eines H_2O-Moleküls eine 'Peptid-Bindung' eingehen. Diese Kondensationsreaktion ist die Grundlage für die Bildung von Molekülketten, die bis zu einer Länge von etwa 100 Aminosäuren Peptide, darüber hinaus Proteine genannt werden. Die nomenklatorische Grenze ist indessen fließend; mit 'Protein' wird die dreidimensionale Gesamtstruktur betont, mit 'Polypeptidkette' die Aminosäuresequenz. Die Peptidbindung, welche das Kohlenstoffatom einer Carboxylgruppe an das Stickstoffatom der nächsten Aminogruppe koppelt, ist eine überaus starre Struktur, die weitgehend den Charakter einer Doppelbindung besitzt. Die energetisch günstigste Situation liegt für die Verknüpfung von zwei Aminosäuren dann vor, wenn die Peptidbindung mit den benachbarten C_α-Atomen in eine Ebene ('Amidebene') zu liegen kommt (Voet und Voet 1992, 142). Die Trans-Konformation, bei der aufeinanderfolgende C_α-Atome alternierend auf den entgegengesetzten Seiten der zugehörigen Peptidbindung stehen, ist dabei energetisch ebenfalls stabiler als die cis-Konformation, bei der alle C_α-Atome auf dieselbe Seite zu liegen kommen und sich sterisch an den stets in dieselbe Richtung weisenden Seitengruppen behindern können.

Baut man eine auf diesen Bedingungen beruhende Peptidkette im Kugel-Stab-Modell nach, so muß man die gewünschte Serie von in sich starren C-N-Einheiten über drehbare Achsen mit den trans-gestellten C_α-Atomen verbinden, von denen in alternierender Richtung die Seitenketten abgehen. Wenn man ein solches Modell bei einiger Länge von seiner Unterlage abhebt, wird man schnell merken, wie die C_α-Achsen frei drehbar sind, womit die ursprünglich völlig gestreckte Grundkonformation des Peptid-Gerüsts sich in alle möglichen Weisen verbiegt und schließlich auseinanderbricht. Genau das würde in Wirklichkeit auch passieren, wenn sich die Peptidketten nicht in sich selbst oder gegenseitig stabilisierten. Das kann in verschiedener Weise geschehen. Eine der elegantesten Stabilisierungsstrategien besteht darin, daß an jedem C_α-Atom die Achsen konstant um denselben Betrag gedreht werden. Dadurch erhält die Peptidkette eine helicale Struktur, welche erlaubt, daß sich die Aminosäuren über Wasserstoffbrücken in ihrer Position fixieren. (Wasserstoffbrücken sind elektrostatische Anziehungskräfte, die aus den positiven und negativen Partialladungen der NH_2- und CO-Gruppen resultieren.) Die stabilste Konformation ist dabei die sogenannte *α-Helix*, die mit einem Umfang von 3,6 Aminosäureresten rechtsgängig gewunden ist, was eine besonders günstige Ausbildung der Wasserstoffbrücken ermöglicht. Die α-Helix ist ein sehr häufig in nativen Proteinen vorkommendes Strukturelement. Sie tritt meist in Längen von 11 bis

53 Aminosäure-Resten auf, was ungefähr 3 bis 15 Windungen entspricht (Voet & Voet 1992, 146). Es kommen bisweilen aber auch anders gewundene Helices vor (Beispiel: Cohen 1993).

Benachbarte Polypeptidketten können sich aber auch gegenseitig stabilisieren, was zur Ausbildung von *β-Faltblättern* führt. Hierbei büßen die Torsionswinkel der C_α-Atome etwas von ihrer 180°-Stellung ein, wodurch die ganze Kette ihren planaren Verlauf verliert und wie ein zickzack-geknicktes Kartonblatt aussieht. (Die Ausdehnung eines solchen aus zwei Resten bestehenden Auf- und-Ab-Knicks beträgt 0,7 nm.) Die Peptidketten können sich in paralleler oder antiparalleler Richtung zu solchen Faltblättern vereinigen, wobei die antiparallele Ausrichtung stabilere H-Brücken erlaubt (Voet und Voet 1992, 150). In einer Länge von bis zu 15 Aminosäure-Resten und einer Breite von 2 bis 15 Peptidketten stellen ß-Faltblätter häufige sandwichartige Strukturelemente globulärer Proteine dar, wo sie im Verein mit α-helicalen Elementen die raffiniertesten dreidimensionalen Gebilde abgeben können. Die Verbindung dieser Strukturelemente erfolgt mittels verschiedener nichtrepetitiver Strukturen, sogenannter *Schleifen*, von denen es ebenfalls verschiedene Typen gibt (Voet und Voet 1992, 152.) Daneben können in einem Protein natürlich auch noch ungeordnete Bereiche vorliegen (Prozentanteile all dieser sekundären Strukturelemente für den Fall des Insulins: Koolman und Röhm 1994, 70).

4.1.2 Die Tertiärstruktur wird vor allem durch die Seitenketten der Aminosäurereste bestimmt

Mit den α-Helices, den ß-Faltblättern und den Schleifen haben wir die wichtigsten Elemente der *Sekundärstruktur* von Proteinen kennengelernt − 'sekundär' deshalb, weil man unter *Primärstruktur* die Reihenfolge der Aminosäuren in der Peptidkette versteht. Das Zustandekommen dieser Elemente ließ sich aus den Strukturbedingungen des Peptid-Grundgerüsts erklären, und das Eingehen auf die davon abzweigenden Seitenketten war unerheblich. Für die Art und Weise, wie weit ein bestimmtes Polypeptid solche Sekundärstrukturen ausbilden kann, bzw. wie sich diese Strukturelemente zu einem größeren Gebilde zusammenlagern, sind nun aber gerade diese Seitenketten entscheidend. Bei der einen großen Gruppe, den *Faserproteinen*, treten bestimmte Aminosäuren mit so großer Regelmäßigkeit auf, daß dadurch eine ebenmäßige Zusammenlagerung gleichartiger Sekundärstrukturelemente möglich wird. Beispiele dafür sind etwa das praktisch nur aus α-helicalen Elementen zusammengesetzte Keratin, das die Grundsubstanz von Haaren und Nägeln der Säugetiere ist, oder das aus ß-Faltblättern aufgebaute Fibroin der Insekten- und Spinnenseide. In der anderen großen Gruppe, den wasserlöslichen *globulären Proteinen* bewirkt die größere Vielfalt in den Seitenketten ein dichtes Zusammendrängen der Peptidkette zu einem mehr oder weniger kugelförmigen Gebilde, das nur kurze Sekundärstrukturmotive zuläßt. Vor allem diese globulären Proteine sind es, die als reaktive Agenzien in der zellulären Chemie eine große Rolle spielen.

Welche Eigenschaften der Seitenketten sind es nun, welche die Tertiärstruktur von globulären Proteinen bestimmen? Einige wichtige Parameter seien hier zusammengestellt.

(a) *Größe und Form* der Seitenketten. Globuläre Proteine sind kompakte Gebilde, bei denen in der endgültigen Konformation die meisten Atome so dicht zusammenliegen, wie es die van-der-Waals-Abstände (das sind, vereinfacht gesagt, die 'Ausdehnungsradien' der atomaren Elektronenhüllen) erlauben. Es ist leicht ersichtlich, daß für die räumliche Struktur der gefalteten Peptidkette die sterischen Verhältnisse der nach innen gepackten wie der nach außen abstehenden Seitenketten von entscheidender Bedeutung sind.

(b) Die *Ladungsverhältnisse*. Eine ganze Anzahl von Aminosäuren besitzen polare Seitenketten, einige sogar solche mit Ioneneigenschaften. Sofern sich die Faltung der Proteine im wässrigen Milieu des Zellinnern, des Cytosols, abspielt, kommt es zu elektrostatischen Wechselwirkungen zwischen gewissen polaren Gruppen und den Dipolen des Wassers. 'Hydrophile' Aminosäuren werden dabei nach außen streben und die 'hydrophoben' Teile der Peptidkette ins Moleküllinnere drängen. (Innerhalb der Lipidstruktur der noch zu besprechenden Biomembran liegen die Verhältnisse umgekehrt: hier bleiben die hydrophoben Reste an der Oberfläche und drängen die hydrophilen ins Moleküllinnere, was natürlich zu einer anderen Tertiärstruktur der Polypeptidkette führt.)

(c) *Unpolare* Seitenketten. Auch zwischen unpolaren Gruppen kommt es zu Wechselwirkungen, den sogenannten van-der-Waals-Kräften. Obwohl dieser Wortgebrauch nicht ganz exakt ist (vgl. Voet und Voet 1992, 174), bezeichnet man damit in der Proteinchemie vor allem die schwachen Dipolmomente, die in unpolaren Gruppen durch rasche Oszillationsbewegungen der Elektronenhüllen entstehen und in benachbarten Gruppen weitere Polarisierungen induzieren können. Die daraus resultierenden Anziehungskräfte sind sehr schwach und wirken nur auf Distanzen in der Größenordnung der 'Atomradien' (genauer: van-der-Waals-Radien); aufgrund der dichten Packungsverhältnisse und der großen Anzahl von solchen Dipolen in globulären Proteinen sind sie aber dennoch von entscheidender Bedeutung für die Festlegung der Konformation.

(d) *H-Brücken*. Ihre Bedeutung hinsichtlich der Sekundärstruktur wurde schon erläutert. In analoger Weise sind H-Brücken auch ganz wesentliche Stabilisierungselemente von Tertiärstrukturen.

(e) *Bindungen zwischen Resten ein und derselben Peptidkette.* Hier ist in erster Linie die Aminosäure Cystein (HS-CH$_2$-CH-NH$_2$-COOH) zu nennen, deren *Sulfhydryl(SH)*-Gruppe die Ausbildung von Disulfid-Brücken zwischen zwei Cystein-Resten ermöglicht. Je nach Lage der reagierenden SH-Gruppen und Wechsel der Brückenbildungen kommen dadurch entscheidende funktionelle Strukturbildungen und Konformationsänderungen zustande (Giese, Robbins & Aaronson 1987). Ähnliche Schleifenbildungen treten auch bei der Komplexierung mit bestimmten Metallionen auf, die neben S-haltigen auch mit N-haltigen Seitenketten erfolgt, aber zur Voraussetzung hat, daß die zugehörigen Aminosäurereste günstig innerhalb der Peptidkette plaziert sind. Wir werden sehen, daß das 'Zinkfinger'-Motiv mancher Transcriptionsfaktoren ein derartiges tertiäres Strukturelement ist.

(f) Die besondere *Rolle des Prolin*. Diese Aminosäure besitzt eine vom üblichen Schema abweichende Bauweise, insofern ihre Seitenkette (ein Propylrest -CH_2-CH_2-CH_2OH) mit der Aminogruppe des C_α zu einem Ring verbunden ist. Das hindert sie, die Windung zur α-Helix mitzumachen. Die Verteilung von Prolin in der Polypeptidkette beeinflußt damit stark die Ausbildungsmöglichkeit von Sekundärstrukturen.

(g) *Kombination mit weiteren reaktiven Gruppen.* Hier ist an erster Stelle die Phosphorsäure H_3PO_4 zu erwähnen, die v.a. mit den alkoholartigen Seitenketten der Aminosäuren Serin und Threonin bzw. mit der Phenylgruppe des Tyrosin verestert werden kann. Wir werden sehen, daß diese Phosphorylierungsreaktion eine der häufigsten Aktivierungsmethoden von Proteinen in der Zelle ist, die natürlich auch eine Veränderung der dreidimensionalen Struktur bedeutet. Wichtig ist auch die reversible Übertragung von Nucleotiden, wodurch manche Proteine einen regelrechten Pendelbetrieb zwischen zwei verschiedenen Konformationszuständen vollführen. Neben diesen Phosphorylierungen sind die Methylierung und Acetylierung zwei ebenfalls häufig vorkommende Weisen der Konformationsveränderung (Acetylierung spielt etwa bei den Histon-Proteinen des Chromatinskeletts und der damit verbundenen Regulation der Chromosomenaktivität eine wichtige Rolle). Auch die Kombination mit anderen organischen Verbindungen, wie Kohlenhydraten und Lipiden, wäre noch zu nennen. Dadurch entstehen nicht mehr nur besondere Konformationen, sondern ganz neue Molekülklassen, die Glyco- bzw. Lipoproteine.

(h) *Quartärstruktur.* Die Verknüpfung ganzer Moleküle leitet schon über zu einer höheren Strukturebene, die für viele Proteine typisch ist: die durch kovalente oder Ionenbindung erfolgende Vereinigung mehrerer gleicher oder verschiedener Untereinheiten (Monomeren) zu einem neuen Proteinkomplex. Solche 'quartären' Strukturen (weil sie aus unabhängig entstandenen Tertiärstrukturen bestehen) können unter bestimmten Bedingungen wieder in ihre Untereinheiten dissoziieren und sind damit für viele regulatorische Prozesse von ausschlaggebender Bedeutung. Bei der Besprechung der RNA-Polymerase II wurde schon erwähnt, daß sie aus verschiedenen Untereinheiten besteht, die für ihre Wirksamkeit notwendig sind. Das Hinzutreten von Transcriptionsfaktoren führt hier zu noch höheren Strukturebenen; man spricht hier jedoch nicht mehr von einem Molekül, sondern von Multiprotein- bzw. Multienzymkomplexen.

4.1.3 Die epigenetische Herkunft der Proteinstruktur

Die genannten strukturellen Modifikationen genügen zur Verdeutlichung, daß die übliche Ansicht, die Raumstruktur eines Proteins sei durch seine Aminosäuresequenz (und damit letztlich durch die zugehörige DNA-Sequenz) eindeutig bestimmt, nur teilweise richtig ist. Gewiß sind die Seitenketten für die Tertiärstruktur verantwortlich, und deren Lage und wechselseitigen Reaktionsmöglichkeiten sind mit der Abfolge der Aminosäuren in der Peptidkette festgelegt. Welche zusätzlichen Gruppen aber wo angehängt werden, mit welchen weiteren Molekülen ein Protein noch reagiert — das alles bestimmt nicht die Primärstruktur, sondern das reaktive Umfeld, in welches ein Protein im zellulären Milieu eingebunden ist. Die genetische Information ist also nur eine Teilaussage über die tatsächliche Form, die ein Protein zu einem bestimmten Zeitpunkt einnimmt. Diese Form ist stets definiert, aber sie wird auch von anderen als nur den genetischen Parametern bestimmt.

Die zwanzig Seitenketten der biogenen Aminosäuren lassen sich zu Gruppen mit ähnlichen Eigenschaften zusammenfassen (Doolittle 1985, 80). So kann an vielen Stellen eines Proteins eine Aminosäure durch eine andere mit verwandten Eigenschaften ersetzt werden, ohne daß deshalb Bau oder Funktion des Proteins spürbare Störungen zeigen müßten. Das heißt aber, daß durchaus unterschiedliche DNA-Sequenzen ganz ähnliche Bedeutungen haben können. Die genetische Information muß darum funktional und nicht formal interpretiert werden, wie es bei den Sequenzanalysen vermutlicher Gen-Homologa üblicherweise auch geschieht (Doolittle 1985, 85; Seidel 1994, 48). Diese Einsicht ist von entscheidender Bedeutung für das Verständnis der Evolution der Proteine, da hierdurch viel weitere Grenzen zugelassen werden, in denen sich Genbereiche ohne funktionellen Bedeutungsverlust mutativ abwandeln können.

Andererseits ist es natürlich auch möglich, daß bereits der Austausch einer einzigen Aminosäure die Ausbildung der Tertiärstruktur erheblich verändert. Das ist dann der Fall, wenn die beiden ausgetauschten Aminosäuren Seitenketten mit verschiedenen chemischen Eigenschaften aufweisen, und besonders, wenn die Veränderung an einer strukturell sehr empfindlichen Stelle (z.B. im aktiven Zentrum von Enzymen) erfolgt. In solchen Fällen kann eine einzige Punktmutation in der DNA-Sequenz die Funktion des codierten Proteins zerstören. Die relative Toleranzbreite gegenüber partiellen Sequenzveränderungen wie die punktuelle Modifizierbarkeit der Tertiärstruktur von Proteinen sind gleicherweise entscheidende Voraussetzungen sowohl für die Evolution der genetischen Information als auch der zellulären Maschinerie.

4.2 DNA-bindende Proteine

Während die übrigen Baustoffe der innerzellulären Maschinen — Lipide, Zukker und selbst Nucleinsäuren — aufgrund ihrer chemischen Eigenschaften nur

4.2 DNA-bindende Proteine

für spezielle Aufgaben in Frage kommen, sind die Proteine mit ihren vielfältigen räumlichen und chemischen Möglichkeiten die großen 'Alleskönner' der Zelle (Goodsell 1994, 25). Strukturbestandteile, Biokatalysatoren, Botenstoffe, genetische Regulatoren, zelluläre Motoren, Transportmoleküle — fast alles, was die stoffwechselnde Dynamik des Zellgeschehens in Gang hält, erfolgt durch die Proteine. Wir können auf das faszinierende Gebiet der zellulären Biochemie und insbesondere der Enzym-Mechanismen nicht eingehen, sondern beschränken uns auf die für unser Thema wesentlichen Funktionen der genetischen Regulation und des Signaltransports.

Es ist wohl eine der ursprünglichsten Erfordernisse in der Biogenese zellulärer Systeme, daß Proteine mit den Bausteinen von Nucleinsäuren strukturell zusammenpassen und solcherart die Biosynthese von RNA- (und in der Folge DNA-) Kettenmolekülen katalysieren können. M.G. Rossmann hat eine derartige Nucleotid-Bindungstasche, die relativ häufig bei zellulären Proteinen anzutreffen ist, als solche enzymatische Urdomäne ('Rossmann fold') interpretiert (Voet und Voet 1992, 173).

Neben dem Bindevermögen für Nucleotide müssen DNA-bindende Proteine, die in der uns schon bekannten Weise als Transcriptionsfaktoren fungieren sollen, auch in der Lage sein, mit den architektonischen Bedingungen der DNA-Doppelhelix im Ganzen zu korrespondieren. Dazu werden gewisse Proteinregionen in die 'große Furche' eingepaßt, welche die schraubenförmige Aufwindung der beiden gepaarten DNA-Stränge entstehen läßt. (Es gibt daneben auch noch eine 'kleine Furche'; sie liegt zwischen den beiden Phosphor-Zucker-Rückgraten der Einzelstränge: Felsenfeld 1985, 50 und 54.) In der großen Furche können bestimmte Aminosäure-Seitenketten mit den Phosphatresten der DNA Wasserstoffbrücken ausbilden, was sowohl das Protein derart positioniert, als auch das DNA-Rückgrat lokal so verzerrt, daß ein spezifisches Bindungsmuster zwischen bestimmten DNA-Basen und damit korrespondierenden Aminosäureresten wirksam werden kann. Durch diese Zweiteilung des DNA-Bindungsvorgangs (*allgemeine* Affinität polarer Aminosäure-Seitenketten zu den Phosphatresten des DNA-Rückgrats; *spezielle* Bindung von Aminosäureresten an einigen wenigen, ausgezeichneten Basen) wird das Andocken des regulatorischen Proteins an der dafür vorgesehenen DNA-Sequenz erreicht.

Es gibt verschiedene Möglichkeiten, mit denen DNA-bindende Proteine beiden Anforderungen, der Einpassung in die große Furche und der Ausbildung einer stabilen Bindung an eine bestimmte Basensequenz, gerecht werden. Die wichtigsten Formen solcher Bindungsmotive oder -domänen seien nun kurz betrachtet.

4.2.1 Homeo-Domänen und Zinkfinger bauen sich aus α-Helices und ß-Faltblättern als Bindungsmotiven auf

Eine der am weitesten verbreiteten Weisen, sich an die Oberfläche der DNA-Doppelhelix anzupassen, besteht in der Kombination von zwei α-helicalen Elementen, die zusammen nicht länger als 20 Aminosäurereste sind. Beide Helices stehen durch wechselseitige Interaktionen in einem Winkel von etwa 120° zueinander, wodurch eine perfekte Einpassung in die große Furche zustandekommt. Diejenige Helix, welche dabei spezifische Bindungen mit bestimmten DNA-Basen eingeht, wird als 'recognition helix' bezeichnet. Dieses sogenannte HTH-Bindungsmotiv (HTH steht für 'helix-turn-helix') kommt als konservierte Sequenz in vielen regulatorischen Proteinen vor, unter anderem in der uns schon bekannten Homeodomäne. Das bedeutet, daß dieses Motiv durch verschiedene zusätzliche Proteinelemente in seiner Wirkung modifiziert werden kann und selber nur den − hydrophoben − Kern komplizierterer Bindungsdomänen darstellt. So weist die aus 60 Resten bestehende Homeodomäne noch eine dritte α-Helix auf, und alle drei sind durch unpolare Interaktionen in einer ganz charakteristischen Weise zusammengepackt (Alberts et al. 1994, 410). Viele der HTH-Proteine üben ihre Regulationsfunktion als Dimere aus, d.h. sie umklammern ihre Bindungsregion auf der DNA von zwei Seiten. Dadurch wird die Festigkeit der Bindung an die DNA wesentlich erhöht.

Eine andere Möglichkeit, zu DNA-angepaßten Proteinelementen zu kommen, ist mit der Kombination von α-Helices mit ß-Faltblättern gegeben. In der einfachsten Form besteht ein solches Modul aus einer 12 Reste langen α-Helix, die über ein komplex gebundenes Zn-Ion mit einer 'ß-Haarnadel' (ein zweischichtiges, antiparalleles ß-Faltblatt) von 10 Aminosäuren kombiniert ist. Es entsteht dadurch eine fingerartige Struktur (Alberts et al. 1994, 411), welche sich sehr gut in die große Furche einfügt und v.a. bei Hintereinanderschaltung mehrerer solcher Einheiten das bindende Protein zapfenartig in der DNA verankert (Rhodes und Klug 1993, 55). Das charakteristische Aussehen dieses Bindungsmotivs hat der ganzen Klasse der Zn-haltigen Transcriptionsfaktoren den Namen 'Zinkfinger' eingetragen. Es ist allerdings darauf hinzuweisen, daß nicht alle Zinkfinger-Proteine durch die beschriebene α-Helix-ß-Haarnadel-Kombination ausgezeichnet sind, sondern auch ganz andere, komplizierter gebaute Bindungsdomänen existieren, etwa die 70 Aminosäurereste lange und 2 Zn-Ionen aufweisende Domäne der innerzellulären Steroidrezeptoren und andere mehr. Eine klassifizierende Übersicht bietet Harrison (1991, 716).

4.2.2 Leucin-Reißverschlüsse sind Dimere aus zwei überspiralisierten α-Helices

Wieder eine andere Strategie, DNA-bindende Proteine zu konstruieren, findet sich bei den sogenannten Leucin-Reißverschlüssen. Es handelt sich hierbei wieder um eine Struktur aus α-Helices, die indessen so beschaffen ist, daß

4.2 DNA-bindende Proteine

sowohl die typische Struktur als auch die aktive Funktion erst mit dem Zusammentritt von zwei zunächst unabhängigen Monomeren verwirklicht wird. Im Gegensatz zu den Dimeren der HTH-Proteine kommt also hier die Fähigkeit zur DNA-Bindung erst mit der Dimerisation zustande.

Wie geht eine solche Bindung vor sich? Die Leucin-Monomere besitzen ein etwa 30 Aminosäurereste langes Motiv, das aus sieben Wiederholungseinheiten besteht. Innerhalb jeder dieser Sequenzeinheiten ist jeweils die erste und die vierte Stelle mit einem unpolaren Rest, in der Regel Leucin, besetzt. Bei der Aufwindung zur α-Helix kommen diese Reste stets auf dieselbe Seite zu liegen und können sich mit den entsprechenden Resten einer zweiten derartigen Helix paaren. Diese Paarung hydrophober Aminosäure-Seitenketten geschieht, wie wir wissen, durch die Wirkung der van-der-Waals-Kräfte. Die Anziehung erfolgt derart, daß sich die beiden Protein-Helices umeinander verdrillen. Es entsteht eine 'überspiralisierte' α-Doppelhelix, im Englischen treffender als 'α-helical coiled coil' bezeichnet. Eine solche Struktur ist für viele filamentöse Proteine typisch. Der Ausdruck 'Leucin-Reißverschluß' (engl. 'leucin zipper') weist darauf hin, daß es vor allem die unpolaren Leucin-Reste sind, welche das Rückgrat der beiden α-Helices verdrillen und wie einen Reißverschluß zusammenhalten lassen (McKnight 1991, 62). Jedes Monomer besitzt darüber hinaus noch eine gelenkartig mit der Spiralisierungsdomäne verbundene DNA-Erkennungsregion aus 25 Aminosäureresten, mit welcher sich das parallel gepaarte Dimer wie eine Wäscheklammer in die große Furche einpaßt (McKnight 1991, 63). Diese Erkennungsregionen binden dort an ganz charakteristische, spiegelbildlich angeordnete Basensequenzen der beiden DNA-Stränge (Harrison 1991, 717).

Die Eigenart der Reißverschluß-Bindung macht solche Proteine ganz besonders geeignet für die Steuerung ihrer Regulationstätigkeit. Einerseits ist die Ausbildung von überspiralisierten Doppelhelices konzentrationsabhängig. Erst bei genügender Häufigkeit werden die im Cytosol vorhandenen Monomere aufeinandertreffen und dimerisieren. Und nur die Dimere sind regulatorisch aktiv; die ungepaarten Monomere bilden nicht einmal stabile Helices. Außerdem sind viele Leucin-Reißverschlüsse nur als Heterodimere stabil, d.h. sie müssen aus zwei verschiedenen Monomeren zusammengebaut werden. Damit ist einerseits eine elegante Kontrollmethode für das genregulatorische Wirksamwerden solcher Proteine gegeben, als auch die Möglichkeit, mit nur wenigen Elementen eine ganze Reihe verschiedener Erkennungssequenzen der DNA zu bedienen.

Trotz dieser theoretischen Vorzüge spielen aber Leucin-Zipper bei der embryonalen Genregulation, zumindest von Drosophila, keine so große Rolle wie die bei den Segmentierungsgenen weit verbreiteten Zinkfinger und Homeo-Boxen. (Eine Ausnahme ist das Gap-Gen *knirps* von Drosophila; es codiert tatsächlich für einen Transcriptionsfaktor mit Leucin-Zipper-Motiv: Hennig 1995, 662). Häufig sind Leucin-Reißverschlüsse dagegen bei fakultativen Transcriptionsfaktoren in speziellen Gewebezellen anzutreffen. Außerdem kommen sie auch als Bindungsmotive in Untereinheiten von nichtregulatorischen Proteinen vor (Wolfe 1993, 546). Das gibt immerhin zu der Vermutung Anlaß, daß die Transcriptionsfaktoren trotz aller Vielfalt und Raffinesse ihrer Regulationsaufgaben keine unwahrscheinlich komplizierten Spezialprodukte sein müssen, sondern ohne weiteres aus dem allgemein verfügbaren Inventar der zellulären Grundausstattung evolvieren konnten. Die sterischen Vorgaben der DNA-Doppelhelix sind regelmäßig genug, daß ihnen mit einigen wenigen Bindungsmotiven von der Proteinseite entsprochen werden kann. Gleichzeitig ist die Plazierungsmöglichkeit von dazu passenden Erkennungssequenzen auf der DNA derart vielfältig, daß eine genügend präzise Koadaption von regulatorischen Gensequenzen und Proteinen vorstellbar ist. Einem selektionstheoretischen Verständnis der Entstehung von genetischen Regulationsmechanismen steht damit prinzipiell nichts im Wege.

4.3 Der intrazelluläre Nachrichtentransport

Proteine erfüllen ihre Aufgaben nicht nur in der Ausbildung besonderer Oberflächenstrukturen, sondern erst recht in deren Abwandlung. Die dafür verantwortlichen Elementarprozesse haben wir bei der Besprechung der Tertiärstruktur schon kennengelernt: Neuverknüpfung von Disulfidbrücken, kovalente Modifikationen, Assoziation und Dissoziation von Untereinheiten der Quartärstruktur. Durch diese wenigen und chemisch einfach zu verstehenden Abwandlungen bekommen die Proteinmoleküle eine Plastizität und Versatilität, die Kennzeichen lebendiger Strukturen ist. Leben erscheint, hierin könnte man den materialistischen Biologen im Gefolge von Engels (Hollitscher 1960, 263) recht geben, unter einer gewissen Rücksicht wirklich als nichts anderes denn als Proteinchemie. Alles, was uns so unglaublich dynamisch, autoregulativ und planvoll an einem Lebewesen vorkommt, läßt sich auf der Ebene der zellulären Mechanismen durch die Konformationsänderung von Proteinmolekülen darstellen. Unser am Schluß des dritten Kapitels geäußerter Verdacht, bei diesem Schlagwort könnte es sich um eine neue Variante von verkapptem Vitalismus handeln, ist bei auch nur oberflächlicher Kenntnis der Proteinchemie kaum aufrechterhalten. Er wird vollends hinfällig, wenn wir die Mechanismen der innerzellulären Signalverarbeitung kennenlernen. Nicht nur aus didaktischen Gründen wollen wir darauf eingehen, sondern auch, weil sich erst auf diesem Niveau das Induktionsgeschehen der klassischen Entwicklungsmechanik verständlich machen läßt.

4.3.1 Phospholipide bilden in wässrigem Milieu weitgehend impermeable Doppelschichten, welche die Grundform biologischer Membranen darstellen.

Zellen sind, wie schon der 1665 von R. Hooke geprägte Ausdruck insinuiert, von einer 'Wand' umschlossene Gebilde (Sander 1989, 182), die zwischen

4.3 Die intrazelluläre Nachrichtentransport

einem sie umgebenden äußeren und ihrem eigenen inneren Milieu unterscheiden lassen. Die Grenze zwischen beiden Bereichen wird gebildet durch eine doppelte Schicht aus besonderen Lipidmolekülen, den Phospholipiden. Lipide sind allgemein Veresterungen des dreiwertigen Alkohols Glycerin (CH_2OH-$CHOH$-CH_2OH) mit bestimmten, lange Kohlenwasserstoffketten führenden Carbonsäuren, den Fettsäuren (z.B. CH_3-$(CH_2)_{16}$-$COOH$: Stearinsäure). Im Fall der Phospholipide sind nur zwei der drei OH-Gruppen des Glycerins mit Fettsäuren verestert, die dritte dagegen mit Phosphorsäure. Damit haben wir eine 'amphiphile' Molekülstruktur vor uns: zwei hydrophobe Kohlenwasserstoff-ketten und einen hydrophilen Phosphat-Kopf. Dieser Kopf wird noch durch einen weiteren polaren Rest ergänzt, der Serin, Inosit, Ethanolamin oder Cholin sein kann (Bretscher 1985, 92). Im letzten Fall entsteht das verbreitetste Phospholipid, das Phosphatidylcholin oder Lecithin.

Die amphiphile Struktur der Phospholipide hat Konsequenzen für das Verhalten dieser Moleküle im wässrigen Milieu. Sie aggregieren hierbei in einer Weise, die gewährleistet, daß sowohl die hydrophilen wie die hydrophoben Kräfte miteinander wechselwirken können (Voet und Voet 1992, 273). Im Falle einer Grenzfläche zur Luft ordnen sich die Lipidmoleküle derart an, daß ihre hydrophilen Köpfe ins Wasser und die hydrophoben Schwänze in die Luft weisen. Bei allseits wässriger Umgebung würden sich einschwänzige Lipidmoleküle aufgrund ihres konischen van-der-Waals-Umrisses zu kugeligen Micellen zusammenlagern, während unsere zweischwänzigen Phospholipide aufgrund ihrer räumlichen Struktur langgestreckte Micellen ausbilden, die eher als Lipid-Doppelschichten anzusprechen sind (Voet und Voet 274). Diese Doppelschicht aus Phospholipiden stellt die Grundstruktur aller zellulären Membranen dar, wie wir sie bei allen Eukaryonten und den meisten Prokaryonten antreffen. Erstaunlicherweise werden die Membranen in der lebendigen Zelle nicht in Abhängigkeit vom Genom synthetisiert, sondern entstehen immer autonom aus ihresgleichen. Die spontane Bildung von Lipidmembranen im wässrigen Milieu gibt darüber hinaus zu Spekulationen Anlaß, wie sich die Organisation der ersten zellulären Systeme in der 'Ursuppe' vollzogen haben könnte (Maddox 1994).

Wir wollen diese Frage hier nicht verfolgen, sondern uns mit der Feststellung begnügen, daß durch die Struktureigenschaften der Phospholipide die Ausbildung einer geschlossenen Zellhülle möglich ist, die trotz ihrer Dünnheit (ihr Durchmesser beträgt nur etwa 7 nm) eine erstaunliche mechanische Festigkeit besitzt (Bretscher 1985, 92). Natürlich kommt die Festigkeit der Zellmembran nicht nur durch die Eigenschaften der Phospholipide zustande, sondern auch durch die Verstärkung mit verschiedenen Zusatzmolekülen (insbesondere Cholesterol). Hinzu kommt noch die Versteifung auf der Zell-Innenseite durch Elemente des Cytoskeletts und Ankerproteine (Gilbert 1994, 87). Aber die entscheidende Voraussetzung für die Milieugrenze zwischen Innen und Außen bleibt die bei aller Beweglichkeit und Formveränderung niemals abreißende Umhüllung mit diesem Phospholipidmantel.

Die Lipid-Doppelmembran des wässrigen Milieus ist eine 'zweidimensionale Flüssigkeit'. Das heißt, sie begrenzt die Zelle nicht wie ein starrer äußerer Panzer, auch nicht wie eine gummiartige elastische Haut, sondern eher wie ein ölartiger Film. Damit ist die Verwendung des Wortes 'Flüssigkeit' zur Kennzeichnung der Lipidmembran erklärt. 'Zweidimensional' soll besagen, daß der Positionswechsel von Molekülen in dieser 'Flüssigkeit' in horizontaler Richtung sehr leicht möglich ist ('laterale Diffusion'), kaum dagegen in vertikaler Richtung von einer Lipidschicht in die andere ('transversale Diffusion' oder 'Flip-Flop'). Die Diffusionsvorgänge in den Lipidschichten sind quantitativ gut erfaßt (Stryer 1995, 277). Es zeigt sich, daß in horizontaler Richtung ein einzelnes Phospholipid im Durchschnitt einen Diffusionsweg von 1 μm/sec zurücklegt, während Flip-Flop höchstens einmal in mehreren Stunden vorkommt. Diese Zahlen belegen, wie dicht die Barriere der Lipid-Doppelmebran trotz ihrer großen lateralen Fluidität ist; in eine Lipidmembran eingelagerte Proteine haben aufgrund der Größe und Verteilung ihrer hydrophilen und hydrophoben Gruppen in der Regel keine Chance, die Doppelmembran zu durchqueren. (Allerdings scheinen Proteine auch in ihrer lateralen Diffusion nicht so frei zu sein wie die Phospholipide, sondern mancherlei Restriktionen zu unterliegen: Jacobson et al. 1995).

Wieviel Schwierigkeiten das Durchdringen der Zellmembran selbst den darauf spezialisierten Viren macht, haben Carr & Kim (1994, 235) eindrucksvoll dargestellt. Bei aller Anfälligkeit für Infektionen – unsere Zellmembranen sind ein viel soliderer Schutz als wir glauben, und Eindringlinge brauchen, von der Übertölpelung des Immunsystems einmal ganz abgesehen, eine ganze Menge Kraftaufwand und biochemische Raffinesse, um die zelluläre Integrität zu verletzen.

4.3.2 Viele der in die Zellmembran eingebauten Proteine fungieren als Rezeptoren.

So hilfreich die schützende Lipid-Membran zur Abwehr fremder Eindringlinge ins Zellinnere ist, so hinderlich ist sie für den Durchgang vieler Moleküle. Es müssen eine ganze Reihe komplizierter Transportmechanismen geschaffen werden, Carrier, Kanäle, Pumpen und Transportvesikel, um Ionen und organische Stoffe durch die verschiedenen Membran-Systeme der Zelle zu schleusen. Aber nicht nur viele lebensnotwendige Bestandteile des Stoffwechsels, sondern auch die Informationsträger der Umwelt prallen an der Barriere der Zellmembran ab. Unter der Rücksicht der lückenlosen Umhüllung durch die Lipidmembran wäre die Zelle tatsächlich eine fensterlose Monade. Nun ist Leben aber wesentlich ein informationsgewinnender Prozeß (Lorenz 1975, 43). Im Großen des Organismus wie im Kleinen der einzelnen Zelle besteht Leben im Weiterleiten aller möglichen 'Signale', die in umweltgerechte Antworten des Organismus bzw. der Zelle transponiert werden müssen (Uexküll und Kriszat 1956, 27). 'Weiterleitung' bedeutet Aufnahme eines externen Signals mittels eines Rezeptors und Verarbeitung dieser Information im Innern von Zelle bzw.

4.3 Die intrazelluläre Nachrichtentransport

Organismus. Ohne diesen Dreischritt: Signal – Rezeptor – intrazelluläre Verarbeitung gibt es keinen Nachrichtentransport und damit auch keine umweltbezogene Reaktion und Anpassung des Organismus. Selbst im Fall der Nervenleitung muß die Nachricht von einer Zellgrenze zur andern ('synaptischer Spalt') auf molekularem Weg, durch sogenannte Neurotransmitter, übertragen werden. Das heißt aber doch, daß die elektrische Erregung einer Nervenzelle an der synaptischen Membran in ein chemisches Signal übertragen wird, das über den Rezeptor der Nachbar-Membran in einen neuen elektrischen Impuls umgewandelt wird. Im Prinzip ähnlich, nur mit einer anderen Art von Fernübertragung, arbeitet das Hormonsystem: 'endokrine' Zellen geben ihre Botenstoffe ins Blut ab, wodurch sie diffus im Körper verbreitet werden und schließlich an den passenden Rezeptoren der Zielorgane andocken. Der Verbreitungsmechanismus mag hier ungezielt und weniger schnell sein als im Fall der Nervenleitung, aber der Übertragungsmechanismus von einer Zelle zur andern mittels Signal und Rezeptor ist derselbe (Snyder 1985, 128).

Die Zellmembran wird also durch den Einbau von Rezeptoren für den Nachrichtenfluß durchlässig. Rezeptoren sind Transmembranproteine, die ein von außen ankommendes Signalmolekül binden können und die durch diesen Komplex entstehende Veränderung ihrer Konformation ins Zellinnere vermitteln. Wie ein solches Transmembranprotein konstruiert sein muß, ist aus dem, was wir über die Dynamik der Proteinstruktur wissen, nachvollziehbar. Demnach muß die zentrale Domäne eines solchen Proteins möglichst aus hydrophoben Aminosäureresten bestehen, die sich in die Kohlenwasserstoffketten des Membraninnern gut einpassen und verankern lassen. Dem nach außen ragenden Teil sind in bezug auf Faltung und Kombination mit anderen Molekülen (Zuckern) kaum Grenzen gesetzt, so daß für jedes erdenkliche Signalmolekül eine passende Aufnahmeform erstellt werden kann. Und der nach innen ragende Teil? Er muß in irgendeiner Weise an ein weiteres Proteinmolekül des Zellinnern koppelbar sein und diese Bindefähigkeit in Abhängigkeit vom außen eintreffenden Signal, dem Rezeptor-Liganden, erwerben. Das bedeutet, daß die Signalbindung die Konformationsänderung des Rezeptorproteins durch die ganze Membran hindurch veranlassen muß, damit ein wechselweises Interagieren mit dem weiterleitenden Molekül, dem 'Transducer' möglich wird.

Wieder stehen wir vor dem magischen Wort der 'Konformationsänderung', das zwar viel von seinem Zauber verloren hat, seit wir aus der Kenntnis des Proteinaufbaus wissen, wie solche Veränderungen der Gesamtstruktur möglich sind. Über die Vorgänge, die sich dabei im einzelnen an einem bestimmten Rezeptor abspielen, erfährt man aus den üblichen Darstellungen allerdings nur wenig. Das liegt sicher daran, daß die Zahl der an der intrazellulären Nachrichtentransduktion beteiligten Rezeptoren gewaltig ist. Deshalb war das Interesse bisher mehr molekularbiologisch auf die Identifizierung der Glieder der einzelnen Signalwege gerichtet, als streng biochemisch auf die Aufklärung der Proteindynamik. Diese erfordert aufwendige Energieberechnungen und Computersimulationen (Karplus und McCammon 1986), und dafür sind die Daten bisher wohl nur in den wenigsten Fällen vorhanden. Zunächst scheint es jedenfalls erstaunlich, daß die Bindung eines externen Signalmoleküls an die meist weit über die Zellmembran hinausragenden Bindungsdomäne das ganze Rezeptorprotein in seiner Konformation derart zu verändern vermag, daß es fähig wird, ein Vermittlermolekül auf der Membraninnenseite zu aktivieren (Cornelius 1994, 182).

Im Fall des nicotinischen Acetylcholin-Rezeptors, der in der neuronalen Signalübertragung eine wichtige Rolle spielt, ist der Mechanismus der Konformationsveränderung nachvollziehbar. Hier stellt der Rezeptor nämlich kein massives Transmembranprotein dar, sondern einen für den Durchgang bestimmter Ionen (K^+ und Na^+) gebildeten Kanal aus fünf Protein-Einheiten, der sich in Abhängigkeit vom Neurotransmitter Acetylcholin öffnet und schließt. Hier kann eine durch Ligandenbindung lokal erzeugte Konformationsänderung einer oder mehrerer Proteinbestandteile leicht das Kanallumen verändern und damit die Passage der Ionen beeinflussen (Changeux 1994, 87 und 89).

So liegen die Verhältnisse aber bei den gleich zu diskutierenden (weil den häufigsten Fall darstellenden) G-Protein-gekoppelten Rezeptoren nicht (Linder und Gilman 1992, 55). Bei der Transmembran-Domäne dieser Proteine handelt es sich um das Faltprodukt aus sieben Helices, und eine Ligandenbindung auf der Membranaußenseite muß sich irgendwie auf eine Veränderung der intrazellulären Domäne übertragen, die bezogen auf die Gesamtlänge des Proteins weit entfernt ist. Immerhin kann man sich vorstellen, daß die 'Einwirkung' des Liganden auf die extrazelluläre Oberfläche des Rezeptorproteins zu einer derartigen Verschiebung der aufgefalteten zentralen Teile führt, daß auch die Innenseite davon betroffen wird und dabei eine passende Fläche für ein andockendes Vermittlermolekül abgibt.

Man kann an dieser Stelle auch gleich fragen, wie denn der Rezeptor wieder in seine Ausgangskonformation zurückkehrt. Die Ligandenbindung selbst ist eine Frage der chemischen Affinität. Unter allen passierenden Signalmolekülen trifft ein bestimmter Ligand auf den 'richtigen' Rezeptor, weil er zu seiner extrazellulären Oberfläche paßt. Was aber bewegt diesen Liganden, die einmal eingegangene Bindung an den Rezeptor wieder aufzulösen? Das muß er schließlich, weil Signalübertragung nur funktionieren kann, wenn sie ein vorübergehender Prozeß ist, eine Schaltung zwischen zwei verschiedenen Zuständen: 'Ein' (aktivierter Rezeptor) und 'Aus' (Rezeptor wieder in Ruhestellung). Zum einen Teil geschieht das durch einfache Dissoziation des Liganden, vielfach aber auch durch die Mechanismen der Endo- und Exocytose. Die ligandentragenden Rezeptoren werden im Innern kleiner Membranabschnürungen ins Cytosol verfrachtet, wo eine pH-abhängige Lösung der Ligandenbindung erfolgt. Die freien Rezeptoren können in Endosomen-Vesikeln wieder in die Membran zurücktransportiert werden; die Liganden bleiben im Zellinnern und werden in Lysosomen hydrolytisch abgebaut (Bretscher 1985, 98; Wolfe 1993, 253). Zusätzlich gibt es noch einen schnell wirkenden Blockademechanismus, bei dem die intrazellulären Rezeptordomänen phosphoryliert und damit für das Andocken von Transducer-Molekülen unbrauchbar gemacht werden (Alberts et al. 1994, 772).

4.3.3 Trimere G-Proteine sind charakteristisch für einen Prototyp des intrazellulären Signaltransports

Nach der Betrachtung der cytoplasmatischen Rezeptordomänen kann sich unsere Aufmerksamkeit den Transducer- oder Vermittler-Molekülen zukehren, die im Fall der hier betrachteten Rezeptoren zur Familie der sogenannten G-Proteine gehören. Diese bestehen aus drei verschiedenen Untereinheiten, deren größte, die α-Untereinheit, Guanosindiphosphat (GDP) bzw. Guanosintriphosphat (GTP) binden kann. Von dieser Charakterisierung der α-Untereinheit als GTP-bindendes Enzym ('GTPase') leitet sich das 'G' in der Bezeichnung dieser Proteine ab. Auch ihre Schaltfunktion basiert auf dieser Bindefähigkeit; A. Gilman und M. Rodbell haben 1994 für die Aufklärung dieses Mechanismus den Nobelpreis erhalten.

Die G-Proteine sind an der Innenseite der Zellmembran lokalisiert. Hier können sie — man erinnere sich an das laterale Diffusionsvermögen der Lipidmembran — in horizontaler Richtung relativ frei diffundieren ('Fluid-Mosaik-Struktur' der Zellmembran: Voet und Voet 1992, 283) und dadurch auf einen passenden Rezeptor treffen. Ist dieser durch ein externes Signal aktiviert, kommt es zu einem Kontakt zwischen der cytosol-seitigen Domäne des Rezeptors und der GDP-bindenden α-Untereinheit des G-Proteins. Das führt zu einer Konformationsänderung der α-Untereinheit, die bedingt, daß sie nun zu GDP geringere Affinität besitzt als zu GTP. Die Folge davon ist ein Austausch von GDP gegen GTP. In dieser Konstellation verändern sich die Bindungseigenschaften der α-Untereinheit drastisch, so daß sie sich jetzt weder in die Rezeptorstruktur noch den restlichen G-Proteinkomplex einfügt. Sie löst sich aus dem Verband und diffundiert die Membran-Innenseite entlang, bis sie von einem weiteren membranständigen Protein aufgefangen wird, zu dem sie nunmehr strukturmäßig besser paßt. Diese neuen Membranproteine, stets wieder Enzyme, werden als 'Verstärker' bezeichnet und stellen (nach Rezeptor und Transducer) die dritte Schaltstelle in der Kette der Signalverarbeitung dar.

Wieso Verstärker? Die Funktion dieser durch G-Proteine aktivierten Enzyme besteht darin, ein weiteres Signalmolekül, einen sogenannten 'zweiten Boten' zu aktivieren, der die ursprüngliche, mit der Rezeptorbesetzung durch das externe Signal (den 'ersten Boten') verbundene Nachricht im Zellinneren weitergibt. Weil aber auf diesem Wege viele sekundäre Signalmoleküle aktiviert werden können, bevor sich die α-Untereinheit wieder aus dem Verstärkerenzym-Komplex löst, stellt dieser Vorgang eine Verstärkung des externen Eingangssignals dar.

Der klassische Vertreter dieser zellinternen sekundären Signalmoleküle ist das cyclische Adenosinmonophosphat (cAMP), welches von dem G-Protein-aktivierten Enzym Adenylatcyclase aus Adenosintriphosphat (ATP), einem weiteren, ganz analog zum GTP gebauten Nucleotid, gebildet wird. Neben dem cAMP kennt man inzwischen mehr und mehr andere 'zweite Boten' (z.b. Calcium-Ionen und Inositoltriphosphat, um nur zwei weitere wichtige zu nennen), und ihre Zahl wächst ständig. Damit wird ein altes Problem aus dem Weg geräumt, wie nämlich die Übertragung eines zunächst speziellen Rezeptorsignals auf einen so ubiquitären zweiten Boten, wie ihn das cAMP darstellt, zu einer spezifischen Antwort führen kann.

Woher 'weiß' das in Antwort auf die unterschiedlichsten Außenreize immer gleich erzeugte cAMP, welchen zellulären Prozeß es im Einzelfall zu aktivieren hat, wo es doch für viele verschiedene Vorgänge gebraucht wird? Die Antwort konnte ursprünglich nur sein, daß die vom cAMP benachrichtigen Empfängermoleküle (die 'Effektoren') ihrerseits weiteren Regelmechanismen unterliegen mußten, die sicherstellten, daß jeweils nur die 'richtigen' Adressaten für das auftretende cAMP zur Verfügung standen. Die Annahme solcher zusätzlicher Regelmechanismen ist sicher zutreffend. Sie war indessen im Fall der schon früh aufgedeckten Aktivierung des Glykogenabbaus kein besonderes Problem, solange die untersuchten Leberzellen auf diesen speziellen Syntheseweg eingestellt sind. Anders dagegen bei so generellen Zellfunktionen wie der Mitosetätigkeit oder der Genaktivierung: hier laufen oft die verschiedensten Signalwege nebeneinander, und deren Konfusion in der Verstärkerregion hätte verheerende Folgen. Die Lösung des Problems liegt wie gesagt inzwischen auf der Hand: eine Vielzahl von verschiedenen sekundären Boten sorgt für genügend Spezifität in der Auswahl der Effektoren, ohne daß damit die Existenz weiterer Regelmechanismen in Abrede gestellt sein müßte.

Die sekundären Botenmoleküle binden also schließlich an die entsprechenden intrazellulären Effektoren. Deren Aktivierung stellt die vierte Station in der intrazellulären Nachrichtenverarbeitung dar. Die Effektoren sind meist 'Kinasen', d.h. Enzyme, die Phosphatgruppen auf bestimmte Proteine übertragen. Wir haben schon öfter gesehen, wie gerade die Bindung von Phosphatgruppen an entsprechende Aminosäurereste die Funktion eines Proteins grundlegend beeinflußt. Durch die gezielte Phosphorylierung, welche von einer durch die Signaltransduktionskette aktivierten Kinase ausgeht, wird also schließlich ein ganz bestimmter zellulärer Reaktionsweg in Gang gesetzt.

Fassen wir den prinzipiellen Ablauf der Signaltransduktion noch einmal zusammen. Wir können mit Berridge (1985, 138) folgende Stationen unterscheiden: extrazelluläres Signal ('erster Bote') − Membranrezeptor − Vermittler (G-Protein) − Verstärker (Enzym für den zweiten Botenstoff) − innerzelluläres Signal ('zweiter Bote') − Effektor (eine Kinase). Auf diesem Instanzenweg der Befehlsvermittlung 'induziert' also ein externes Signal einen bestimmten zellulären Effekt. Wir haben nun einen ersten Eindruck davon, was für ein kompliziertes Geschehen sich hinter dem in seiner Allgemeinheit so brauchbaren Ausdruck 'Induktion' versteckt. Wir haben aber gleichzeitig auch die Möglichkeit, dieses globale Phänomen nunmehr im konkreten Fall in seine Bestandteile aufzugliedern und die Mechanismen der einzelnen Schritte der Reihe nach zu verstehen. Die Grundlage dafür liefern uns die konformationellen Möglichkeiten von Proteinen, die sich durch vermittelnde Moleküle (Nucleosid- und andere Phosphate) in eine Reihe sukzessiver und temporärer Aktivierungen schalten lassen.

4.3.4 Für viele zelluläre Signalwege sind Ras-Proteine das zentrale Schaltelement; die zugehörigen Membranrezeptoren besitzen hier meist selber phosphorylierende Aktivität.

Der dargestellte, an (große) G-Proteine geknüpfte Signalweg ist selbstverständlich nicht der einzige Weg intrazellulärer Signalverarbeitung. Nicht nur, daß hier auch andere Rezeptortypen (z.B. die erwähnten Ionenkanalrezeptoren) vorliegen können und andere sekundäre Boten — es gibt auch Signalwege, die mit einem anderen molekularen Sortiment den Weg vom ersten Boten bis zum Effektor zurücklegen. Gemeinsames Kennzeichen dieser Signalketten ist die Verwendung einer anderen Klasse von GTP-bindenden Proteinen und die Art der membranständigen Rezeptoren, die hier oft selbst Kinasefunktion haben oder an Kinasen gekoppelt sind. Der erste Effekt der Rezeptoraktivierung ist hier also nicht die Betätigung des GTP-Schalters, sondern die Auslösung der Phosphorylierung von Tyrosin-Resten an bestimmten Stellen eines Zielmoleküls. Die solcherart mit Phosphatgruppen besetzten Regionen sind Andockstellen für allerlei innerzelluläre Signalproteine, deren gemeinsames Merkmal der Besitz von SH2-Domänen ist.

Die Bezeichnung SH2 bezieht sich auf ein bestimmtes Bindungsmotiv (die *S*arcomaprotein-*h*omologe Region Nr.*2*), durch welches ein damit ausgestattetes Protein phosphorylierte Tyrosinelemente erkennen kann. SH2 ist ein sehr weit verbreitetes Bindungsmotiv, dem ein ganzes Arsenal von aktivierbaren Signalproteinen zur Verfügung steht, das über eine Vielzahl weiterer Faktoren (mit zum Teil wieder anderen Bindungsdomänen) zu einem mehr und mehr aufgeklärten Netzwerk innerzellulärer Informationsverarbeitung wird (Pawson 1995). Viele dieser Wege, aber offensichtlich nicht alle (Montminy 1993, 1694), gehen dabei über ein Ras-Protein als zentralem GDP/GTP-Schalter, wonach sie in verschiedene Phosphorylierungsketten divergieren.

Der Unterschied dieser 'Ras-Signalwege' zum Signalweg der trimeren G-Proteine liegt also formal gesehen einmal darin, daß das GTP-bindende Protein hier zwischen zwei Phosphorylierungsebenen, einer auf Rezeptor-, einer zweiten auf Effektorseite, liegt, und zum andern, daß die sekundären Boten bzw. innerzellulären Signalmoleküle innerhalb ein und desselben Signalwegs zahlreich sein können und z.T. schon oberhalb des GDP/GTP-Schalters fungieren.

Um nicht zu sehr in einer unanschaulichen Generalisierung hängen zu bleiben, sei der typische Verlauf eines Ras-Signalwegs etwas mehr im einzelnen dargestellt. Wir orientieren uns an Egan & Weinberg (1993), dabei in Kauf nehmend, daß das 'Typische' der Darstellungsweise vielleicht nur auf noch zu geringer Kenntnis aller Möglichkeiten beruht. Als typische Membranrezeptoren wollen wir die 'Rezeptor-Tyrosin-Kinasen' (RTKs) betrachten, die auf Wachstumsfaktoren als externe Signale ansprechen. Das Besondere der Rezeptor-Tyrosin-Kinasen ist, daß sie, wie ihr Name andeutet, Rezeptor- und Enzymfunktion in einem Molekül vereinen. Sie bestehen aus einer einfachen membranspannenden Helix, an die sich nach außen der Rezeptorteil und nach innen die Kinase-Region anschließen. Die Kinasefunktion richtet sich nun nicht auf ein zusätzliches Molekül als Substrat, sondern auf die Tyrosinreste der eigenen cytoplasmatischen Domäne. Diese Autophosphorylierung geschieht, indem sich liganden-aktivierte Rezeptoren zu Dimeren zusammenlagern und sich gegenseitig die Phosphatgruppen auf ihre Tyrosinstellen übertragen. Es gibt verschiedene, durch die katalytischen Regionen voneinander getrennte Phosphorylierungsstellen innerhalb der cytoplasmatischen Domäne; jede einzelne ist spezifisch für ein bestimmtes SH2-Signalprotein (Pawson 1995, 576). Eine einzige Rezeptorkinase kann also Ausgangspunkt vieler verschiedene Signalproteine und damit Reaktionswege sein, darunter auch des Adaptorproteins Sem-5/Drk/Grb2, welches die Rezeptorwirkung auf ein ras-aktivierendes Protein überträgt, das in der Regel Sos genannt wird. (Auf die Eigenartigkeit der Namensgebung kommen wir noch zurück.)

Worin besteht die aktivierende Wirkung des Sos-Faktors für das Ras-Protein? Ras ist ein membraninnenständiges Protein, das ebenso wie die trimeren G-Proteine zur wechselweisen Bindung von GDP und GTP in der Lage ist. Es unterscheidet sich von den großen G-Proteinen also nicht durch seine Funktion, sondern lediglich strukturell in Größe und Aufbau. Sos ist nun ein 'Guanosin-Nucleotid-Release-Protein' (GNRP) oder 'GDP-Dissoziationsstimulator' (GDS), welches den Ersatz von GDP durch GTP am Ras-Protein fördert und Ras dadurch in seinen aktiven Zustand überführt. Der inaktive GDP-Bindungszustand von Ras wird durch Assoziation mit einem 'GDP-Dissoziationsinhibitor' (GDI) aufrechterhalten (Fabry 1995, 46), ein Komplex, der durch Sos offensichtlich destabilisiert wird.

Aufgabe des GTP-aktivierten Ras-Protein ist es, eine mehrstufige Kinasen-Kaskade in Gang zu setzen. Der Ausdruck 'Kaskade' ist bewußt gewählt. Er soll andeuten, daß auf Ras nicht einfach eine Kinase als Effektor folgt, sondern eine Kinase die nächste aktiviert, bis schließlich die letzte in der Reihe den 'eigentlichen' Aktivierungeffekt im Kern bewirkt. Vom Blickwinkel dieses Effekts erfolgt die Namensgebung. Die letzte in der Reihe der Kinasen-Aktivierung wird 'MAP-Kinase' genannt, weil sie das '*m*itogen-*a*ctivated-*p*rotein' phosphoryliert; die Kinase davor, welche die MAP-Kinase aktiviert, ist dem gemäß eine MAP-Kinase-Kinase, und deren Phosphorylierungsenzym schließlich eine MAP-Kinase-Kinase-Kinase. Glücklicherweise existieren aus der Zeit der Identifizierung mancher dieser Proteine, als die Zusammenhänge noch nicht so im einzelnen durchschaut waren, auch noch Trivialnamen. So wird etwa die von Ras aktivierte 'Kinasen-Kinasen-Kinase' einfach auch als Raf-Protein ('*ras-a*ctivated *f*actor'?) bezeichnet. Wichtig ist eine zweite Bedeutungsfacette des Ausdrucks 'Kaskade'. Mit ihm verbindet sich die Vorstellung, daß es sich bei der Kinasenkaskade nicht nur um eine stufenweise Weiterleitung des Signalflusses handelt, sondern auch um eine Aufteilung in verschiedene Arme. Von jeder Kinasenebene können nämlich Abzweigungen in andere Effektor-Richtungen führen (Egan & Weinberg 1993, 782), und die Kinasen können auch Informationen von aus anderen Signalwegen empfangen. So ist etwa gezeigt worden, daß es einen hemmenden Einfluß des cyclischen AMP auf das Raf-Protein einiger Zelltypen gibt (Marx 1993, 988). Nachdem sich herausgestellt hat, daß Ras nicht ausschließlich von Rezeptor-Kinasen aktiviert wird, sondern auch von einigen der sieben-helicalen Rezeptoren, und selber außer der MAP-Kaskade eine ganze Anzahl weiterer sekundärer Signalwege initiieren kann (Feig & Schaffhausen 1994, 508), entsteht die Perspektive eines vielfältig verknüpften, dreidimensionalen Netzwerks der zellulären Nachrichtenverarbeitung.

Die 'drei Dimensionen' dieses Signalnetzwerks sind: (1) die Linie des Nachrichtenflusses von der Aktivierung eines membranständigen Rezeptors bis zum innerzellulären Effekt; (2) die Übertragung dieser Informationswirkung auf laterale Signalwege, die von den verschiedenen Schaltstationen ausgehen; (3) die Beeinflussung, die der ursprüngliche Signalweg durch laterale Informationsvermittlung in den verschiedenen Zwischeninstanzen erfährt. Wie weit diese "Logik intrazellulärer Signalisierung" (Alberts et al. 1994, 778) ausreicht, um das ganzheitliche Funktionieren des Organismus verständlich zu machen, wird noch zu diskutieren sein.

4.3.5 Viele zunächst unabhängig identifizierte Signalelemente lassen sich homologisieren und als Bestandteile genereller Transduktionsmechanismen verstehen

Es bleibt noch ein Wort zur Nomenklatur der Signalproteine nachzutragen, die für den Außenstehenden zunächst nichts als eine Wirrnis unverständlicher Abkürzungen darstellt. Daran ändert auch die Kenntnis der ausgeschriebenen Bezeichnungen nicht viel. Sie sind in der Regel nur ad-hoc-Etikettierungen aus dem molekularbiologischen oder genetischen Identifizierungsalltag, der in jedem Labor und bei allen Modellorganismen seine eigenen, mitunter bizarren Blüten treibt. Wichtiger ist, daß manche dieser Proteine mit mehreren verschiedene Abkürzungen bezeichnet werden. Das deutet darauf hin, daß solche Bestandteile eines Signalwegs ursprünglich unabhängig an verschiedenen Zielgenen entdeckt wurden, und der nachträgliche Vergleich die molekulare Identität erbracht hat. Ein Beispiel dafür ist das Rezeptorkinase-bindende SH2-Protein, das bei Caenorhabditis Sem5 ('*sex m*uscle defective'), bei Drosophila Drk ('*d*ownstream of *r*eceptor *k*inases') und bei den Säugern GRB2 ('*g*rowth *f*actor *r*eceptor *b*ound protein') heißt. Ein und dasselbe Protein wurde also bei diesen Organismen in ganz verschiedenen Entwicklungs-Kontexten (Vulva-Entwicklung bei Caenorhabditis, Augenentwicklung bei Drosophila und Mitoseaktivität bei epidermalen Säugerzellen) genetisch identifiziert und erst sekundär als strukturell und funktionell extrem konserviertes Element erkannt (Simon 1994, 436; Stern & DeVore 1994, 447), das in all diesen verschiedenen Schaltwegen stets an derselben Stelle eingebaut ist (vergleichende Zusammenstellung: Gilbert 1994, 682; Fabry 1995, 48).

Während hier die Namensgebung noch hinter der Erkenntnis der Identität herhinkt, ist im Fall des ras-aktivierenden GDP-Dissoziationsstimulators Sos die Generalisierung schon offiziell geworden. Sos steht für 'son of sevenless', eine Bezeichnung, die ursprünglich aus der Genetik der Augenentwicklung von Drosophila stammte und dort eine Mutation charakterisierte, die zusätzlich zum Gen sevenless für den Ausfall des Photorezeptors R7 verantwortlich war. Weil sie in der Signalkette stromabwärts zu sevenless anzusiedeln ist, wurde die Mutation (und damit das Gen) als deren Sohn bezeichnet — ein nomenklatorischer Spaß, wie er bei den Drosophila-Genetikern gebräuchlich ist. (Sevenless ist übrigens der membranständige Rezeptor im Signalweg der Augeninduktion von Drosophila.) So unsinnig also die Verwendung des Namens 'son-of-sevenless' im Zusammenhang anderer Ras-Signalwege sprachlich gesehen sein mag, steht er für die Tatsache der Übereinstimmung eines zunächst bei Drosophila gefundenen Signalelements mit den GDS-Proteinen anderer Organismen.

Ähnliches gilt für die Ras-Proteine selbst. Ursprünglich wurde es in der Tumorforschung als Genprodukt von bestimmten Viren nachgewiesen, die imstande waren, in Rattenzellen Krebswachstum auszulösen (darum ras = rat sarcoma gene). Wie kommt es, daß ein spezielles Virus-Gen zum Prototyp eines universellen zellulären Schaltelements wird? Es stellte sich heraus, daß das identifizierte ras-Gen nicht viralen Ursprungs war, sondern ein von diesen Viren transportierter Mitläufer aus dem Genom des Wirtsgewebes. Vom Virus wurde dieses Gen derart verändert, daß es bei infektiöser Übertragung auf ein neues Wirtsgenom dort ein defektes Genprodukt spezifiziert, das zu einer unkontrollierten Teilungsaktivität der befallenen Zellen führt. Aufgrund unserer Kenntnis des Signalwegs können wir nun den Mechanismus verstehen. Das vom Virus transportierte mutierte ras-Gen codiert für einen defekten GTP-Schalter, der sich nicht mehr abstellen läßt, sondern ununterbrochen die MAP-Kinasenkaskade am Laufen hält, was zu einem ungehemmten, krebsartigen Zellwachstum führen kann. Was zunächst als besonderes krebserregendes Virus-Gen, als 'Oncogen', gegolten hatte, entpuppte sich im Nachhinein als die ubiquitäre genetische Information für ein zentrales zelluläres Signalrelais — nur eben in der Form einer viralen Mutante entdeckt.

Somit wird verständlich, warum dieser universelle GDP/GTP-Schalter den Namen 'Ras' erhalten hat, wenn das auch mit seiner eigentlichen Funktion so gut wie nichts zu tun hat. Schwieriger ist das sprachliche Verständnis beim Ausdruck 'Oncogen', der ja eigentlich auch zur Bezeichnung essentieller

Gene dienen müßte. Hier hat man sich angewöhnt, als 'Oncogene' weiterhin nur die krebserzeugende Gen-Varianten zu bezeichnen, die 'normalen' Homologa dagegen als 'Proto-Oncogene'. Es widerstrebt einfach dem normalen Sprachempfinden, so lebensnotwendige genetische Informationsträger, wie es die Gene der intrazellulären Signalketten sind, als 'Krebsgene' einzustufen. Die Wirkung von Oncogenen besteht generell in der Störung von zellwachstums-steuernden Signalketten. Damit ist klar, daß nicht nur das Ras-Protein zur Ursache von Krebs werden kann, sondern die übrigen Elemente der intrazellulären Informationstransduktion auch. Koolman und Röhm (1994, 356) unterscheiden so sieben Klassen von 'Oncogen-Produkten' (wie man sieht, ist die Terminologie hier wieder nicht konsequent): (1) Liganden, (2) Membranrezeptoren, (3) GTP-bindende Proteine, (4) nucleäre Hormonrezeptoren (das sind Transcriptionsfaktoren, die von lipophilen, die Membranbarriere durchdringenden Signalstoffen, wie Steroidhormonen u.a., angesteuert werden), (5) nucleäre Tumor-Suppressoren (das sind Proteine, die mutiertes, daueraktives Ras durch 'Wegfangen' von bestimmten Aktivierungsmolekülen wieder unschädlich machen), (6) DNA-bindende Proteine (Transcriptionsfaktoren), (7) Proteinkinasen.

4.3.6 Große wie kleine G-Proteine sind aufgrund ihrer Fähigkeit zur GTP-Hydrolyse inaktivierbar

Die Funktionsfähigkeit einer Signalkette hängt wesentlich davon ab, daß die einzelnen Elemente nicht zu lange im aktivierten Zustand verharren, sondern rasch wieder in die Nullstellung zurückkehren. Daß ein daueraktives Ras-Protein verheerende Folgen haben kann, hat die Erwähnung der Oncogen-Wirkung gezeigt. Nicht anders steht es mit den übrigen Instanzen der Signaltransduktion. Daueraktivität irgendeines der erwähnten Schaltelemente bedeutet grundsätzlich eine Störung, wenn nicht den Zusammenbruch des regulativen Netzwerks, wenngleich der Zelle durch die Existenz redundanter Signalwege immer wieder Ausweichmöglichkeiten und zusätzliche Absicherungen (wie etwa im Fall der Tumor-Suppressoren) zur Verfügung stehen.

Daß Phosphorylierung von Proteinen nur eine vorübergehende Zustandsänderung ist, wird durch die Wirksamkeit spezieller Phosphatasen gewährleistet, welche die Veränderung an den Tyrosinresten (bzw. den Serin- und Threoninresten im Fall der MAP-Kinasen) erkennen und die Phosphatreste rasch wieder entfernen. Die Membranrezeptoren haben ihre eigenen Inaktivierungssysteme der Ligandenentfernung und Transduktionsblockade. Wie aber steht es mit den G-Proteinen? Eingeschaltet werden sie, wie wir gesehen haben, indem das gebundene GDP durch GTP ersetzt wird. Was aber läßt sie wieder in die Ruhestellung zurückkehren? Man könnte meinen, daß das durch Abspaltung und Übertragung eines Phosphatrests vom Nucleotid- auf das Effektormolekül geschieht. Das ist zwar ganz nach dem Schulbuch-Schema der Übertragung einer 'energiereichen' Phosphatbindung gedacht, aber tatsächlich kommt die

Aktivierung der von den G-Proteinen abhängigen Enzyme anders zustande, nämlich durch die Bindung des ganzen aktivierten G-Proteins selbst. Interessanterweise läßt sich dagegen die Serin/Threonin-Kinase Raf nicht nur durch Bindung des GTP-Ras-Proteins aktivieren, sondern auch durch Phosphorylierung mittels einer C-Kinase aus dem cAMP-Weg (Alberts et al. 1994, 766).

Zur Lösung unserer Frage muß man sich bewußt machen, daß die G-Proteine, die heterotrimeren 'großen' wie die 'kleinen' der Ras-Superfamilie, biochemisch gesehen 'GTPasen' darstellen, d.h. Enzyme, die in der Lage sind, GTP zum Zweck der Hydrolyse zu binden. Insofern könnten sie im Grunde genommen tatsächlich zur Übertragung von Bindungsenergie zur Verfügung stehen. Diese Nutzung wird aber im Fall der GTPasen zugunsten der Funktion als molekulare Schaltuhren aufgegeben. Anders gesagt, die Fähigkeit zur GTP-Hydrolyse erlaubt den G-Proteinen, von selbst wieder inaktiv zu werden. Sie ist die Feder, welche den eingedrückten Schaltknopf wieder in die Ausgangslage schnellen läßt.

Während also der Wechsel vom GDP- in den GTP-Zustand durch einen Austausch des gesamten Nucleotids vorgenommen wird, den ein zusätzliches Enzym steuert (das 'guanine-nucleotide-release protein' GNRP), wird die Rückkehr zum GDP-Zustand durch hydrolytische Abspaltung eines Phosphatrests vom protein-gebundenen GTP erreicht. Allerdings ist die Reaktionsgeschwindigkeit dieser Hydrolyse äußerst langsam. Da zudem die Affinität der G-Proteine zu GTP weit größer ist als zu GDP (eine notwendige Bedingung ihrer GTPase-Eigenschaft), läge das Gleichgewicht dennoch ganz auf seiten des eingeschalteten Zustands. Es gibt darum ein weiteres Enzym, das die GTP-Hydrolyse sehr stark fördert, das GAP (*G*TPase *a*ctivating *p*rotein). Damit ist der Regulierungskreislauf eines GTPase-Schalters im wesentlichen geschlossen (Bourne, Sanders & McCormick 1991, 117).

Neben den beiden "molekularen Händen" (Fabry 1995, 46) GNRP und GAP, die den GTPase-Schalter bedienen, gibt es noch zwei zusätzliche Absicherungen. Einmal den Dissoziationshemmer GDI ('guanine-nucleotide-*d*issociation inhibitor'), der sowohl als Antagonist von GNRP wirkt und als solcher die Aktivierung des G-Proteins verhindert, darüber hinaus aber (vermutlich) auch den GTPase-fördernden GAP-Faktor blockiert und auch damit die Aktivität des G-Proteins aufrecht erhält (Buguski & McCormick 1993, 643). Zum andern scheint GAP auch in der Lage zu sein, die Wirkung der Rezeptor-Tyrosin-Kinase zu hemmen, was einer negativen Beeinflussung der G-Protein-Aktivierung gleichkommt (Alberts et al. 1994, 765). Beide Zusatz-Schaltkreise erscheinen sinnvoll, um eine gewisse Verzögerung der GTPase-Funktion zu erreichen, die erst ihren Einsatz als Relais sinnvoll macht. Von welchen Faktoren die Stimulierung von GAP selbst abhängt, ob direkt von Ras oder (auch) von anderen Proteinen, scheint bisher nicht endgültig geklärt (Fabry 1995, 47).

4.3 Die intrazelluläre Nachrichtentransport

Soviel zur Wirkungsweise des GTPase-Schalters am Beispiel der Ras-Proteine. Wenn wir im Vergleich dazu noch einmal auf die trimeren G-Proteine zurückschauen, werden Unterschiede deutlich. Zwar ist die GTPase-Funktion dieselbe, aber deren Regulation ist eine andere. Im Schalt-Kreislauf der trimeren G-Proteine treten keine zusätzlichen Aktivierungsfaktoren auf. Das liegt zunächst daran, daß die GTPase G_α eine weit höhere Hydrolyse-Geschwindigkeit zeigt als die kleinen G-Proteine. Damit liegt hier das Gleichgewicht viel stärker auf der Seite der GDP-Bindung, und die Einschaltdauer des aktiven G_α hält nie lange an. Als Grund für diese gegenüber anderen GTPasen unterschiedliche Hydrolyse-Regulation bietet sich die Hypothese an, daß das G_α-Protein eine GAP-ähnliche Domäne besitzt, die genau an der Stelle im Molekül-Komplex wirkt, wo bei den kleinen G-Proteinen das selbständige GAP bindet (Bourne, Sanders & McCormick 1991, 124).

Bei den trimeren G-Proteinen ist auch der Nucleotid-Austausch anders geregelt als bei den Ras-Proteinen. Drei Eigenschaften des heterotrimeren Komplexes spielen dabei eine Rolle. Einmal ist die Vereinigung der drei Untereinheiten α, ß und γ notwendig, damit eine stabile Bindung am Rezeptor zustande kommt. Zum andern bindet der ßγ-Teilkomplex wesentlich besser an α-GDP als an α-GTP. Und drittens dissoziiert GDP vom αßγ-Komplex tausendmal langsamer als von der α-Untereinheit allein (Bourne, Sanders & McCormick 1991, 119). Wenn man zudem die starke GTPase-Funktion der α-Untereinheit bedenkt, wird klar, wie stark bei den trimeren G-Proteinen das Gleichgewicht auf seiten der GDP-Bindung liegen muß. Die Frage ist hier, wie es überhaupt gelingt, den α-GTP-Zustand auch nur kurzzeitig herbeizuführen. Die Rolle eines Katalysators des Nucleotid-Austauschs (analog zu GDS bei den Ras-Proteinen) übernimmt hier der aktivierte Transmembran-Rezeptor. Er vermindert die Stabilität des gebundenen trimeren G-Protein-Komplexes und erlaubt der α-Untereinheit die Bindung von GTP. Durch die GTP-Bindung verliert die α-Untereinheit den Kontakt mit dem ßγ-Teilkomplex; α-GTP kann abdissoziieren und ein entsprechendes Effektor-Molekül aktivieren, bis das gebundene GTP wieder hydrolysiert ist. Da die ßγ-Untereinheiten für sich allein auch nicht am Rezeptor bleiben, schließt sich auf diese Weise der Kreislauf wieder.

Das detaillierte Eingehen auf die Mechanik der GTPase-Schalter erfolgte nicht als Selbstzweck, wenngleich auch das Eindringen in die Einzelheiten eines biochemischen Szenarios seine Faszination besitzt. Gerade wegen dieser Vollständigkeit — selbst die Nucleotid-Bindungsverhältnisse sind bis auf die einzelne Aminosäure genau aufgeklärt (Bourne, Sanders & McCormick 1991, 118) — ist es hier besser als anderswo möglich, das Zustandekommen eines solchen zellulären Reaktionswegs nachzuvollziehen. Zunächst sind GTPasen ja nur eine Variation zum Thema nucleotidbindender Proteine, das, wenn wir uns an das Urmotiv der 'Rossmann-Falte' erinnern, in die Gründerzeit zellulärer Systeme verweist. Jedenfalls ist das Kondensieren bzw. Hydrolysieren von Phosphatresten an Nucleotiden wohl einer der ursprünglichsten Vorgänge, für den die katalytische Potenz von Proteinen in der Frühzeit der Biogenese in Anspruch genommen wurde.

Tatsache ist, daß trotz der energetischen Gleichwertigkeit der anderen Nucleotide das Adenosintriphosphat so etwas wie den Standardlieferanten für die zelluläre Energiegewinnung darstellt. Der Grund dafür könnte in einer Art evolutionärem Wirtschaftlichkeitskalkül liegen. Die Brauchbarkeit von Nucleosid-Triphosphaten als Energieüberträger beruht allgemein auf der Effizienz der Bindung an einen geeigneten Hydrolyse-Katalysator (Lehninger, Nelson & Cox 1994, 411). Unter dieser Rücksicht war es womöglich einfacher, die Substrat-Enzym-Passung für ein bestimmtes Nucleotid, eben das ATP, zu optimieren und dieses dann als Universalelement in möglichst vielen Zusammenhängen einzusetzen, als an jeder Stelle der zellulären Energieumwandlung immer wieder neue Proteinstrukturen zu adaptieren (Lehninger, Nelson & Cox 1994, 413). Damit wurden aber Proteine, die andere Nucleotide hydrolysieren, für den Einsatz in der Energiegewinnung unnötig und konnten neue Funktionen übernehmen. Vielleicht arbeiteten GTPasen im Wettbewerb mit den effektiveren ATPasen teilweise sogar im Leerlauf. Im Zuge der immer zahlreicher werdenden Proteinstrukturen konnten sich jedoch neue Interaktionen etablieren, die für die GTPase-Moleküle wieder Verwendung fanden und sie im dargestellten Sinn als Wechselschalter bei der Signalvermittlung wirken ließen.

Der Vollständigkeit halber sei allerdings darauf hingewiesen, daß an einigen besonderen Stellen im Zellhaushalt GTPasen ihre Funktion als Energievermittler beibehalten haben – so v.a. in Form von translationalen Initiations- und Elongationsfaktoren bei der Biosynthese von Proteinen (Lehninger, Nelson & Cox 1994, 1042 und 1044; Wolfe 1993, 655 und 660).

Man mag die hier vorgetragene Frühgeschichte des zellulären Nachrichtentransports als allzu phantastisch belächeln. Es war uns jedoch weniger um eine sachgerechte biochemische Rekonstruktion zu tun, als darum, die prinzipielle Möglichkeit des evolutionären Zustandekommens eines Mechanismus zu zeigen, der ohne Verständnis für das strukturbildende Potential der Proteine unweigerlich zu methodisch fragwürdigen Unwahrscheinlichkeitsberechnungen verführte. Die Vielzahl der an den Signalwegen beteiligten Proteinelemente steht dabei eher für die ursprüngliche Zufälligkeit in der Verknüpfung, als für die im Nachhinein so auffällige Ausgeklügeltheit des Schaltnetzwerks, das sich sekundär natürlich mit den vielen verwendeten Interaktionselementen optimieren ließ. Auch die Tatsache, daß die beiden Schaltsysteme der großen und der kleinen G-Proteine beim Einsatz ihrer enzymatischen Zusatzfaktoren unterschiedliche Integrationsniveaus aufweisen, kann als Zeichen für eine allmähliche evolutive Herausbildung derartiger zellulärer Schaltelemente verstanden werden.

4.3.7 Einige Ergänzungen zur Veranschaulichung des abwechslungsreichen Hintergrundes, auf dem sich das Typische der Signalverarbeitung abspielt

Die intrazelluläre Nachrichtenverarbeitung wurde an dem Widerstand der Biomembran gegenüber Außeneinflüssen festgemacht. Genau mit dieser Barriere müssen Induktionsvorgänge in der Entwicklung von Vielzellern fertig werden, um den harmonischen Ablauf der Morphogenese des Gesamtorganismus zu gewährleisten. Die vertikale Unpassierbarkeit der Lipidmembran gilt jedoch nicht für alle externen Boten. Stammen sie selber aus einer lipophilen Stoffklasse und sind sie genügend klein, können sie die Biomembran ohne Rezeptorvermittlung durchqueren und direkt ins Zellinnere bzw. in den Kern gelangen. Das gilt etwa für die Steroidhormone (z.B. die Mehrzahl unserer Geschlechtshormone, aber auch das Häutungshormon Ecdyson der Insekten), die aus dem in der Zellmembran als Versteifungselement häufig vorkommenden Cholesterol synthetisiert werden. Als weitere wichtige lipophile Hormone, die in der Embryogenese eine Rolle spielen, wären etwa noch das Thyroxin der Schilddrüse oder die vom Vitamin A abgeleitete Retinsäure zu nennen. In all diesen Fällen gelangen die primären Boten erst im Cytosol an einen Rezeptor, der in der Regel einen Transcriptionsfaktor darstellt, welcher mit dem Steroidhormon als Liganden die Kernporen passiert und zur Aktivierung eines bestimmten Promoterabschnitts beiträgt (Wehner und Gehring 1990, 145). Hier ist also die regulatorisch so vorteilhafte Vielgliedrigkeit des Signaltransduktionsweges zugunsten einer unmittelbaren Wirkung auf die Transcription bestimmter Gene aufgegeben.

In diesem Zusammenhang soll auch die Signalleitung über einen anderen wichtigen sekundären Boten, das Inositol-Triphosphat (IP_3) kurz erwähnt werden, weil hierbei ebenfalls die Lipidmembran eine wichtige Rolle spielt. IP_3 wird nämlich aus einem der (selteneren) Bestandteile der Lipidmembran, dem Phosphatidylinositol-4,5-bisphosphat (PIP_2) gewonnen. Das dazu notwendige membran-innenständige Enzym, die Phospholipase C, wird von den trimeren G-Proteinen aktiviert und spaltet PIP_2 in die beiden Bestandteile IP_3 und Diacylglycerin (DG). Beide Produkte finden als sekundäre Botenstoffe Verwendung, wobei das kleine, leicht lösliche IP_3 besonders geeignet für einen vielfältigen innerzellulären Einsatz ist. Es reguliert vor allem die Freisetzung von Ca-Ionen, denen als verbreiteten sekundären Boten eine zentrale Bedeutung in der innerzellulären Signalvermittlung zukommt (Voet und Voet 1992, 1179).

Aber auch das in der Membran verbleibende DG hat wichtige Aufgaben. Es wirkt z.B. auf die C-Kinasen, deren Verschaltung mit der ras-abhängigen Kinasen-Kaskade wir schon kennengelernt haben. Im ganzen gesehen sind die Signalsysteme der Phospholipide noch weniger gut aufgeklärt als die von Ras. Immerhin sind in einem Fall, nämlich bei der Phototransduktion in der Retina der Drosophila-Ommatidien (das sind die Einzelaugen, aus denen sich das Facettenauge der Insekten zusammensetzt) alle molekularen Elemente, die für die Abspaltung und Regeneration von IP_3 in der Zellmembran erforderlich sind, vollständig erfaßt (Hurley 1995, 194).

Das Ausnützen eines übriggeliebenen Reaktionsproduktes für 'neue' (besser müßte man sagen: bisher noch nicht aufgedeckte) Zwecke, wie es im Fall des in der Membran zurückbleibenden Diacylglycerins geschieht, ist nichts Ungewöhnliches, sondern stellt eher den Normalfall zellulärer Parsimonie dar. So wurde kürzlich gezeigt, daß bestimmte Rezeptortypen die sonst 'untätige' ßγ-Untereinheit der G-Proteine als Signalmoleküle benützen, um einen K-Ionen-Kanal der Herzmuskelzellen zu stimulieren (Wickman et al. 1994). Ebenso ist zu erwarten, daß es Fälle gibt, wo der normalerweise die Nullstellung repräsentierende GDP-Bindungszustand der G-Proteine als Einschaltsignal verwendet wird (Fabry 1995, 46). Und schließlich muß Aktivierung eines bestimmten Signalelements nicht gleichbedeutend sein mit Weiterleitung der Information, sondern kann genauso gut Blockade der Signalkette bedeuten. So gibt es Rezeptoren, deren Signalleitung zu einer Hemmung der Synthese sekundärer Boten führt, womit sie zur Modulierung aktivierender Signalwege benützt werden können, wie das beim Zusammenspiel excitatorischer und inhibitorischer Synpasen im Nervensystem seit langem bekannt ist (Eccles 1975, 107).

Was so als Ausnahme und was als Regel anzusehen ist, hängt neben der Zufälligkeit unseres lückenhaften Wissens vor allem von den Erfordernissen des jeweiligen molekularen Kontexts ab. Bildlich gesprochen sind die Zellen jedenfalls Utilitaristen genug, um alles auszunützen, was ihnen für ein momentanes Problem in den Griff kommt, ohne allzuviel Gedanken daran zu verschwenden, ob die augenblicklich gefundene Lösung einer weitreichenden Systematisierbarkeit genügt oder nicht. So gibt es sicher viele redundante Wege in der zellulären Nachrichtenübertragung — auch Sackgassen und stillgelegte Linien. All das kümmert nicht, solange die Proteine flexibel genug sind, mit dem Vielerlei an Vorhandenem den Betrieb des Ganzen aufrechtzuerhalten. Wissen müßten sie dazu allerdings, worin das Ganze besteht. Eine Organisation verkraftet bekanntlich umso mehr Chaos, je klarer den Mitgliedern das Ziel ist, für das sie arbeiten. Oder es muß eine Instanz geben, welche die Unordentlichkeit der Mitglieder für ihre Zwecke auszunützen weiß. So scheint sich anzudeuten, daß die Form der Zelle (als Elementarorganismus) für die Tätigkeit der Proteine ebensosehr vorauszusetzen ist, wie sie von ihnen erstellt wird.

4.4 Das Problem der Proteinfaltung

Mit der Universalstrategie der Modifikation von Proteinen durch funktionelle Gruppen wird eine funktionsgerechte Konformationsänderung nur erreicht, wenn diese Gruppen an der 'richtigen' Stelle angelagert werden, und das hängt wiederum von der Anwesenheit eines geeigneten Aminosäurerests an dieser Stelle ab (man denke an die Verteilung der phosphorylierbaren Tyrosin-Reste der Rezeptorkinasen, die zu entsprechenden SH2-Bindungselementen passen

4.4 Das Problem der Proteinfaltung 139

müssen). Damit ist die physiologisch korrekte Proteinfunktion durch die Aminosäuresequenz bedingt, und das heißt in offensichtlich letzter Konsequenz: durch die Anordnung der Nucleotid-Tripletts der codierenden DNA.

4.4.1 Die Aminosäuresequenz determiniert die Proteinstruktur nicht in eindeutig voraussagbarer Weise

Ganz so 'offensichtlich' ist die Korrelation von (Aminosäure- bzw. Nucleotid-) Sequenz und (Protein-)Struktur aber doch wohl nicht. Wie könnten sonst – häufig zu findende – Formulierungen wie: "die Aminosäuresequenz legt die Tertiärstruktur fest" (Lehninger, Nelson & Cox 1994, 201) und "predicition of protein structure from sequence is an unsolved problem" (Branden & Tooze 1991, 248) nebeneinander bestehen? Erklärbar ist ein solcher logischer Widerspruch nur, weil die Determiniertheit der Proteinstruktur unter zweierlei Rücksicht betrachtet werden kann: unter der Rücksicht der Renaturierung, der Wiederherstellbarkeit einer bekannten Tertiärstruktur und unter der Rücksicht der Vorhersagbarkeit einer noch unbekannten Tertiärstruktur aus einer gegebenen Aminosäuresequenz.

Im ersten Fall wird nach den Ursachen gefragt, welche die Aufrechterhaltung einer bestehenden Struktur garantieren. Und hier ist die Antwort eindeutig: die strukturelle Identität eines Proteinmoleküls ist durch seine Aminosäuresequenz garantiert. Der zweite Fall betrifft die Frage nach der Möglichkeit einer bestimmten Struktur. Und hier ist die Antwort mehrdeutig: ein und dieselbe (Teil-)Struktur kann durch verschiedene Aminosäuresequenzen zustande kommen. Der Beitrag der einzelnen Aminosäure zur Strukturbildung ist nicht vollständig definiert, weil sich die Tertiärstruktur eines Proteins mehr vom gesamten Molekülverband als von seinen einzelnen Elementen her bestimmt.

Die klassischen Renaturierungsexperimente von C.B. Anfinsen (1973) haben gezeigt, inwiefern die von einem Protein eingenommene Tertiärstruktur durch seine Aminosäuresequenz definiert ist. Wir referieren das entscheidende Experiment in Anlehnung an Voet und Voet (1992, 189) und Stryer (1995, 38). Es geht um das Enzym Ribonuclease A aus Rinderpankreas. Die Peptidkette dieses Enzyms besteht aus 124 Aminosäureresten. Darunter sind 8 Cysteinreste, deren Disulfidbrücken für die charakteristische, enzymatisch wirksame Tertiärstruktur verantwortlich sind. Diese vier Disulfidbrücken lassen sich unter reduktiven Bedingungen (z.B. in Harnstoff-Lösung) spalten, worauf das Molekül seine katalytischen Eigenschaften vollständig verliert. Läßt man die Proteinlösung nach Entfernung des reduzierenden Agens an der Luft stehen, kehrt das Polypeptid allmählich 'von selbst' wieder in seine funktionsfähige Ausgangskonformation zurück. Der chemische Hintergrund ist einfach genug: In der Harnstoff-Lösung wurden die Disulfid-Bindungen zu Sulfhydryl-Gruppen reduziert, während das Stehenlassen an der Luft diese Gruppen wieder zu Sulfid 'zurück-oxidierte'.

Anders liegen die Verhältnisse freilich, wenn man die Re-Oxidation in der Harnstofflösung durch Zugabe entsprechender Oxidantien erfolgen läßt. Dann kommt eine nur sehr unvollständige Renaturierung zustande, und die Enzymaktivität liegt nach Entfernung des Harnstoffs bei etwa einem Prozent der nativen Aktivität. Setzt man allerdings zur wässrigen Lösung solcher 'schlecht' oder 'falsch' renaturierter Ribonuclease Spuren eines schwefelhaltigen Alkohols (2-Mercaptoethanol $HSCH_2$-CH_2OH) zu, stellt sich die vollständige Enzymaktivität ebenso wieder ein wie beim Stehenlassen an der Luft. Interpretiert werden diese Befunde in der Weise, daß bei den hier gewählten Versuchsbedingungen weitgehend 'falsche' Cystein-Paarungen erhalten bleiben ('scrambled ribonuclease'). Die Zugabe des katalytisch wirkenden Mercaptoethanols löst dagegen 'falsche' — und das sind offensichtlich instabile — Disulfid-Bindungen solange auf, bis die native Konformation gefunden ist.

Was sich für unser Urteil mit Bezug auf die Funktionsfähigkeit der Enzymstruktur als 'richtig' oder 'falsch' bestimmt, bedeutet unter der Rücksicht des Renaturierungsprozesses natürlich nur die Unterscheidung von stabilen und instabilen Zuständen. Das Faltungsverhalten unter Mercaptoethanol-Zusatz bzw. an der Luft zeigt, daß die unter experimentellen Zwangsbedingungen erzeugten Zustände der 'scrambled ribonuclease' eigentlich nicht stabil sind, sondern lediglich 'eingefrorene' Übergangsstadien des Faltungsverlaufs darstellen. Stabil ist nur der 'Endzustand' der nativen Konformation, und die bestimmt sich als das Faltungsstadium mit der niedrigsten freien Gesamtenergie.

Dieses Beispiel beleuchtet sehr schön Reichweite und Grenzen dessen, was der Renaturierung-Ansatz für die Erklärung der Proteinstruktur beizutragen vermag. Er hat gezeigt, daß die 'Information', die für die Ausbildung einer bestimmten Tertiärstruktur erforderlich ist, tatsächlich in der Aminosäuresequenz des betreffenden Proteins steckt (Stryer 1995, 38), und nicht in irgendwelchen zusätzlichen Faktoren. Mercaptoethanol spielt, wie gesagt, nur die Rolle eines Katalysators, der durch die Förderung der Austauschreaktion von Disulfid-Brücken dem richtigen Faltungsablauf 'auf die Sprünge' hilft.

Andererseits ist das Axiom 'die Sequenz bestimmt die Struktur' für sich genommen wenig aussagekräftig. Der Satz gilt ja für jede einzelne Möglichkeit der transienten Zwischenzustände auch und ist so gesehen nichts weiter als eine Banalität. Wenn man aber fragt, welcher Zustand denn der endgültige ist, steckt die Information darüber nicht mehr in der Reihenfolge der Aminosäuren, sondern in der Angabe einer zusätzlichen, thermodynamischen Bedingung: dem Zustand mit der niedrigsten freien Energie. Und hier liegt das Problem. So richtig diese Aussage formal genommen ist, so wenig hilft sie für die Beurteilung der einzelnen Faltungszustände. Die Energieunterschiede zwischen dem stabilen Endzustand und den instabilen Übergangszuständen sind in den meisten Fällen derart gering, daß eine theoretische Ableitung der endgültigen Konformation praktisch nicht in Frage kommt (Branden & Tooze 1991, 256).

4.4 Das Problem der Proteinfaltung

Es geht uns hier nicht um eine Unwahrscheinlichkeitsbetrachtung für die zufällige Entstehung einer bestimmten Proteinstruktur. Stryer (1995, 418) hat sicher recht mit dem Hinweis, daß der 'tippende Affe' relativ schnell zu einem Erfolg bei der Aufgabe kommt, einen Shakespeare-Vers zusammenzubringen, wenn jeder richtige Zufallstreffer festgehalten wird. Er betont aber selbst, daß es diesen Treffer festhaltenden 'omniscient observer' bei der Proteinfaltung nicht gibt, sondern nur die freie Gesamtenergie als Kriterium bleibt. Und dann kommt eben das Problem der geringfügigen Stabilitätsunterschiede der einzelnen Zustände zum Tragen − nicht für die Ausbildung der korrekten Konformation, wohl aber für deren theoretischen Nachvollzug. Hinzu kommt, daß anfänglich 'richtige' Faltungszustände auch wieder verlorengehen können und 'falsche' energetische Nebenminima dem Faltungsablauf 'Fallen' stellen (Stryer a.a.O.).

Es bleibt also dabei: mit dem Kriterium der geringsten freien Gesamtenergie läßt sich das faktische Ergebnis eines Faltungsablaufs nachträglich thermodynamisch qualifizieren und so die Stabilität der nativen Struktur verständlich machen. Es handelt sich dabei nicht um ein bloßes theoretisches Postulat − die unterschiedlichen Energieniveaus von ungefaltetem Polypeptid und gefaltetem Protein lassen sich experimentell relativ einfach (etwa durch Aufschmelzen) messen (Branden & Tooze 1991, 256). Aber zur Rekonstruktion des Faltungsweges eignet sich dieses Kriterium (jedenfalls bisher) nicht. Und nur eine solche Rekonstruktion könnte Aufschluß darüber geben, ob die endgültige Struktur eines Proteins tatsächlich allein aus der Aminosäuresequenz erklärbar ist, oder ob es zusätzlicher Faktoren bedarf, durch welche das Polypeptid erst dorthin gelangt, was sich thermodynamisch als stabilstes Faltungsresultat einer gegebenen Aminosäuresequenz einstufen läßt.

Um die Probleme einer energetischen Begründung des Faltungsablaufs zu umgehen, kann man versuchen, empirisch voranzugehen und den Beitrag zu ermitteln, den einzelne Aminosäuren für die Ausbildung eines bestimmten Sekundärstruktur-Elements liefern. Wenn man durch Vergleich einer genügend großen Anzahl bekannter Proteinstrukturen die Aminosäuresequenzen von α-Helices und ß-Faltblättern festgestellt hat, sollte man aus den Auftrittshäufigkeiten der einzelnen Aminosäuren so etwas wie einen strukturellen Bedeutungs-Schlüssel gewinnen können. Leider ist das Ergebnis eines solchen Unternehmens enttäuschend. Die Auftrittshäufigkeiten differieren in der Regel um einen zu geringen Betrag, als das sie für eine brauchbare Voraussage der zu erwartenden Struktur tauglich wären (Stryer 1995, 422).

Selbst eine Peptidregion aus denselben fünf Aminosäureresten kann im einen Fall eine α-Helix, in einem anderen ein ß-Faltblatt oder eine Schleife bilden (Branden & Tooze 1991, 251). Das bedeutet, daß hier nicht die Aminosäuresequenz die einzelne Teilstruktur festlegt, sondern der molekulare Kontext. Damit sind wohl allgemein die Formbedingungen der Proteinfaltung mehr vom molekularen Gesamtzusammenhang diktiert als von seinen Elementen. Selbst für das einzelne Proteinmolekül ist es also anscheinend erforderlich, die Form als ontologisch vorgängig zu den Elementen aufzufassen. Zumindest erklären sich die Teile weit mehr aus dem Ganzen als das Ganze aus seinen Teilen.

4.4.2 Im wässrigen Milieu führen wohl verschiedene Faltungswege über dasselbe Zwischenprodukt zur Ausbildung der endgültigen Tertiärstruktur

Wenn der Aufbau aus Teilelementen weitgehend erst aus dem Gesamtzusammenhang der Molekülstruktur verständlich wird, erscheint es sinnvoll, den Einfluß des Lösungsmittels auf das Faltungsverhalten einer Polypeptidkette zum Ausgangspunkt der Strukturbetrachtung zu machen. Im wässrigen Milieu sind dabei vor allem zwei Gesichtspunkte von Bedeutung: (1) daß hydrophobe Seitenketten soweit wie möglich ins Molekülinnere drängen (Richards 1991, 81); (2) daß die mit den hydrophoben Seitenketten notgedrungen ins Innere gelangenden Abschnitte der hydrophilen Hauptkette ihren Verlust an H_2O-Dipolen durch die Bildung von Wasserstoffbrücken kompensieren (Branden & Tooze 1991, 12). Das führt zur Ausbildung von Sekundärstruktur-Elementen im Molekülinnern, die sich in der Folge aufgrund ihrer Raumstruktur zu größeren 'Faltungsmotiven' zusammenlagern (Stryer 1995, 423). Durch solchen 'hydrophoben Kollaps' (Stryer 1995, 419) kann man sich den Kern vieler globulärer Proteine entstanden denken. Bis zu einem gewissen Grad ist es möglich, die Struktur eines solchen Kerns mittels der drei Parameter: Verteilung hydrophober Seitenketten, Raumverhältnisse und Stabilisierung des Peptid-Grundgerüsts aus der Aminosäuresequenz abzuleiten (Branden & Tooze 1991, 252).

Nur in diesem Sinne ist es zulässig, der Aminosäuresequenz die 'Information' für die Tertiärstruktur zuzuschreiben: nicht als linearer Struktur-Code mit genereller Bedeutung, sondern als Vorgabe einer Serie von Interaktionseinheiten, deren strukturelle Bedeutung erst aus dem molekularen und milieubedingten Gesamtgefüge resultiert. Bezogen auf die genetische Codierung erscheint uns damit die Ausbildung einer bestimmten Proteinstruktur als ein weitgehend epigenetischer Prozeß, auch wenn das im Widerspruch zur landläufig geltenden Meinung steht (Wehner & Gehring 1990, 63; Wolpert 1993, 81).

Man kann die Faltungsbedingungen des hydrophoben Proteinkerns zu einem allgemeinen Modell der Proteinfaltung ausweiten. Voet und Voet (1992, 192) stellen in Anlehnung an M.E. Goldberg den Ablauf in folgenden Stufen dar: (1) rasche und reversible Bildung von verschiedenen kurzen Sekundärstrukturelementen; (2) Zusammenfassung solcher 'Faltungsnuclei' durch kooperative Aggregation auf unterschiedlichen Wegen zu größeren Faltungsmotiven und Domänen; (3) Assoziation der Faltungsmotive zum 'molten globule', in dem die Sekundärstrukturen schon vielfach in ihren endgültigen Beziehungen zueinander liegen, aber noch Fluktuationen vorkommen, und noch manche hydrophobe Regionen der wässrigen Umgebung ausgesetzt sind; (4) Verdich-

4.4 Das Problem der Proteinfaltung

tung und weitere Konformationsanpassung dieses noch lockeren intermediären Gebildes zur Tertiärstruktur; (5) Vereinigung mehrerer unabhängig entstandener Untereinheiten zur Quartärstruktur; (6) konformationelle Feinanpassung der nativen Gesamtstruktur.

Der entscheidende Einschnitt liegt zwischen den Stufen (3) und (4). Während die verschiedenen Anfangswege, die zu einem definierten 'molten globule' führen, relativ rasch durchlaufen werden, vollzieht sich die Umwandlung dieses charakteristischen Zwischenstadiums in die endgültige Tertiärstruktur nur langsam (Gething & Sambrook 1992, 33). Daß ein und dasselbe 'molten globule' auf verschiedenen Faltungswegen entstehen kann, haben Computersimulationen mit hypothetischen Sequenzen bestätigt (Baldwin 1994, 183). Es ist auch möglich, erst teilweise gefaltete Intermediärprodukte eines Faltungsablaufs auf experimentellem Wege zu identifizieren (Stryer 1995, 424). Wie sehr bestimmte reaktive Gruppen von Aminosäureresten das Faltungsergebnis beeinflussen können, wurde schon bei der Besprechung der Tertiärstruktur der Proteine erwähnt und durch das Beispiel der Disulfidbrücken-Bildung der Ribonuclease A genügend verdeutlicht.

Einschränkend zur Bedeutung dieses Mehrstufenmodells der Proteinfaltung ist zu sagen, daß es sich auf die Verhältnisse *in vitro* bezieht, die nicht ohne weiteres auf die lebendige Zelle übertragbar sind. Vor allem zwei Unterschiede sind wesentlich. Einmal die Tatsache, daß sich die zelluläre Proteinfaltung nicht nur im wässrigen Milieu des Cytosols abspielt, sondern auch unter hydrophoben Bedingungen im Innern von Lipidmembranen. Hier ist das in wässriger Lösung wirksame Faltungsprinzip des 'hydrophoben Kollapses' natürlich nicht anwendbar.

Zum andern ist zu berücksichtigen, daß anders als bei der Renaturierung in vitro das zelluläre Faltungssubstrat nicht eine Polypeptidkette in ihrer vollständigen Ausdehnung ist, sondern der Faltungsprozeß schon während der Translation einsetzt, sobald ein erstes Stück der entstehenden Polypeptidkette über das Ribosom herausragt (Gething & Sambrook 1992, 33). Es ist hier wohl nicht anders als bei einem krangelnden Kabel oder Gummischlauch — der Unterschied in der Anordnung kann beträchtlich sein, je nach dem, ob man das sperrige Material schön der Reihe nach umlegen kann, oder sich mit dem ganzen Wust auf einmal abplagen muß. Dieses Beispiel mag noch einmal den möglichen Einfluß epigenetischer Faktoren auf die Ausbildung der Tertiärstruktur einer Aminosäuresequenz unterstreichen.

Die sukzessive Freisetzung der Polypeptidkette am Ribosom läßt die Proteinfaltung als allmählich fortschreitenden Prozeß verstehen, der durch verschiedene Hilfsproteine gesteuert werden kann. Neben einer Reihe von Enzymen (Gething & Sambrook 1992, 35) sind dies vor allem die sogenannten Chaperone, deren Wirkungsweise wir uns abschließend noch zuwenden wollen.

4.4.3 Molekulare Anstandsdamen (Chaperone) bringen den Polypeptiden die richtige Form bei

Eine befriedigende Antwort auf die Grundfrage des Proteinfaltungsproblems, wieso eine bestimmte Konformation aus der Fülle der Möglichkeiten bevorzugt wird, kommt von Proteinfaktoren, die zunächst gar nichts mit der Beschleunigung des Faltungsprozesses zu tun haben, sondern ihn im Gegenteil erheblich verlangsamen (Groß 1994, 16). Es geht um die sogenannten Chaperone, von denen es verschiedene Molekültypen gibt (Alberts et al. 1994, 215). Sie alle sind in der Lage, mit einer sich faltenden Peptidkette vorübergehend Kontakt aufzunehmen und die Ausbildung der funktionell erwünschten intramolekularen Verknüpfungsstellen sicherzustellen. Die Funktion dieser Hilfsproteine ist in den meisten Fällen eine doppelte: (1) Abschirmung des Polypeptids vor falschen Kontakten mit anderen Molekülen des Cytosols; (2) Erziehung zur richtigen Form durch wiederholtes, energieaufwendiges Überwachen des Faltungsvorgangs. Der Vergleich mit der Rolle einer Anstandsdame (engl. 'chaperone') für die Heranbildung heiratsfähiger höherer Töchter ist ebenso bildhaft wie treffend.

Zunächst hatte man solche faltungsunterstützende Faktoren als 'Hitzeschock-Proteine' identifiziert, da sie der Zelle helfen, durch Hitze oder andere Streßfaktoren eingetretene Denaturierungserscheinungen wieder rückgängig zu machen (Zoeger u.a. 1992, 11). Mit dem Einsatz genetischer Sonden stellte sich aber schnell heraus, daß in vielen Zellen solcherart identifizierte 'Streßgene' auch unter normalen Umständen aktiv sind. Das spricht dafür, daß die zugehörigen Genprodukte doch wenigstens zum Teil auch Aufgaben im normalen Zellgeschehen wahrnehmen (Welch 1993, 42). Eine solche allgemeine Aufgabe ist nun gerade die Beteiligung am Faltungsprozeß längerkettiger Polypeptide, der ohne fremde Hilfe zu einem hoffnungslosen Gewirr im dichten Stoffgemisch des Cytosols (Goodsell 1994, 111) entarten könnte. Unter Streßbedingungen muß diese Hilfestellung natürlich in vermehrtem Maß und womöglich noch um weitere Mechanismen ergänzt (Welch 1993, 43) geleistet werden. Es ist wie so oft in den experimentellen Wissenschaften: Ein Vorgang wird zunächst als Sonderfall entdeckt, dann aber bei genauerem Verständnis als Element des regulären Geschehens eingestuft, das erst unter den Verstärkungsbedingungen der Ausnahmesituation auffällig geworden war.

Vor kurzem ist es gelungen, die Struktur eines solchen Chaperons (GroEL von Escherichia coli) vollständig aufzuklären (Braig et al. 1994) und auch die für die Proteinfaltung wesentlichen Regionen im einzelnen zu bestimmen (Fenton et al. 1994). Danach ergibt sich das auch auf elektronenmikroskopischer Grundlage schon rekonstruierte Bild eines durchlöcherten Doppelzylinders (Groß 1994, 16), der aus zwei 'Toroiden' von je sieben Untereinheiten besteht. (Zur Veranschaulichung für Kenner bayerischer Küchengenüsse: Hartl (1994) vergleicht die Toroide mit aufeinandergelegten Kirchweih-Krapfen.) Das ganze Gebilde ist der Länge nach hohl, was den Toroiden oben und unten Bindungsstellen für ein andockendes Polypeptid bzw. den Co-Faktor GroES

4.4 Das Problem der Proteinfaltung

verschafft. Das GroES-Protein kann sich wie ein Dach über eine der Toroid-Öffnungen legen und dabei das Lumen der zentralen Röhre derart erweitern, daß auch größere Peptidketten aufgenommen werden können.

Im Inneren der Toroide gibt es bestimmte Regionen mit ATPase-Funktion. Das Andocken eines Polypeptids an einer Toroidöffnung bewirkt die Dissoziation des GroES-Faktors am andern Ende und der ADP-Moleküle im Innern der GroEL-Toroide. In der solcherart frei gewordenen Röhre kann das eingedrungene Polypeptid stabil an bestimmte hydrophobe Regionen der GroEL-Innenseite binden. Die ATPase-Stellen werden daraufhin von ATP besetzt und auch GroES bindet erneut an einer oder beiden Toroid-Oberflächen. Die von GroES koordinierte Bindung und Hydrolyse der ATP-Moleküle läßt die Bindungsstellen von GroEL zwischen Zuständen großer und geringer Affinität zum eingedrungenen Polypeptid hin- und herwechseln, was dessen Faltungsablauf zum molten-globule-Stadium ermöglicht.

Es kann auch sein, daß das Polypeptid noch vor Abschluß seines Faltungsprozesses aus dem GroEL-Innern freigesetzt wird. In diesem Fall kehrt das ganze Chaperon-Molekül wieder in seinen Ausgangszustand zurück, der eine erneute Bindung des intermediären Produktes erlaubt und in einer weiteren Behandlungsrunde schließlich doch noch zum nativen Endzustand führt. Gelingt es dem intermediären Faltungsprodukt nicht, noch einmal auf eine aktivierte Bindungsstelle des GroEL-Zylinders zu treffen, wird es aufgrund seiner unvollständigen Faltung von Proteasen des Cytosols angegriffen und abgebaut. (Ein Schema des Reaktionszyklus, instruktiv in der graphischen Darstellung, weniger klar in der textlichen Erläuterung, bietet Hartl 1994, 558. Wieviel an diesem Modell noch hypothetisch ist, zeigt Groß 1995).

Auch wenn es sich bei der Aufklärung der Wirkungsweise von GroEL nur um einen ersten exemplarischen Fall handelt — immerhin ist GroEl identisch mit gewissen bei Vertebraten identifizierten Chaperonen (Alberts et al. 1994, 215) —, gibt dieses Modell doch einen genügend prinzipiellen Hintergrund, um das Wesen der biogenen Proteinfaltung zu verstehen. Die Zelle gebraucht keine anderen Hilfsmittel (und hat auch keine anderen zur Verfügung) als die generell gültigen Gesetzlichkeiten der Proteinchemie. Insofern ist das Faltungsprodukt tatsächlich stets aus den Eigenschaften der beteiligten Aminosäuren erklärbar. Aber die Zelle hat ihre eigenen Mittel und Wege, um das gewünschte Resultat, eine singuläre Konformation aus der Fülle der Möglichkeiten, sicherzustellen. Insofern ist, wie Hartl (1994, 557) betont, die übliche Ansicht der spontanen Proteinfaltung gründlich zu revidieren. Je genauer die Detailkenntnis der Mechanismen in diesem Punkt ist, desto weniger kommt man daran vorbei, dem Zellgeschehen eine bemerkenswerte Effektivität in der Erreichung des gesetzten Ziels zuzuerkennen. Dem Zufall jedenfalls wird hier so leicht nichts überlassen.

Literaturempfehlungen

Spektrum der Wissenschaft, Dez. 1985
Branden & Tooze (1991)
Voet & Voet (1992)
Goodsell (1994)
Lehninger, Nelson & Cox (1994)
Stryer (1995)

5 Die Architektur der chromosomalen DNA

Unser bisher gewonnener Begriff der epi-genetischen Steuerung geht immer noch einher mit der Vorstellung einer perfekten Informationsspeicherung im Genom. Von den Schulbuch-Idealisierungen der Bakteriengenetik daran gewöhnt, stellt man sich die chromosomale DNA üblicherweise als kontinuierlichen Code-Streifen vor, der regulatorische und informierende Abschnitte in lückenloser Reihenfolge enthält. Schnell wundert man sich dann natürlich über den Chiffrierungs-Mechanismus, der es fertigbringen soll, solch gewaltige DNA-Mengen wie sie die Organisation eines Menschen (oder womöglich eines Elefanten) verlangt, mit der nötigen Präzision zu programmieren. Es ist darum angezeigt, die Vorstellung von der perfekten Programmiertheit des Genoms etwas zu entmythologisieren. Man muß sich dazu vor Augen halten, wie wichtig neben dem Sequenz-Aspekt auch der Struktur-Aspekt der DNA ist, und wie sehr es der erwähnten Protein-Maschinerie bedarf, nicht nur, um die genomische Software abzurufen, sondern auch, um aus den verschiedenen strukturellen Einheiten überhaupt verwertbare Botschaften zu organisieren.

5.1 Die verschiedenen Typen codierender und nicht-codierender DNA-Sequenzen

S. Wolfe (1993, 761) bietet ein instruktives Schema, das die Verteilung der verschiedenen Sequenz-Einheiten auf einem eukaryontischen Chromosom zeigt. Generell ist festzustellen, daß die Abfolge der codierenden Bereiche der Gene immer wieder durch verschiedene nicht-codierende Einsprengsel unterbrochen ist. Solche nicht-codierenden Regionen sind zunächst einmal natürlich die Promotoren und sonstigen regulatorischen Elemente am Beginn bzw. auch am Ende eines Gens. Dann zählen dazu die nicht-codierenden Einschübe innerhalb eines Gens, die Introns. Beide Arten nicht-codierender DNA-Abschnitte gehören aber noch zur Funktionseinheit eines Gens. Davon zu unterscheiden sind jene Bereiche, die aus auffälligen Wiederholungen (tausend- oder sogar millionenfach) bestimmter Sequenzmotive bestehen. Sie haben mit der Protein-Synthese gar nichts zu tun und werden in der Regel auch nicht transcribiert.

Der Korrektheit halber sei erwähnt, daß auch eine ganze Reihe von Genen in Wiederholungen auftreten. Der Zellkern enthält ja nicht nur die größtenteils singulär vorliegenden Gene für die Messenger-RNA, sondern auch die Information für die hier kaum zur Sprache gebrachten anderen RNA-Spezies: die tRNAs für die Translation, die verschiedenen rRNAs für den Aufbau der Ribosomen und einige andere, exotischere RNA-Typen mehr. All diese kleineren RNA-Gene treten gewöhnlich in zahlreichen bis vielen Kopien auf. – Warum solche Wiederholungen? Darauf läßt sich keine einheitliche Antwort geben; es müssen vielmehr mehrere Gruppen repetitiver Sequenzen für sich betrachtet werden.

5.1.1 Die repetitiven DNA-Elemente lassen sich in verschiedene strukturell oder funktionell charakterisierte Gruppen einteilen

Zunächst ist da die Gruppe der *hochrepetitiven* Sequenzen. Hierbei handelt es sich um relativ einfache, häufig nur 5-10 (manchmal auch bis 100) Basenpaare umfassende Elemente, die in mehr oder weniger strikter Weise (Hennig 1995, 282) hunderttausend- bis millionenfach wiederholt werden. Solche hochrepetitiven Regionen finden sich vor allem im Zentrum des Chromosoms ('Centromer') und häufig auch an den beiden Enden ('Telomere'). Obwohl diese Regionen ganz sicher keinen informatorischen Wert haben, werden sie in jeder Teilungsrunde mit hoher Genauigkeit repliziert. Andererseits kann Umfang und Zusammensetzung solcher hochrepetitiver Bereiche auch innerhalb kleiner Verwandtschaftkreise von einer Art zur anderen beträchtlichen Schwankungen unterliegen. So sind diese Regionen ein Hauptgrund für das sogenannte C-Wert-Paradoxon, d.h. für die Tatsache, daß der DNA-Gehalt der Organismen in keinem direkten Verhältnis zu ihrer Organisationshöhe steht (Lewin 1991, 504).

Über die Funktion hochrepetitiver Sequenzen gibt es noch wenig gesichertes Wissen und dafür umso mehr Spekulation (Wolfe 1993, 758). Klar scheint, daß sie überwiegend im Dienst struktureller Bedürfnisse der chromosomalen Organisation stehen. Im Centromer-Bereich sind sie wichtig für die Bindung 'assoziierter Proteine', an welche die Microtubuli des Kernteilungs-Apparates ansetzen. Auch die für die Trennung der geteilten Chromosomen notwendigen Motorproteine setzen hier vorübergehend an ('chromosomal passenger proteins': Wolf 1994). In den Telomeren stabilisieren hochrepetitive Sequenzen das Erbmaterial, indem sie es vor einem möglichen 'Abbröckeln von den Enden her' während der Zellteilung schützen (Moyzis 1991).

Bei der *mittelrepetitiven* DNA handelt es sich um wesentlich komplexere Sequenzeinheiten, deren Wiederholung in der Größenordnung von hundert- bis hunderttausendfach liegt. Solche Sequenzen sind über die gesamte chromosomale DNA verteilt und als mehr oder weniger ausgedehnte 'Cluster' zwischen die singulären Gene eingeschoben. Vereinfacht ausgedrückt zerfallen die mittelrepetitiven Sequenzen in zwei Klassen: solche mit funktioneller Bedeutung und solche ohne diese.

Die funktionale Klasse besteht im wesentlichen aus den schon erwähnten Vertretern der 'kleinen' RNA-Gene, die deshalb in so vielen Kopien vorliegen, weil ihre Transcripte oft in großen Mengen für die Eiweiß-Synthese gebraucht werden. Auch einige mRNA-Gene gehören dazu, nämlich solche, die für die ebenfalls in großen Mengen benötigten Proteinbausteine des Chromatingerüsts ('Histone') codieren.

Diesen Gen-Clusters steht die große Klasse von funktionslosen Wiederholungs-Sequenzen gegenüber, die in bezug auf Größe, Aufbau und Verteilung äußerst vielfältig sind. Eine besonders eigenartige Gruppe darunter sind die 'Pseudogene'. Das sind DNA-Sequenzen, die weitgehend mit 'echten' Genen übereinstimmen, aber nicht transcribiert oder als Transcripte nicht übersetzt werden. Sie werden mit ihren funktionsfähigen Homologa zu sogenannten 'Genfamilien' zusammengefaßt, was natürlich nahelegt, die Pseudogene als phylogenetische Degenerationsprodukte ursprünglich funktionsfähiger Duplikate aufzufassen.

Eine solche Auffassung gibt Anlaß, ein wenig über die Evolution des Genoms zu spekulieren. Genfamilien könnten so etwas wie ein evolutionärer Experimentierkasten sein, wo man risikolos mit Mutationsversuchen spielen kann, bis eine neue brauchbare Variante entstanden ist. Für die nah verwandten Mitglieder mancher Gen-Komplexe ist eine Entstehung durch 'intrachromosomale Gen-Amplifizierung' durchaus anzunehmen, wobei im Zuge der weiteren Evolution weniger die codierenden als die regulatorischen Sequenzen abgewandelt wurden. Li & Noll (1994, 86) machen eine derartige Herkunft für einige Homeobox- und paired-box-Gene von Drosophila wahrscheinlich.

Gewisse Formen von Pseudogenen leiten über zu jener Gruppe repetitiver Sequenzen, die als 'transposable Elemente' zusammengefaßt werden. Es handelt sich um DNA-Abschnitte, die ihren Platz auf dem Chromosom (nahezu) nach Belieben wechseln können. Entweder geschieht das bei der Replikation eines solchen Elements, wenn sich die erzeugte Kopie an einer anderen Stelle ins Genom integriert (replikative Transposition). Oder aber das Element schert selber von seinem Platz aus und dringt anderswo wieder in den DNA-Verband ein (Griffiths et al. 1993, 589). Wohlgemerkt: 'funktionslos' bedeutet für solche DNA-Sequenzen nur, daß sie keine genetische Information für den sie beherbergenden Organismus beisteuern; Gene und Steuerelemente, die ihre eigene Replikation bzw. Transposition betreffen, besitzen solche Elemente natürlich sehr wohl (Fedoroff, Schläppi & Raina 1995, 294). Für das Ausscheren wie für das Eindringen sind bestimmte Basenfolgen als Signale notwendig, die bei der Excision des Elements verdoppelt werden ('Sequenz-Repeats'). An diesen Spuren kann man das aktuelle bzw. ehemalige Vorhandensein solcher transposabler Elemente erkennen (Wolfe 1993, 763).

Das Ganze ähnelt stark dem Mechanismus der genomischen Integration von Virus-DNA. Der Unterschied besteht nur darin, daß die integrierte Virus-DNA nach einer gewissen Latenzphase wieder 'virulent' werden kann, die Wirtszelle zerstört und infektiös auf andere Zellen übergreift. Einen solchen 'horizontalen Transfer' findet man bei den Transposons nicht; sie können lediglich auf dem Weg über die Keimbahn in neue Zellen gelangen. In der Tat hält man die Klasse der vermehrungsfähigen Transposons für Abkömmlinge, ja zum Teil sogar direkt für Vertreter von sogenannten Retroviren. Der Name leitet sich davon her, daß diese Viren mithilfe eines eigenen Enzyms, der 'reversen Transcriptase' (Vamus 1987), ihre aus RNA bestehende Erbsubstanz in DNA umschreiben und solcherart ins Wirtsgenom integriert werden können. Davon abgeleitete Transposons werden folgerichtig als 'Retrotransposons' bzw. Retroposons' bezeichnet (Hennig 1995, 535).

Von solchen transposablen Elementen hat das aktuelle Genom offenbar keinen Nutzen. Ja, sie stellen als starkes Vermehrungspotential repetitiver Sequenzen einen Ballast und als Quelle von Mutationen eine Gefahr für die Zelle dar. Für die Evolution des Genoms sind sie aber von nicht zu unterschätzendem Wert: sie können leicht zur Ursache günstiger Veränderungen (sozusagen 'hopeful monsters') in der Genstruktur werden. So kann der Einbau eines solchen Elements Effekte im regulatorischen Bereich eines Gens auslösen, etwa dadurch, daß er eine Repressor-Bindungsstelle zerstört, oder Enhancer-Elemente in einen anderen Abstand zueinander bringt. Die große Vielfalt an Bindungsstellen in den Promoter-Regionen der Segmentierungsgene von Drosophila hat sicher zu einem nicht geringen Teil hier ihre Ursache.

Transposable Elemente können aber neben ihren eigenen Genen auch noch eine bestimmte Menge an fremder DNA transportieren, wenn ihre Excision an der falschen Stelle erfolgt. Das ist z.b. möglich, wenn ihre spezifischen Repeat-Sequenzen nicht nur an den Enden, sondern auch innerhalb des Transposons und außerhalb davon im angrenzenden Genom vorkommen − Bedingungen, die aufgrund der Kürze dieser Sequenzen und der Häufigkeit von Transpositionen leicht erfüllt werden. Durch solche 'ungenaue Excision' können ganze genetische Informationseinheiten in eine neue Umgebung verpflanzt werden, etwa, wenn Gene hinter einen neuen Promoter gelangen, der ihre Information an einer anderen Stelle des Entwicklungsprogramms wirksam werden läßt ('ektopische Expression').

Aufgrund der im nächsten Abschnitt zu besprechenden Exon-Intron-Struktur ist es auch möglich, daß einzelne Informationsmodule zwischen Genen ausgetauscht werden und damit Kombinationen mit neuer Bedeutung entstehen. Damit hätte die evolutive Veränderung der genetischen Information nicht mehr nur den mühsamen Weg der Abwandlung einzelner Buchstaben (sprich: Punktmutationen) zur Verfügung, sondern den des Austauschs ganzer Wörter oder Sätze. Es ist dies zumindest ein attraktives Denkmodell, um den phylogenetischen Informationserwerb aus der hoffnungslosen Engführung (Erbrich 1985) zu befreien, durch Punktmutationen zu neuen 'Erfindungen' zu gelangen. − Daß transposable Elemente auch ein äußerst wirkungsvolles Instrument für die experimentelle Gen-Analyse sind (Watson et al. 1992, 186 und 398), versteht sich nach dem Gesagten von selbst.

5.1.2 Codierende Gen-Abschnitte sind durch Introns unterbrochen

Nicht nur in seiner Gesamtheit ist der Sequenzverlauf der chromosomalen DNA ein Mosaik aus verschiedenen Elementen, auch die Gene selbst sind vielfach gestückelt. Und es ist da wie dort: die nicht-codierenden Regionen haben teilweise eine bestimmte Aufgabe zu erfüllen, manchmal sind sie funktionslos, und vielfach weiß man nicht so recht, wozu sie dienen. Die den codierenden Sequenzverlauf unterbrechenden Regionen werden 'Introns'

5.1 Die verschiedenen Typen codierender und nicht-codierender DNA-Sequenzen 151

genannt (von 'intervening sequences'), die durch sie getrennten informationshaltigen Stücke im Gegensatz dazu 'Exons'.

Die gestückelte Genstruktur ist der Grund dafür, daß die originale RNA des Transcriptionsvorgangs (das 'primäre Transcript') erst noch bearbeitet werden muß, um eine brauchbare Anweisung für die Protein-Synthese zu erstellen. Das Herausschneiden der Introns aus dem primären Transcript ist ein katalytischer Vorgang, Spleißen (engl. 'splicing') genannt, der von speziellen RNA-haltigen Partikeln, den 'Spliceosomen' an spezifischen Markierungs-Sequenzen durchgeführt wird. Allerdings sind diese Spleiß-Enzyme nicht generell notwendig; es gibt Fälle, bei denen es die RNA selbst ('autokatalytisch') fertigbringt, sich ihrer Introns zu entledigen (Brennicke 1993).

Es sei an dieser Stelle gleich noch erwähnt, daß das Spleißen nicht der einzige Vorgang bei der Bearbeitung ('processing') der mRNA ist. Zusätzlich wird noch der 5'-Anfang des Transcripts mit einer 'Kappe' aus methyliertem Guanosintriphosphat und z.T. noch weiteren Nucleotiden versehen, der das mRNA-Molekül vor einem Angriff durch nucleinsäure-verdauende Enzyme schützen soll. Und am 3'-Ende wird noch ein unterschiedlich langer Schwanz aus Adenosinmonophosphat-Resten angehängt ('Poly-Adenylierung'). Weder dieses Poly-A-Ende, noch Anfang und Schluß der reifen mRNA haben Codierungsfunktion für die Proteinsynthese; sie sind aber in verschiedener regulatorischer Hinsicht von Bedeutung.

Warum diese komplizierte Gen-Struktur der Eukaryonten (schematische Darstellung aller wesentlichen Elemente: Gilbert 1994, 372), bei der die Information zunächst zerstückelt wird, um hernach wieder mühsam gespleißt zu werden? Bei der Beantwortung dieser Frage müssen zwei Dinge auseinandergehalten werden: die Entstehung der Intron-Exon-Struktur und ihre Funktion.

Bezüglich der Funktion läßt sich anführen, daß mit dem Spleißmechanismus, so umständlich er zunächst erscheinen mag, eine elegante Möglichkeit der Neukombination von Informationseinheiten gegeben ist, das schon mehrfach erwähnte 'exon shuffling'. Da Auftrennunng und Neuverknüpfung von Nucleotidfolgen im Intronbereich informatorisch unerheblich sind, innerhalb der codierenden Sequenzen aber ungeheuer leicht zu einer Störung des auf Nucleotid-Triplets basierenden Lese-Rasters führen können ('frame shifting'), bieten die Introns ein ideales Hilfsmittel für das genetische Rearrangement.

Was die Entstehung der gestückelten Genstruktur anlangt, stehen sich zwei grundsätzliche Auffassungen gegenüber. Gemäß der einen verkörpern die Exons primitive Gene, die ursprünglich selbständig waren und im Lauf der Evolution über nicht-codierende Verbindungsstücke ('spacer') zu immer größeren Komplexen zusammengefaßt wurden ('exons early'). Die andere Theorie ('introns late') hält die Introns dagegen für nachträglich in den Genzusammenhang eingewanderte Trennungssequenzen. Für beide Auffassungen gibt es eine Reihe von Gründen und Widersprüchen (W. *Ford* Doolittle & Stoltzfus 1993). Die Vertreter der 'exons-early'-Theorie führen vor allem den modularen Aufbau vieler Proteine ins Feld, deren Domänen mit den Exons korrespondieren sollten (*Russell* F. Doolittle & P. Bork 1993, 42). Ihre Gegner weisen darauf hin, daß in allen bisher untersuchten Fällen [das waren im Jahr der Berichterstattung aber erst vier!] keine signifikante Übereinstimmung zwischen Exons und Protein-Domänen festgestellt werden konnte (Stoltzfus et al. 1994). Das letzte Wort ist in diesem Streit noch nicht gesprochen (Diskussion: *Science, 268*, (1995) 1366-1369), und es ist auch nicht einzusehen, warum nicht beide Theorien nebeneinander bestehen sollten. Allerdings bedarf es für diesen Kompromißvorschlag, soll er keine reine Platitüde sein, weiterer experimenteller Daten.

Neben dem phylogenetisch wirksamen Exon-Shuffling bietet die gestückelte Genstruktur auch einen Vorteil für die Ontogenese: sie erlaubt durch unterschiedliches Spleißen der Transcripte die Erzeugung verschiedener Proteine aus ein und demselben Gen (Watson et al. 1992, 142). Wenngleich dieses 'differentielle' oder 'alternative' Spleißen einen gewissen Beitrag für die zelluläre Differenzierung leistet, sollte man doch eher das in der Regel vorliegende Gegenteil staunen: wie es die Zellen fertigbringen, die zahlreichen (manchmal bis zu fünfzig!) getrennten Exon-Stückchen trotz der Sequenzgleichheit aller Spleißstellen immer in die richtige Reihenfolge zu bringen.

Bisweilen sind auch speziellere Funktionen von Introns bekannt geworden. So können Introns in verschiedenem Umfang genregulatorisch wirksam sein – entweder, weil sie selbst Bindesequenzen für Transcriptionsfaktoren aufweisen, oder einfach, weil ihre große Länge eine derartige Verzögerung in der Herstellung eines Genprodukts verursacht, daß das für das Zusammenspiel mit anderen Prozessen (etwa des Aufbaus des Transcriptionskomplexes) bedeutsam werden kann. Bei den homeotischen Genen von Drosophila sind derartige Regulationsphänomene bekannt (Wilkins 1993, 298).

Manchmal haben bestimmte Intronsequenzen auch informatorische Bedeutung für den Spleißvorgang – so im Fall mancher tRNA-Precursoren, welche durch Endonucleasen derart geschnitten werden, daß daraus die für die Translation benötigten Transfer-RNA-Moleküle entstehen. Die Endonuclease braucht eine relativ große 'Hilfestellung' zum Finden der richtigen Schnittstellen, und diese Zusatzinformation wird von besonderen Basenpositionen des herauszuschneidenden Introns geliefert, die der Endonuclease ein Finden der Ansatzstelle durch eine Art 'Abzählen' erlauben (Abelson 1992). Die Untersuchungen wurden am Krallenfrosch durchgeführt (Baldi et al. 1992), sind aber zweifelsfrei von generellerer Bedeutung. So sind die Introns wohl noch für manche Überraschung gut, und bei weitem nicht alles an der DNA ist 'junk', informatorischer Ballast, was auf den ersten Blick danach aussieht.

5.1.3 Wieviel 'junk' enthält die DNA?

Der Begriff der 'junk DNA' (engl. 'junk' heißt Gerümpel, Schrott, Abfall) war zunächst Ausdruck einer Enttäuschung. Durch die Anwendung genetischer Sonden, die auf der Rückkopierbarkeit von mRNA in 'komplementäre' cDNA beruhen, zeigte sich mit zunehmender Analyse der Genome, wie gering oft der Anteil an codierender DNA ist, die für die Proteinsynthese benötigt wird. Es ließ sich schnell abschätzen, daß sie beim Menschen nicht mehr als fünf, ja vielleicht sogar nur ein Prozent der gesamten DNA ausmacht. Codierende DNA war damit nicht länger der Normalzustand, sondern eher eine Verunreinigung im Chromosom. Hatte man noch vor 20 Jahren dem Menschen aufgrund seiner Genomlänge die tausendfache Informationsmenge gegenüber einem Bakterium zugebilligt, so mußte jetzt diese Zahl durch den Faktor 20 oder gar 100 dividiert werden. Der Mensch — nur zehnmal so kompliziert wie ein Bakterium? Man begann sarkastisch zu werden und die Bedeutung der genetischen Information für die Eigenart eines Organismus extrem herunterzuspielen (Nagl 1993, 12).

Unsere Darstellung der strukturellen Vielfalt, die sich hinter der Sammelbezeichnung 'junk DNA' verbirgt, sollte gezeigt haben, daß eine solch pessimistische Sicht nicht am Platze ist. Auch wenn für längst nicht alle nicht-funktionellen Sequenzen ein Sinn ausgemacht ist, und eine Reihe von ihnen wirklich keine Funktion haben mögen, ist soviel heute schon klar: daß auf dem Sammelplatz der junk DNA differenzierter sortiert werden muß als nur nach dem Informationswert für die Proteincodierung. R. Nowak (1994, 609) hat ein "Glossary of Junk DNA" zusammengestellt, um zu zeigen, daß das Gerümpel mehr unsere Redeweise ("talking trash") als die DNA selbst betrifft. Weil sie einige Ergänzungen zu unserer Darstellung chromosomaler Sequenzelemente bietet, wollen wir Nowaks Einteilung referieren, obgleich sie speziell an der menschlichen DNA orientiert ist.

Nowak unterscheidet neun Formen von junk DNA: (1) Introns, (2) Satelliten, (3) Minisatelliten und (4) Microsatelliten, (5) SINEs, (6) LINEs, (7) Pseudogene — und zwei spezielle RNA-Formen bzw. -Bestandteile: die (8) hnRNA und die (9) 3'UTRs. Soviel zu den Abkürzungen. Was verbirgt sich dahinter?

Pseudogene und Introns wurden bereits besprochen und bedürfen hier keiner erneuten Erklärung.

Satelliten-DNA ist die bei Säugern übliche Bezeichnung für die hochrepetitiven Sequenz-Strukturen im Zentrum und an den Enden der Chromosomen, die uns ebenfalls schon bekannt sind. Der Ausdruck rührt vom experimentellen Ansatz ihrer Identifizierung her (Dichtegradienten-Zentrifugation: Lewin 1991, 575) und hat nichts mit den Chromosomen-Satelliten der morphologischen Cytologie zu tun (Hennig 1995, 111). Man bezeichnet die hochrepetitiven Sequenzen allgemein auch als Heterochromatin, weil sie sich aufgrund ihrer hochspiralisierten Anordnung im Chromosom färbetechnisch unterscheiden lassen.

SINEs sind 'short interspersed elements' des menschlichen Genoms und mit Transposons gleichzusetzen. LINEs sind, wie der Name schon andeutet ('long interspersed elements) von den SINEs eigentlich nur durch ihre größere Länge (im Mittel 7000 Basenpaare gegenüber 300) unterschieden (Hennig 1995, 540).

Bleiben die beiden junk-Formen, die sich auch noch in reifer mRNA feststellen lassen und eine zusätzliche Darstellung verdienen.

Zunächst zur hnRNA (Lewin 1991, 663-664). Der Name 'heterogeneous nuclear RNA geht auf die Beobachtung zurück, daß die frisch synthetisierten RNA-Moleküle des Zellkerns wesentlich länger, aber auch instabiler sind als nach ihrem Transport ins Cytoplasma. Mit der Entdeckung des Spleißmechanismus glaubte man dieses Problem gelöst zu haben. Es zeigte sich aber, daß nur rund ein Viertel der im Zellkern gebildeten Transcripte zu reifen mRNAs verarbeitet wird. Der weit größere Teil der damit tatsächlich 'heterogenen' Precursor-RNA wird anscheinend nur synthetisiert, um anschließend wieder abgebaut zu werden.

Was immer der Sinn eines solchen Vorgangs sein mag — er zeigt, daß nicht alle Regulation der Genexpression schon auf der Stufe der Transcription erledigt wird. Vielmehr hat es den Anschein, daß es zunächst einer ganzen Reihe von genetischen Botschaften gelingt, durch das Kontrollsystem der Genaktivierung zu schlüpfen. Wenn sie sich dann später als unerwünscht für den aktuellen Informationsfluß entpuppen, können sie von nachgeschalteten Instanzen der genetischen Regulation wieder außer Kraft gesetzt werden. Es ist allerdings die Frage, ob solche Regulationen immer auf perfekte Sortierungs-Mechanismen zurückzuführen sind, oder nicht auch der rein quantitative Aspekt einer gewissen molekularen Konkurrenz — nach dem Motto, wer zuerst kommt, mahlt zuerst — eine Rolle spielen könnte. Die Mahnung, quantitative Betrachtungen bei den Steuermechanismen nicht zu vernachlässigen (Maddox 1992), ist einmal mehr in Erinnerung zu behalten.

An den hnRNAs wurde auch entdeckt, daß sie sich mit bestimmten Proteinen, den 'hnRNPs' (heterogeneous nuclear ribonucleo-proteins) zu Komplexen verbinden und dann an der Innenseite der Kernmatrix angeheftet werden. Damit hätte man eine Erklärung, warum beim Spleißen die Reihenfolge der Exons nicht durcheinander gerät — sie sind einfach solange in ihrer Position fixiert, bis die enzymatische Verknüpfung beendet ist. — Komplexbildung von Nucleinsäuren und Proteinen ist übrigens eine generelle Strategie, um lange Basensequenzen vor unerwünschter Faltung in falsche Sekundärstrukturen zu bewahren. Wir werden sehen, daß auch die DNA-Doppelhelices sich dieses Hilfsmittels bei der Ausbildung ihrer Chromatinstruktur bedienen.

Auch die letzte Gruppe von junk DNA läßt sich noch in den prozessierten mRNAs feststellen und betrifft Anfang und Ende der codierenden Region eines Gens: die 'leader'- und die 'trailer'-Sequenz. Diese sind zwar Teile von Exons

5.1 Die verschiedenen Typen codierender und nicht-codierender DNA-Sequenzen 155

(des ersten und des letzten), stellen aber dennoch keine codierenden Abschnitte dar, weil sie nicht in Aminosäuren umgeschrieben werden. Sie dienen vielmehr der Regulation der Translation. Am Ende des Leader im ersten Exon steht das ATG-Triplett, das das Signal für den Translationsbeginn darstellt, und am Anfang des Trailer (also innerhalb des letzten Exons eines Gens) taucht ein Stop-Codon auf (TAA), das zum Abbruch des Translationsvorgangs führt. Darauf folgt eine längere nichtcodierende Sequenz, eben unsere 'untranslated region' (3'UTR), die durch die 'Poly-A-Additionssequenz (AATAAA) beendet wird. Sie ist als Signal für die Polyadenylierung des gespleißten Transcripts erforderlich. Daran schließt sich noch einmal eine nichtcodierende Sequenz, die bis zur Polyadenylierungsstelle (nicht identisch mit dem Polyadenylierungs-Signal AATAAA!) reicht und transcribiert wird, während der darauf folgende terminale Rest des Gens noch als Enhancer-Region dienen kann (Schema: Gilbert 1994, 374).

Es ist also nicht ganz exakt, nur die 3'UTR-Sequenz als 'junk' einzustufen, wie Nowak das tut. Die übrigen Teile des Trailer und die Leadersequenz müßten auch dazugerechnet werden — und auch sie haben besondere Funktionen, die den Ausdruck 'junk' wieder Lügen strafen. Aber bei der 3'UTR ist das vielleicht am deutlichsten. Diese Region wird unter anderem dazu benützt, um im Cytoplasma vorhandene mRNAs an der Translation zu hindern. Regulatorische Proteine besetzen dazu bestimmte Bindungsstellen auf der 3'UTR, was der betroffenen mRNA das Andocken ans Ribosom unmöglich macht.

Der Sinn eines solchen Regulationsmechanismus wird vor allem in frühen Embryonalstadien deutlich, wo aufgrund der raschen Kernteilungen noch keine zygotische Genaktivität möglich ist. Genetische Instruktionen werden zu diesem Zeitpunkt von 'maternalen' Transcripten geliefert — mRNAs, die vom Mutterorganismus synthetisiert und ins Eiplasma geschleust wurden. Auch solche Informationsquellen müssen in ihrer Wirksamkeit reguliert werden, was eben auf die genannte Weise über die 3'UTRs erfolgen kann. Das wohl bekannteste Beispiel dafür stammt aus der frühen Keimesentwicklung von Drosophila und betrifft die Blockade der maternalen *hunchback*-RNA durch das Produkt des *nanos*-Gens (Wharton & Struhl 1991).

Noch eleganter ist in diesem Zusammenhang die Regulation des *lin-14*-Gens von Caenorhabditis (Wickens & Takayama 1994). *lin-14* ist für die zeitliche Kontrolle früher Entwicklungsereignisse zuständig. Es muß rechtzeitig reprimiert werden, um spätere Programme einsetzen zu lassen. Für diese Regulation ist *lin-4* verantwortlich, das genau einen Repressor für die 3'UTR von *lin-14* liefert. Dieser Repressor ist aber kein Protein, wie man nach dem bisher Gesagten erwarten würde, sondern ein kleines RNA-Stückchen von nur 22 Nucleotiden Länge, das noch dazu aus einem Intron des *lin-4*-Transcripts herausgeschnitten ist. Es gibt in der 3'UTR von *lin-14* 7 Bindungsstellen, auf die dieses RNA-Stückchen mehr oder weniger genau paßt, und die bei der komplementären Paarung überzähligen Basen führen anscheinend zu Schleifenbildungen an beiden RNAs, wodurch die Ribosomenbindung blockiert wird.

Ein perfekter Fall von 'Antisense-Targeting', den der Fadenwurm Caenorhabditis hier anwendet, ohne zu wissen, daß es sich dabei um den letzten Schrei gentechnischer Pharmakologie handelt (Cohen & Hogan 1995). Und ein wunderbares Beispiel, wie aus einem Stückchen Intron-'Abfall' ein effizientes Regulationselement wird. R. Nowak (1994, 609) trifft den Punkt mit ihrer Formulierung: "But what looks like junk, can hide gems."

Man muß nun nicht so weit gehen wie S.W. Bodnar (1993), der in seinem Vergleich der genetischen Informationsanordnung mit einem Telefonbuch meint, daß alle als 'junk' abqualifizierten DNA-Sequenzen in Wirklichkeit Hardware für den Zugriff auf die Software der codierenden Sequenzen wären. Davon abgesehen, daß sein Vergleichspunkt nicht stimmt − in einem Telefonbuch sind nicht nur die Nummern Software, sondern ebenso die zugeordneten Namen, und nur die Zuordnung beider macht die Hardware aus -, wird man gut daran tun, nun nicht in den anderen Straßengraben zu fallen und das Genom als perfektes Informationssystem aufzufassen. Die Wahrheit liegt vermutlich in der Mitte, wie das durch die Hypothese von der (wenigstens teilweisen) Ursprünglichkeit der Introns insinuiert wird.

Genetische Information besteht nach diesem Konzept zunächst einmal in der Etablierung entsprechender Nucleotidsequenzen für eine physiologisch nutzbare Proteinsynthese. Was immer die Bedeutung solcher 'Ur-Domänen' bzw. ihrer codierenden Exons gewesen sein mag − ihre Akkumulierung vollzog sich im Substrat neutraler, d.h. für eine Übersetzung in funktionsfähige Proteine unbrauchbarer Nucleotid-Abfolgen. Im Zuge der Entstehung eines immer größeren Sortiments von Protein-Molekülen konnten diese dann darangehen, solche neutralen DNA-Abschnitte für alle möglichen regulativen und rekombinatorischen Effekte zu nützen und dadurch die Evolutions-Spirale der DNA-Organisation bis zu dem Komplexitätsgrad voranzutreiben, wie wir ihn heute in der eukaryontischen Chromatinstruktur vor uns haben.

Positive Mutationswirkungen in den Exons sind bekanntlich selten, und 'die Evolution' tat gut daran, einmal als brauchbar qualifizierte zu bewahren. Aber in den nicht-codierenden Bereichen können die Karten nach Belieben gemischt werden, und in welchem Umfang man will: immer wird dabei der eine oder andere Sequenz-Abschnitt darunter sein, den Proteine aufgrund ihrer vielfältigen Bindungsmuster in den Aminosäure-Resten benützen können, um ein neues Beispiel ihrer Interaktionsakrobatik zu liefern. Wie punktuell, verstreut und dilettantisch die genetische Information auch hingeworfen sein mag, die universale Anpassungsfähigkeit der Proteine ist in der Lage, aus allem Durcheinander doch etwas Richtiges (und immer wieder Neues) herauszulesen. So ist man fast geneigt, die Unordentlichkeit der genetischen Informationsanordnung als evolutionäre Strategie zu preisen − in Abwandlung des Mottos: nur kleine Geister (wie die Bakterien mit ihren 'gestylten' Genomen) halten Ordnung; große (wie die Eukaryonten) beherrschen (dank ihrer Proteine) das Chaos.

5.2 Die Organisation regulatorischer Sequenzen

Ein Beispiel für die funktionelle Nutzung verstreuter DNA-Sequenzelemente durch das kombinatorische Interaktionsvermögen der Proteine stellen die Bindungstellen der Promotoren und Enhancer-Regionen dar. Wir wissen bereits, daß an solchen regulatorischen DNA-Abschnitten Transcriptionsfaktoren andocken. Und wir erinnern uns, daß diese Bindung in zwei Etappen verläuft: sterische Einpassung des Proteins in die konformationellen Gegebenheiten der DNA-Doppelhelix und spezifische Bindung bestimmter Aminosäuren an eine dazu passende Basenfolge. Jede der vier im DNA-Doppelstrang vorliegenden Basenpaarungen (A−T, T−A, C−G und G−C) bietet ja nach außen ihr eigenes Muster an polaren Gruppen, welche über H-Brücken bestimmte, von der Molekülstruktur her geeignete Aminosäuren besonders gut binden können. So bildet etwa die DNA-Base Adenin stabile H-Brücken mit den Aminosäuren Glutamin und Serin, während das chemisch verwandte Guanin aufgrund anderer Ladungsverhältnisse besser zu Arginin paßt (Wolfe 1993, 543). Die in den vorigen Kapiteln eingehend erörterte Homeodomäne bevorzugt so ein 5'-TAAT-3'-Motiv als 'Erkennungssequenz' (Gehring et al. 1994, 212).

Die lokale Spezifität in der Bindung der Transcriptionsfaktoren erklärt die zunächst verwunderliche Tatsache, daß nur relativ wenige Bereiche eines Promoters für die Transcriptionsleistung 'essentiell' sind. Das haben Experimente gezeigt, bei denen man in Promotoren eine möglichst große Zahl von Punktmutationen erzeugt hatte: die meisten Mutationsorte beeinträchtigten die Promoterfunktion nicht (Lewin 1991, 595). Der Grund ist ganz einfach der, daß die spezifischen Bindungsstellen wie kleine Inseln über die Promoterregion verteilt und durch Bereiche voneinander getrennt sind, deren Basenzusammensetzung unerheblich ist.

Wir haben also in den Promoter-Regionen so etwas wie eine Chromosomen-Organisation im kleinen: wenige (die Steuerung) 'codierende' Bereiche und lange, im Sequenzaufbau indifferente 'Spacer'. Nach dem, was wir über die Ausbildung des Transcriptionskomplexes wissen, ist dieser Aufbau verständlich. Die Länge der Promoter-Region ist wichtig, damit die RNA-Polymerase vor der Startstelle der Transcription Position beziehen kann. Die Bindungsstellen sind wichtig, damit die richtigen Transcriptionsfaktoren sich einstellen. Und die Abstände dazwischen müssen stimmen, damit der Zusammenbau des Transcriptionskomplexes in korrekter Weise erfolgen kann.

Die für die Bindung des Transcriptionskomplexes verantwortlichen Sequenzelemente kommen bei allen Organismen in immer wieder derselben oder ähnlichen Weise vor. Durch den Vergleich homologer Bindungsstellen von verschiedenen Organismen erhält man 'Consensussequenzen', die den typischen Nucleotidaufbau des betreffenden konservierten Elements wiedergeben (Lewin 1991, 243) bzw. dessen stärkstes Bindevermögen für einen bestimmten Faktor. Wir werden im nächsten Kapitel ein konkretes Beispiel für die Varianten einer solchen Bindungsstelle kennenlernen (bcd-Bindungsstellen des *hb*-Promoters von Drosophila: Driever, Thoma & Nüsslein-Volhard 1989). Aufgrund ihrer charakteristischen Nucleotid-Motive erhalten viele Bindungselemente Trivialnamen: 'TATA-Box' für die Consensus-Sequenz TATAAAA, die in den Promotoren der meisten eukaryontischen mRNA-Gene vorkommt (und mit geringer Veränderung auch in vielen Bakterien-Promotoren); 'CAAT-Box' für GGCCAATCT; 'GC-Box' für GGGCGG und andere mehr (Lewin 1991, 600).

Das Auftreten der immer wieder gleichen Bindungssequenzen ist verständlich, wenn wir bedenken, daß für die Ausbildung des 'basalen' Transcriptionskomplexes stets dasselbe Sortiment von obligatorischen Transcriptionsfaktoren ('Basalfaktoren') verantwortlich ist. Dennoch haben bei weitem nicht alle Promotoren dasselbe Verteilungsmuster ihrer Bindungsstellen (Lewin, 1991, 596). Dieser zunächst befremdliche Umstand erklärt sich daraus, daß für die Bildung des Initiationskomplexes der Transcription vielfach nur die TATA-Box als Bindungsstelle erforderlich ist, und die ist tatsächlich regelmäßig an derselben Stelle in der Nähe Startpunkts der Transcription. (Gene, die keine TATA-Box haben, müssen als Ersatz eine lokale Veränderung in der Helixstruktur der DNA erzeugen, die eine Bindung des Initiationskomplexes zuläßt.) Die variablen Consensus-Sequenzen der Promotoren dienen dagegen der Bindung von Zusatzfaktoren mit antagonistischen (negativen und positiven) Regulationseffekten (Buratowski 1994).

Die von den Transcriptionsfaktoren benötigten Bindungsstellen sind also, salopp ausgedrückt, kurz und in ihrer Lage variabel genug, um sie an den verschiedensten Stellen zu postieren und zu schauen, was für ein Transcriptionseffekt dabei herauskommt. Man kann ihre Zahl vermehren, sie innerhalb eines Introns plazieren (auch eine Methode, um verschiedene Proteine aus einem Gen zu erhalten, weil solcherart der Transcriptionsbeginn verlagert wird), oder sie gar außerhalb des Promoters oberhalb und unterhalb der Gengrenzen ansiedeln. Auf diese letzte Weise kommen die Enhancer-Regionen zustande, die über eigene aktivierende Faktoren die Transcriptionsleistung bedeutend zu steigern vermögen. Die Ausbildung von DNA-Schleifen schafft hier die nötige Voraussetzung, um auch relativ weit von der Initiationsstelle entfernt liegende Enhancer noch wirksam werden zu lassen. Es muß dazu nur genügend passende Proteine geben, die einzeln oder im Verband als 'Co-Aktivatoren' die Brücke zwischen dem an der Enhancer-Bindungsstelle ansitzenden Aktivator und dem basalen Transcriptionskomplex schlagen (Tjian & Maniatis 1994, 7).

5.3 Verschiedene Formen von Sekundärstruktur der DNA

Bisher haben wir die Architektur der DNA nur unter der Rücksicht der Sequenzanordnung untersucht und gesehen, wie wichtig nichtcodierende Regionen für das Wirksamwerden der informationstragenden Bereiche sein können. Die DNA besitzt aber nicht nur eine für die Proteincodierung verwertbare

5.3 Verschiedene Formen von Sekundärstruktur der DNA

Primärstruktur, die in der Aufeinanderfolge ihrer vier Nucleotid-Bausteine besteht, sondern, analog den Polypeptiden, auch eine Sekundärstruktur.

Es mag verwundern, daß wir nicht wie bei den Proteinen mit den Grundbausteinen der DNA begonnen haben und erst dann über die Molekülstruktur zur Funktion als genetischer Informationsträger übergegangen sind. Aber einmal gehört der seit Jahrzehnten geklärte Aufbau der DNA (Hausmann 1995, 72), ihre Zusammensetzung aus viererlei Nucleotiden und deren komplementäre Basenpaarung zum Grundbestand biologischer Allgemeinbildung. Und zum andern sind die Möglichkeiten sekundärer Strukturbildung aufgrund der großen chemischen Ähnlichkeit der vier Nucleotid-Bausteine bei der DNA weit geringer als bei den Peptiden mit ihren 20 verschiedenen Aminosäuren. Immerhin sind bei der Art der Windung zweier DNA-Kettenmoleküle zu einer Doppelhelix verschiedene konformationelle Möglichkeiten zu verzeichnen.

Die 'übliche' Konformation, in der die DNA gewöhnlich im Zellkern vorliegt, ist die sogenannte *B-DNA*. Das ist die ebenmäßige, rechtsgewundene Helix aus zwei antiparallelen DNA-Strängen, wie sie in allen Lehrbuch-Darstellungen anzutreffen ist (Purves, Orians & Heller 1992, 57). Die über Wasserstoff-Brücken gepaarten Basen der Nucleotide liegen schön parallel hintereinander und bilden so die helicale Achse, um die sich die beiden Zucker-Phosphat-Rückgrate wie eine zweiadrige Litze winden. Damit wird auch die Topologie der schon oft erwähnten großen und kleinen Furche klar. Die kleine Furche ist der Abstand zwischen den beiden Zucker-Phosphat-Rückgraten, der durch die Basenpaarungen festgelegt ist. Die große Furche entsteht in Abhängigkeit von der Windungsdichte der gepaarten DNA-Stränge (Maße: Lewin 1991, 91). Es ist wichtig, in dieser B-Konformation eine idealisierte Darstellung zu sehen, die unter physiologischen Bedingungen durch die Bindung von Proteinen mancherlei lokalen Abweichungen unterworfen ist.

Gegenüber dieser Grund-Konformation weist der zweite Strukturtyp, die *A-DNA*, eine weit kompaktere Bauweise auf. Die Basenpaare sind hier nicht senkrecht zur Achse geschichtet, sondern in verschiedenen Winkeln gekippt (Voet und Voet 1992, 802) und die Windungsdichte ist größer als bei der B-DNA (Branden & Tooze 1991, 80). Im ganzen wirken sich diese Struktur-Unterschiede vor allem auf die Ausbildung der großen Furche aus, die viel weniger zugänglich ist und damit den bindenden Zugriff von regulatorischen Proteinen auf die Basen erschwert. In A-Konformation kann ein DNA-Einzelstrang auch gut mit RNA hybridisieren. In der B-Konformation ist das nicht in gleicher Weise möglich, weil die RNA aufgrund ihres hydroxylierten 2'C-Atoms an der Ribose enge Helixwindungen nicht gut mitmachen kann. Hybrid-Helices aus DNA und RNA treten als temporäre Zwischenprodukte bei der Transcription auf, so daß der A-Konformation hier durchaus eine funktionelle Bedeutung zukommen könnte (Wolfe 1993, 530).

Auffälliger, und vielleicht auch bedeutungsvoller ist der dritte Strukturzustand, den die DNA einnehmen kann, die *Z-Konformation* (Kolata 1981, 1109). Die

Windung der Doppelhelix ist hier linksgängig, und das Zucker-Phosphat-Gerüst zeigt einen zickzackartigen Verlauf, der der DNA den Namen eingetragen hat. Die große Furche tritt bei dieser Konformation praktisch nicht mehr in Erscheinung, weil sie durch teilweise an die Helixoberfläche tretende Basenpaare molekular aufgefüllt wird. Die kleine Furche ist dagegen sehr ausgeprägt und wechselt, bedingt durch den Verlauf des Zucker-Phosphat-Gerüsts, ständig ihre Breite. Ein Teil der negativ geladenen Phosphatgruppen gerät dadurch sehr nahe aneinander, was die Z-DNA weniger stabil macht als die B-DNA.

Es gibt aber auf der anderen Seite verschiedene Umstände, welche die partielle Ausbildung der Z-Konformation begünstigen und dauerhaft machen. Einmal ist das ein alternierendes Auftreten von Purinen und Pyrimidinen, also von Sequenzwiederholungen nach dem Schema: GpC/CpG bzw. ApC/TpG[1]. Ähnlich wirkt die Methylierung von Cytosinen, weil sie die solcherart hydrophob gewordenen Basen veranlaßt, ins wassergeschützte Molekülinnere zu trachten, und das ist in der Z-Konformation leichter möglich. Und schließlich erlaubt auch eine negative Überspiralisierung von DNA-Schleifen diesen konformationellen Übergang, weil die Verzerrung, welche die rechtgängige B-DNA durch eine gegenläufige Verdrillung erleidet, durch den Übergang in die linksgängige Z-Konformation zum Teil wieder ausgeglichen wird (Wolfe 1993, 531).

Über die Funktion der Z-DNA in der Zelle wird viel spekuliert. Es ist gut möglich, daß DNA-Regionen mit Z-Konformation nur temporär auftretende Zustände sind, die als unvermeidliche, aber bedeutungslose Folgeerscheinungen der genannten, sie bedingenden Prozesse auftreten, ohne eine eigene Funktion zu haben. Andererseits kennt man von verschiedenen Organismen (Mensch, Drosophila) Z-DNA-bindende Proteine, was doch wohl auf eine gewisse regulatorische Rolle hindeutet (Kolata 1983, 495). Das heißt aber, daß es DNA-Bereiche gibt, deren Steuerfunktion nicht (oder nicht nur) in der Nucleotidsequenz begründet ist, sondern (auch) in der räumlichen Struktur.

Nachdem anzunehmen ist, daß auch noch andere konformationelle bzw. topologische Veränderungen der DNA in der Zelle auftreten (Wagner, Maguire & Stallings 1993, 26; Hennig 1995, 211), kommt der sterischen Informationsvermittlung auch auf der DNA-Seite wohl eine größere Bedeutung zu, als man sie aus der alleinigen Perspektive der B-Konformation heraus zu sehen vermochte. Das könnte bedeuten, daß manche Sequenzen, die bisher aufgrund ihrer mangelnden codierenden oder signalvermittelnden Eigenschaften als 'junk' ausgewiesen wurden, als sterische Interakteure noch unentdeckte Aufgaben wahrnehmen.

---

[1] Das die Phosphatbindung andeutende 'p' kennzeichnet aufeinanderfolgende Nucleotide; der Schrägstrich die komplementäre Sequenz des anderen DNA-Strangs.

5.4 Die Verpackung der DNA im Chromatingerüst

Wie sich an den DNA-Molekülen Sekundärstrukturen feststellen lassen, so kann man die terminologische Analogie zu den Proteinen noch weiter treiben und auch von einer Art Tertiärstruktur sprechen, welche der nucleären DNA die nötige Stabilität ihrer Anordnung im Kern verleiht. Allerdings ist die Ausbildung dieser 'Chromatinstruktur' keine eigentliche Eigenschaft der DNA, sondern Ergebnis eines komplizierten Zusammenwirkens von DNA- und Proteinmolekülen. Außerdem stellt dieser Strukturkomplex im Gegensatz zur Tertiärstruktur der Proteine nicht den Zustand der biologischen Wirksamkeit dar, sondern ist im Gegenteil erst aufzulösen, damit die DNA ihre informatorische Rolle im Zellgeschehen wahrnehmen kann. Die 'Tertiärstruktur' der DNA, wenn man diesen Ausdruck schon verwenden will, beschreibt also nicht die Struktur des Moleküls, sondern seiner Verpackung.

Die DNA-Moleküle des Kerns sind auch für makromolekulare Verhältnisse außergewöhnlich lange Gebilde. Beim Menschen macht die gesamte Nucleotidsequenz des haploiden Genoms eine Länge von nahezu einem Meter aus. Auch wenn man sich dieses Quantum auf 23 chromosomale Einheiten verteilt denken muß, bedeutet das immer noch, daß sich das Verhältnis von Länge zu Dicke beim einzelnen DNA-Molekül durchschnittlich um den Faktor 10^8 bewegt (die Doppelhelix hat einen Durchmesser von etwa 2 nm). Damit ein solch überlanges Gebilde sich nicht restlos mit anderen Molekülen verheddert und in unerwünschter Weise knickt und bricht, muß es in einer praktischen Form aufgewickelt werden, die einen schnellen Zugriff erlaubt – ganz wie bei einem Bergseil (das allerdings nur einige tausendmal länger ist als dick).

Bei der eukaryontischen DNA geschieht dieses geordnete Aufwickeln mithilfe gewisser unspezifisch bindender Proteine, der Histone. Eine doppelte Vierer-Einheit verschiedener Histontypen tritt zu einem oktameren Komplex zusammen und ist in der Lage, ein 146 Basenpaare langes DNA-Stück um sich zu winden. Ein solches Histon-DNA-Aggregat wird vom nächsten durch ein unterschiedlich langes (im Durchschnitt 60 Basenpaare umfassendes) Zwischenstück, den 'Linker', getrennt, was der gesamten derart angeordneten DNA ein perlschnurartiges Aussehen verleiht: 'Nucleosomen-Struktur'. Ein weiteres Histon-Molekül, H1, verknebelt die DNA-Windungen am Histon-Kern und erlaubt eine zusätzliche Verdrillung der Linker-Regionen, wodurch die Nucleosomen zu 'Solenoiden' verpackt werden. Auf diese Weise wird aus den ursprünglichen zwei Nanometern des DNA-Fadens bereits ein 30 nm dickes Gebilde (Grunstein 1993, 92). Mithilfe einer Gerüststruktur aus anderen Proteinen werden die Solenoide in Schleifen von 200 nm Dicke gelegt und schließlich in den Metaphase-Chromosomen (der Zustand, in dem sich die DNA zur Zeit der Kernteilung befindet) noch weiter spiralisiert, so daß das Chromatin dort einen maximalen Kondensationszustand von 700 nm Durchmesser erreicht (Schema: Purves, Orians & Heller 1992, 190; Koolman & Röhm 1994, 217).

5.4.1 Die DNA-Bindung der Histone konkurriert mit den Regulationsproteinen der Transcription

Für unsere Betrachtung ist vor allem die Grundstruktur der Nucleosomen von Bedeutung, bringt sie doch die DNA in einen Zustand, der den Zugriff auf die genetische Information erheblich behindert. "While classical geneticists have likened genes to 'beads on a string', molecular geneticists liken genes to 'strings on beads", resümiert Gilbert (1994, 411) diesen Sachverhalt. Wie soll der große Molekülkomplex der Polymerase II mit seinen Hilfsfaktoren überhaupt noch ansetzen, wenn die ganze DNA schon an Proteine gebunden ist?

Mehrere Möglichkeiten der Einflußnahme von Transcriptionsfaktoren auf die Histonbindung sind denkbar (Gilbert 1994, 412). Die Transcription könnte einmal während der S-Phase der Zellteilung erfolgen, wo die Nucleosomen infolge der DNA-Verdopplung kurzzeitig entfernt werden müssen. Nachdem die Replikationsgabel solcherart eine Promoterregion freilegt, würde eine Interaktion zwischen diesem Promoter und speziellen aktivatorbesetzten Kontrollbereichen erfolgen, die eine Wiederbesetzung mit Histonen verhindern und die Ausbildung des Basalkomplexes erlauben kann (Felsenfeld 1992, 223).

Es gibt allerdings auch Fälle, in denen sich die Veränderung der Nucleosomenstruktur als unabhängig vom Replikationszustand erwiesen hat (Hörz 1994, 77). Dann könnte man die Störung der Nucleosomenstruktur als gleichgewichtsabhängige Kompetition konzipieren. Wenn nämlich die Konzentration von dafür in Frage kommenden Transcriptionsfaktoren stark genug erhöht wird, kann sich das Gleichgewicht der Bindung so sehr zu deren Gunsten verschieben, daß promoter-besetzende Nucleosomen das linker-bindende H1-Histon verlieren und die frei werdende Region der Ausbildung des basalen Transcriptionskomlexes überlassen (Felsenfeld 1992, 219). Diese Art von kompetitiver Verdrängung der Nucleosomenstruktur ist natürlich prinzipiell unabhängig von der DNA-Verdopplung.

Das derzeit am meisten favorisierte Modell sieht eine aktive Mitwirkung von Histonen am Aufbau des Transcriptionskomplexes vor. Danach treten gewisse Histone des Nucleosomenkerns mit enhancerbindenden Aktivatoren in Wechselwirkung, was zu einer teilweisen Auflösung des Nucleosomen-Kerns führt, die genügt, um den Basalfaktor TFIID an der TATA-Box binden zu lassen und die Ausbildung des Basalkomplexes herbeizuführen (Grunstein 1993, 100).

Wie immer auch die Mechanismen der Chromatinaktivierung weiter geklärt werden mögen − eine Konsequenz ergibt sich jetzt schon für die Beurteilung des Genaufbaus: Die Lage und Verteilung der regulatorischen Regionen darf nicht nur unter der Rücksicht der Aktivierung der Polymerase gesehen werden, sondern − vorgängig dazu − unter der Rücksicht, wie dadurch eine partielle bzw. lokale Auflösung der Nucleosomenstruktur möglich wird. Die verschiedenen Enhancer-Elemente sind vermutlich deshalb so weitläufig

5.4 Die Verpackung der DNA im Chromatingerüst

verstreut, um durch kompetitive Aktivator-Bindung den notwendigen nucleosomen-freien Raum für eine effektive Einleitung der Transcription zu schaffen. Dadurch entstehende Verspannungen und Haarnadel-Strukturen der DNA (Gilbert 1994, 420 und 422) werden auf einmal ebenso verständlich wie die transcriptionssteigernde Wirkung der Enhancer: letztere kommt durch die nucleosomen-freie Bahn für die Polymerase zustande, während erstere die DNA womöglich in einen strukturellen Zustand bringt, der eine erneute Histonbindung verhindert. (Es ist darüber hinaus allerdings auch möglich, daß die Nucleosomen-Windung der DNA entfernt liegende regulatorische Elemente erst in die richtige Nähe zueinander bringt: Wolffe 1994, 15.)

Wir müssen damit unsere Vorstellung vom mosaikartigen Aufbau der chromosomalen DNA noch einmal einer Korrektur unterziehen. Weder ist diese DNA eine konzentrierte Sammlung genetischer Instruktionen, noch haben alle nichtcodierenden Regionen regulatorische Funktion, noch stehen alle protein-bindenden Sequenzen im Dienst direkter Transcriptions-Regulation. Vielmehr haben wir das Genom als eine Art Magazin zu sehen, das alles aufnimmt, was ihm im Verlauf der Evolution an Sequenzveränderung und -vermehrung unterkommt. Im Zuge wachsender DNA-Länge verlangt dieses Magazin dann nach stützenden Strukturen. Dem konnte einmal durch stabilisierende DNA-Abschnitte wie das Heterochromatin Rechnung getragen werden; vor allem aber erfolgte die Stabilisierung durch die Verwendung von DNA-bindenden Proteinen. In Konkurrenz zu dieser Nucleosomenstruktur mußte nun auch die Maschinerie der − phylogenetisch älteren − regulatorischen Proteine raffinierter werden, nicht nur, um getrennt liegende Informationseinheiten zu kombinieren, sondern vor allem, um überhaupt erst an die informationsträchtigen Abschnitte zu gelangen. Durch die weitläufige Verteilung von Sequenz-Einsprengseln mit spezifischer Affinität zu regulatorischen Proteinen wurde es möglich, das Stützkorsett der Histone so weit zu lockern, daß genügend Raum für den Zugriff auf die regulatorischen Abschnitte frei wurde. Schließlich gelang es sogar noch, die Nucleosomen-Komponenten ihrerseits am Geschehen der Genaktivierung zu beteiligen.

Unsere Rekonstruktion der Evolution der Chromosomenstruktur mag ebenso hypothetisch anmuten wie im letzten Kapitel die Ableitung der Signalfunktion der GTPasen. Es geht hier aber nur um eine Illustrierung, wie die Evolution des Genoms als zufälliger, 'teleomatischer' (Mayr 1979, 87) Vorgang es 'fertigbringt', Programm-Strukturen zu schaffen. Die 'mangelnde Logik' in der Architektur der DNA-Sequenzen ist ein starker Hinweis auf die teleomatische Entstehung der Sequenz-Anordnung. Daß aus all den zufälligen Sequenzveränderungen, die in der genomischen DNA ablaufen, dennoch die 'Teleonomie' (Mayr 1979, 86) eines Programms werden kann, ist der 'inneren Selektion' des Organismus zu verdanken, in welchem sich der 'genetische Informationserwerb' abspielt. So gesehen ist der Organismus Voraussetzung des genetischen Programms, und nicht umgekehrt.

5.4.2 Die nucleäre Matrix übt einen ordnenden Einfluß auf die transcriptionale Informationsverarbeitung aus

Das ordentliche Verstauen der langen DNA-Fäden, das mithilfe der Histonkomplexe erfolgt, ist nur die eine Seite des Problems. Die andere Seite, der Zugriff auf eine bestimmte Stelle, kann schwerlich durch die kompetitive Aktion der Regulationsfaktoren allein gelöst werden, wenn man bedenkt, daß manche Transcriptionseinheiten Zehn-, ja Hunderttausende von Basenpaaren umfassen, die gleichzeitig aktivierbar sein müssen.

Man weiß seit langem aus elektronenmikroskopischen Untersuchungen, daß aktive DNA-Abschnitte als Schleifen aus dem Chromatinverband herausragen (Alberts et al. 1994, 350). Diese Schleifen scheinen darüber hinaus auch an der 'nucleären Matrix', einem Maschenwerk aus fibrillären Proteinen an der Innenseite der Kernhülle (Wolfe 1993, 556), festgemacht zu sein. Jedenfalls hat man bei einigen Genen sogenannte MARs ('*m*atrix-*a*ssociated *r*egions') identifiziert, AT-reiche Sequenzen, die wie Enhancer als 'cis-regulatorische'[2] Elemente fungieren, aber nicht, weil sie Transcriptionsfaktoren binden, sondern eben an der nucleären Matrix. Und allein diese Befestigung an der Innenseite der Kernhülle erhöht die Transcriptionsaktivität solcher Gene ganz so, wie das sonst unter dem Einfluß von Enhancern geschieht. Die Befestigung eines DNA-Abschnitts an der Kernmatrix erleichtert also offensichtlich das Vorankommen der Polymerase. Das hat zu der Vorstellung geführt, daß die Moleküle des Transcriptionsapparats nicht einfach im Nucleoplasma flottieren, sondern in Reih und Glied in der Matrix montiert sind, und die abzuschreibende DNA daran vorbeigeführt wird.

Man kann zweifeln, ob die Bindung von regulatorischen Proteinen an der Kernmatrix wirklich das letzte Wort über den Transcriptionskomplex darstellt, bzw., wie weit dieses Modell für alle Gene und Transcriptionsfaktoren gültig ist. Es gibt aber noch einen anderen Aspekt bei der Matrix-Bindung der DNA, nicht nur den der Fixierung von Transcriptionsbereichen. Bei der Besprechung der Sekundärstrukturen der DNA wurde bereits das Phänomen des negativen 'super-coiling' erwähnt, die Verdrillung der DNA-Stränge entgegen der Helix-Windungsrichtung. Dadurch wird eine lokale Trennung der Einzelstränge erreicht, die für die Initiation der Transcription von Bedeutung ist. Es gibt ein eigenes Enzym, die Topoisomerase II, welche diesen negativen Verdrillungszustand herbeiführt. Bei einer Reihe von Genen hat man Bindungsstellen für die Topoisomerase gefunden, die ganz in der Nähe der MAR-Sequenzen

---

[2] Unter 'cis-regulatorischen' Elementen versteht man die Genaktivität beeinflussende Faktoren, die auf derselben DNA-Einheit liegen wie das betroffene Gen. 'Trans-regulatorische' Elemente beeinflussen die Genaktivität dagegen von anderen Stellen aus. Die Terminologie stammt aus einer Zeit, wo man beide Wirkungsweisen nur kreuzungsgenetisch unterscheiden konnte, während man inzwischen durch die molekularbiologische Aufklärung weiß, daß es sich bei den cis-regulatorischen Elementen um DNA-Abschnitte handelt, bei den trans-regulatorischen dagegen um Protein-Faktoren.

liegen. Man glaubt daher, daß die zusätzliche Verankerung der DNA-Schleifen in der Matrix ein freies Schlingern der DNA beim Kontakt mit der ebenfalls matrixgebundenen Topoisomerase II verhindert und die promoteröffnende Über-spiralisierung möglich macht (Gilbert 1994, 433). Erneut ein Beispiel dafür, wie DNA-Sequenzen nicht nur codierende und regulatorische Funktionen haben, sondern auch von struktureller Bedeutung sein können, die dann freilich wieder für regulatorische Aufgaben genutzt werden kann.

5.5 Verschiedene Ebenen epigenetischer Gen-Kontrolle

Wenn es eigener Prozesse bedarf, um die Bestandteile einer genetischen Instruktion von verschiedenen Stellen des Genoms zusammenzuholen, ist es auch möglich, die Zusammensetzung der Botschaft dadurch zu manipulieren. Wir haben etwas Derartiges schon auf RNA-Ebene beim alternativen Spleißen der Exons kennengelernt. Auch von anderen Mechanismen regulativer Kontrolle der Transcripte war die Rede. So hat jede Stufe der genetischen Informationsverarbeitung ihre eigenen Möglichkeiten der Einflußnahme auf Wirksamkeit und Inhalt der genetischen Botschaft. Und was stromabwärts der Genaktivität recht ist, ist für die Genomstruktur selbst nur billig. So gibt es einen zellulären Mechanismus, der durch die Modifikation bestimmter Basen ganze Transcriptionseinheiten auf dem Genom löschen kann − ganz so, wie dies im Computer mit einer Datei geschieht.

5.5.1 Enzymatisch gesteuerte DNA-Methylierung verändert die Zugänglichkeit der genomischen Information

Der Mechanismus der Cytidin-Methylierung (Anfügen einer Methylgruppe am C-5 der Pyrimidin-Base Cytosin) wurde schon bei der Besprechung der DNA-Konformationen erwähnt. Er ermöglicht ebenso wie die Überspiralisierung der DNA-Helix die Ausbildung der Z-Konformation, was einen generellen Einfluß der CG-Sequenzelemente ('CpG-Inseln') auf das genetische Regulationsgeschehen annehmen läßt. Nun müssen wir denselben Mechanismus noch einmal unter einem anderen Blickwinkel betrachten: nicht als Ursache einer generellen Strukturveränderung der DNA, sondern als Modifikation der Protein-Bindefähigkeit einzelner Sequenzabschnitte.

Man schätzt, daß bei Wirbeltieren 5-7 Prozent aller Cytosinreste in methyliertem Zustand vorliegen. Die Reaktion wird von einer 'Methylase' katalysiert, welche die Sequenz -CpG- als Substrat erkennt. Da dieses Sequenzelement in den CG-Boxen von regulatorischen Elementen − Enhancern und Promotoren − häufig vorkommt, sind besonders solche Regionen von der Methylierung betroffen. Durch die Methylierung CG-reicher Kontrollelemente wird deren Bindefähigkeit für entsprechende regulatorischen Proteine reduziert, womit derartig modifizierte Promotoren bzw. Enhancer vollständig außer Kraft gesetzt werden können. Außerdem scheint es, daß das nucleosomen-verklammernde Histon H1 besonders gut an methylierter DNA bindet und damit solche Stellen der Ausbildung des Transcriptionskomplexes nachhaltig entzieht.

Die Cytosin-Methylierung ist wie gesagt ein enzymgesteuerter Prozeß. Er erfaßt nicht wahllos jede vorhandene CpG-Insel, sondern wird gezielt eingesetzt, um bestimmte Gene während eines Entwicklungsabschnitts zu inaktivieren. Es sind vor allem die verschiedenen Globin-Gene des Menschen und die Ovalbumin-Gene des Huhns, wo diese Art von gewebsspezifischer Regulation festgestellt wurde (Gilbert 1994, 424). Wie weit Gen-Methylierung bei der Ausbildung der frühembryonalen Organisationsmuster generell eine Rolle spielt, ist nach anfänglicher Euphorie (Holliday 1989) wieder umstritten. Das liegt vor allem daran, daß an den beiden Paradeobjekten der Entwicklungsbiologie, Caenorhabditis und Drosophila, keine relevante Gen-Methylierung nachgewiesen werden konnte (Müller 1995, 171; Bird 1995, 98).

Bei Wirbeltieren, insbesondere Säugern, kommt diese Strategie der genetischen Regulation dagegen in größerem Umfang zur Anwendung. Das bestätigt insbesondere das Phänomen des 'genomic imprinting'. Es besteht darin, daß manche Gene einen elterlichen 'Stempel' aufgedrückt bekommen, der verschieden ist, je nachdem, ob er vom Vater oder von der Mutter stammt (Sapienza 1990, 83). Diese Stempel sind nichts anderes als bestimmte Cytosin-Methylierungsmuster, wodurch Allele der väterlichen und mütterlichen Chromosomenpartner in unterschiedlicher Weise stillgelegt werden (Surani 1993). Diese Methylierungsmuster werden erst während der Keimzellenreifung angelegt und können nach der Befruchtung über verschieden lange Zeiträume zellgenealogisch aufrechterhalten werden — manchmal nur während der Embryonalentwicklung, oft aber auch während der gesamten Lebensdauer. Am Beginn der Keimbahn müssen die Methylierungsmuster natürlich gelöscht und in der Keimzellen-Entwicklung neu aufgebaut werden (Gilbert 426). Es ist allerdings auch möglich, daß das paternale Imprinting nicht schon während der Spermatogenese erfolgt, sondern die paternalen Chromosomen erst im befruchteten Ei vor den ersten Furchungsteilungen ihre eigenen, von den maternalen Chromosomen verschiedenen Methylierungs-Muster erhalten (Hennig 1995, 573).

Der Sinn einer solchen nach elterlicher Herkunft differenzierenden Genommarkierung ist noch weitgehend unklar. Gewiß stehen diese unterschiedlichen Gen-Blockierungen, die vor allem wachstums- und entwicklungsrelevante Gene betreffen (Koch 1994), im Dienst einer Regulation der Gendosis. Viele Gene dürfen nämlich für eine normale Entwicklung nur in einer Ausgabe aktiv sein, um nicht zu einer das Regulationsnetzwerk störenden Überdosis ihrer Produkte zu führen. Warum aber dafür von Bedeutung sein soll, von welchem Elternteil das aktive Allel stammt, ist schwer einzusehen. Man könnte spekulieren, ob die unterschiedlichen Genblockierungsmuster von paternalem und maternalem Chromosomensatz zur Verhinderung parthenogenetischer Entwicklung dienen sollen, wie das durch experimentellen Vorkerntausch erzeugte Gyno- und Androgenoten (Sapienza 1990, 84) nahelegen, deren Entwicklung massiv gestört ist (Hennig 1995, 566). Zutreffender ist vermutlich, das genomic imprinting im Zusammenhang eines großräumigen Aktivierungsschaltplans des Chromatins zu sehen, dessen Entzifferung eben erst begonnen hat (Eden & Cedar 1995; Corces 1995).

Die Beseitigung überflüssiger genetischer Befehle ist in großem Stil notwendig angesichts der Information der Geschlechtschromosomen. Während das kleine männliche Geschlechtschromosom 'Y' der Säugetiere nur Träger einiger weniger geschlechtsspezifischer Gene ist, besitzt das weibliche X-Chromosom Tausende von essentiellen Genen. Nachdem die männliche XY-Konstellation zeigt, daß nur ein Exemplar des X-Chromosoms lebensnotwendig ist, muß man annehmen, daß die Aktivität von zwei X-Chromosomen zu einer verhängnisvollen Überdosierung zahlreicher Genwirkungen führt. Es ist darum notwendig, daß schon früh in der Embryonalentwicklung weiblicher Individuen die genetische Aktivität der X-Chromosomen auf die halbe Dosis heruntergeregelt wird. Dies geschieht durch Inaktivierung eines ganzen X-Chromosoms, wobei es – ganz im Gegensatz zum genomischen Imprinting – diesmal dem Zufall überlassen bleibt, welches der beiden X-Chromosomen – das vom Vater oder das von der Mutter stammende – in einer Furchungszelle inaktiviert wird. Weibliche Säugetiere stellen somit hinsichtlich der Allele des X-Chromsosoms ein klonales Mosaik dar, das für bestimmte Merkmale äußerlich sichtbar in Erscheinung treten kann (Müller 1995, 172).

Die Inaktivierung des X-Chromosoms geschieht durch Überführung der Nucleosomenstruktur in den Zustand des Heterochromatins. Wir wissen bereits, daß dieser in einer besonders dichten Histonbindung besteht, deren Stabilität von Transcriptionsfaktoren praktisch nicht mehr gelockert werden kann. Eine der Strategien, womit diese dichte Dauer-Verpackung des Chromatins erreicht wird, ist die starke Methylierung von CpG-Inseln, welche Histone zu besonders stabiler DNA-Bindung veranlassen (Gilbert 1994, 430).

Die methylierungsabhängige Kondensation des Chromatins offenbart wohl die eigentliche Funktion der DNA-Methylierung für die differentielle Genaktivierung: nicht wechselnde Regulation, sondern dauerhafte Erhaltung eines bestimmten Zustandes der genetischen Expression. Die Methode, mit der ein bestehendes Methylierungsmuster von einer Zellteilungsrunde auf die nächste übertragen wird, ist elegant. Es gibt ein spezielles Enzym, die 'Erhaltungsmethylase', welches bevorzugt dort ein Cytosin methyliert, wo in unmittelbarer Nachbarschaft schon ein Methyl-Cytosin vorhanden ist. Da Cytosin und Guanin komplementäre Basen sind, liegen sich die CG-Sequenzen in den DNA-Doppelsträngen antiparallel gegenüber. Damit führt die Wirkungsweise der Erhaltungsmethylase aufgrund der 'semikonservativen' Replikation der DNA zwangsläufig zu einer Wiederholung der vorhandenen Methylierungsmuster in den neusynthetisierten Tochtersträngen (Holliday 1989, 85).

So einfach die Weitergabe eines bestehenden Methylierungsmusters zu erklären ist, so viele Probleme bereitet das Verständnis der gezielten Methylierung selber. Auch wenn man davon ausgeht, daß nicht jede einzelne Cytosin-Modifikation schon einen gravierenden Einfluß auf die genetische Regulation haben muß, sondern die mengenmäßige Verteilung der Methylgruppen entscheidend ist, wird damit doch nicht verständlich, warum auf diese Weise die eine Promoterregion stillgelegt wird und eine andere nicht. Gen-Methylierung scheint damit kein Primärprozeß der genetischen Kontrolle zu sein, sondern eher ein Folgemechanismus, dessen sich einige Organismenarten (Wirbeltiere, Pflanzen) stärker bedienen als andere (Invertebraten).

Unter der Rücksicht des funktionalen Einsatzes gewinnt auch ein anderer mit der DNA-Methylierung verbundener Effekt eine neue Bedeutung, nämlich die Erzeugung von Punktmutationen. 5-Methylcytosin wird durch die Wirkung besonderer Enzyme besonders leicht oxidativ 'desaminiert', d.h. seine NH_2-Gruppe am Nachbar-Kohlenstoff der Methylierungsstelle wird durch einen Sauerstoff ersetzt. Dadurch verwandelt sich das Cytosin in ein Thymin, welches nicht mehr mit Guanin, sondern mit der anderen Purinbase, Adenin, paart, so daß nach der nächsten Zellteilung an dieser Stelle eine Mutation zu verzeichnen ist: ein T-A-Basenpaar steht nun anstelle des ursprünglichen C-G (Knippers 1990, 290). Durch den Mechanismus der Cytosin-Methylierung hätte der Organismus eigentlich ein Verfahren, auf epigenetischem Weg die Mutierbarkeit seines Genoms zu beeinflussen. Ob er dieses Verfahren tatsächlich nützt, ist unbekannt. Obwohl die Möglichkeit gelenkter Mutationen von manchen Wissenschaftlern ernsthaft erwogen wird (Rennie 1993, 38), spielt bei derartigen Überlegungen das Phänomen der Cytosin-Methylierung anscheinend keine Rolle.

Auch der gegenteilige Prozeß der Demethylierung könnte unter mutativer Rücksicht von Bedeutung sein. Durch die Entfernung der Methylgruppen werden die vorübergehend von der Histonbindung befreiten DNA-Regionen nicht nur für Transcriptionsfaktoren zugänglich, sondern auch verstärkt dem Angriff von Endonucleasen ausgesetzt. Endonucleasen sind Enzyme, die Bindungen innerhalb der Nucleotidkette spalten und auf diese Weise Brüche in den DNA-Strängen erzeugen können. Solche Brüche können der Ausgangspunkt für Chromosomen-Mutationen sein (Deletionen, Translokationen oder Inversionen), die zu erheblichen Umorganisationen des genomischen Informationsbestands führen.

Gleichgültig, welche Bedeutung man der Möglichkeit autonomer Mutagenese im Organismus beimißt — die Beispiele zeigen, daß die Methylierung hinsichtlich der Genaktivierung fast ebenso ein Universalmechanismus ist wie die Phosphorylierung von Proteinen. Allerdings ist das Vorzeichen in beiden Fällen verschieden: Phosphorylierung ist bei den Proteinen (zumindest des Signaltransports) überwiegend ein Mittel der Aktivierung; DNA-Methylierung bedeutet für den genetischen Informationsfluß dagegen in aller Regel eine Hemmung. Es ist richtig, solche Prozesse als 'epigenetisch' einzustufen

(Holliday 1989, 84), denn sie stellen eigene Instanzen der Informations-Modifikation dar, in die viele Faktoren des zellulären Interaktions-Netzwerkes involviert sein können. Eine solche Etikettierung ist indessen wenig aussagekräftig, solange sie keine Kenntnis der übergeordneten Regulationsabläufe repräsentiert, welche sich in den Methylierungsmustern niederschlagen. Keine Frage, daß man in dieser Hinsicht beim Signalnetzwerk der Proteine wesentlich weiter ist (Hunter 1995; Pawson 1995). Keine Frage aber auch, daß im Verständnis der genetischen Regulation die nächsten Jahre noch manche Überraschung bringen werden, je mehr man von der Fixierung auf die Monod'sche Steuerung der Transcription abrückt und die höheren Ebenen der Chromatin-Organisation mit in die Ursachenfrage der genetischen Expressions-Kontrolle einbezieht.

5.5.2 Auch nach der Transcription kann die genetische Information noch in vielfacher Weise kontrolliert und abgeändert werden; zwei besonders auffällige Methoden sind das RNA-Editing und -Recoding

Während die DNA-Methylierung dazu dient, den phylogenetisch überkommenen Gen-Bestand einer artspezifischen Auswahl zu unterziehen, stellen die posttranscriptionalen Modifikationen eine Art Fein-Anpassung der rigiden genetischen Vorschriften an die aktuellen Organisationsbedürfnisse dar. Im Vergleich: der Bibliothekar sondert aus, welche Unterlagen im laufenden Betrieb nicht mehr gebraucht werden und archiviert sie für alle Fälle — genomische Kontrolle; der Betriebsleiter kopiert die Vorschriften, die für ein bestimmtes Verfahren in Frage kommen und verteilt sie an die zuständigen Stellen — differentielle Genaktivierung; und der Laborant ändert in der Zusammenarbeit mit seinen Kollegen aus Erfahrung ab, was an den Gebrauchsanweisungen zu umständlich oder (seit jeher) falsch ist, und manches läßt er auch einfach liegen — zelluläre oder posttranscriptionale Kontrolle.

Das Bild kann erhellen, wie der Organismus mit 'Last und Nutzen' der genetischen Instruktionen fertig wird. Er braucht sie, sonst weiß er nicht, was er tun soll. Die Durchführung hat aber auch ihre eigene Logik, die sich gegen den Wust an tradierten Vorschriften behaupten muß. Der Kompromiß kann glücken, wenn die eine Hand nicht so genau weiß, was die andere tut. Die Befehle kommen 'von oben' und werden achselzuckend quittiert: Einzelheiten fehlen oder sind unpassend. Was aber an Ort und Stelle mit ihnen geschieht, wie sie interpretiert werden, braucht die übergeordnete Stelle nicht zu interessieren, solange die Sache funktioniert. Ähnlich aneinander vorbei arbeiten die Instanzen von Zelle und Organismus: das Befehlszentrum leistet sich 'sture' Informationsweitergabe von 'oben nach unten'; die Adaption erfolgt 'stillschweigend' vor Ort und wird vom laufenden Betrieb als Erfolg verbucht. Für 'Oben', sprich das Genom, heißt das nur: die Vorschrift hat sich bewährt und kann — phylogenetisch — weiterverwendet werden. Wäre der Organismus kein Funktionsganzes, hätte die Gesetzgebung der Gene keine Chancen. Nur den Betriebsleiter, der auswählt, gibt es so nicht in der Zelle. Darum die ganze Crux, die Regulation der Genexpression als konzertierte Aktion zu begreifen.

In die sachliche Sprache der Molekularbiologie übersetzt wird aus unserem Bild ein sechsstufiges Schema der eukaryontischen Gen-Kontrolle: (1) Transcriptions-Kontrolle, (2) RNA-Processing, (3) selektiver RNA-Transport durch die Kernporen, (4) Translations-Kontrolle, (5) Kontrolle des RNA-Abbaus, (6) Regulation der Proteinaktivität (Alberts et al. 1994, 403). Der Stufe der Transcriptionskontrolle wären noch die Prozesse der Chromatin-Modifizierung und -Aktivierung voranzusetzen, wie wir sie in der DNA-Methylierung und der Ausbildung transcribierbarer Chromatin-Schleifen (Corces 1995) kennengelernt haben (Wolfe 1993, 714).

Von den post-transcriptionalen Regulationsvorgängen des RNA-Processing und des selektiven RNA-Exports war schon bei der Diskussion der 'junk-DNA' die Rede. Keine Frage, daß es sich dabei nicht nur um eine permissive, sondern auch um eine modifizierende Informationsauswahl handeln kann. Ergänzend sei erwähnt, daß bei einigen Organismen, so z.B. Caenorhabditis elegans, 'Trans-Spleißen' nachgewiesen wurde. Die 5'-Leader-Sequenz wird in solchen Fällen als separates Transcript hergestellt und dann über eine Akzeptorsequenz mit verschiedenen Prä-mRNAs verbunden. Auf diese Weise ist es möglich, 'polycistronische' Informationseinheiten gemeinsam zu transcribieren und anschließend in verschiedene Einzelbotschaften zu zerlegen, deren Einsatz über das Trans-Spleißen des Leaders individuell geregelt werden kann (Hirsh 1994).

Ein auffälliges Beispiel, wie 'eigenmächtig' die zellulären Instanzen gelegentlich mit den genetischen Vorschriften umgehen, sind die verschiedenen Fälle von RNA-Editing. Hierbei handelt es sich um das enzymatische Entfernen bzw. Hinzufügen von einem, mehreren oder sogar vielen Nucleotiden in die bereits prozessierte mRNA, wodurch nicht nur der Sequenzverlauf, sondern auch das Leseraster massiv verändert werden kann. Den klassischen Fall liefern gewisse parasitische Einzeller, die Trypanosomen, in deren mitochondriale RNA U-Nucleotide in oft großen Stückzahlen nachträglich eingebaut werden. Das generelle Funktions-Schema referiert Alberts (1994, 460): Kleine, 60 bis 80 Basen lange 'guide-RNAs'(gRNA) docken an bestimmten Bindungsstellen der zu modifizierenden mRNA an und bilden infolge unvollständiger Basenpaarung mehrere Schleifen aus. An den Stellen dieser Schleifen wird die mRNA solange mit Uridin-Phosphaten aus dem Poly-U-Schwanz der gRNA bestückt, bis die Inkongruenzen in der Paarung ausgeglichen sind (Einzelheiten und alternative Mechanismen: Sollner-Webb 1991, 1058). Auf diese Weise erhält die mRNA ihr Verteilungsmuster an U-Nucleotiden nach Maßgabe einer räumlichen Codierung, die in der Nucleotidsequenz der guide-RNA und ihrer Paarungsmöglichkeit mit der mRNA enthalten ist.

In diesem Beispiel kann man noch an der Autonomie der Informations-Manipulation zweifeln, weil hier der 'Dienst' ja doch 'nach genetischer Vorschrift', wenn auch auf eine umständliche Art vermittelt, erfolgt. Anders dagegen im — bisher einzigen — Fall von RNA-Editing bei Säugetieren (Schuster und Brennicke 1990, 202). Es geht hier um ein Gen, das für bestimmte 'Apoproteine' codiert, die im Zusammenhang des Cholesterol-Transports und -Einbaus in die Zellmembran eine Rolle spielen (Voet und Voet 1992, 299). Dieses Gen codiert gewebsspezifisch für zwei verschiedene Produkte, Apo-B48 und Apo-B100 (die Zahlen stehen für die relative Molekülgröße). Die beiden Produkte kommen aber nicht infolge alternativen Spleißens ihrer mRNAs zustande, sondern werden von ein und derselben mRNA spezifiziert. Nur weist in den Darmzellen, die das kleine Apo-B-Protein erzeugen, die codierende mRNA an einer bestimmten Stelle eine Basenveränderung von C zu U auf. Dadurch wird aus dem Nucleotid-Triplett CAA, das für die Aminosäure Glutamin codiert, ein UAA — und das ist ein 'Stop-Codon', das den Translationsvorgang abbrechen läßt und damit natürlich ein kürzeres Polypeptid erzeugt. Chan (1993, 39) schlägt als Ursache dieses organ-spezifischen Basenaustauschs ein Enzym-Modell vor, das die Abänderung der genetischen Botschaft einwandfrei als epigenetischen Vorgang qualifiziert.

Warum es solche umständliche Nachbesserungsmethoden der genetischen Informationsvermittlung gibt, ist rätselhaft. Immerhin legt der taxonomische Vergleich des Vorkommens von RNA-Editing bei den verschiedenen Trypanosomen-Gruppen nahe, daß es sich hierbei eher um Relikte eines phylogenetisch alten Mechanismus handelt als um evolutionär junge Spezialanpassungen (Maslov et al. 1994). Das verweist diesen Mechanismus womöglich in die Frühzeit der Biogenese, in der die Informationsspeicherung noch auf RNA-Grundlage geschah (Gray 1994). Das in den Anfängen sicher noch sehr beschränkte Sortiment an etablierten Genen konnte durch solche Methoden sekundärer Sequenzveränderungen eine wesentliche Erweiterung erfahren (Sollner-Webb 1991, 1059). An verschiedenen Stellen des Stammbaums mögen solche Mechanismen die Konkurrenz modernerer Verfahren der genetischen Informationserweiterung als 'lebende Fossilien' überdauert haben — bis hin zur posttranscriptionalen U-Transition bei den ApoB-Genen der Säugetiere. Bei Pflanzen ist übrigens mitochondriales RNA-Editing in größerem Ausmaß nachgewiesen (Schuster und Brennicke 1990, 206; Chan 1993, 35).

Daß es noch mehr solcher Verfahren gibt, den Informationsgehalt der RNA abzuwandeln, belegt das Phänomen des 'RNA-Recoding' (Gesteland, Weiss & Atkins 1992). Die 'Manipulation' der überkommenen Information spielt sich bei diesem Verfahren erst während der 'Decodierung', d.h. der Translation der mRNA an den Ribosomen ab. (Daher der Name: 'recoding' = 'reprogrammed decoding') Durch diskontinuierliches Weiterrücken der mRNA am Ribosom kommt es zu einer Verschiebung des Leserasters ('frame shifting'), die eine entsprechende Veränderung der Aminosäure-Sequenz zur Folge hat. Wahlloses Verändern des Leserasters auch nur um eine Base führt allerdings gewöhnlich zu einer völlig neuen Protein-Zusammensetzung, die in den seltensten Fällen einen physiologischen Gewinn, in der Regel jedoch eine katastrophale Funktionsstörung bedeutet. Das RNA-Recoding geschieht aber einmal in Abhängigkeit von bestimmten Signalen und ist solcherart schon auf physiologische Passung 'getrimmt', und zum andern werden vielfach nur Stop-Codons umgangen, so daß keine totale Veränderung, sondern lediglich eine Verlängerung des 'offenen' Leserahmens erfolgt. Es ist allerdings auch ein Fall bekannt, nämlich beim Topoisomerase-Gen des Bakteriophagen T4, wo die Ribosomen nach einem Glycin-Codon (GGA) sogar 50 Basen überspringen, um an einem ebensolchen Codon den Translationsvorgang wieder fortzusetzen (Huang et al. 1988). Ribosomales Frame-shifting ist eine gängige Methode, wie Retroviren ihr kurzes RNA-Genom für die Codierung mehrerer Proteine ausnützen. Es gibt aber auch Beispiele, wo auf ähnliche Weise Eukaryonten die Botschaft ihrer mRNAs 're-codieren' (Übersicht: Weiss 1991).

Weniger sensationell als diese mutmaßlichen Relikte eines archaischen Informationsgewinns, aber dafür umso effektiver, sind die 'gewöhnlichen' Regulationsvorgänge der Translation. Die Blockade von 3'UTR-Sequenzen durch Repressor-Proteine (oder Antisense-RNA) wurde schon besprochen. Umfeld und Ablauf des Translationsvorgangs bieten aber auch noch andere Gelegenheiten, die Ausführung einer genetischen Botschaft zu beeinflussen. An die Abbau-Geschwindigkeit der freien mRNA-Moleküle ist hierbei genauso zu denken wie an deren temporäre Fixierung an bestimmte cytoplasmatische Strukturen, an den Abbau des Polyadenyl-Schwanzes ebenso wie an die Bindung von Initiationsfaktoren an die Leader-Sequenz — und manches andere mehr (Gilbert 1994, Kap. 13).

Ob man darüber hinaus auch die post-translationale Verarbeitung der Polypeptide bzw. Proteine zur Kontrolle der genetischen Wirksamkeit rechnen will, ist eine Frage des Begriffs. Auf jeden Fall gehört ein häufig unerwähntes Phänomen dazu: das Auftreten eines Genprodukts an einem Ort oder zu einem Zeitpunkt, wo es nicht gebraucht wird. Es gibt so neben einer Transcription 'überflüssiger' Gene auch so etwas wie eine 'stille' Translation: die Erzeugung eines bestimmten Proteins, z.B. eines Transcriptionsfaktors, ohne aktuelle Funktion. Zumindest bei der Keimesentwicklung von Drosophila hat sich gezeigt, daß die sichtbaren Lokalisationsmuster, die sich teilweise auf die Produkte der Transcription, teilweise auf jene der Translation beziehen, in keinem direkten Verhältnis zu den Funktionsdomänen stehen müssen (Wilkins 1993, 291). Offensichtlich beeinträchtigt in solchen Fällen das Auftreten eines überflüssigen Proteins den geordneten Ablauf des restlichen Reaktionsgeschehens nur wenig, bzw. es gibt Mittel und Wege, um solche 'unliebsamen Akteure' rechtzeitig wieder aus dem Weg zu räumen.

Mit dieser Auflistung regulativer Möglichkeiten wollen wir es bewenden lassen — der Katalog wäre mühelos auf das Doppelte zu erweitern. Es sollte aber auch so schon klar geworden sein, wie vielfältig Struktur und Funktion nucleärer DNA-Sequenzen sein können — und wie sehr ihre informierende Bedeutung erst aus der Einbindung in ein Netz von Regulationsprozessen resul-

5.5 Verschiedene Ebenen epigenetischer Gen-Kontrolle 173

tiert. Weit davon entfernt, die 'ultima ratio' der zellulären Organisation zu sein, setzt die DNA dieses Gefüge für ihre Wirksamkeit voraus. Nur als Element im Gesamtzusammenhang der Organisation kann man dem Genom einen 'Informationsgehalt' zusprechen.

Ohne Laborbetrieb ist das Archivieren von Reaktionsvorschriften sinnlos — ja, das Archiv entsteht erst aus den Bedürfnissen eines Labors. Was hier von der ontologischen Priorität der zellulären Organisation gegenüber der genetischen Information festzustellen ist, gilt auf der Ebene der Keimesentwicklung noch einmal von der Einheit des Organismus gegenüber seinem zellulären Aufbau. Dazu haben wir schließlich den Verlauf der Embryogenese in einem Modellfall anzuschauen.

Literaturempfehlungen

Singer und Berg (1992)
Wagner, Maguire & Stallings (1993)
Hausmann (1995)
Hennig (1995)
Latchman (1995)
Wolffe (1995)

6 Wie man eine Fliege macht

Ausgerüstet mit dem Verständnis der Rolle der Proteine und der chromosomalen Architektur können wir uns daran machen, den Funktionszusammenhang von genetischer Legislative und zellulärer Exekutive an einem konkreten Fall zu verfolgen. Es geht uns dabei um die Ausbildung des organisatorischen Grundmusters, des 'basic body plan' (Slack 1991, 5), auf das die Zellen bzw. Kerne des jungen Embryos festgelegt sein müssen, bevor die morphogenetischen Bewegungen der Gastrulation sinnvoll einsetzen können. Da die Analyse der morphogenetischen Prozesse gerade erst anfängt, Elemente für eine allgemeine Theorie zu liefern (Touchette 1994), beschränken wir uns auf die Determination des embryonalen Organisationsplans, vom Altmeister Slack (1991, 1) 'regional specification' genannt, welche die Voraussetzung für die sichtbaren Gestaltungsbewegungen der Gastrulation darstellt.

Der Modellfall, an dem wir die Mechanik dieser organisatorischen Musterausprägung kennenlernen wollen, ist das 'Paradepferd' der Entwicklungsgenetiker, die Taufliege Drosophila. Das hat seinen Grund einfach darin, daß bei diesem Modellorganismus die Kenntnis der Musterbildungsvorgänge am weitesten vorangetrieben worden ist, und es sicher die bessere Strategie darstellt, unsere philosophischen Fragen an das Entwicklungsverständnis auf dem Boden des Bekannten zu gewinnen, statt sie in die Lücken des Unverstandenen zu stopfen. Gleichwohl ist es gut, von vornherein in Erinnerung zu behalten, daß Drosophila trotz aller genetischen Vorzüge nicht 'den' entwicklungsbiologischen Idealfall darstellt.

6.1 Drosophila — genetischer Musterorganismus, und doch kein Idealfall

Der große Vorteil von Drosophila besteht in der ungewöhnlichen Eignung für genetisches Arbeiten, das heißt, für die Identifizierung von Genen auf dem Weg der Mutagenese. Zwei wesentliche Eigenschaften sind hier ausschlaggebend: die kurze Generationsdauer (13 Tage) und die durch die Existenz von Riesenchromosomen in den Speicheldrüsen mögliche detaillierte Genkartierung. Dem stehen als Nachteile für die Entwicklungsbiologie vor allem der Spezialverlauf der frühen Embryogenese (keine Zellwandbildung bis zum Blastoderm-Stadium) und die Undurchsichtigkeit der Eihülle gegenüber, die eine Vitalbeobachtung des embryonalen Entwicklungsverlaufs sehr erschwert.

6.1.1 Sättigungsmutagenese

Der methodische Glücksgriff, den die Tübinger Entwicklungsbiologin Nüsslein-Volhard bei der Etablierung von Drosophila als entwicklungsgenetisches Modell getan hat, war die Anwendung der Sättigungsmutagenese auf die Embryologie. Diese Methode war um 1940 von Waddington entwickelt worden, um die Organogenese des Insektenflügels aufzuklären; sie wurde dann vor allem in der Bakteriengenetik zur Verfolgung von Stoffwechselwegen verwendet (Wilkins 1993, 13). 'Sättigung' besagt, daß man das Genom eines Organismus solange mit Mutagenzien bombardiert, bis man sämtliche für den Untersuchungsgegenstand relevanten Gene (und Allele) auf dem Weg der 'knock-out'-Analyse erfaßt hat. Für die Embryogenese bedeutsame Gene zeigen sich dabei als 'letale' Mutationen, d.h. als auf den Chromosomen kartierbare Stellen, die zum Abbruch der Weiterentwicklung in irgend einem Stadium der Ontogenese führen.

Nun ist das Fahnden nach letalen Mutanten nicht so einfach wie das Feststellen irgendwelcher mutativ erzeugten morphologischen Aberrationen. Hier hat die auf den Mendelschen Regeln aufbauende Kreuzungsgenetik schon seit Jahrzehnten ein ausgefeiltes Arsenal an Methoden zur Hand, die aber allesamt auf der Sichtbarkeit der erzeugten Veränderung beruhen. Letalmutationen sind dagegen entweder unsichtbar, solange sie rezessiv sind und nur heterozygot (d.h. in nur einer Ausgabe im diploiden Chromosomensatz) vorliegen, oder unbrauchbar, wenn sie dominant sind bzw. homozygot auftreten. Mit abgestorbenen Larven lassen sich schließlich keine Kreuzungsexperimente mehr durchführen. Der genetische Trick, mit dem man diese Schwierigkeit umgeht, ist die Verwendung von 'Balancer'-Chromosomen. Man wählt aus einem der vier Chromosomenpaare ein Exemplar aus und verändert es gentechnisch in dreifacher Weise: man versieht es (1) mit einem morphologisch sichtbaren Marker, der dominant sein muß, (2) mit einem oder mehreren rezessiven letalen Genen, die vom untersuchten Mutationsort des Kreuzungspartners verschieden sein müssen, und (3) mit zahlreichen Inversionen (Umstellungen im Sequenzverlauf der chromosomalen DNA), die eine Rekombination mit dem eingekreuzten Chromosomenpartner ausschließen. In homozygoter Anordnung erzeugen solche Balancer letale Mutanten, während sich bei Kombination mit einem balancerfreien Kreuzungspartner die Heterozygoten am morphologischen Marker identifizieren lassen. Weist nun das zum Balancer homologe eingekreuzte Chromosom eine eigene letale Mutation auf, kann diese durch Inzucht der F_1-Generation nachgewiesen und als heterozygote Mutantenlinie konserviert werden (Slack 1991, 222; Leptin 1994, 129).

Weil das Vorstellungsvermögen für klassische Kreuzungsexperimente im Zeitalter der molekularen Genetik doch stark im Nachlassen ist, soll im Folgenden das Prinzip eines solchen Erbgangs durchexerziert werden. Man möge die Weitschweifigkeit verzeihen – die methodische Eleganz dieses Verfahrens der Genidentifizierung ist es wert.

Der Ausgangspunkt sei ein gentechnisch manipuliertes 'Balancer-Weibchen' (Bal-A/+) und ein mutagenisiertes Männchen (+/−), dessen (phänotypisch unsichtbare) Letalmutation gefunden werden soll. (Zur Bezeichnung: die durch Schrägstrich getrennten Abkürzungen bedeuten die beiden homologen Chromosomen; + steht für das 'normale' Wildtyp-Allel; − für das letale Allel; und

Bal-A für den wie oben charakterisierten Balancer, dessen 'A' sich auf den dominanten Marker bezieht.)

Zunächst muß die Mutation in den männlichen Keimzellen natürlich an demselben Chromosom erfolgen, das im Weibchen als Balancer manipuliert wurde. Wenn es sich nämlich nicht um homologe Chromosomen handelt, kann kreuzungstechnisch nie die gewünschte Kombination des sichtbaren Markers mit der unsichtbaren Letalmutation erfolgen. Hier zeigt sich der Vorteil der geringen Chromosomenzahl von Drosophila. Der Test auf homologe Partner ist bei 4 Chromosomen schnell durchgeführt.

Ist die Bedingung der Homologie von ♀ Balancer und ♂ Letal-Chromosom erfüllt, ergibt die Kreuzung Bal-A/+ x +/− in der Nachkommenschaft (F_1-Generation) vier verschiedene Genotypen: Bal-A/+, Bal-A/−, +/+ und +/−. Phänotypisch heißt das, daß 50 % Nachkommen mit dem Wildtyp-Erscheinungsbild auftreten (die Letalmutation ist rezessiv) und 50 % das Merkmal A aufweisen. Nur mit den A-Markierten wird weitergekreuzt.

Da an den A-markierten F_1-Individuen phänotypisch nicht unterscheidbar ist, ob sie nun das Wildtyp-Gen führen oder das gesuchte letale Allel, sind dreierlei Inzucht-Ansätze möglich: Bal-A/+ mit seinesgleichen, Bal-A/+ mit Bal-A/− und Bal-A/− mit seinesgleichen. Wir müssen alle drei Ansätze verfolgen und sehen als Resultat in der F_2-Generation folgende Aufspaltung:

(a) Bal-A/+ x Bal-A/+: Bal-A/Bal-A, +/Bal-A, Bal-A/+, +/+.
Da die homozygote Bal-A/Bal-A-Konstellation phänotypisch ausfällt, weil sie letal ist (jetzt zeigt sich der Sinn der rezessiven Letalgene auf dem Ballancer), bleiben nur die 50 % heterozygoten Ballancer-Träger und die 25 % Wildtyp-Individuen übrig, d.h. zwei Drittel markierte Nachkommen auf ein Drittel unmarkierte.

(b) Bal-A/+ x Bal-A/−: Bal-A/Bal-A, +/Bal-A, Bal-A/−, +/−.
Das Ergebnis ist phänotypisch dasselbe wie im Fall (a). Das mag beim ersten Hinsehen vielleicht nicht einleuchten, weil ja der Genotyp Bal-A/− in beiden homologen Chromosomen letale Gene trägt. Die Genorte sind aber verschieden, so daß in jedem Fall ein nicht-letales Allel zur Verfügung steht und die Mutanten damit lebensfähig sind.

(c) Bal-A/− x Bal-A/−: Bal-A/Bal-A, Bal-A/−, −/Bal-A, −/−.
Nun sind weder die Unmarkierten noch die homologen Balancer-Träger lebensfähig und übrig bleiben (neben verendeten Larven bzw. ungeschlüpften Eiern) nur die 50 % Heterozygoten, die stets die gesuchte Letalmutation enthalten.

Der ganze Zuchtansatz ist also phänotypisch äußerst leicht interpretierbar. Wenn immer in der F_2-Generation neben den A-Markierten auch Wildtypen auftauchen, wurden die falschen Kreuzungspartner gewählt, und der Ansatz ist unbrauchbar. Wenn dagegen nur A-Markierte übrigbleiben, weiß man, daß sie auf jeden Fall das mutagenisierte Gen enthalten. Man kann sie beliebig lange untereinander weiterkreuzen und bekommt immer nur identische Nachkommen mit dem gewünschten Gen. Es resultiert so ein 'balanced stock', der, obwohl es sich um Heterozygoten handelt, eine reine Linie darstellt.

Auch der Nachweis, ob eine erzeugte Mutante neu oder schon vorhanden ist, kann leicht geführt werden. Man muß nur die neue Mutanten-Linie mit der (oder den) bisher schon bekannten kreuzen: treten dabei Wildtypen in Erscheinung, handelt es sich um eine neue Mutante (weil die homologen Chromosomen verschiedene letale Genorte aufweisen, und sich somit gegenseitig komplementieren können). Bleibt dagegen alles beim alten Erscheinungsbild, ist auch die Mutation nicht neu. Im Prinzip könnte man so für jedes Chromosom einen einzigen 'balanced stock' erzeugen, der alle schon festgestellten Letalmutationen in sich vereinigt, so daß das Auftreten einer neuen Mutante mit einem einzigen Kreuzungsansatz daran testbar wäre. Tatsächlich ist es allerdings die Frage, wie lange die Akkumulation von Letalmutationen auf ein und demselben Chromosom praktikabel bleibt. Aber auch bei der Verteilung auf zehn, fünfzig oder hundert 'Test-Balancer' wird der Nachweis einer neuen Letalmutante kreuzungstechnisch zu keiner großen Angelegenheit.

Nachweis einer Mutante ist natürlich noch nicht gleichbedeutend mit Identifizierung des zugehörigen Gens. Dazu ist neben der kreuzungsgenetischen Analyse und der Lokalisierung des Genorts auf den Riesenchromosomen ('physikalische Genkartierung') auch die molekularbiologische Charakterisierung erforderlich. Sie besteht in der Klonierung des Gens, Strukturaufklärung des Genprodukts und der Analyse der zellbiologischen Funktion. Diese geschieht bei Drosophila vor allem auf zweierlei Weise: durch Transplantation normaler oder veränderter Genprodukte (mRNA oder Protein) und durch Erzeugung transgener Fliegen, bei denen auf dem Weg der Keimbahntransformation klonierte Gene eingeschleust wurden (Nüsslein-Volhard 1994c, 152). Es leuchtet ein, daß hier − auf dem Gebiet der genetischen Identifizierung − die weit langwierigere Arbeit zu leisten ist als bei der Erzeugung neuer Mutantenlinien.

Immerhin haben die darauf spezialisierten Labors im Lauf der letzten zehn Jahre so gründliche Arbeit geleistet, daß es möglich ist, heute die Zahl der entwicklungsrelevanten ('essentiellen') Gene von Drosophila auf 6000 einzugrenzen. Davon sind rund 5000 letal mutierbar, während das letzte Tausend durch Sterilitätsmutanten ausgewiesen ist (Nüsslein-Volhard 1994b, 572). Solche (meist weiblichen) Sterilitätsmutanten sind zwar etwas umständlicher, aber im Prinzip ähnlich zu isolieren wie die embryonal letalen (Wilkins 1993, 119). Die letal mutierbaren Gene verteilen sich zu etwa je einem Drittel auf die Entwicklung des Embryos (im Ei), der Larve (nach dem Schlüpfen aus der Eihülle) und der Puppe (Metamorphose zum fertigen Insekt). Die Gesamtzahl aller Gene von Drosophila schätzt man um den Faktor 3 höher als die Zahl der Entwicklungsgene, also auf rund 20 000 (Nüsslein-Volhard 1994b, 573).

Woher weiß man, daß mit diesen Zahlen Vollständigkeit erreicht ist, die Erzeugung von Entwicklungsmutanten also wirklich bis zur 'Sättigung' vorangetrieben worden ist? Theoretisch natürlich dadurch, daß keine neuen Mutanten mehr zu finden sind. Einigermaßen exakte Abschätzungen sind aber auch schon zu einem früheren Zeitpunkt möglich, wenn etwa die Zuordnung von Mutanten und Genorten für ein Chromosom wirklich abgeschlossen und die Zahl der Mutanten für eine signifikante Auswahl der übrigen Chromosomen (bei Drosophila kommen im ganzen ohnehin nur drei in Frage) wenigstens größenordnungsmäßig erfaßt ist (Schnabel 1994a, 119).

Die gegenüber den Genorten meist größere Zahl von Mutanten zeigt, daß viele Gene an mehreren Stellen defekt werden können, es also mehrere letale 'Allele' ein und desselben Gens geben kann. Neben 'Nullmutanten' (das zugehörige phänotypische Erscheinungsbild wird auch als 'amorph' bezeichnet), bei denen das Gen vollständig funktionslos geworden ist, gibt es häufig auch 'hypomorphe' Allele, deren Genfunktion nicht gänzlich unterbunden, sondern lediglich mehr oder weniger geschwächt ist. Der Grund für eine solche Mutantenvielfalt ist in der Eigenart der angewendeten Mutagenese zu sehen: man erzeugt mit den verwendeten Agenzien und Dosierungen Punktmutationen, die das betroffene Gen unterschiedlich empfindlich im regulatorischen oder codierenden Bereich treffen können.

6.1.2 Wieviel Gene braucht ein Organismus?

Bleibt noch die Frage zu klären, wieso man die Gesamtzahl der Drosophila-Gene dreimal so hoch schätzt wie die Zahl der Entwicklungsgene. Müssen nicht in der Entwicklung alle für Drosophila wesentlichen Gene auftreten, oder führt die Methode der Sättigungs-Mutagenese eben doch nicht zur Vollständigkeit? Die Antwort ist zunächst einmal, daß es natürlich auch eine ganze Menge 'unwesentlicher' Gene gibt, wie Augenfarbe oder Borstenmuster und dergleichen morphologische Merkmale mehr, die zwar auch alle 'entwickelt' werden müssen, aber für den grundsätzlichen Ablauf der Keimesentwicklung unerheblich sind. Um die Augenentwicklung zu verstehen, 'screent' man eben nicht auf die Augenfarbe, sondern auf 'letal', d.h. auf organische Defekte. (Das Begriffspaar akzidentell-substantiell der aristotelischen Logik bietet sich unversehens wieder an.)

Nun ist aber die Drosophila-Kreuzungsgenetik weit älter als die entwicklungsgenetische Fragestellung, und so wurden vom Klassiker der Drosophilagenetik, T.H. Morgan (1866-1945), in den ersten Jahrzehnten dieses Jahrhunderts schon weit über hundert morphologische Merkmale rekombinationsgenetisch identifiziert (Hausmann 1995, 31). Dazu kommt die physikalische Kartierung aufgrund der Bandenmuster in den Riesenchromosomen. Durch genaues mikroskopisches Examinieren von Veränderungen in diesen Mustern gelang eine immer detailliertere Zuordnung von Chromosomenabschnitten mit bestimmten Merkmalen. Auf diese Weise erhielt man Kenntnis einer immer größer werdenden Anzahl das äußere Erscheinungsbild kontrollierender Gene, unter denen sich natürlich auch entwicklungsrelevante Mutationen befanden, aber eben doch auch viele andere. Mit der Etablierung der gentechnischen Methoden konnte dann jedes beliebige Stück des Drosophila-Genoms geklont und durch 'chromosome walking' (Watson et al. 1992, 128 und 393) zur weiteren Kartierung verwendet werden. Durch Einsatz von radioaktiv markierten 'genetischen Sonden' (synthetischen DNA-Kopien von markanten Teilen aktiver Transcripte) ist es schließlich möglich geworden, jede genetisch aktive Stelle auf den Riesenchromosomen sichtbar zu machen (Tautz 1992a, 309).

Die Größenordnung von 5-6000 essentiellen Genen für die Entwicklung von Drosophila deckt sich mit den Werten anderer vielzelliger Organismen, wie etwa der Maus oder dem Zebrafisch. Vermutlich braucht auch der Mensch nicht mehr für seine Entwicklung, obwohl hier verständlicherweise keine Sättigungs-Mutagenese möglich ist. Immerhin liefert Knippers (1990, 48) eine realistische Abschätzung unter Berücksichtigung der strukturellen Gegebenheiten des Genomaufbaus und kommt dabei mit einer Gesamtzahl von 40 000 ziemlich in die Nähe der Verhältnisse bei Drosophila.

Der Mensch sollte nicht viel mehr Gene besitzen als eine kleine Taufliege? Es ist interessant zu sehen, wie dieses anthropozentrische Vorurteil die Schätzungen der verschiedenen Autoren beeinflußt. So nimmt Müller (1995, 170) 500 000 Gene für den Menschen, 50 000 für Drosophila und 5000 für den Fadenwurm Caenorhabditis an. Hier gilt das Denken in evolutiven Stufenleitern noch klar als heuristisches Schema, und die verschiedenen Entwicklungshöhen sind so schön durch Zehnerpotenzen voneinander abgesetzt, daß der Mensch um die genetische Untermauerung seiner Sonderstellung keine Angst zu haben braucht. Auch ein so versierter Molekularbiologe wie R. Tjian, dem wir entscheidende Arbeiten zur Wirkungsweise des menschlichen Transcriptionsapparates verdanken, führt (ohne nähere Angaben von Gründen oder Quellen) die anscheinend selbstverständliche Zahl von 150 000 Genen für den Menschen an (Tjian 1995, 56). Das ist zwar 'gemäßigter' als bei Müller, aber der Standesunterschied zu Drosophila ist immer noch deutlich genug gewahrt. Wie gesagt, das sind alles reine Schätzungen. Wieso entscheiden wir uns dennoch für die niedrigste verfügbare Zahl in der genetischen Ausstattung des Menschen?

Der eine Grund für die Annahme einer (möglichst) niedrigen Genzahl des Menschen wurde schon erwähnt, daß nämlich Knippers seiner Schätzung eine sehr differenzierte Überlegung hinsichtlich der Verteilung von codierenden und nichtcodierenden Sequenzen im menschlichen Genom zugrunde legt, während man bei den anderen Autoren eigentlich nicht weiß, wie sie zu ihren Zahlen gekommen sind. Der zweite Grund liegt in einer vergleichenden Betrachtung von gesicherten Genzahlen. Für Bakterien, v.a. das genetisch so perfekt untersuchte Modellsystem Escherichia coli, liegen die Verhältnisse klar, weil keine junk-DNA existiert: man rechnet bei E. coli mit 4 Millionen Basenpaaren und gut 1000 Genen. Die einfachsten eukaryontischen Modellorganismen, die einzelligen Hefepilze, haben demgegenüber etwa das Dreifache an Nucleotiden und Genen (13 Mio bp; 3000 bis 3500 Gene). Beim einfachsten untersuchten Vielzeller, dem Fadenwurm Caenorhabditis elegans nimmt man 4000, nach den jüngsten Schätzungen (Schnabel 1994a, 119) 5000 essentielle Gene an. Das bedeutet, daß für den Entwicklungsschritt vom Ein- zum Vielzeller vielleicht nur 1000 neue Gene erforderlich sind.

Ob ein hochentwickeltes Insekt wie Drosophila einfacher organisiert ist als eine Maus, kann man bezweifeln. Sicher ist das Nervensystem der Säugetiere umfangreicher; aber die Verschaltung des synaptischen Netzwerkes erfolgt weitgehend genunabhängig (Kalil 1990). In der Ausstattung mit verschiedenen Zelltypen sollte ein Insekt einem Säugetier nur wenig nachstehen. Und die Körpergröße ist ein rein quantitativer Effekt, der nicht viel Informationsaufwand braucht. Damit sollte die Annahme einer etwa gleich großen Anzahl an essentiellen Genen für Maus und Taufliege ein verläßliches Datum sein. Wenn das aber so ist, dann ist auch eine gegenüber Drosophila angenommene Verdoppelung der gesamten Genzahl für den Menschen mehr als genug, um ihn mit all seinen akzessorischen Eigenschaften, die ihm so lieb und teuer sind, zu versehen. Das ist kein Herunterspielen der menschlichen Eigenart auf das Niveau einer Taufliege, sondern nur eine Illustrierung, wie wenig vom Typischen eines Lebewesens, gar seines Verhaltens, aus der Betrachtung der Genverhältnisse, noch dazu der quantitativen, erschlossen werden kann. Zur zusätzlichen Beruhigung: mit dem Schimpansen stimmen wir in über 99 Prozent unserer Gene überein; wer aber würde behaupten, Beethovens Neunte unterschiede sich nur 'geringfügig' vom Imponiergetrommel von Goodalls Lieblingen?

6.1.3 Nur zehn Prozent der essentiellen Gene treten bei der Ausbildung des embryonalen Segmentierungsmusters in Erscheinung

Zur genaueren Analyse der nur einen Tag beanspruchenden und in der Eihülle verlaufenden Entwicklung des Embryos reicht allerdings das Absuchen auf Letalität nicht. Man würde dabei nichts als abgestorbene Eier erhalten, deren undurchsichtige Hüllen gerade das verbergen, was eigentlich Gegenstand der Untersuchung sein soll — die Ausbildung des 'basic body plan'. Günstigerweise kommt hier die Ausbildung eines Zähnchenmusters auf der Unterseite der chitinösen Larvenhaut (Cuticula) zur Hilfe, das für jedes der angelegten Körpersegmente typisch ist (Tautz 1992a, 312; Leptin 1994, 114). Da der Dottervorrat des Eies auch homozygot letale Larven zum Schlüpfen bringt, die Defekte in sehr frühen Embryonalstadien davongetragen haben, stehen durch die Veränderungen im Zähnchenmuster morphologische Marker zur Verfügung, mit deren Hilfe die Identifizierung von Genen möglich ist, die in der Ausbildung des grundlegenden Organisationsmusters (d.h. der Segmentierung des Insektenkörpers) eine Rolle spielen. Man konnte auf diese Weise verschiedene Mutantenklassen etablieren (Patel 1994, 582), denen inzwischen 120 Gene für die zygotische Entwicklung (d.i. die Entwicklung des befruchteten

Eies) und knapp 50 maternale (die für die Eientwicklung im Mutterkörper wichtig sind) zugeordnet sind (Überblick über die Verfahren zur Charakterisierung: Tautz 1992a, 314.)

Im ganzen kommt man mit diesem Verfahren nicht über eine Obergrenze von 200 an der Embryogenese beteiligten Genen hinaus (Nüsslein-Volhard 1994b, 573). Es sind im wesentlichen vier Gründe, die für diese Einschränkung verantwortlich sind. *Erstens* können die Mutationen 'Haushaltsgene' betreffen, die in allen Zellen für grundlegende Stoffwechselvorgänge erforderlich sind, so daß deren Ausfall zum Absterben der Embryonen führt, ohne daß dabei ein spezifischer, interpretierbarer Phänotyp sichtbar wird. *Zweitens* ist es schwierig, mit dieser Methode Gene zu erfassen, die nur die innere Organentwicklung betreffen, ohne sich dabei in cuticulären Sondermerkmalen kundzutun. Natürlich können solche Gene mit Methoden der rekombinanten DNA-Technik (z.B. 'Reportergene': Watson et al. 1992, 399) markiert werden, wenn sie erst einmal isoliert worden sind, aber die Frage ist, durch welches phänotypische Indiz man überhaupt auf ihre Existenz aufmerksam gemacht wird. *Drittens* können Gene mehrere unterschiedliche Einsätze im Entwicklungsverlauf haben, neben der Steuerung der Segmentation etwa auch noch bei der Gehirn- oder Gliedmaßenausbildung. Diese späteren Genwirkungen werden nach einem frühen Letalitätseffekt natürlich nicht mehr erfaßt. Und *viertens* kann die informatorische Redundanz von Genfamilien den Mutationseffekt verwischen, weil hier der Ausfall (und damit die Identifikation) eines bestimmten Gens durch die ähnliche Funktion anderer Gene phänotypisch kompensiert wird. Ein und derselbe mutante Phänotyp steht dann für zwei oder fünf oder vielleicht sogar für dreißig verschiedene Gene.

Kann man dann davon ausgehen, daß mit einem Bekanntheitsgrad von nur 10 Prozent der embryonal relevanten Gene überhaupt noch verläßliche Aussagen über die Steuerungsprozesse der Entwicklung zu machen sind? Es kommt darauf an, was für eine Aussage man treffen möchte. Die charakterisierten Entwicklungsgene von Drosophila beziehen sich in erster Linie, wenn auch nicht nur, auf die Ausbildung des Segmentierungsmusters. Das heißt, mit ihnen werden die Kerne des blastodermalen Syncytiums derart determiniert, daß sie wissen, an welche Stelle entlang der anterio-posterioren und dorso-ventralen Körperachse sie gehören. Wenn wir unter embryonaler Musterbildung nichts anderes verstehen wollen als die Ausbildung dieser zellulären Identität, sind wir mit der Kenntnis der 170 embryonal-essentiellen Gene reichlich bedient. Wenn man aber meint, damit den gesamten Organisationsplan verstanden zu haben, gar, das Entwicklungsprogramm einer Fliege schreiben zu können, nimmt man den Mund einigermaßen zu voll. So schnell, wie der Titel des Buches von P.A. Lawrence (1992) vorzugeben schien, 'macht' man auch ein so kleines 'Ding' wie eine Taufliege nicht.

Ein Ausweg aus diesem Dilemma kann, wie Nüsslein-Volhard (1994b, 574) vorschlägt, die Anwendung des mutationsgenetischen Ansatzes auf ein anderes Objekt sein, wo die frühembryonalen Stadien durchsichtig genug sind, um die

Phänotypie der inneren Organentwicklung vollständiger miteinbeziehen zu können. Das wird derzeit am Zebrafisch (Brachydanio rerio) als vielversprechendem Vertebraten-Modellorganismus unternommen (Metcalfe 1994, 140). Mindestens ebenso erfolgversprechend ist indessen ein anderer Weg, der derzeit zunehmend an Bedeutung gewinnt: die Mosaiksteinchen der an den verschiedenen Modellorganismen aufgedeckten Einzelmechanismen miteinander zu vergleichen. Je mehr allgemeingültige Prinzipien dabei zutage treten, wie das etwa für die zelluläre Signaltransduktion der Fall war, desto eher kann man sich darauf beschränken, am jeweiligen Modell das zu untersuchen, wofür es besonders taugt, und den Rest von anderen Organismen 'auszuborgen'.

Getreu unserem Vorsatz, die Frage nach den hinreichenden Entwicklungsursachen auf dem Boden des Bekannten zu erheben, wollen wir uns im Folgenden auf die segmentale Musterbildung beschränken, und auch dabei vor allem auf die Determinierung entlang der anterio-posterioren Körperachse. Es wird sich zeigen, daß die verstandenen Determinierungsprozesse mehr für die Annahme eines ganzheitlichem Entwicklungskonzepts beisteuern, als in den ungeklärten Lücken je Platz hätte.

6.2 Die Wirkung der homeotischen Gene

Wir wollen bei unserer Darstellung der Organisation des 'basic body plan' von der ontogenetischen Reihenfolge abweichen und dort beginnen, worauf die embryonale Musterbildung eigentlich abzielt: wie nämlich die einzelnen Segmente des Insektenkörpers im Organisationsgefüge des Gesamtkörpers spezifiziert werden. Von dort aus kehren wir dann zur Ausbildung der genetischen Determinierungskaskade zurück, um schließlich deren Bedingtheit durch die maternale Ei-Organisation aufzuzeigen. Falls dieser Ablauf infolge seiner doppelten Rückblende zu verwirrend erscheint (er hat indessen seinen guten Gründe), kann man sich an einem der in jüngster Zeit erschienenen Übersichten leicht vororientieren, die jeweils nur wenige Seiten umfassen (Nüsslein-Volhard 1994a; Patel 1994; Müller 1995, 39).

Insekten sind Lebewesen mit deutlich segmentiertem ('metamerem') Körperbau. Das Prinzip der segmentalen Organisation läßt sich am einfachsten am Bauplan eines Regenwurms darstellen (Wehner und Gehring 1990, 649). Er weist das einzelne Segment als ein Organisationsmodul aus, das alle wesentlichen Charakteristika des Körperbaus, sowohl innere (Herz, Muskeln, Darm, Nerven, Ausscheidungs- und − mit Einschränkungen − Geschlechtsorgane) wie äußere (Körperanhänge) enthält. Während aber beim Regenwurm, oder, vielleicht noch deutlicher, beim Tausendfüßler eine Vielzahl solcher Segmente praktisch identisch in Serie liegt, erfolgt bei den Insekten neben einer Verringerung der Segmentzahl eine Überlagerung dieses metameren Aufbaus durch das dreiteilige Körperschema von Kopf, Brust (Thorax) und Hinterleib (Abdomen).

6.2 Die Wirkung der homeotischen Gene

Durch den Bezug zu diesen 'Thagmata' (Müller 1995, 44) erfährt jedes Segment eine vom Prototyp des Grundmoduls mehr oder weniger stark divergierende Abwandlung: an den Hinterleibssegmenten sind keine Beine mehr zu finden, die Brustsegmente erhalten Flügel, an den Kopfsegmenten werden die Beine zu Mundwerkzeugen und Antennen. Obwohl die Larven von Drosophila ein vom imaginalen Körperbau völlig verschiedenes, wurmartiges Aussehen besitzen, läßt sich die segmentale Spezifizierung auch hier aufgrund der schon erwähnten charakteristischen Zähnchenmuster der Chitinhaut feststellen.

Daß es Mutationen gibt, die die Harmonie des segmentalen Organisationsplans durcheinanderbringen und Körperteile an der falschen Stelle erscheinen lassen, hatte der englische Biologe W. Bateson (1861-1926) schon vor hundert Jahren festgestellt. Seither wurden von den Genetikern eine ganze Reihe solcher mutanter Fliegen isoliert — am abenteuerlichsten vielleicht die von W. Gehring entdeckte Mutante *Nasobemia*, der statt den Fühlern ein Beinpaar aus dem Kopf wächst (Gehring 1985, 35). Weniger horrorartig, aber ebenso aufschlußreich ist die von E.B. Lewis gefundene *Bithorax*-Mutation, bei der das dritte Brustsegment genauso Flügel ausbildet wie das sonst nur das zweite tut (Griffiths et al. 1993, 659). Sie zeigt, daß Bateson mit seiner Bezeichnung 'homeotische Mutanten' für solche Monsterbildungen etwas Richtiges gesehen hat. Der Ausdruck erinnert ja an das uns wohlvertraute anaxagoreische Konzept der 'Homoiomerien'. Auf den segmentalen Körperbau angewendet soll es besagen, daß die Segmente der Organisation nach gleichwertige Teile sind, die alle Entwicklungspotenzen in sich enthalten, aber in unterschiedlicher Weise aktualisiert werden können. Für die Regulation der jeweiligen Ausprägung macht man nun — die Mutationen legen das ja nahe — eigene Gene verantwortlich, die in Analogie zu den homeotischen Mutanten 'homeotische Gene' genannt werden.

Auf eine nomenklatorische Schwierigkeit sei an dieser Stelle aufmerksam gemacht: homeotische Gene dürfen nicht mit Homeobox-Genen verwechselt werden. Zwar ist die Homeobox an homeotischen Genen entdeckt worden und praktisch alle homeotisch wirksamen Gene haben auch eine solche, aber definiert sind die homeotischen Gene durch ihre homeotische (Mutations-)*Wirkung*, nicht durch den Besitz einer Homoebox. Das Vorkommen der Homeobox ist weiter verbreitet als das der homeotischen Gene; Homeoboxen sind schließlich in allen Genen zu finden, die für die vielen, in ihrer Wirkung sehr unterschiedlichen Transcriptionsfaktoren mit Homeodomäne als Bindungsmotiv codieren. Homeotische Gene codieren dagegen nur für eine Spezialklasse von regulatorischen Proteinen, die mit ihren zwar recht einheitlich gebauten Homeodomänen dennoch in der Lage sind, hochspezifische Kontrollen auf bestimmte Zielgene auszuüben (McGinnis und Kuziora 1994, 42). Um die Verwechslung mit den Homeobox-Genen zu vermeiden und die besondere Rolle in der Segment-Spezifizierung zu unterstreichen, werden die homeotischen Gene vielfach auch als Selektorgene oder Meistergene ('master genes') bezeichnet (Müller 1995, 164). Wir wollen die in der Drosophila-Genetik üblich gewordene Abkürzung 'HOM-Gene' verwenden.

Entsprechend den beiden homeotischen Grundmutanten, welche den Austausch von Antennen gegen Beine bzw. von Schwingkölbchen (Halteren) gegen Flügel betreffen, hat man die beiden Genbereiche, welche die Segmentspezifität von Drosophila kontrollieren, als Antennapedia-Komplex (ANT-C) und Bithorax-Komplex (BX-C) bezeichnet. Der Ausdruck 'Komplex' deutet an, daß beide aus mehreren Genen bestehen, die der Reihe nach für die Spezifizierung eines einzelnen oder weniger zusammenhängender Segmente zuständig sind. Die Gene des ANT-C kontrollieren dabei die segmentale Gestaltung vom Kopf bis zum 2. Thorax-Segment, die des BX-C vom 3. Thorax-Segment bis zum Hinterende (Gilbert 1994, 552). Weil der Bithorax-Komplex am genauesten untersucht und für die larvale Gestaltung auffälliger ist (die Genexpression von ANT-C zeigt sich vielfach erst im Imaginalstadium), soll sich die Diskussion vor allem auf ihn konzentrieren.

6.2.1 Gemäß dem Lewis-Modell werden die homeotischen Selektorgene durch ihre unterschiedliche Affinität zu einem Morphogen-Gradienten reguliert

Seit den 60er Jahren hat E.B. Lewis das Problem der segmentalen Determinierung genetisch bearbeitet und vor allem den Bithorax-Komplex einer eingehenden Mutationsanalyse unterzogen (Lewis 1978). Wir folgen zur Schilderung seiner Methode der Darstellung in Wilkins (1993, 294).

Lewis nützte in seinen Mutationsexperimenten die Kenntnis aus, daß die für die Hinterleibssegmentierung verantwortlichen Gene allesamt auf dem 3. Chromosom liegen. Er erzeugte nun durch Röntgen-Bestrahlung Fliegen, bei denen ein Stück des dritten Chromosoms abgebrochen und anderswo wieder angeheilt war. Kreuzt man derartige 'Translokations-Mutanten', die vielfach lebens- und fortpflanzungsfähig sind, mit Tieren, deren gesamte BX-C-Region eines Chromosoms deletiert worden war, so erhält man Nachkommen mit dem Genotyp BX⁻/BX°. Bei ihnen 'liegt' eine 'abgebrochene' BX-C-Region genetisch über einer fehlenden, so daß der durch die Translokation entstandene Informationsverlust des BX-C-Bereichs phänotypisch sichtbar wird. Die mutierten Phänotypen sind damit chromosomal (durch mikroskopische Analyse) kartierbar.

Die Ergebnisse sprachen für sich. War die BX-C-Region vollständig verschwunden, hatten alle larvalen Segmente vom dritten Thorakal- bis zum letzten Abdominalsegment das Aussehen von zweiten Brustsegmenten. War am abgebrochenen Chromosomenast ein gewisser minimaler Rest von BX-C erhalten, wurde ein drittes Thorakalsegment gebildet, aber die acht Abdominalsegmente sahen nun auch wie dritte Thorakalsegmente aus. Bei weiterer Verlängerung des Reststücks waren nach der normalen Thoraxausbildung acht erste Abdominalsegmente zu sehen und so fort, bis die geringstmögliche Deletion schließlich nur noch an der fehlenden Spezifizierung des Hinterleibsendes festzustellen war. Damit war gezeigt, daß die homeotischen Gene des

6.2 Die Wirkung der homeotischen Gene

Bithorax-Komplexes tatsächlich die einzelnen Segmente in ihrer Identität spezifizieren, und daß ihre Reihenfolge im chromosomalen Komplex der Reihenfolge im Körperbau entspricht.

Wie ist es möglich, die in jeder Körperzelle vorhandene Serie der BX-C-Gene derart zu regeln, daß in einem bestimmten Segment jeweils nur die vorgesehenen Gene wirksam werden und die anderen nicht? Anders gesagt, wie lassen sich mit den Mitteln der genetischen Regulation homeotische Mutanten vermeiden? Das von Lewis entwickelte Regulationsmodell verknüpft die Befunde der Segmentspezifizierung durch die Gen-Reihenfolge und die gegenseitige Beeinflussung der genetischen Expressionsdomänen zu einem linearen Schema additiver Genwirkung.

Lewis nimmt für jedes von BX-C kontrollierte Segment ein eigenes Gen an, angefangen vom 'T3-Gen' für das dritte Thorax-Segment, bis zum 'A8-Gen' für das letzte Abdominal-Segment. Wie die Deletionsexperimente gezeigt haben, hat jedes Gen die Möglichkeit, seine Expressionsdomäne in Richtung auf das Hinterende auszudehnen, solange keine weiteres Gen der BX-C-Reihe aktiv wird. Das wird derart interpretiert, daß jedes Gen vom Ort seines 'Ersteinsatzes' an in allen weiteren Segmenten exprimiert wird. Die neue Identität eines weiteren Segments kommt dadurch zustande, daß ein neues Selektorgen zu den bisher schon wirksamen zugeschaltet wird. Wenn also das dritte Thorakalsegment die genetische Ausstattung T3 besitzt, dann das benachbarte erste Abdominalsegment T3+A1, das nächstfolgende zweite T3+A1+A2 usw., bis beim letzten Abdominalsegment alle Gene des Komplexes angeschaltet sind: T3+A1+A2+A3+A4+A5+A6+A7+A8.

Damit ist die Spezifizierung des jeweils nächstfolgenden Segments erklärt. Was aber verhindert, daß ein weiter hinten stehendes Gen sich nicht 'vordrängt' und zu früh aktiviert wird? Die sukzessive Schaltung der Genaktivität läßt sich durch die Annahme eines regulatorischen Proteins verständlich machen, das folgende drei Eigenschaften aufweist: (1) es wirkt als Repressor; (2) seine Konzentration nimmt in Richtung von vorn (T3) nach hinten (A8) ab; (3) seine Affinität zur regulatorischen Region eines Gens ist umso größer, je weiter hinten dieses Gen an der Reihe ist.

Bei hoher Konzentration des Repressors, wie sie für den vorderen Thoraxbereich anzunehmen ist, sind alle neun Gene des BX-C in ihrer Aktivität unterdrückt. Das ist die Situation des zweiten Thorakalsegments, das nicht mehr vom BX-Komplex, sondern von *Antennapedia* (*Antp*), dem letzten Gen des ANT-Komplexes kontrolliert wird. Fällt die Konzentration ab, d.h. sind pro Zellkern weniger Repressormoleküle als Bindungsstellen auf dem BX-Komplex zur Verfügung, werden sich die Repressormoleküle auf die Regulationssequenzen mit höherer Bindungsaffinität konzentrieren und zunächst die Stellen geringster Affinität freigeben: T3 wird exprimiert. Bei weiterem Absinken des Gradienten werden die segmentspezifizierenden Gene der Reihe nach angeschaltet, bis zuletzt auch noch das am leichtesten reprimierbare A8-Gen infolge Repressor-Mangels aktiv werden kann. Man kann sich den Vorgang anhand unseres ersten Schemas veranschaulichen.

Schema 1:
Gradientenabhängige Expression der BX-C-Gene
(Repressor-Modell nach Lewis)

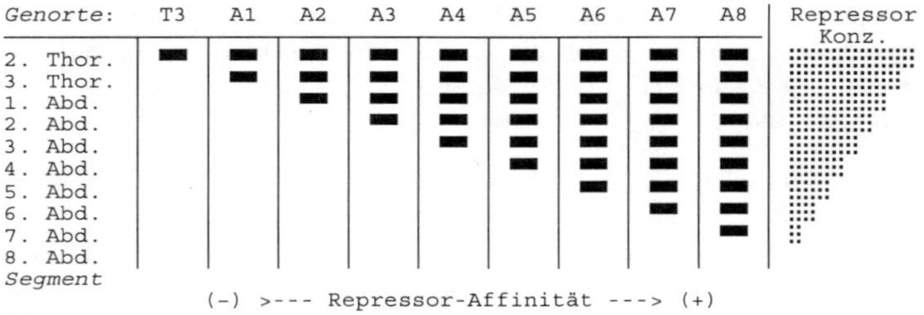

```
Genorte:      T3   A1   A2   A3   A4   A5   A6   A7   A8     Repressor
                                                              Konz.
2. Thor.
3. Thor.
1. Abd.
2. Abd.
3. Abd.
4. Abd.
5. Abd.
6. Abd.
7. Abd.
8. Abd.
Segment
                  (-) >--- Repressor-Affinität ---> (+)
```

(Schwarze Felder stehen für die Blockade eines Genorts durch den Repressor)

Fällt nun das T3-Gen aus, oder ist — genauso gut — die Repressorkonzentration im Bereich des dritten Thorakalsegments aus irgendeinem Grund für die Expression des T3-Gens noch zu hoch, hat das anteriore Nachbargen *Antp* Gelegenheit, seine Expressionsdomäne nach T3 auszuweiten und es entsteht die wohlbekannte vierflügelige Bithorax-Mutante. Das Regulationsmodell ist also geeignet, die Befunde der homeotischen Mutationsexperimente zu erklären.

6.2.2 Der Bithorax-Komplex enthält nur drei Gene, aber neun verschiedene regulatorische Elemente

Im Lewis-Modell ist richtig dargestellt, daß es eine Repräsentierung des Segmentierungsplans auf chromosomaler Ebene in Form einer Gen-Serie gibt, und daß die Realisierung der richtigen Genaktivierung auf Unterschieden in der Promoter-Region dieser Gene beruht, die es erlauben, ein und dasselbe Schaltsignal verschieden zu interpretieren. Slack (1991, 255) ist allerdings der Meinung, die zusammenhängende Gen-Anordnung wäre für das Funktionieren des Steuerungs-Programms ohne Bedeutung, stelle also 'nur' eine stammesgeschichtliche Konservierung dar. Diese Auffassung ist zwar theoretisch richtig, wenn man die Gene nur als gleichmäßig zugängliche Einheiten einer linear ausgedehnten DNA-Kette betrachtet. Nach all dem, was wir über die chromosomale Verpackung der DNA wissen, scheint aber die Anordnung der Gene in einen zusammenhängenden Verband ebenso bedeutsam für die Regulation zu sein wie die Abstimmung der Promotoren. Daß die Anordnung der HOM-

6.2 Die Wirkung der homeotischen Gene

Gene eine uralte, phylogenetisch konservierte Genom-Einheit im Dienst der Bauplan-Gestaltung darstellt (Slack, Holland & Graham 1993), ist unbestritten. Worin das Lewis-Modell irrt, ist jedoch die Meinung, jedes Segment werde durch ein eigenes 'Selektor-Gen' determiniert. In den achtziger Jahren konnte von Sánchez-Herrero (1985) und anderen Arbeitsgruppen gezeigt werden, daß der Bithorax-Komplex aus nur drei 'echten' Genen (Komplementationseinheiten) besteht und nicht aus den von Lewis geforderten neun. Keines dieser drei Gene codiert dabei für nur ein Segment, sondern ihre Mutationen beeinflussen immer eine Reihe von Segmenten, allerdings mit unterschiedlichem Ausgangs- bzw. Schwerpunkt.

Das erste Gen in der Anordnung des BX-Komplexes heißt *Ultrabithorax* (*Ubx.*) Es ist haploinsufficient, d.h. für die Wirksamkeit des Gens sind stets die beiden, im diploiden Chromosomensatz vorhandenen Gen-Kopien erforderlich, was bedeutet, daß Mutationen in diesem Gen stets dominant sind (daher Großschreibung des Gen-Namens). Der mutante Phänotyp besteht beim adulten Tier in der Umformung der Schwingkölbchen (Halteren) des 3. Brustsegments in Flügel; embryonal wird Parasegment 6 in 5 abgewandelt, bei gleichzeitig geringerem Grad der Veränderung in den folgenden Parasegmenten.

Zum Verständnis: Parasegmente sind die eigentlichen organisatorischen Einheiten des Embryos und wohl auch des erwachsenen Tieres. Parasegmente entstehen aus mehrerlei Zellpopulationen, die in autonomer Linie von Gründerzellen abstammen und eine strikte Demarkationslinie zwischen sich etablieren, mit der jede segmentale Einheit in ein vorderes (anteriores) und hinteres (posteriores) Kompartiment zerlegt wird. Diese Kompartimentierung ist auch im erwachsenen Tier noch nachzuweisen – allerdings um eine halbe Einheit verschoben, so daß die Kompartimentgrenzen der Parasegmente zu den Segmentgrenzen im Chitinskelett werden und die embryonalen Parasegmentgrenzen zu den neuen Demarkationslinien der segmentalen Kompartimente (Martínez-Arias & Lawrence 1985; Scott & Carroll 1987, 693). Dem Parasegment (Ps) 6 entspricht so die posteriore Hälfte des dritten Brustsegments (T3p) zusammen mit der anterioren Hälfte des ersten Hinterleibsegments (A1a); Ps 5 ist äquivalent mit T2p/T3a.

Das Nachbargen *abdominal-A* (*abd-A*) ist voll rezessiv (darum Kleinschreibung des Gen-Namens). Erwachsene Tiere, welche diesen Gendefekt in beiden Kopien (homozygot) besitzen, sind nicht lebensfähig. An den Larven sind starke Transformationen der vorderen Abdominalsegmente nach A1 festzustellen (embryonal: Ps 7-9 nach Ps 6), bei geringerer Veränderung der posterioren Hinterleibssegmente.

Das dritte Gen in der Reihenfolge, *Abdominal-B* (*Abd-B*) ist schwach haploinsufficient (wegen der damit verbundenen Dominanz Großschreibung des Gen-Namens) und bewirkt im erwachsenen Tier eine geringe Segmenttransformation der hinteren Abdominalsegmente (A5-A8) nach A4. In homozygoten

Larven zeigen sich die Veränderungen dieser Segmente in sehr starkem Maß: Ps 10 und folgende treten mit dem Erscheinungsbild von Ps 9 auf.

Das Expressionsmuster dieser Gene sei wieder in einem Schema zusammengefaßt. Die Darstellungen in der Literatur weichen in Einzelheiten voneinander ab. Das liegt zum einen Teil daran, daß die Expressionsdomänen im Entwicklungsverlauf gewissen Schwankungen unterliegen und es so darauf ankommt, welchen Zeitpunkt man zugrunde legt (ob, wie meist, den des verlängerten Keimbandes oder den eines etwas früheren Stadiums). Vor allem aber wurde die Expression zunächst am Zentralnervensystem (CNS) untersucht und angenommen, daß die dortigen Verhältnisse sich auf die epidermalen Verhältnisse übertragen lassen (Harding et al. 1985, 1236). Später hat sich gezeigt, daß dies nicht ohne weiteres der Fall ist (Gilbert 1994, 554). Unser Schema orientiert sich vor allem an den vereinfachten Darstellungen von Alberts et al. (1994, 1095) und Slack (1991, 260). Zusätzlich zu den drei hier zur Diskussion stehenden Genen wurde die Expressionsdomäne des Antennapedia-Gens (*Antp*) mit aufgenommen, da dieses als einziges Gen aus dem ANT-Komplex den BX-C-Bereich mit affiziert.

Schema 2:
           Expressionsdomänen homeotischer Gene

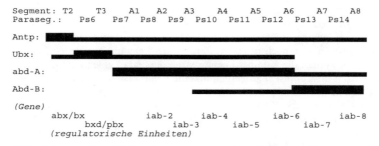

(Dicke Balken markieren die Domänen starker, dünne die geringer Expression.)

Das Schema offenbart, daß praktisch kein Segment von nur einem einzigen Gen kontrolliert wird, als auch, daß es kaum segmentspezifische Sonder-Kombinationen der drei Gene gibt. Segmentspezifisch sind nur die Abschnitte der genetischen Regulationskontrolle (letzte Zeile im Schema), die mit den Abkürzungen der Mutantennamen gekennzeichnet sind, die Lewis (1978) bei seinen Deletionsexperimenten verwendet hatte. *abx* steht dabei für 'antherobithorax', *bx* für 'bithorax', *bxd* für 'bithoraxoid', *pbx* für 'posterobithorax' und *iab* für 'infraabdominal'. Das bedeutet, daß die Mutationen, die Lewis als auf jeweils nur ein Segment beschränkt nachgewiesen hatte, samt und sonders Defekte im regulativen Bereich der drei Gene darstellen (Zuordnung dieser regulatorischen Sequenzen zu den 3 BX-C-Genen und zum Segmentbauplan: Gilbert 1994, 561). Damit ist der segmentale Bauplan, zumindest was die BX-C-Region anbetrifft, nur zum kleineren Teil in der Reihenfolge verschiedener Gene repräsentiert, eigentlich aber in der Ausgestaltung der Promotoren, bzw. in der Anordnung der regulatorischen Sequenzen dieser Gene.

Man muß sich die Größenordnung dieser Regionen vor Augen halten. Das für die Hinterleibssegmente A1 bis A6 zuständige Gen *abd-A* besitzt knapp 20 000 Nucleotidpaare (= 20 'Kilobasen', abgekürzt: Kb) an codierenden Sequenzen, deren Transcription von regulatorischen Sequenzen im einem Bereich von über 100 Kb kontrolliert wird (Wilkins 1993, 293). Dazu kommen noch weitere 15 Kb im Intronbereich, die teilweise ebenfalls regulatorisch genützt werden. Noch drastischer sind die Verhältnisse bei *Ubx*; hier gibt es (neben anderen, 'kleineren' Introns) ein Intron, das allein über 40 Kb lang ist. Praktisch die gesamte regulatorische Sequenz *abx/bx* fällt in diese Region. Wenn man dazu bedenkt, daß der Transcriptionsapparat maximal 70 Kb pro Stunden bewältigt, ist allein mit dem Zeitaufwand, den das Abschreiben solch riesiger Introns benötigt, eine Regulierung des Auftretens eines bestimmten Genprodukts möglich ('intron delay': Wilkins 1993, 306). Die homeotischen Gene sind also nicht nur durch eine außergewöhnliche Größe gekennzeichnet, sondern auch durch eine ausgefeilte Logistik ihrer Schaltmechanismen.

Mit diesen komplizierten Promoter- bzw. Enhancer-Regionen ist zwar ein segmentabhängiges Anschalten der HOM-Gene gegeben, nicht aber schon deren segmentspezifische Wirkung. Zwar hat jedes Segment seinen eigenen Schalter, aber es ist immer wieder (oder doch häufig) dieselbe Glühbirne, die dadurch zum Brennen gebracht wird. Wie sollen unter dieser Voraussetzung die HOM-Gene noch ihrer Aufgabe gerecht werden, Kontrollinstanzen der segmentalen Besonderung zu sein?

Die Antwort auf diese Frage muß unter mehreren Gesichtspunkten erfolgen. Zunächst ist es im Abdominalbereich vielleicht gar nicht notwendig, daß jedes Segment eine eigene Spezifizierung erhält. Die Unterschiede zwischen den Segmenten sind hier zum Teil viel geringer als in der Kopf- oder Brustregion. Und dort, im Einflußbereich des ANT-Komplexes, ist es ja tatsächlich so, daß praktisch jedes Segment durch ein eigenes homeotisches Gen charakterisiert wird (Alberts et al. 1994, 1095). Allerdings ist zuzugeben, daß eine partielle Gleichförmigkeit von Segmenten im Abdominalbereich nur im Hinblick auf die innere Organisation annehmbar ist. Auf die Epidermis bezogen hat jedes Segment tatsächlich seine eigene Identität, wie die charakteristischen Dentikelmuster beweisen.

Es ist aber auch gar nicht notwendig, daß die segmentale Spezifizierung stets durch ein eigenes Genprodukt bewirkt wird. Zur Wahrung der Unterschiede zwischen den Segmenten kann es durchaus ausreichend sein, wenn ein und dasselbe Genprodukt in den Zellen eines Segments früher und/oder in größerer Menge produziert wird als im benachbarten. Die molekularbiologischen

Regulationsnetzwerke müssen nicht immer nur unter dem qualitativen Informationsaspekt betrachtet werden, sondern auch unter dem quantitativen (Maddox 1992). Wenn Vieles mit Vielem in einem dynamischen Zusammenhang steht, dann reicht es aus, daß ein und dasselbe Signal einmal früher bzw. massiv eintrifft und das andere Mal später und schwach, um damit zwei ganz verschiedene Fortsetzungen der Signalkette (bzw. der genetischen Kaskade) zu erzeugen. Genau für diesen Effekt taugen aber die vielen verschiedenen regulatorischen Sequenzen, wie sie insbesondere das *abd-A*-Gen auszeichnen.

Damit steht auch im Einklang, daß die Expressionsmuster der BX-C-Gene nach ihrer ersten Ausbildung im Blastoderm noch starke Veränderungen erfahren, bis sie ihre endgültigen Domänen etabliert haben. So zeigt etwa *Ubx* vorübergehend eine Verteilung in mehreren gleichartigen Streifen, bevor es zu seinem endgültigen Expressionsmuster mit dem asymmetrischen Maximum in Ps 6 findet (Slack 1991, 258). Das ist so zu interpretieren, daß sich die drei BX-Gene nach ihrer Erstaktivierung durch übergeordnete Kontrollgene gegenseitig über ihre Regulationselemente beeinflussen können und so erst auf dem Weg der Selbstaktivierung und wechselweisen Reprimierung in ihren Aktivitätsterritorien stabilisieren. Damit sind schließlich doch charakteristische zelluläre Expressionsmosaike in den einzelnen Segmenten erstellbar (Wilkins 1993, 305).

Darüber hinaus muß die homeotische Spezifizierung nicht durch die Wirkung einer einzigen Geninstanz erfolgen, sondern kann auch im Zusammenwirken mehrerer Aktivitätsebenen bestehen. Neben den homeotischen Genen sind nämlich auch Vertreter der übergeordneten Genklasse der Segmentpolaritätsgene daueraktiv und können so im Verein mit homeotischen Genen spezielle 'Zellschicksale' festlegen. Zumindest für die Segmentpolaritätsgene *engrailed* und *wingless* ist eine solche Wirkung anzunehmen (Scott & Carroll 1987, 695). Genauso kann in die andere Richtung, 'downstream', die Wirkung der HOM-Gene an das Vorhandensein weiterer, von 'sekundären' homeotischen Genen stammenden Zusatzfaktoren gebunden sein. Für die selektive Affinität des Ubx-Proteins ist so z.B. die Anwesenheit des Produkts von *extradenticle* (*exd*) erforderlich (van Dijk & Murre 1994; Chan et al. 1994; für weitere Wirkungen von *exd*: González-Crespo & Morata, 1995).

Und schließlich sind auch die verschiedenen Möglichkeiten der posttranscriptionalen Verarbeitung in Erinnerung zu rufen, womit von ein und derselben Genkopie verschiedene Proteinprodukte zu erhalten sind. Für den Fall des Ubx-Gens sind solche Proteinvarianten seit längerem bekannt (Scott & Carroll 1987, 695), und vermutlich ist es in der Zwischenzeit nicht bei diesem einen Beispiel geblieben. Alles in allem sind das Wege genug, um mit nur drei HOM-Genen neun Segmente individuell zu bestimmen.

6.2.3 Die zelluläre Determinierung durch die homeotischen Zielgene wirft die Frage nach der Regulierung der Einheit des Organismus auf.

Der Katalog von Möglichkeiten, mit denen die HOM-Gene ihre Wirksamkeit entfalten, deutet schon an, daß sie nicht einfach die letzten Instanzen der segmentalen Identität sein können. A. Martínez-Arias (1994, 408) hat darauf hingewiesen, daß die auf A. García-Bellido zurückgehende Einteilung in 'Selektor-' und 'Realisatorgene' zu simpel ist, wenn sie dazu führt, die Vertreter des ANT- und BX-Komplexes als 'genetischen Adressen' der segmentalen Identität aufzufassen.

Daß ein und dasselbe HOM-Gen nicht immer für dieselbe segmentale Organisation stehen muß, haben kürzlich R.W. Warren und Mitarbeiter nachgewiesen. Sie zeigten, daß das T3 'spezifizierende' *Ubx*-Gen, das bei Drosophila das zweite Flügelpaar in Halteren umfunktioniert, bei Schmetterlingen im dritten Thoraxsegment ebenfalls exprimiert wird und nicht inaktiv ist, wie man nach der Theorie erwarten würde, weil Schmetterlinge dort ja auch Flügel tragen (Warren et al. 1994). Wenn *Ubx* in T3 stets aktiv ist, gehört es zwar sicher zur genetischen Grundausstattung des dritten Thoraxsegments im Insektenbauplan; es determiniert aber wohl kaum einen bestimmten Charakter dieses Segments, wenn seine Aktivität dort im einen Fall zu Flügeln, im andern zu Halteren führt. Es ist vielmehr – zumindest in bezug auf die Flügelentwicklung – nichts anderes als eine Schaltstation innerhalb des langen Wegs der Genexpression, der – unter anderem – zur Gestaltung des zweiten Flügelpaares führt. In welcher Weise aber, hängt davon ab, mit welchem 'Zielgen' (welchen Zielgenen) es im Einzelfall verbunden ist.

Die Funktionen der BX-C- (und sicher auch ANT-C-) Gene sind einfach zu uneinheitlich und auch zu unklar, als daß man diese 'primären' homeotischen Gene allesamt als Selektorgene deklarieren dürfte, die das Entwicklungsschicksal bestimmter Keimbezirke endgültig festlegen. In einzelnen Fällen mag dies durchaus zutreffen; vielfach agieren sie aber wohl zu weit stromaufwärts im genetischen Informationsfluß, um als Instanzen des endgültigen 'commitment' (Slack 1991, 32) eines Zellverbandes zu gelten.

Andererseits fungieren die HOM-Gene aber auch nicht bloß als vorübergehende Kontrollsignale, wie das für einige der vorgeschalteten Instanzen in der noch zu besprechenden genetischen Kaskade der Fall ist. Vielmehr ist ihre dauernde Aktivität erforderlich, um den endgültigen Differenzierungszustand von Zellen bzw. Zellverbänden aufrechtzuerhalten (Wilkins 1993, 307). Es ist nur eben so, daß vielfach erst die Auswahl an HOM-gesteuerten 'Zielgenen' diesen Differenzierungszustand bestimmt, und nicht schon die HOM-Gene selbst. Dabei müssen die einzelnen Gene solcher Kombinationen längst nicht alle zellspezifisch sein. Vielmehr sind die an der Bestimmung eines Zellschicksals beteiligten HOM-gesteuerten Zielgene häufig in die verschiedensten Spezifizierungsaktionen involviert.

Ein gutes Beispiel für solche Gene, die zur Festlegung von vielen verschiedenen Zellschicksalen gebraucht werden, ist das Genpaar *Delta* und *Notch*. Es codiert für ein ubiquitäres Signal/Rezeptor-Paar, das in dreierlei Weise auf die Zelldeterminierung einwirken kann: (a) 'instruierend' für die Auswahl eines bestimmten Entwicklungswegs; (b) 'permissiv' zur Erstellung von Umgebungsbedingungen, die einer Zelle einen bestimmten Entwicklungsweg erlauben, (c) in 'prohibitiver' Weise, wenn die Signaltransduktion von Delta dazu verwendet wird, die Festlegung eines Zellschicksals noch zu verhindern (Muskavitch 1994, 416). Die Aufgabe der HOM-Gene bleibt dabei die Auswahl und Aufrechterhaltung des richtigen Einsatzort solcher kontext-abhängiger Schalt-Signale.

Von ihrer generellen Rolle als regionale Regulatoren abgesehen, weiß man von den exakten 'down-stream'-Wirkungen der HOM-Gene meist noch wenig. Anscheinend werden mit zunehmendem Detailreichtum der embryonalen Musterbildung die Niveau-Unterschiede der genetischen Expression immer feiner und zahlreicher, so daß sich die Zusammensetzung einzelner Ursachen-Ketten immer schwerer entwirren läßt (Alberts et al. 1994, 1101). Man sollte zwar meinen, der Nachweis der DNA-bindenden HOM-Proteine dürfte mit den Methoden der Immuno-Fluoreszenz (Wolfe 1993, 118) kein Problem sein, so daß sich solcherart die Orte der Zielgene auf den Riesenchromosomen identifizieren lassen müßten. Das ist in einzelnen Fällen, z.B. bei der Wirkung von *Ubx* auf *Polycomb* (García-Bellido & Mari-Beffa 1992, 335) geschehen, scheitert aber häufig an der Tatsache, daß das Drosophila-Genom zahlreiche repetitive Sequenzen (Retroposons) mit Bindungsstellen für HOM-Proteine besitzt (Lawrence & Morata 1994, 185). Diese haben zwar ganz sicher nichts mit den homeotischen Zielgenen zu tun, täuschen aber beim mikroskopischen Nachweis Einsatzorte der HOM-Proteine vor und müssen erst mühsam wieder ausgeschieden werden.

Ein anderes Verfahren ist das von Gehring entwickelte 'enhancer trapping'. Es beruht auf der Applikation eines (wegen seiner leichten Nachweisbarkeit so genannten) Reportergens, von dem man hofft, daß es in die Nähe eines HOM-gesteuerten Enhancers eingebaut wird. Ist das der Fall, hat man mit dem Nachweis des Reporters auch den möglichen Bestimmungsort eines HOM-Produkts entdeckt und kann die betreffende Region weiter analysieren. Natürlich kann das Reportergen auch an vielen anderen Stellen ins Genom eingebaut werden, die nichts mit der HOM-Kontrolle zu tun haben. Das zeigt, daß dieses Verfahren, so elegant es ist, durchaus zeitaufwendig sein kann. Immerhin ist das 'enhancer trapping' eine wirkungsvolle Methode, mit der schon viele genetische Expressionswege geklärt werden konnten (Hennig 1995, 639: Technik-Box 23).

Aufs Ganze gesehen ist wohl zuzugeben, daß solche Identifizierungen stets weniger sensationell sind als die raschen Erfolge bei der Aufdeckung der frühembryonalen Gen-Kaskade oder die heute in den Mittelpunkt des Interesses rückenden Vorgänge der Morphogenese. Damit bleiben sie dem Heer der

Epigonen überlassen, während sich die Top-Forscher rasch solchen neuen und lohnenderen Zielen zuwenden. Das mag der Grund sein, warum bisher über dieses 'Mittelfeld' der embryonalen Determinierung weniger in Erfahrung zu bringen ist, als über die — noch zu besprechende — Ansteuerung der HOM-Gene selbst bzw. die — schon seit langem bearbeiteten — HOM-abhängigen terminalen Epidermis-Differenzierungen (García-Bellido, Lawrence und Morata 1979; García-Bellido & Mari-Beffa 1992). Immerhin gibt es auch Beispiele, wo die spezifische Rolle eines homeotischen Gens am embryonalen Differenzierungsgeschehen im Detail ermittelt wurde (Hoppler & Bienz 1994).

Wie früh oder spät die homeotischen Gene auch ihre Schaltfunktion ausüben mögen, irgendwann landet der Weg der differentiellen Genaktivierung doch bei der Zellteilungsrunde, wo ein letztes 'Selektorgen' den Ausschlag für das endgültige Aktivitätsmuster der Tochtergenome gibt und damit den entscheidenden Schritt zur differentiellen Identitätsbestimmung dieser Zellen tut. Von da ab muß dann der Charakter der Zellabkömmlinge unabänderlich feststehen, soll nicht der ganze Differenzierungsprozeß hoffnungslos durcheinander geraten. Formal gesehen läuft also das Entwicklungsgeschehen auf die Erzeugung von eindeutig definierten 'Gründerzellen' hinaus, die in zellautonomer Weiterentwicklung zu eigenständigen Populationen ('Klonen') auswachsen, welche der Organismus, zumindest was seine differenzierten Gewebe betrifft, mosaikartig zusammensetzen. Mißlich nur, daß dabei die anfängliche Keim-Ganzheit aufgelöst wird in eine aus unabhängigen Einzelelementen resultierende, sekundäre Organisation.

Ist eine solche Sicht unvermeidlich? Es gibt wesentliche Einwände, die sich gegen dieses zellautonome Konzept der Differenzierung vorbringen lassen. Das Hauptargument kann unseres Erachtens am besten an Befunden des Martinsrieder Entwicklungsbiologen R. Schnabel festgemacht werden und betrifft das Paradeobjekt zellautonomer Entwicklung, den schon mehrfach erwähnten Fadenwurm Caenorhabditis elegans.

6.2.4 Exkurs: Reziproke und duellierende Induktionen bei Caenorhabditis elegans

Bei C. elegans geschieht das, was sich bei Drosophila erst mit dem Wirksamwerden terminal determinierender Selektorgene abspielt, von allem Anfang an. Eine erste 'Stammzelle', das befruchtete Ei, teilt sich ungleich in die Ursomazelle AB und eine weitere Stammzelle P_1. AB fungiert als Gründerzelle einer autonomen Population, aus der Nerven-, Haut- und Muskelzellen hervorgehen. P_1 teil sich weiter in die Vorläuferzelle EMS und die nächste Stammzelle P_2. 'Vorläuferzelle' deshalb, weil aus EMS nicht direkt eine eigene Zellpopulation entsteht, sondern erst nach einer weiteren Teilung die daraus hervorgehenden Töchter MS zum Ausgangspunkt für Körper- und Schlundmuskulatur (u.a.) und E für den Darm werden. Die nächste inäquale Teilung (von P_2) führt zur Gründerzelle C (Muskeln, Haut) und zur Stammzelle P_3, die sich in D (Muskeln) und P_4 weiterteilt. P_4 stellt den Ausgangspunkt der Keimbahn dar (Schierenberg 1987, 100).

Wie man sieht, ist es keineswegs so, daß die somatischen Gründerzellen spezifisch jeweils nur eine bestimmte Gewebsart aufbauen. Vielmehr liefern die meisten von ihnen Material für verschiedene Gewebe, während andererseits ein bestimmtes Organ auch aus Abkömmlingen verschiedener Gründerzellen zusammengesetzt werden kann. Aber es handelt sich dennoch um ein echtes, fixes Entwicklungsmosaik. Jede der Gründerzellen AB, EMS, C und D geht aus einer spezifizierenden Teilung der jeweiligen Stammzelle hervor, die, wie die Keimbahnbildung von P_4 zeigt, in ihrem Entwicklungspotential noch unbeschränkt ist. Und jede dieser Gründerzellen erzeugt über eine festgelegte Zahl von Teilungsschritten ihren eigenen, definierten Klon an embryonalen Zellen. Unter dieser Rücksicht der Bildung autonomer Zellinien ist also das frühembryonale Entwicklungsmosaik von C. elegans durchaus mit der spätembryonalen, larvalen oder pupalen Bildung von Differenzierungskompartimenten bei Drosophila vergleichbar.

Schnabel konnte nun nachweisen, daß selbst bei den ersten Differenzierungsschritten der Gründerzellenentwicklung keineswegs alles so zellautonom ist, wie es zunächst den Anschein hat. Schon bei der Anlage der Körperachsen zeigt sich, daß diese nicht einfach durch cytoplasmatische Determinanten festgelegt sind, wie man bei der Ungleichheit der ersten Embryonalteilung eigentlich erwarten dürfte, sondern wesentlich von Induktionsereignissen abhängen (Hutter & Schnabel 1994, 2061).

Aber auch die durch Isolationsexperimente belegte Autonomie der Gründerzellen MS, C und D sollte sich als eine die wahren Verhältnisse vereinfachende Täuschung erweisen. Es stellte sich nämlich heraus, daß gewissen, nur die AB-Linie betreffenden Mutanten (*glp-1*; die Abkürzung steht für '*g*erm *l*ine *p*roliferation') genau soviel Muskelzellen fehlen, wie von der MS-Linie erzeugt werden. Das deutet auf eine Abhängigkeit der MS-Linie von AB hin, was aber im Widerspruch zur experimentell konstatierten autonomen Determination von MS steht. Der Widerspruch kann dadurch gelöst werden, daß man eine weitere, diesmal negative Induktionswirkung auf MS annimmt, welche erst durch die positive Induktion von AB aufgehoben werden muß, damit MS zur Gründung seiner eigenen Zellinie schreiten kann. Isoliert man MS künstlich von beiden Einflüssen, kann es sein angeborenes Potential zur Muskelzellenbildung ungehindert entfalten und erscheint zellautonom. Das postulierte Inhibitor-System zu AB wurde tatsächlich nachgewiesen und mit der P_2-Linie identifiziert (zusammenfassende Darstellung: Schnabel 1994a, 127).

Es lohnt sich, die Sache noch ein wenig genauer anzuschauen. Das Produkt des *glp-1*-Gens ist ein Transmembranprotein, das von der ersten bis zur vierten Teilungsrunde in den Abkömmlingen der AB-Linie vorzufinden ist (Hutter & Schnabel 1994, 2062). Damit kann dieses Protein nicht direkt für die Beeinflussung von MS verantwortlich sein, sondern ist selber erst einmal

6.2 Die Wirkung der homeotischen Gene

Empfangsstation für ein externes Signal, das auf AB einwirkt. Tatsächlich handelt es sich dabei um die bereits angesprochene Induktionswirkung für die anterio-posteriore Körperachse und die Links-Rechts-Asymmetrie, und letztere Wirkung geht von MS aus (Hutter & Schnabel 1994, 2053). MS spezifiziert also das Verhalten der AB-Linie und diese (der eigentliche Aktivator ist die Tochterzelle ABa) im Gegenzug wieder die Aktivität von MS — ein typisches Beispiel von 'reziproker Induktion' (Schnabel 1994b, 1452).

Dieses reziproke Signalsystem wäre für sich allein noch verständlich und sinnvoll, wenn es nicht im Zusammenhang stünde mit der inhibierenden Wirkung, die von der P-Linie auf MS ausgeübt wird. Zusammen stellen die AB- und die P_2-Induktion, wie bereits betont, ein antagonistisches System dar, das aber seinen Einfluß auf MS verliert, weil sich die beiden Induktionsrichtungen nur gegenseitig in Schach halten, um solcherart MS seinen von Haus aus vorhandenen Entwicklungsweg freizugeben. Es handelt sich bei diesem Antagonismus also um eine für den normalen Entwicklungsverlauf überflüssige 'duellierende Induktion'. Inzwischen ist es gelungen, ein ganzes Netzwerk solcher scheinbar redundanter Antagonismen bei der Muskelspezifizierung der MS-Linie aufzudecken (Schnabel 1995, 2229).

Was ist der Sinn eines solchen Luxus an Signalwegen? Schnabel weiß darauf bisher keine experimentell belegbare Antwort zu geben. Er stellt lediglich das spekulative Argument zur Diskussion, daß C. elegans in diesem Punkt ein phylogenetischer Repräsentant des Übergangs (und damit der Überlagerung) von autonomen zu nicht-autonomen Determinationsstrategien (oder umgekehrt) sein könnte (Schnabel 1995, 2131). Uns will scheinen — nicht weniger spekulativ -, daß man solche 'redundanten' Systeme, die die Interdependenzen im lebendigen Organismus komplizierter machen, als es die Logik experimentell isolierter Teilaspekte erforderte, als Hinweis auf den Ganzheitscharakter des Organismus werten sollte.

Mag sein, daß sich der geschilderte Antagonismus des AB/MS- und P/MS-Induktionsduells doch noch als Mechanismus zur Feinabstimmung der embryonalen Organogenese entpuppt oder zum Ausregulieren von Störungen im Entwicklungsablauf verwendet werden kann — wir wissen bisher einfach noch zu wenig, in welchem System von Einzelschritten sich die Repräsentation des organisatorischen Gesamtzustandes mechanistisch zur Darstellung bringen läßt. Aber daß die Entdeckung solcher zusätzlicher Informationswege ein Potential im Hinblick auf die Funktionseinheit des Organismus darstellen könnte — 'readjustment' hat die Außenseiterin R. Chandebois diesen Sachverhalt genannt (Chandebois & Faber 1987, 90) -, sollte zumindest als Fragestellung eine eigene Datei verdienen.

Immerhin haben die hier erwähnten reziproken Induktionswirkungen eine gewisse Ähnlichkeit mit dem im dritten Kapitel besprochenen Phänomen der negativen Induktion, welche dem Seeigelkeim erlaubt, Veränderungen in der Zusammensetzung und Zahl einer Blastomeren-Gruppe auszugleichen (Abschnitt 3.3.3). Driesch hat, wie erwähnt, auf solchen Regulationserscheinungen sein Konzept des 'harmonisch-äquipotentiellen Systems' etabliert, das bekanntlich sein Hauptargument für die Annahme von 'Ganzheitskausalität' im Organismus darstellte (Driesch 1928, 96). Bei all unserer immer wieder betonten Reserve gegenüber Drieschs Verständnis dieser Kausalität (Ganzheit in einem 'Faktor', statt in der Form) korrespondiert das Phänomen der harmonischen Regulationsfähigkeit doch sehr schön mit unserer Einschätzung der Bedeutung vielliniger Induktionssysteme.

Die philosophische Relevanz dieser von Driesch herausgestellten systematischen Regulationsfähigkeit des Organismus wird bisweilen auch von heutigen Entwicklungsbiologen gesehen. So plädiert Gilbert (1994, 580) in diesem Zusammenhang für einen "holistischen Organizismus" und charakterisiert diese Denkweise durch zwei Grundüberzeugungen: (a) die Eigenschaften des Ganzen können nicht vollständig aus den Eigenschaften der Teile abgeleitet werden; (b) die Eigenschaften der Teile sind geprägt ["are informed"] durch ihre Bezogenheit auf das Ganze. So sehr wir einer solchen Auffassung zustimmen, müssen wir doch in Zweifel ziehen, ob ein derartiger Holismus noch als "mechanistische Philosophie" ausgegeben werden darf, wie Gilbert (a.a.O.) meint. Sein Analogie-Beispiel mit den Bestandteilen und der Bedeutung eines Satzes läßt zumindest die Frage aufkommen, ob man diesen Ganzheitsbezug ganz ohne aristotelische Anleihe definieren kann. Daß sich die 'Überprägung' durch einen Ganzheitsbezug allerdings auch in den Mechanismen zeigen muß, steht mit unserer Einschätzung vielliniger Informationssysteme in Einklang.

Kehren wir von unserem Ausflug in die Zellinien-Determinierung bei Caenorhabditis zurück zur Erstellung zellulärer Identitäten in der Drosophila-Epidermis, die, wie wir gesehen haben, von homeotischen Zielgenen kontrolliert werden sollen. Die Nutzanwendung des Caenorhabditis-Beispiels könnte in der Frage liegen, ob nicht auch bei Drosophila die 'Selektion' einzelner Zellindividualitäten eingebettet ist in ein Netzwerk übergeordneter Informationszusammenhänge. Die Zusammensetzung des Organismus (oder wenigstens der Körperoberfläche) aus unabhängigen polyklonalen Kompartimenten wäre dann nur die sekundäre Außenansicht einer dahinterliegenden Ganzheits-Kontrolle, die in einem kreuzregulierten Netzwerk interzellulärer Kommunikationslinien besteht.

Es bleibt abzuwarten, ob sich bei der zellulären Determinierung von Drosophila 'redundante' Informationssysteme finden lassen, die den duellierenden Induktionswirkungen von C. elegans analog sind. Die Verhältnisse sind bei den weiter fortgeschrittenen Entwicklungsstadien, an denen die Analyse epidermaler bzw. cuticulärer Organbildungen bei Drosophila durchgeführt wird, sicher komplizierter als bei den embryonalen Anfangsstadien von C. elegans. Schnabel hat ja seine Erkenntnisse vor allem anhand von Laser-Ablationen (Tötung einzelner Gründerzellen durch Laser-Beschuß) gewonnen. Das ist bei C. elegans möglich, weil man aufgrund der fixierten Zellgenealogie genau weiß, wieviel Zellen im fertigen Organismus zu einer bestimmten

Gründerzelle gehören (Schnabel 1994b, 1450). Auf die bedeutend größeren und unschärferen Zellzahlen der Drosophila-Polyklone dürfte sich diese Methode nicht ohne weiteres übertragen lassen. Ja, es ist durchaus möglich, daß der Nachweis von 'redundanten' zellulären Interaktionen auf diesem Komplexitätsniveau überhaupt nicht mehr zu führen ist.

Über die Möglichkeiten eines experimentellen Nachweises hinaus ist aber auch in Erinnerung zu behalten, daß für die Aufrechterhaltung des endgültigen zellulären Differenzierungszustandes die Daueraktivität der HOM-Gene (wie auch einiger Segmentpolaritäts-Gene) erforderlich ist. Die regulatorische Schaltung dieser Gene repräsentiert aber, wie wir noch sehen werden, etwas vom Grundschema des Körperbaus. Könnte das nicht ein Hinweis sein, daß die Gesamtanlage des Organismus, wenn nicht (nur) durch zelluläre Kommunikation, so (auch) durch den genetischen Informationsfluß gewährleistet wird? Die Tatsache, daß bei C. elegans ein Gen gefunden wurde (*pha-1*), das für die Ausbildung eines ganzen Organs (des Pharynx) erforderlich ist (Schnabel & Schnabel 1990), deutet darauf hin, daß es eine solche Kontrolle suprazellulärer Differenzierungseinheiten auf genregulatorischem Niveau durchaus gibt (Granato, Schnabel & Schnabel 1994). Es ist von vornherein nicht einzusehen, warum ein genetischer Steuermechanismus, der die einheitliche Entwicklung eines Organs garantieren kann, nicht auch für noch höhere Integrationsleistungen in Frage kommen sollte.

6.3 Die Kaskade der frühembryonalen Genaktivierung

Die Eigenart des Promoter-Baus der HOM-Gene erfordert ein segmentspezifisches Mischungsverhältnis einer ganzen Anzahl von Transcriptionsfaktoren, um die bauplangerechte Expression dieser Gene zu gewährleisten. Die Steuerung durch einen einfachen, kontinuierlichen Regulationsgradienten, wie er für das Lewis-Modell ausreichend war, muß dementsprechend durch einen komplizierten, von Segment zu Segment wechselnden 'Gradientencocktail' ersetzt werden.

Man könnte sich vorstellen, daß die Verteilung der für die HOM-Aktivierung notwendigen Transcriptionsfaktoren durch eine entsprechende Anordnung cytoplasmatischer Determinanten im Ei erfolgte. Dies ist allerdings am Anfang nicht in dem Maß der Fall, wie es für die Mannigfaltigkeit der Bindungsstellen an den HOM-Promotoren erforderlich wäre. Drosophila besitzt also kein ausgesprochenes Mosaikei, sondern baut die notwendigen Domänen der regionalen Spezifizierung erst nach und nach in den Frühstadien des sich entwickelnden Keims auf. Warum das so ist, scheint angesichts des Faktischen eine müßige Frage. Immerhin ist zu bedenken, daß die Aufgabe der frühembryonalen Musterbildung nicht nur in der Ausbildung des heterotropen Regulationsgemischs für die HOM-Gene besteht, sondern auch in der Festlegung periodischer Segmentgrenzen und in der Definition der Körperachsen. Diese letztgenannte Funktion — offensichtlich bei allen embryonalen Systemen die grundsätzlichste — ist es, von der aus die anderen beiden Aufgaben angegangen werden.

Die Ausbildung des komplizierten Systems der homeotischen Gensteuerung erfolgt durch die wechselseitige Verschaltung von zwei Grundprozessen: Entstehung von Gradienten und Zonen genetischer Expression (O'Farrell 1994, 189). Im Eiplasma lokalisierte Determinanten bilden durch Diffusion und allmählichen Abbau Konzentrationsgefälle, in deren Gefolge bestimmte Gene angeschaltet werden, deren Produkte wieder genregulatorische Gradienten bilden, was erneute regionale Genexpression zur Folge hat usw. Es ist leicht einzusehen, daß dadurch eine zunehmende Zonierung des Insektenkörpers zustandekommt.

Man belegt solche Konzentrationsgefälle bildenden Regulations-Proteine gern mit der Bezeichnung 'Morphogene', weil sie deren klassischen Kriterien entsprechen: Ausbreitung von einer Quelle und Bestimmung verschiedener Qualitäten in Abhängigkeit von der Konzentration (Nüsslein-Volhard, Frohnhöfer und Lehmann 1987, 238). Wohlgemerkt: 'Morphogen' ist die allgemeine Bezeichnung für eine gestaltbildende Signalsubstanz und hat nichts mit irgendwelchen Genen zu tun.

Nach dieser Vorwegnahme des grundlegenden Prinzips der Ausbildung des basic body plan bei Drosophila können wir uns der Besprechung der einzelnen Etappen zuwenden. Der Ablauf der Musterungsprozesse ist seit der Darstellung von St Johnston und Nüsslein-Volhard (1992) lehrbuchreif etabliert und muß darum hier nicht in allen Einzelheiten nacherzählt werden. Wir wollen vielmehr besonders die Details herausgreifen, die für unsere Diskussion des Ganzheitscharakters der embryonalen Aktivität von Bedeutung sind. Eigene Beachtung verdient dazu auch ein Review von P. Ingham (1988). Es bietet zwar — bedingt durch seinen relativ frühen Erscheinungstermin — noch keine in allen Teilen vollständige Präsentation der Ergebnisse (die es, nebenbei bemerkt, bis heute nicht gibt). Dafür ist es aber näher an der ursprünglichen Problemstellung und darum im Erklärungszusammenhang vielfach erhellender als neuere Abhandlungen, die bei der Wiederholung des vermeintlich längst Bekannten oft Wesentliches auslassen. Hoffentlich erliegen wir im Folgenden nicht zu oft demselben Fehler — aber auch dann: Ingham könnte es wieder richten.

6.3.1 Maternale Determinanten lassen im befruchteten Ei Morphogen-Gradienten entstehen, die zu einer ersten Zonierung des Keims führen

Zunächst sind einige Eigenheiten der Keimesentwicklung von Drosophila zu rekapitulieren, die für das Funktionieren des erwähnten Grundmechanismus der embryonalen Musterbildung wesentlich sind. Anders als bei den meisten

6.3 Die Kaskade der frühembryonalen Genaktivierung

entwicklungsbiologischen Modellorganismen führen hier die Furchungsteilungen des befruchteten Eies anfänglich nicht zur Ausbildung ganzer Zellen (Blastomeren), sondern nur zur Vermehrung der Zahl der Kerne. Diese häufen sich zunächst im Zentrum des Eiplasmas an, wandern dann aber in großer Mehrheit zur Peripherie und bilden dort ein einschichtiges Syncytium, das Blastoderm. Es besteht zwei Stunden nach der Befruchtung aus etwa 6000 Kernen.

Ein kleiner Teil der Kerne bleibt im Zentrum zurück und wird dort zu 'Vitellinophagen', d.h. zu Zellen, die mit der Verarbeitung des Dottervorrats zu tun haben. Eine weitere Gruppe von Kernen wandert sehr früh ins posteriore Polplasma ab und ergibt die Keimbahn. Auf die Determinierungsprozesse dieser 'Polzellen' wird hier nicht weiter eingegangen.

Eine dreiviertel Stunde nach der Ausbildung des corticalen Syncytiums entstehen individuelle Zellgrenzen, womit das zelluläre Blastodermstadium erreicht ist. Darauf beginnen von der Bauchseite aus die Zellbewegungen der Gastrulation, die in einem komplizierten Faltungs-, Streckungs- und anschließenden Verkürzungsprozeß die insektentypische Organogenese an die speziellen Verhältnisse des Diptereneies anpassen. Wir brauchen uns mit diesen Vorgängen nicht weiter abzugeben, da sich die Determinierung des segmentalen Vormusters bereits im Blastoderm abspielt. Eine ausführliche Darstellung aller Keimstadien findet sich bei Leptin (1994, 116); eine sehr brauchbare Zusammenfassung bietet Slack (1991, 216); konzentrierter ist das Schema von Nüsslein-Volhard (1994a, 115).

Das Fehlen von Zellgrenzen im syncytialen Blastoderm ist die Voraussetzung dafür, daß der Mechanismus der zonierten Genexpression durch die Steuerung von Morphogengradienten funktioniert. Im Cytoplasma anwesende Determinanten müssen die Möglichkeit haben, über gewisse Strecken innerhalb des Keimganzen zu diffundieren, um unterschiedlich stark ins Kerninnere einzudringen und dort konzentrationsabhängige Anschaltungen von Genen vorzunehmen. Und auch die Produkte der derart aktivierten Gene müssen wieder frei ins Eiplasma treten können, um weitere Gradienten aufzubauen. Durch die Ausbildung von Zellmembranen verschwindet die Möglichkeit des diffusionsabhängigen Signaltransports, und es treten zelluläre Kommunikations-Mechanismen an seine Stelle.

Regionale Spezifizierung durch positionsabhängige Genexpression verlangt rein logisch die Vorgabe von Positionsinformation als ersten Schritt. So steht am Anfang der Eientwicklung von Drosophila eine Determinierung durch vier verschiedene Positionssignale: eines für vorn, eines für hinten, eines für die terminalen Regionen und eines für die dorso-ventrale Körperachse. Man kann vor diesem Überfluß an Ausgangsinformation verwundert den Kopf schütteln; eigentlich sollten zwei Positionsmarkierungen − eine für vorn/hinten und eine zweite für oben/unten − genügen, wie das bei anderen Organismen ja auch der Fall ist.

Ein Blick auf den embryonalen Anlagenplan (Alberts et al. 1994, 1081; Slack 1991, 219) zeigt allerdings, daß nur die mittleren zwei Drittel (75 bis 15 % Eilänge) des Keims der epidermalen Segmentierung unterliegen, während die beiden terminalen Kappen davon nicht berührt sind. Aus diesem Material werden die Vorderstrukturen des Kopfbereichs bzw. das nach Gastrulationsbeginn von beiden Enden her einwandernde Entoderm gebildet. Es ist verständlich, daß für die Determinierung von Keimbezirken, die nicht die äußere Segmentierung, sondern die innere Organisation aller Segmente betreffen, eigene Signalsysteme verwendet werden. (Zwar unterliegt auch die innere Organisation einer segmentalen Spezifizierung, aber diese erfolgt erst nach der Gastrulation im Ausgang vom Mesoderm.) Damit ist das terminale Determinierungssystem zunächst einmal genügend gerechtfertigt, nicht aber die Duplizität von anteriorem und posteriorem, die ja beide ein und dieselbe Körperlängsachse spezifizieren. Wir werden bei der Erklärung der ersten Gradientenwirkungen auf diese Besonderheit zurückkommen.

Die Information für Vorne und Hinten erfolgt durch die Lokalisation cytoplasmatischer Determinanten; für Unten bzw. die terminalen Regionen durch die Etablierung von Induktionssystemen, die von regional positionierten Signalmolekülen im Raum außerhalb der Eimembran (Perivitellinspalt) ausgehen. Nach der Befruchtung des Eies führen diese Signale zu einer Aktivierung der in ihrer Nähe liegenden Transmembran-Rezeptoren, wodurch die Positionsinformation ins Keimesinnere weitergeleitet wird. Diese strategische Verschiedenheit in der Informationsvermittlung muß im Zusammenhang mit der achsenspezifischen Aufgabenverteilung bei der Erstellung der basalen Organisation gesehen werden. Entlang der anterio-posterioren Körperachse erfolgt die Gliederung in Segmente, in der Richtung des dorsoventralen Gradienten (und der terminalen Regionen) die Gliederung in Keimblätter – und letztere geschieht auch bei anderen Organismen vor allem auf induktivem Weg (Alberts et al. 1994, 1085).

Da wir uns vorgenommen haben, unsere Betrachtung auf die segmentale Determinierung zu beschränken, können wir von einer Diskussion der beiden keimblattspezifizierenden Signalsysteme absehen. Die einzelnen Elemente dieser vielgliedrigen Signaltransduktionswege sind im wesentlichen identifiziert und in mehr oder weniger ausführlichen Gesamtdarstellungen zu finden. Wir verweisen für die Ausbildung der dorso-ventralen Polarität (Toll-Signalweg) auf Gilbert (1994, 564) und für das terminale System (Torso-Signalweg) auf Duffy & Perrimon (1994, 391).

Die anterioren und posterioren Determinanten bestehen in Messenger-RNA-Molekülen, die vom Mutterorganismus an den beiden Polen des heranreifenden Eies deponiert werden. Nach der Befruchtung wird diese maternale Mitgift von den embryonalen Translationsmaschinen (Ribosomen) in Proteine übersetzt, die von den Ei-Enden zentralwärts diffundieren und so erste, 'maternale' Gradienten ausbilden.

6.3 Die Kaskade der frühembryonalen Genaktivierung

Das von der anterioren Determinante *bicoid* codierte Protein bildet so ein nachweisbares Konzentrationsgefälle in den vorderen zwei Dritteln des Eies. Gemäß seiner Funktion als Morphogen muß dieses Protein eine diskrete Signalwirkung in bezug auf die Spezifizierung von Körperzonen haben, und diese besteht in der Transcriptionskontrolle von *hunchback* (*hb*), des ersten Vertreters der Klasse der Gap-Gene. Deren Name rührt daher, daß ihre Mutationswirkung phänotypisch immer im Ausfall mehrerer zusammenhängender Segmente besteht, also größere Lücken ('gaps') im segmentalen Körperaufbau hinterläßt (Gilbert 1994, 567). Gemäß der schwellenwert-abhängigen Wirkungsweise von Morphogenen wird *hb* nur in der vorderen Hälfte des Embryos exprimiert, was sich in einer scharfen Grenze der durch in-situ-Hybridisierung nachweisbaren *hunchback*-RNA in der Ei-Mitte äußert (Nüsslein-Volhard 1994a, 117, Abb.5c). Entsprechend drastisch ändert sich auch die Verteilung des hunchback-Proteins: nach einer gleichmäßig hohen Konzentration in der vorderen Eihälfte fällt der Gradient zur Mitte hin steil ab und ist in der rückwärtigen Eihälfte (zunächst) nicht mehr anzutreffen.

Was für eine Rolle spielt die posteriore Determinante? Da an ihrer Ausbildung eine größere Anzahl von Genen beteiligt ist (was unter anderem mit der Determinierung des Polplasmas zusammenhängt), läßt sie sich weniger leicht mit einem bestimmten maternalen Gen in Verbindung bringen. Üblicherweise wird sie jedoch mit *nanos* (*nos*) identifiziert, da dessen Genprodukt die Aufgabe des posterioren Morphogens übernimmt (Tautz 1988). Das nanos-Protein aktiviert aber nicht eines der Gap-Gene, sondern es übt eine negative Kontrolle aus, indem es durch Besetzung der 3'-UTR ('untranslated region') die Translation der *hunchback*-mRNA verhindert (Wharton & Struhl 1991).

Man fragt sich unwillkürlich, was für ein Sinn hinter diesem Mechanismus steckt. Durch die Eigenart der Morphogenwirkung des bicoid-Proteins ist die Expressionsdomäne von *hb* schon derart genau auf die vordere Eihälfte beschränkt, daß eine zusätzliche Kontrolle der *hunchback*-Translation in der hinteren Eihälfte völlig überflüssig erscheint. Es sind hier einfach keine *hunchback*-RNA-Moleküle mehr da, die es an der Translation zu hindern gälte. Diese Aussage stimmt jedoch nur in bezug auf die zygotische Expression von *hb*. Das Eiplasma enthält aber darüber hinaus auch eine gleichmäßige Verteilung von maternaler *hunchback*-RNA — und die gilt es natürlich in der hinteren Eihälfte zu beseitigen, wenn eine wirksame Zonierung des Eies erfolgen soll.

Warum aber überhaupt eine solche zusätzliche 'Ausgabe' der *hb*-Message, wenn sie doch nur den eigentlichen Informationswert verschleiert und deshalb extra wieder beseitigt werden muß? — Man war lange Zeit der Meinung, die Wirkungen von *bicoid* und *hunchback* wären so unabhängig voneinander, daß sich eine klare Reihenfolge ihrer Wirkung aufstellen ließe: *bicoid* aktiviert *hunchback* und *hunchback* das nächste Gap-Gen, *Krüppel* (*Kr*). Dann wäre eine zweifache Ausgabe derselben Botschaft tatsächlich sinnlos — umso mehr, wenn sich die beiden Boten dabei auch noch behindern.

Eine eingehendere Untersuchung der Expressionsverhältnisse im intakten Organismus hat jedoch gezeigt, daß dieses Denkmodell zu simpel ist. Vielmehr sind an der Kontrolle aller anterioren Gap-Gene *bicoid* und *hunchback* stets gemeinsam beteiligt (Simpson-Brose, Treisman & Desplan 1994). Das bedeutet natürlich auch, daß das bicoid-Protein das hunchback-Genprodukt bereits braucht, um *hb* überhaupt aktivieren zu können, womit die Anwesenheit der maternalen *hunchback*-mRNA keineswegs überflüssig, sondern höchst notwendig ist. Daß diese autoregulative Rückwirkung von *hb* auf seine eigene Expression (Simpson-Brose, Treisman & Desplan 1994, 860) zunächst unerkannt blieb, hängt mit den experimentellen Bedingungen der Analyse der bicoid-Bindungstellen am *hb*-Promoter zusammen (Driever, Thoma & Nüsslein-Volhard 1989). Bei einem etwas veränderten experimentellen Ansatz hatte sich zwar die Möglichkeit eines solchen Zusammenwirkens schon vor Jahren angedeutet, war dann aber abrupt ausgeschlossen worden (Struhl, Struhl & Macdonald 1989, 1263).

Auch wenn damit die doppelte Ausbildung des hb-Gradienten offensichtlich kein Beispiel einer redundanten Genwirkung ist, wie Tautz (1992b) ursprünglich vorschlug, zeigt die Synergetik der bicoid- und hunchback-Proteine doch, wie in der lebendigen Wirklichkeit des Keimganzen die Steuerung von Entwicklungsprozessen gewöhnlich auf mehr Kanälen nebeneinander verläuft, als das in der Isolation der Versuchsbedingungen zutage tritt, bzw. in die dürren Linien unserer abstrakten Rekonstruktionen Eingang findet.

6.3.2 Die Vielfalt der Gap-Genexpressionen liefert die Grundlage für die positionsspezifische Segment-Determinierung

Auf die Ausbildung des Morphogen-Gradienten von *hunchback* folgt die Expression eines ganzen Arsenals weiterer Gap-Gene: *giant* (*gt*), *Krüppel* (*Kr*), *knirps* (*kni*) sind dabei für die Segmentregion des Blastoderms die wichtigsten. *tailless* (*tll*) und *huckebein* (*hkb*) kommen für die Terminalregionen noch dazu, und mindestens drei zusätzliche, weniger gut charakterisierte Gapgene spezifizieren den vorderen Kopfbereich.

Es ist verlockend, den Schaltplan all dieser Gene in derselben Genauigkeit nachzuzeichnen, wie das für die Kontrolle der *hb*-Expression geschehen ist. Nicht nur der Umfang des Unternehmens hält uns jedoch davon ab. Es scheint bis heute keine befriedigende Darstellung dieses Schaltplans zu geben, jedenfalls keine, die so vollständig wäre, daß damit das Anschalten jedes Gens wirklich nachvollziehbar ist. Es gibt eine frühe Skizze von Jäckle und Mitarbeitern (1989, 515) und es heißt, Jäckle habe dieses Schema seither ständig erweitert, um damit bei Tagungen über ein Test-Dia für die Konzentrationsfähigkeit seiner Zuhörer zu verfügen. Eingang in die Lehrbücher hat davon bisher erstaunlicherweise nichts gefunden.

6.3 Die Kaskade der frühembryonalen Genaktivierung

Unsere Reserve gegenüber umfangreichen Schaltplänen hat wenig mit den immer noch vorhandenen Lücken zu tun oder mit der zu erwartenden Komplexität (man denke an die erst anfänglich aufgedeckten synergistische Nebenwirkungen!) – und schon gar nichts mit einem Zweifel an der Bedeutung Jäckles für die Erforschung der Drosophila-Embryogenese (Sander 1992). Es geht vielmehr um die unseres Erachtens noch wenig erhellte Theorie der transcriptionalen Aktivierung der Gap-Gene. Ein Beispiel soll das verdeutlichen.

Im genannten Schema Jäckles finden sich für das zentrale Gap-Gen *Krüppel*, das die mittlere Region des Segmentierungsmusters kontrolliert, nur reprimierende Einflüsse der beiden Nachbargene *hunchback* und *knirps*, die damit die Expressionsdomäne von *Kr* begrenzen. Kein Wort aber darüber, wer denn *Kr* eigentlich aktiviert, was doch offensichtlich vorgängig geschehen muß, um eine Repression sinnvoll zu machen. Bisweilen war in frühen Veröffentlichungen der vage Hinweis zu finden, daß die Aktivation durch 'allgemeine Transcriptionsfaktoren' erfolgen solle, jedoch ohne jede nähere Diskussion, wie man sich das denn vorstellt. Durch die Untersuchungen von G. Struhl und Mitarbeitern kam schließlich ein zweifacher Einfluß des hb-Morphogens auf die *Kr*-Expression zum Vorschein: niedrige hb-Konzentrationen aktivieren *Kr*, während hohe Konzentrationen reprimierend wirken (Struhl, Johnston & Lawrence 1992, 239). Tautz (1992b, 264) hat dann dieses Steuerungsmodell der *Kr*-Expression noch weiter ausgebaut, womit nunmehr sowohl die Anschaltung als auch die Begrenzung dieser Genwirkung hinreichend verständlich ist.

Nun stellt sich aber das Problem, wie denn dieselben Transcriptionsfaktoren, und solche stellen die genannten Proteine ja doch dar, die Transcription eines Gens einmal aktivierend und ein andermal reprimierend beeinflussen können. Es handelt sich ja diesmal nicht um die Wirkung auf verschiedene Promotoren, sondern auf stets den gleichen Promoter immer desselben Gens. Die Existenz starker und schwacher Bindungsstellen für ein bestimmtes Regulationsprotein, wie sie die Arbeitsgruppe von Nüsslein-Volhard für den *hunchback*-Promoter aufgedeckt haben (Driever, Thoma & Nüsslein-Volhard 1989, 365), kann hier eine Antwort liefern.

Das *hunchback*-Gen hat oberhalb seiner eigentlichen Promoterregion, an der bekanntlich die RNA-Polymerase bei Transcriptionsbeginn ansetzt, sechs Bindungsstellen mit der neunbasigen Consensus-Sequenz TCTAATCCC für das bicoid-Protein. Drei davon haben eine sehr hohe Affinität zum bicoid-Protein, weil sie das genannte Bindungsmotiv praktisch in Reindarstellung aufweisen. An drei anderen, mit größeren Differenzen zum Consensus (TGCTAAGCT, CGTAAGCT und GATAATCCA), bindet bicoid nur, wenn es in sehr hohen Konzentrationen vorliegt. Für die *hb*-Aktivierung braucht es diese hohe bicoid-Konzentration allerdings nicht. Das hat Nüsslein-Volhard veranlaßt, weiter kopfwärts gelegene Gap-Gene zu postulieren, die sich nur von hohen bicoid-Konzentrationen anschalten lassen, also im Promoterbereich nur solche Bindungsstellen haben wie die niedrig-affinen im *hunchback*-Gen. Obwohl diese Annahme nicht zwingend ist, wurden der Voraussage entsprechende Kopf-Segmentierungsgene entdeckt (Cohen & Jürgens 1990, 485; Finkelstein & Perrimon 1990).

Im Zusammenhang mit der von Tjian (1995, 59) vorgeschlagenen Wirkungsweise des Transcriptionskomplexes ist es nun möglich, das Vorhandensein überzähliger Bindungsstellen für ein bestimmtes Regulationsprotein, wie sie sich am *hb*-Promoter finden, im Sinne einer differentiellen Regulation zu interpretieren. Obwohl das betreffende Regulationsprotein ein Transcriptionsaktivator sein soll, erscheint es möglich, daß dieses selbe aktivierende Protein, wenn es in zu hoher Konzentration vorliegt, auch an Enhancerregionen bindet, die eigentlich im konkreten Fall frei bleiben müßten, um den Zusammenbau des funktionsfähigen Transcriptionskomplexes nicht zu behindern. Solcherart könnte sich ein Transcriptionsaktivator unversehens in einen Repressor verwandeln, ganz genau wie freiwillige Helfer bei einem Verkehrsunfall eher hinderlich sein können, wenn sie in zu großer Zahl herumstehen und die eingespielte Zusammenarbeit des Bergunspersonals beeinträchtigen.

Zugegebenermaßen handelt es sich bei unserem Lösungsvorschlag nur um ein Denkmodell. Daß er in die richtige Richtung geht, belegt Johnson (1995, 656) mit einer Reihe von Beispielen für die verschiedenen interaktiven Bindungsmöglichkeiten von Repressoren und Aktivatoren. In ähnlicher Weise ließe sich grundsätzlich auch die Doppelwirkung der bicoid- und hunchback-Proteine auf die *Kr*-Expression erklären, auch wenn nicht vorliegt, wie die Kombinationsmöglichkeiten der Transcriptionsfaktoren am *Kr*-Promoter im einzelnen aussehen. Und das ist das eigentliche Problem bei der Aufstellung von Schaltplänen für die Gap-Gene und wohl generell für die gesamte Expressionskaskade der Segmentierungsgene. Die vorhandenen Daten, sei es, was die Bindungsverhältnisse, sei es, was die Anzahl der beteiligten Gene selbst anlangt, reichen einfach noch nicht aus.

In diesem Zusammenhang ist die lange Zeit unklar gebliebene Funktion von *caudal* zu erwähnen, dessen Eingliederung in die Segmentierungskaskade bis vor kurzem nicht möglich war (Tautz 1992a, 320) – es fehlt deshalb auch in unserem Schema. Nun hat die Arbeitsgruppe um Jäckle (Göttingen) nachgewiesen, daß *caudal* für die hintere Körperhälfte eine ähnliche Rolle spielt wie *hunchback* für die vordere (Rivera-Pomar et al. 1995). *caudal* wird ebenfalls maternal und zygotisch exprimiert und aktiviert weitere Gap- und Pair-rule-Gene (*knirps* bzw. *ftz* und *hairy*) Dies belegt nicht nur seine Rolle als primäres Gap-Gen, sondern weist auch darauf hin, daß Unklarheiten in den Schaltplänen der Gap-Gene wenigstens zum Teil auf bisher noch nicht identifizierte Genwirkungen zurückzuführen sein können.

Wir geben uns darum mit dem eher summarischen Modell zufrieden, das Pankratz und Jäckle (1990, 289) v.a. aufgrund der sichtbaren Verteilung der

Gap-Genprodukte entworfen haben. Darauf basiert das hier unter Einbeziehung weiterer Segmentierungsgene entworfene Schema 3.

Schema 3:
Morphogen-Gradienten und Expression von Segmentierungsgenen

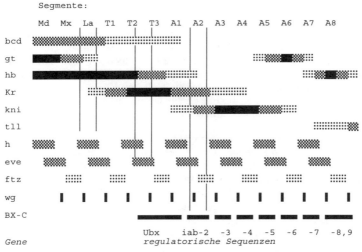

Dunkle Balken entsprechen den Stellen höchster Konzentration eines Morphogens; hellere Raster deuten den Gradientenverlauf an, ohne im einzelnen die Schwellenwerte genau zu berücksichtigen. (Unter Verwendung von Angaben aus: Hennig 1995, 664; Alberts et al. 1994, 1091; Gilbert 1994, 561.)

Zur Verdeutlichung des Schemas noch einige Bemerkungen. Generell läßt sich sagen, daß die Expression fast aller Gap-Gene von den maternalen Morphogenen und dem primären hb-Gradienten abhängt. Die Wirkung von *bcd* und *hb-mat* auf die Ausbildung des hunchback-Gradienten wurde angesprochen; die regulatorische Funktion von hunchback (zusammen mit bicoid) für die Expression von *gt*, *Kr* und *kni* ist von Struhl, Johnston & Lawrence (1992) genügend aufgeklärt.

Am Hinterende treten erneute Gradienten von *giant* und *hunchback* in Erscheinung, die auf eine Beteiligung des terminalen Signalsystems an der Spezifizierung des Körper-Hinterendes hinweisen (St Johnston & Nüsslein-Volhard 1992, 208). Der gap-gen-spezifizierende Einfluß von *tailless* (*tll*) ist belegt (Weigel, Jürgens, Klingler & Jäckle 1990, 497). Das ebenfalls vom torso-Signalweg kontrollierte Gen *huckebein* (*hkb*) ist allerdings nur mehr für die Ausbildung terminaler Strukturen zuständig. Es ist darum in unserem Schema nicht mehr eingezeichnet. Beide Gene werden auch am Vorderpol exprimiert; dieser Teil ist aber aufgrund der unklareren Verhältnisse der dortigen

Gap-Genexpression in der Darstellung von Pankratz und Jäckle nicht berücksichtigt. Darüber hinaus beeinflußt das anteriore Terminalsystem auch noch die Wirkung von bicoid: durch Phosphorylierung mittels des torso-Signalwegs wird die genaktivierende Funktion des bcd-Proteins gedrosselt (Ronchi et al. 1993).

Die anfänglichen Expressionsmuster sind noch nicht stabil. Durch wechselseitige Regulation (v.a. Reprimierung) verschärfen die Gap-Gene ihre Grenzen zueinander und verschieben teilweise auch noch die Maxima ihrer Proteingradienten. So haben etwa der posteriore gt- und hb-Gradient zunächst Konzentrationsmaxima, die sich weit bis zum Keim-Ende ausdehnen. Später werden diese Maxima derart reduziert, daß sie schließlich nur noch jeweils ein Segment (A6 bzw. A8) betreffen. Zumindest teilweise ist dafür das hb-Protein verantwortlich, das, wie wir gesehen haben, in hohen Konzentrationen reprimierend auf *giant* wirkt. (Für die Einschränkung der hb-Domäne dürfte wohl die steigende Konzentration des tailless-Proteins verantwortlich sein.)

Auf jeden Fall ist nach Etablierung der endgültigen Konzentrationsverhältnisse die Verteilung der Gap-Proteine derart heterogen, daß jedes Segment durch eine eigene Mischung charakterisiert werden kann. Als Beispiel wurde im Schema der Bereich der Lab-Segmentanlage (= 3. Kiefersegment) auf die Gradienten projiziert; es ist leicht festzustellen, daß es kein anderes Segment gibt, das in der Auswahl der Morphogene bzw. der Stärke ihres Auftretens damit übereinstimmte. Selbst das benachbarte Mx-Segment unterscheidet sich, wenn schon nicht so sehr in den Molekül-Spezies, so doch vor allem in deren Konzentration. Es hat sehr viel mehr gt und auch mehr bcd (was allerdings bei der gewählten Rasterdarstellung nicht so zum Ausdruck kommt). Es ist jetzt schon ersichtlich, daß der wesentliche Anteil der segmentspezifischen HOM-Genaktivatoren von den Gap-Proteinen gestellt wird (Harding & Levine 1988).

6.3.3 Regulatorische Einheiten der Segmentierungsgene ermöglichen die Umsetzung der ungleichmäßig verteilten Morphogene in periodische Segmentmuster

Die Informationsvermittlung der Gap-Gene unterliegt zwei einander widerstreitenden Zielsetzungen, die die Erstellung des 'basic body plan' bestimmen: Ausbildung von regelmäßig sich wiederholenden Segmentierungseinheiten und Charakterisierung dieser Segmente entsprechend ihrer Position im Körperbauplan. Wenngleich die zweite Aufgabe mit einem heterogenen Morphogen-Gemisch zufriedenstellend gelöst werden kann, so ist genau diese Heterogenität für die Etablierung repetitiver Strukturen, wie sie die (Para-)Segmentgrenzen darstellen, ein Hindernis. Die Vertreter einer zweiten Klasse in der Hierarchie der embryonalen Genexpression, die Paarregel-Gene ('pair-rule genes') lösen dieses Problem damit, daß der Promoter ein und desselben Gens durch ganz verschiedene Kombinationen von Gap-Proteinen angeschaltet werden kann. So kommen — eine Station später im Fahrplan der Gen-Schal-

6.3 Die Kaskade der frühembryonalen Genaktivierung

tung — trotz der ungleichen Verteilung der Gap-Proteine dennoch regelmäßige Expressionsmuster zustande, die die Voraussetzung für die Ausbildung repetitiver Segmentanlagen sind.

Man unterscheidet zwei Gruppen von Pair-rule-Genen; zunächst eine primäre Gruppe: *hairy* (*h*), *even skipped* (*eve*) und *runt* (*run*). Die Expressionsdomänen zweier dieser Gene (*h* und *eve*) sind in unser Schema eingezeichnet, und das genügt, um das Prinzip zu verdeutlichen. Die Expressionsdomänen haben etwa die Breite eines (blastodermalen) Parasegments; sie treten in sieben Wiederholungseinheiten auf, und die Streifenmuster der einzelnen Gene sind zueinander versetzt. In die Lücken zwischen den Streifen eines Pair-rule-Gens 'passen' die Expressionsdomänen eines anderen. *runt* alterniert so mit *hairy* und *fushitarazu* (*ftz*) mit *even skipped*. Für den Fall der letztgenannten beiden Gene ist das in unserem Schema angedeutet (Darstellung der Expression einiger Pairrule-Gene: Slack 1991, 244).

ftz gehört bereits zu den sekundären Paarregel-Genen, die ihren Namen daher haben, daß für ihre Aktivierung der Rahmen der primären pair-rule-Expression erstellt sein muß (Slack 1991, 249). Weitere Vertreter solcher sekundärer Paarregel-Gene sind *odd-paired* (*opa*), *odd-skipped* (*odd*), *sloppy-paired* (*slp*) und *paired* (*prd*) (Auflistung: Gilbert 1994, 545). Es ist leicht einzusehen, daß mit einem solchen Arsenal an regelmäßigen und gegeneinander verschobenen Streifenpaaren ein iteratives Determinationsmuster periodischer nucleärer bzw. zellulärer Identitäten zu gewinnen ist, das in die Abfolge der Parasegmente umgesetzt werden kann.

Wie bewerkstelligt es nun der Promoter eines Pair-rule-Gens, auf geringfügige Konzentrationsunterschiede der Gap-Proteine derart sensibel zu reagieren, daß die für eine Alternanz der Streifen notwendige Alles-oder-nichts-Schaltung zustande kommt? Die Antwort liegt darin, daß die Expression der Pair-rule-Gene als mehrstufiger Prozeß gesehen werden muß.

Wenn der Promoter eines Pair-rule-Gens einfach nur Bindungsstellen für alle entlang der Körperlängsachse vorkommenden Gap-Proteine enthielte, wäre es tatsächlich schwer einzusehen, wie ein gestreiftes Expressionsmuster zustandekommen sollte. Am even-skipped-Gen ist aber durch Deletionsexperimente gezeigt worden, daß die Promoter-Regionen der Pair-rule-Gene einen modulartigen Aufbau haben (Harding et al. 1989).

Das am besten bekannte Gen *even-skipped* besitzt so in einer mehrere Tausend Basenpaare umfassenden regulatorischen Region stromaufwärts des Promoters vier derartige Enhancer-Module, die für die Ausbildung der Streifen 1, 3, 2+7 bzw. 4-6 verantwortlich sind. (Darüber hinaus liegt in dieser Region auch noch ein autoregulatives Element). Jedes dieser Module hat Bindungsstellen für ein eigenes Sortiment von Gap-Proteinen, von denen jeweils einige als Aktivatoren, andere als Repressoren wirken. Für die Ausbildung des Transcriptionskomplexes ist es erforderlich, daß (zumindest) ein Enhancermodul — wohl in Form einer Chromatinschleife — mit den promoterbindenden Basalfaktoren interagiert. Wenn man nun in Gedanken die Reihenfolge der Enhancer-Module auf die Verteilung der Gap-Gradienten im Blastoderm projiziert, zeigt sich, daß es jeweils nur bestimmte Zonen sind, die eine Gap-Mischung besitzen, die in der Lage ist, eines der Enhancer-Module zu aktivieren. Links und rechts davon liegen in der Regel andere Bereiche, die keine für die Aktivierung geeignete Morphogen-Zusammensetzung aufweisen, bzw. wo die Zahl der reprimierenden Komponenten die der aktivierenden übersteigt (Stanojevic, Small & Levine 1991; Beardsley 1991, 71; Gilbert 1994, 550).

Der Streifen 2 von *even-skipped* wird so in Abhängigkeit eines Enhancer-Moduls exprimiert, das Bindungsstellen für die vier Gap-Proteine bicoid, hunchback, giant und Krüppel besitzt; bcd und hb wirken dabei aktivierend, während gt und Kr reprimieren. Ein Blick auf unser Schema offenbart die Logik dieser Struktur: bcd und hb sind in der Region, wo der zweite *eve*-Streifen exprimiert werden soll, in hohen Konzentrationen vorhanden, während die Gradienten von gt und Kr außerhalb dieser *eve*-Domäne liegen und so rasch ansteigen, daß sie die Expression begrenzen können.

Die Enhancer-Region für den Streifen 2 sollte auch für die Ausbildung des siebten Streifens verantwortlich sein (Gilbert 1994, 549). Wir überpüfen anhand unseres Schemas, ob das möglich ist. Offensichtlich ja, denn der hb-Peak genügt, um *eve* zu exprimieren, während der giant-Gradient wieder für die Begrenzung nach vorn sorgt. (Ob für das rückwärtige Ende des Streifens 7 nur das Nachlassen der hb-Konzentration zuständig ist, oder darüber hinaus auch noch eine reprimierende Wirkung des tll-Gradienten erforderlich ist, geht hieraus allerdings nicht hervor.)

Für den Streifen 3 von *eve* sind die Verhältnisse durch Linien in unserem Schema verdeutlicht. Dieser Streifen hat sein eigenes Enhancer-Element, das durch zwanzig Bindungsstellen für hb, aber keine einzige für Kr gekennzeichnet ist (Gilbert 1994, 549). Wiederum ist dadurch die Expression vortrefflich gewährleistet: die in dieser Zone rasch abnehmende Konzentration von hb genügt bei so vielen Bindungsstellen immer noch für eine effektive Aktivierung, die gleichzeitig von einer auch noch so hohen Kr-Konzentration nicht behindert werden kann. Anders liegen dagegen die Bedingungen für die Begrenzung des Streifens; sie kann diesmal nicht von Kr übernommen werden, und auch die Gradienten von gt und kni sind noch zu weit weg, um für eine ausreichenden Kontrolle in Frage zu kommen.

Die nicht überall im notwendigen Maß vorhandene negative Kontrolle der pair-rule-Expression durch die Gap-Gradienten zeigt, daß daneben auch noch ein anderer Mechanismus wirksam sein muß. Er besteht in der schon angesprochenen Kreuzregulation der Pair-rule-Gene untereinander. Am besten ist hier die Situation für *fushi tarazu* untersucht. Die Transcription dieses Gens erstreckt sich zunächst über die ganze Breite der blastodermalen Segmentierungszone. Dreißig Minuten nach dieser homogenen Erst-Expression zeichnen sich immer deutlicher werdende lokale Verstärkungen ab, die schließlich zu den sieben, durch klare Zwischenräume unterbrochenen Streifen des ftz-Musters werden (Gilbert 994, 550). Ist für diese lokale Unterdrückung vor allem das primäre Pair-rule-Gen *hairy* verantwortlich (Wilkins 1993, 283), so kommt zur Präzisierung der Streifen noch zusätzlich ein autoregulativer Prozeß ins Spiel: das Proteinprodukt von *ftz* wirkt aktivierend auf die eigene Genexpression zurück (Schier & Gehring 1992).

Verallgemeinernd läßt sich so festhalten, daß die pair-rule-Expression in drei Etappen verläuft: grundsätzliche Aktivierung durch gewisse Kombinationen von Gap-Proteinen; gegenseitige Expressionskontrolle v.a. in Richtung der primären auf die sekundären Paarregel-Gene; Selbstverstärkung durch induktive Wirkung des codierten Proteins auf den eigenen Promoter.

6.3.4 Segmentpolaritätsgene sind großenteils Komponenten des intrazellulären Signaltransports; als solche bestimmen sie die Festlegung der parasegmentalen Einheiten auf induktive Weise

Die Pair-rule-Gene üben eine aktivierende Wirkung auf eine weitere Klasse von Segmentierungsgenen aus, die Segmentpolaritäts-Gene. Obgleich die Produkte dieser Gen-Klasse sehr verschieden sind und keineswegs nur Transcriptionsfaktoren darstellen (Übersicht: Wilkins 1993, 285), haben eine ganze Reihe davon auch mit der Steuerung der Segmentierung zu tun. Man kann sich fragen, warum noch einmal eine neue Gen-Klasse bemüht wird, um die Segmentanlagen zu spezifizieren, wo doch eigentlich schon die Pair-rule-Gene genügen sollten, um eine periodische Determinierung jedes einzelnen Kerns zu erreichen. Man darf aber nicht vergessen, daß die Expressionsmuster der Pair-rule-Gene nur temporär sind, und außerdem zwischen der Tätigkeit beider Gen-Klassen der Prozeß der Zellularisierung erfolgt. Das Hindernis der Zellmembranen setzt die Morphogengradienten außer Funktion, und es müssen andere Wege für die Sicherung der Positionsinformation gefunden werden. Dies geschieht mithilfe der von Segmentpolaritätsgenen gesteuerten Signalwege.

Festgeschrieben wird die (para-)segmentale Zelldeterminierung durch die beiden Gene *engrailed* (*en*) und *wingless* (*wg*). Es sind zwei Prozesse zu unterscheiden: die initiale Expression dieser beiden Gene und die dauernde Aufrechterhaltung der durch sie definierten Zellzustände. Die initiale Expression erfolgt in Abhängigkeit von pair-rule-Proteinen (von Morphogengradienten läßt sich bei diesen durch wenige Kerne definierten Domänen nicht mehr sprechen). Aufrechterhalten wird der Aktivitätszustand durch wechselseitige Induktion, und die dazu benötigten Elemente machen es verständlich, daß an dem so einfach erscheinenden Prozeß der Segmentbegrenzung so viele Gene beteiligt sind. (Die Tatsache, daß viele Segmentpolaritätsgene für Signaltransduktions-Elemente codieren, erklärt auch, warum manche von ihnen auch in anderen Interaktions-Kontexten vorkommen, die nichts mit der Segmentierung zu tun haben.)

engrailed wird von den Produkten der Pair-rule-Gene *eve* und *ftz* aktiviert, die beide auf *wingless* reprimierend wirken. *eve* und *ftz* kommen, wie wir wissen, in alternierenden Streifen vor, die jedoch nicht nahtlos aneinander schließen, sondern jeweils einen Spalt zwischen sich offenlassen. In diesem Zwischenraum, der jeweils nur einen Kern betrifft, während die Expressionsdomänen im Mittel drei Kerne breit sind, kann *wingless* exprimiert werden. Damit ist (durchschnittlich) jeder vierte Kern, bzw., nach Bildung der Membranen, jede vierte Zelle der blastodermalen Segmentierungsregion durch *wg* markiert, und diese Markierung definiert die posteriore Grenze eines Parasegments (Gilbert 1994, 551).

Die Tatsache, daß *wingless* für ein diffusibles Protein codiert, charakterisiert seine Rolle als interzelluläres Signal. Seine Aufgabe ist, in benachbarten Zellen einen Signalweg in Gang zu setzen, durch welche die ursprünglich pair-rule-abhängige Expression des *engrailed*-Gens durch eine Selbstaktivierungs-Schleife abgelöst und damit dauernd aufrechterhalten wird. *engrailed* seinerseits kontrolliert die Synthese eines weiteren sekretorischen Proteins (hedgehog), das wieder auf die Regulation der *wg*-Expression zurückwirkt.

Der Sinn der Induktions-Regelkreise (Noordermeer et al. 1994, 82) von *wingless* und *engrailed* ist leicht einzusehen. Einerseits sorgt die Ausbreitung des wg-Proteins für eine gestufte Expression von *en*, was den Zellen eines Segments verschiedene positionelle Identität verleihen kann. Andererseits garantiert die Rückwirkung der *en*-Aktivität auf *wg* die dauerhafte Markierung der parasegmentalen Grenzen — auch über ein Breitenwachstum der Segmente hinweg, wie sie nach Einsatz der Gastrulation bei der Verlängerung des Keimstreifs erfolgt.

Es hat sich gezeigt, daß die Etablierung der Segmentgrenzen durch induktive Ereignisse eine in der Stammesgeschichte der Arthropoden früh konservierte Strategie darstellt. Selbst die Krebse, die ihren Segmentierungsplan noch nicht wie Drosophila in cumulo anlegen, sondern nach 'altbewährtem' Gliedertier-Schema Segment für Segment aus einer Proliferationszone sukzessiv hervorgehen lassen, bestimmen ihre Segmentgrenzen nicht durch die Zellgenealogie im wachsenden Keimstreif, sondern durch die induktiv gesteuerte Expression des *engrailed*-Gens in Zellen unterschiedlicher Herkunft (Dohle und Scholtz 1995). Es ist evolutionär 'verständlich', daß auch bei Drosophila, wenngleich hier die andersartig verlaufende segmentale Musterung theoretisch auch schon mit den Pair-rule-Genen allein hätte erreicht werden können, dieser phylogenetisch etablierte Mechanismus weiter in Aktion ist.

Wie bei vielgliedrigen Transduktions-Kaskaden häufig sind auch hier, obwohl das Prinzip verstanden ist (Überblick: Gilbert 1994, 551), noch nicht alle beteiligten Moleküle vollständig charakterisiert, bzw. alle Nebenwege der

Signalleitung restlos identifiziert (Details: Klingensmith & Nusse 1994, 403; Siegfried, Wilder & Perrimon 1994, 79). Der grundsätzliche Unterschied zur Wirkungsweise der vorausgehenden Pair-rule-Gene ist aber klar. Deren Vertreter hatten allesamt die Aufgabe, siebenstreifige Expressionsmuster von Transcriptionsfaktoren anzulegen, durch welche den blastodermalen Kernen ihre segmentale Zusammengehörigkeit wie ihre innersegmentale Position aufgeprägt wurde. (Das ist bei einer Segmentbreite von vier Kernen theoretisch mit vier gegeneinander verschobenen Streifenpaaren machbar, und tatsächlich sind auch 8 Paarregel-Gene vorhanden; nur wird die Praxis sicher nicht so mathematisch glatt aussehen.) Die Vertreter der Segmentpolaritätsgene haben demgegenüber sehr verschiedene Aufgaben, die aber alle nur dem einen Zweck dienen, die so geschaffenen segmentalen Identitäten mit den Mitteln der Zellkommunikation aufrechtzuerhalten.

6.3.5 Die Regionalisierung der Segmentanlagen durch den epigenetischen Prozeß der gradientengesteuerten Genexpression erfordert darauf abgestimmte bauplan-repräsentierende Promotoren

Wie von selbst führt uns das Verständnis der Funktion der Segmentpolaritätsgene zu der Ansicht, daß diese Gen-Klasse (wenn sie denn überhaupt als eine solche zu bezeichnen ist) wenig mit der segmentspezifischen Anschaltung der HOM-Gene zu tun haben kann. Auch die Pair-rule-Gene sind nicht sonderlich geeignet, mit ihren iterativen Expressionsmustern viel zur heterologen Gliederung der Polaritätsachse beizutragen. Im wesentlichen bleibt das nach wie vor die Aufgabe des Gap-Cocktails. Das geht aus unserem Schema ebenso deutlich hervor, wie es die experimentellen Befunde schon seit langem belegen (Harding & Levine 1988). Auch die genannte Unterscheidung der beiden Aufgabenstellungen von Regionalisierung und Segmentierung des Embryos bei Ingham (1988, 28) entspricht dieser Auffassung.

Es ist also nicht ganz richtig, die frühembryonale Genkaskade in das häufig zu findende lineare Schema zu zwängen: maternale Gene —▸ Gap-Gene —▸ Pair-rule-Gene —▸ Segmentpolaritäts-Gene —▸ HOM-Gene. Eher wird eine zweidimensionale Darstellung den tatsächlichen Verhältnissen gerecht, wie sie unser Schema 4 vorstellt.

Die Hauptlast beim regionsspezifischen Anschalten der HOM-Gene ist hier, durch den dicken Pfeil gekennzeichnet, eindeutig den Gap-Genen zugewiesen, während die Pair-rule-Gene mit ihren regelmäßigen Expressionsmustern dazu allenfalls für benachbart liegende Segmenteinheiten etwas beitragen können. (Man vergleiche im Schema auf Seite 205 den eingezeichneten Sektor für die regulatorische Region iab-2 des BX-Komplexes.) Die Bedeutung der Segmentpolaritätsgene für die HOM-Expression ist ziemlich unklar. Der Informationsfluß der Aktivierung wird von verschiedenen Autoren durchaus unterschiedlich dargestellt (z.B. Gilbert 1994, 534; Griffiths et al. 1993, 652; Ingham 1988, 27). Am ausgewogensten erscheint uns die Interpretation von Slack (1991,

228), der keinen direkten Einfluß der Segmentpolaritätsgene auf die HOM-Gene annimmt. Wenn überhaupt eine Regulation der HOM-Wirkung durch die Segmentpolaritätsgene existiert, dann wohl eher stromabwärts, wie es unser (eingeklammerter) Pfeil andeutet.

Schema 4:
Genetische Aktivierungskaskade

```
maternale Gradienten
        ↓
Gap-Genaktivierung
        ↓
Gap-Gradienten           ===>
        ↓                          HOM-Gene
pair-rule-Expression     -->
        ↓                          ↓ ↓
Segmentpolaritäts-Expression (->)
        ↓
    Zielgene                    Zielgene
```

Wir wissen also jetzt, wie das befruchtete Ei mit seiner Mitgift an maternalen Posititionssignalen die beiden Aufgaben der Zonierung und Segmentierung des 'basic body plan' meistert. Es ist dabei keineswegs so, wie eine allzusehr schematisierte Abbildung bei Nüsslein-Volhard (1994a, 116) insinuiert (wenn schon nicht intendiert), daß die Felderung durch immer enger zonierte anterioposteriore wie dorso-ventrale Morphogen-Domänen schon das Vormuster für die organisatorische Komplexität darstellte. Vielmehr ist es erst der an den Körperregionen orientierte Bau der HOM-Promotoren, wodurch die einander ablösenden und überlagernden Gap-Gradienten für die Ausbildung des 'basic body plan' effektiv werden.

Weil z.B. das *abd-A*-Gen in seiner ausgedehnten regulatorischen Region (Gilbert 1994, 561) Bindungsstellen hat, die auf verschiedene Gap-Kombinationen ansprechen, kann diese Gap-Verteilung in variierende Aktivitätszonen von *abd-A* umgesetzt werden. Und weil diese Aktivitätszonen mit den von den Segmentationsgenen definierten ektodermalen Einheiten korrespondieren, läßt sich auf diese Weise die segmentale Identität entlang der Körperachse positionell festlegen. (Das muß, wie wir am Beispiel der Flügelausbildung gesehen haben, noch nicht gleichbedeutend sein mit organisatorischer Identität.) Die Konzentrationsunterschiede und Mischungsverhältnisse der Gap-Proteine werden also durch den Promoterbau der HOM-Gene — aber auch nur durch ihn! — als Informationsquelle für die segmentale Positionsbestimmung genutzt. Der positionelle Informationswert der Morphogengradienten kommt wohlgemerkt durch eine Codierung zustande, die in der Anordnung der regulatori-

6.3 Die Kaskade der frühembryonalen Genaktivierung

schen Sequenzen steckt, nicht aber durch die genetische Information der Gap-Gene.

Während die Enhancer-Module der Pair-rule-Gene die räumliche Diskontinuität der Morphogene in ein periodisches Positionssignal verwandelten, stellen die regulatorischen Elemente der HOM-Gene das Interface für die – cum grano salis – genetische Digitalisierung einer in der Morphogen-Verteilung nur analog vorliegenden anterio-posterioren Bauplangliederung dar. Dadurch steckt im Funktionsmuster dieser Schaltelemente (mehr als in ihrer bloßen Reihenfolge) ein Abbild des Bauplans.

Die Abhängigkeit von Morphogen-Gradienten erweist die Steuerung der frühembryonalen Genexpression als epigenetischen Vorgang. 'Epigenetisch' heißt dabei: "von Vorgängen oberhalb der Ebene genetischer Information bestimmt" (W. Müller 1995, 138). Physikalische Parameter (Ausbreitungsgeschwindigkeit), biochemische Bedingungen (Abbau der Morphogenmoleküle) und topologische Gegebenheiten (Festlegung der Diffusionsrichtung) müssen 'zusammenhelfen', um dem Genom jene Informationen zu liefern, die es selber nicht besitzt: Zeitpunkt und Reihenfolge der Genauswahl zu bestimmen (Wilkins 1993, 467) bzw. den Ort einer bestimmten Genexpression anzugeben (Müller 1979, 135). Die Höhe der Genexpression dagegen wird weit weniger durch die Konzentrationsverhältnisse als durch genetische Parameter (Promoterbau: Zahl der Bindungsstellen) festgelegt.

Anscheinend ist es schwer nachvollziehbar, daß die Steuerung durch Morphogene eine eigene Informationsebene sein soll. Schließlich, so wird meist argumentiert, handle es sich doch bei den beschriebenen Morphogenen durchweg ebenfalls um Genprodukte, so daß letztlich doch alles auf genetische Information zurückzuführen sei. Wie meistens, verschleiert das Wörtchen 'letztlich' das Problem.

Es geht um die Frage, woher die Information stammt, daß ein Gen jetzt und hier angeschaltet wird. Das Gen selber enthält diese Information offensichtlich nicht, weder in seiner codierenden, noch in seiner regulatorischen Region. Es muß ja erst angeschaltet werden – durch das Produkt eines anderen Gens. Aber auch dieses Produkt ist nur ein Signal für die Anschaltung, wenn es am betreffenden Promoter gelandet ist. Sein Gen enthält nämlich nicht die Information für den Signalweg. Dieser wird erst durch die genannten 'epi-' (vielleicht sollte man in diesem Zusammenhang besser sagen: 'außer-') genetischen Parameter markiert. Daß ein aktivierendes Signal von einem anderen Gen stammt, ist für die Frage, warum ein Gen an einer bestimmten Stelle (und zu einem bestimmten Zeitpunkt) aktiv ist, noch keine hinreichende Antwort.

Man muß sich davor hüten, die Präzision, mit der die Gradienten-Steuerung verläuft, als Beweis für ihre genetische Determiniertheit zu nehmen. Es ist richtig, daß die Diffusionsbedingungen derart sind, daß sie eine reproduzierbare (Müller 1995, 138) Kontrolle der Genexpression erlauben. Der Ablauf der Keimesentwicklung ist kein Hazard-Spiel, bei dem man mit banger Miene abwarten müßte, ob die Selbstorganisation von Morphpgengradienten mit all ihren Interaktionsspielen schließlich doch noch etwas Vernünftiges auf die Reihe bringt. Nein, es kommt das heraus, was 'von Natur aus' im Ei vorgesehen ist, und die erwarteten molekularen Muster bilden sich höchst programmgemäß. Das heißt aber nur, daß der Mechanismus der Morphogen-Gradienten genügt, *um* den Signaltransport für die genetische Steuerung mit der notwendigen Genauigkeit zu gewährleisten.

Um ein − leider veraltendes − Beispiel zu gebrauchen: Wenn ich meinem entfernt wohnenden Freund eine Mitteilung machen möchte, muß ich nicht eigens zu ihm hinfahren; es genügt, einen Brief zu schreiben. Die Zuverlässigkeit der Postzustellung kann aber nicht darüber hinwegtäuschen, daß es einer Eigenleistung des Postboten bedarf, damit der Brief auch ankommt. Diese Eigenleistung ist selbstverständlich, ist im Postbetrieb vorgesehen, garantiert, programmiert − wie auch immer, aber sie ist nicht schon mit dem Adressieren des Briefes gegeben.

Der Postbote kann sich den Fuß brechen oder den Brief verlieren. Das verzögert die Mitteilung oder macht sie unwirksam. Genauso beim Organismus. Es kommt eben nicht immer das 'Richtige' aus einem Fliegenei heraus − auch ohne Mutagenese. Eben dies zeigt, daß die Parameter der epigenetischen Nachrichtenvermittlung eigene Faktoren darstellen, welche die Nachricht unwirksam machen können. Es zeigt aber auch, daß die epigenetischen Steuermechanismen keine bloßen Selbstorganisationsprozesse sind, die es bei beliebiger Strukturbildung bewenden ließen. 'Etwas' kommt ja immer heraus aus dem Ei, und doch sind wir damit nicht zufrieden, weil wir etwas Bestimmtes erwarten. Diese Verknüpfung unseres Erwartungshorizonts mit dem Urteil 'richtig' oder 'falsch' zeigt die Einordnung der epigenetischen Prozesse als Mittel zum Zweck des genetischen Informationstransports ebenso wie ihre − dazu ausnützbare − Eigengesetzlichkeit. Es ist schwer, diese Art der Programmverwirklichung anders als durch einen Rückgriff auf teleologische Termini zu beschreiben (Spaemann und Löw 1991, 64.)

Man möge die Zufälligkeiten der Briefzustellung in ihrer Bedeutung für den epigenetischen Signaltransport nicht überstrapazieren. Die Ausbildung der Morphogengradienten vollzieht sich, das sei noch einmal betont, mit so großer Präzision, daß wenig Spielraum für unvorhergesehene Schwankungen bleibt. Es gibt zwar Beispiele für Entwicklungsänderungen, die nachweislich nicht auf Mutationen beruhen (Sitte 1994, 254), aber weitaus häufiger sind Störungen im Entwicklungsablauf als genetische Defekte zu entlarven. Fast wie beim legendären Postboten der 'guten alten Zeit' liegt es also beim Informationstransport des Organismus gewöhnlich am Briefschreiber, wenn eine Nachricht nicht richtig ankommt.

Epigenetische Steuerung, das muß in Ergänzung zu Müller (1995, 138) betont werden, besteht nicht nur in einem Informationssystem oberhalb der genetischen Ebene, sondern auch in der Bezogenheit der molekularen Eigendynamik auf die genetische Ebene. (Aristoteles' Konzept von der Einflußnahme der Form auf die Bewegungsursachen mag einem da wieder in den Sinn kommen.) 'Epi-'genetisch ist eben nicht nur *außer*genetisch, sondern heißt Wirkung *auf* die Gene. Das hat sich in der Anpassung der regulatorischen Sequenzen an die Morphogen-Verteilung klar gezeigt. Erst die Codierung, die im Promoteraufbau steckt, macht den Wellensalat der Morphogen-Konzentrationen zu einer verwertbaren Information. (Dabei tut es der Zweckhaftigkeit dieses Ausnützungsvorgangs keinen Abbruch, daß man sich das Zusammenspiel beider Elemente, Promoterbau und Gap-Gradienten, als Resultat einer allmählichen Co-Evolution vorstellen kann.)

Der Ausdruck 'epigenetic coding' hat also sein gutes Recht, wenn man damit die Rückbindung der (*Eigen-*) Wirkung von Genprodukten auf den genetischen Schaltmechanismus ausdrücken will (Hall 1992, 90) und nicht einfach nur die "Summe aller genetischen und nicht-genetischen Faktoren", die auf Zellen einwirken können (Hall 1992, 89). Slack (1991, 32) liefert eine etwas eigenwillige Definition des epigenetic coding: "combination of states of homeotic gene activity which make up the commitment of the cell". Sie enthält jedoch mehr Richtiges, als man auf den ersten Blick wahrnimmt. Wenn man die zugegebenermaßen etwas farblose Vokabel 'Kombination' zur Charakterisierung des Signaltransports zwischen Genen gelten lassen will und die Einschränkung dieses Vorgangs auf 'homeotische Gene' nicht zu sehr preßt, dann offenbart diese Definition die entscheidende Zielsetzung der epigenetischen Codierung: das 'commitment', die Festlegung von Zellen auf ein bestimmtes Entwicklungsschicksal durch die − tatsächlich selbstorganisatorische − Ansteuerung eines bestimmten genetischen Aktivitätszustandes.

Zum Schluß sei noch einmal W. Müller das Wort gegeben. Schon 1979, also noch vor Bekanntwerden der homeotischen Steuerungsmechanismen, hat er zusammengestellt, was an "supragenischer" Information notwendig ist, damit das Genom seine Aufgabe der Entwicklungskontrolle leisten kann:

"Was müssen wir erreichen? 1. Wir müssen die Raumkoordinaten festlegen: *Polarität*. 2. Wir benötigen ein System, das den Zellen mitteilt, wo im Koordinatensystem sie sich befinden: *Lageinformation* im weitesten Sinn des Wortes. 3. Damit erst können wir räumlich geordnete Differenzierung programmieren: *Musterspezifikation*. 4. Die so eingeleitete Genexpression wird in sichtbaren zellulären und überzellulären Strukturen ihren Niederschlag finden: *Musterexpression.*" (Müller 1979, 135.)

Genau das alles 'erreicht' der epigenetische Interaktionszusammenhang von Genom und Organisation bei Drosophila.

6.4 Die maternale Vororganisation des Keims

Damit die epigenetische 'Vektorisierung' (Sitte 1985, 96) der Entwicklungsinformation erfolgen kann, müssen die Ausgangspunkte der ersten Gradienten im Ei definiert sein. Das geschieht, wie schon erwähnt, für das Vorder- und Hinterende durch Lokalisation von Determinanten, eben den maternalen mRNA-Spezies.

'Lokalisation' ist aber selbst nur eine Umschreibung für eine komplizierte Folge molekularer Prozesse. Einmal müssen die mRNA-Spezies an den Ei-Enden stationär sein, wozu eine besondere Verankerung in der Eirinde erforderlich ist. Auch wenn die Verankerungsstruktur bisher noch nicht aufgeklärt ist, weiß man, daß daran die Produkte einiger maternaler Gene (*exuperantia* und *swallow*) beteiligt sind (Berleth et al. 1988, 1754). Eine solche Verankerung ist erforderlich, damit die Lokalisierung der Determinanten die heftigen cytoplasmatischen Strömungsbewegungen bei der Ei-Reifung überdauert (Cooley & Theurkauf 1994, 594). Für die Translation sind die Transcripte natürlich von dieser Verankerung zu lösen; dann sorgt vermutlich das Produkt von *staufen* dafür, daß die mRNA-Moleküle wie an Bojen im Cytoplasma an Ort und Stelle bleiben. Außerdem muß dafür gesorgt werden, daß die postierten RNA-Moleküle nicht vor der Zeit in Proteine übersetzt werden. Diese Translationskontrolle erfolgt durch aktivierende Veränderung der Poly-Adenylierung am 3'-Ende der maternalen mRNA im Cytoplasma des befruchteten Eies (Sallés et al. 1994). Vor allem aber müssen die maternalen mRNA-Spezies von den Orten ihrer Synthese an die richtigen Stellen im Ei transportiert werden. Die dazu notwendigen komplizierten Sortierungs- und Bewegungsmechanismen laufen während der Oogenese ab und hängen aufs innigste mit dem Bau der Ei-Kammern zusammen, deren Entwicklung wir zunächst in ihren Grundzügen kennenlernen müssen.

6.4.1 Die Oogenese beginnt im Germarium des Eischlauchs mit der Erzeugung von Cysten; durch Umkleidung mit somatischen Zellen werden daraus die Eifollikel, in denen die Oocyte zur Befruchtungsfähigkeit heranreift

Eine kurze Zusammenfassung der Oogenese bieten Duffy & Perrimon (1994, 382), der wir hier neben der Darstellung in Wilkins (1993) folgen wollen. Drosophila weist einen paarigen Eierstock auf, der aus 15 bis 20 Ei-Schläuchen (Ovariolen) besteht. In jedem Eischlauch liegen die einzelnen Reifungsstadien vom Germarium bis zur Bildung der Eihüllen schön der Reihe nach hintereinander (Fotos: Gutzeit 1990, 35; Wilkins 1993, 94). Das Germarium am apikalen Ende eines Eischlauchs fungiert als Produktionszentrum für die Bildung von Eikammern. Ganz wie wir das von der Entwicklung des Nematoden Caenorhabditis her kennen, gibt es auch hier eine Stamm-Zelle, die durch ungleiche Zellteilung einen 'Cystoblasten' und eine neue Stammzelle aus sich

6.4 Die maternale Vororganisation des Keims

hervorgehen läßt — nur, daß diesmal der inäquale Stammzellenabkömmling nicht als somatische, sondern als generative Gründerzelle fungiert.

Der Cystoblast entwickelt sich über vier Zellteilungsrunden zur *Cyste*. Die Membranbildung zwischen den Tochterzellen ist dabei nur unvollständig, so daß die 16 resultierenden Cysten-Zellen durch sogenannte Ringkanäle miteinander in Verbindung bleiben. Bedingt durch die Topologie der Zellteilungen sind zwei der 16 Cysten-Zellen über vier Ringkanäle mit ihren Nachbarn verbunden, während die übrigen nur drei, zwei oder ein Exemplar solcher Verbindungsstellen besitzen (Wilkins 1993, 92). Aus einer der beiden Zellen mit vier Ringkanälen wird später die Eizelle. Um diese zusammenhängenden Cystoblasten-Abkömmlinge bildet sich dann eine Hülle aus 60 bis 80 somatischen Follikelzellen, womit die Cyste zur *Eikammer* geworden ist (Stadium 1), die aus dem Germarium drängt. Eine Eikammer ist dabei von der nächsten, schon etwas weiterentwickelten durch besondere Follikelzellen, die Stielzellen, getrennt.

Während der nächsten Stadien wachsen die 16 Cystoblasten-Abkömmlinge gemeinsam heran, wobei die Eikammer sich allmählich in die Länge dehnt. Dann zeichnet sich eine drastische Veränderung ab (Stadium 8): die posterior gelegene Zelle mit vier Ringkanälen nimmt sehr stark an Größe zu und entpuppt sich damit als zukünftige Eizelle (Oocyte), während die übrigen 15 hochgradig polyploid werden und als Nährzellen fungieren. Der Ausdruck will besagen, daß diese Zellen im Dienst der Erzeugung zahlreicher Genprodukte stehen (darum die starke Vermehrung der Chromosomensätze), die an die Oocyte abgegeben werden — darunter auch die maternalen Determinanten. Die Größenzunahme des Eies kommt allerdings in erster Linie durch die Aufnahme von Dotterproteinen zustande, die nicht in den Nährzellen synthetisiert werden, sondern im sogenannten 'Fettkörper' der Mutter, bzw., zum kleinen Teil, in den Follikelzellen.

Parallel zum Anwachsen der Eikammer differenzieren sich auch die an Zahl rasch zunehmenden Follikelzellen. Der größte Teil von ihnen drängt nach posterior und umgibt die größer werdende Oocyte mit einem dichten Säulenepithel. Über den Nährzellen dünnen damit die Follikelzellen immer mehr aus, müssen sich strecken und abflachen und degenerieren schließlich. Eine kleine, nur 6 bis 10 Exemplare umfassende Gruppe der Stielzellen-Region wandert schließlich zwischen den Nährzellen hindurch und bildet an der Grenze zwischen Nährzellen und Oocyte die Population der Grenzzellen ('border cells'). So ist die 'typische' Eikammer des Stadiums 10, in dem diese Differenzierungsprozesse abgeschlossen sind, außen wie innen bipolar organisiert: im generativen Inneren durch die Aufteilung in Nährzellen- und Oocytenhälfte; im somatischen Äußeren durch die Gliederung in Stielzellen, Nährzellenepithel und Säulenepithel.

Vom Stadium 11 an wird das Cytoplasma der Nährzellen rasch in die Oocyte verbracht, die dadurch ihr Volumen verdoppelt und die ganze Eikammer ausfüllt. Eine besondere Anordnung der Aktinfilamente in den Nährzellen hindert dabei deren Kerne am Übertritt in die Ringkanäle (Cooley & Theurkauf 1994, 594). Die gleichzeitig einsetzende Strömung des Ooplasmas hat sich dementsprechend als microtubuli-gesteuerte Verteilung der eingewanderten Zellbestandteile erwiesen (Theurkauf et al. 1992, 930). Die Zellen des Säulenepithels bilden die Eihüllen (Chorion und Vitellinmembran), während aus der anterioren Spitze der Eikammer die dorsalen Anhänge für die Belüftung des Eies werden (Hennig 1995, 649). Nun kann der Oocyten-Kern die erste Reifeteilung durchlaufen, und das Ei steht für die Befruchtung bereit. Danach erst kann der Keim mit seinen eigenen Mechanismen der Bauplan-Determinierung beginnen.

6.4.2 Die Positionierung der maternalen Determinanten geschieht durch gerichteten Transport mithilfe des Cytoskeletts, das sich in Abhängigkeit von somatischen Signalen formiert

Das Einschleusen der maternalen Determinanten, die in den Nährzellen erzeugt werden, vollzieht sich schon sehr früh in der Oogenese, nämlich in den Stadien 2 bis 6 (Cooley & Theurkauf 1994, 593), also noch vor dem speziellen Größenwachstum der Oocyte. In den folgenden Stadien erfolgt dann die richtige Verteilung der verschiedenen mRNA- und Protein-Spezies, so daß im Stadium 10 (Eikammer je zur Hälfte aus Nährzellen und Oocyte) diese Determinanten in ihrer endgültigen Position an den Eipolen anzutreffen sind.

Für den selektiven Transport der anterioren und posterioren Determinanten sind in erster Linie die Microtubuli des Cytoskeletts verantwortlich. Wir haben diese röhrenförmigen Tubulin-Aggregate schon im dritten Kapitel (Morphogenese) in ihrer Bedeutung für die Bewegung von Zellorganellen kennengelernt. Es gibt bestimmte 'Motorproteine' (Kinesin, Dynein), die auf den Microtubuli entsprechend deren polarisiertem Bau (Alberts et al. 1994, 810) in der einen oder anderen Richtung entlangfahren können.

Damit ist der sortierte Transport der Determinanten im Prinzip erklärbar. Die Motorproteine 'schnappen' sich das zu ihnen passende maternale Produkt – für die *bicoid*-mRNA ist dazu, wie schon erwähnt, die Koppelung mit dem exuperantia-Protein notwendig – und transportieren es in der ihnen eigentümlichen Bewegungsrichtung polwärts. Man nimmt an, daß Kinesin in der Drosophila-Oocyte vom Minus- zum Plusende der Microtubuli wandert, während Dynein umgekehrt von Plus nach Minus läuft (Cooley & Theurkauf 1994, 594), womit die Verteilung von anterioren und posterioren Determinanten gewährleistet wäre. Es wird allerdings auch diskutiert, ob die Bewegungsrichtung von Kinesin nicht von der jeweiligen Protofilament-Struktur der Microtubuli abhängt (Hackney 1995), so daß die Oocyte mit nur einem Motorprotein auskommen könnte, und die polspezifische Verteilung über besondere Anordnungen der Microtubuli und entsprechend selektive Bindungsmechanismen für die maternalen Determinanten abliefe.

6.4 Die maternale Vororganisation des Keims

Auf jeden Fall ist eine besondere, polare Orientierung der Microtubuli für den selektiven Transport der Determinanten notwendig. Ist eine zum posterioren Pol der Eikammer gerichtete Organisation des Cytoskeletts schon von den frühesten Stadien an für die Oocyten-Differenzierung ausschlaggebend, so verschwinden in späteren Stadien die microtubuli-organisierenden Centrosomen aus dem Hinterpol der Oocyte, um einer Neuanordnung der Microtubuli Platz zu machen. Diese zeigt sich vom Stadium 7 an in einem anterio-posterioren Dichte-Gradienten, der schließlich mit seiner subcorticalen Bündelung die ganze Oocyte auskleidet (Theurkauf et al. 1992, 933). Die für diese polarisierte Microtubuli-Anordnung notwendigen Positionssignale gehen unter anderem von einer bestimmten Gruppe posteriorer Follikelzellen aus, die dazu das uns schon bekannte *Delta/Notch*-Signalelement verwenden (Ruohola-Baker, Jan & Jan 1994, 91). Damit ist ein lange beschworener Unterschied in der Organisation der Achsensysteme (St Johnston & Nüsslein-Volhard 1992, 215) verwischt: auch die Anlage der Körperlängsachse, obwohl determinanten-abhängig, geht auf somatisch induzierte Ausgangssignale zurück.

Noch einen Schritt weiter führen Untersuchungen von Gonzáles-Reyes und St Johnston (1994). Sie sehen die Ursache für die Spezifizierung der posterioren Follikelzellen ('Polarzellen'), die instruierend auf die Orientierung des Cytoskeletts einwirken, in der posterioren Wanderung der Oocyte durch die junge Eikammer. Noch im Germarium gelangt die ursprünglich zentral gelegene 'Pro-Oocyte' an den Rand und kommt dort in Kontakt mit dem eben gebildeten Saum aus Follikelzellen. Hier soll sie dann in der Folge (Oogenesestadien 1-6) ein Signal abgeben, das die angrenzenden Follikelzellen als posteriore Polarzellen spezifiziert. Damit wäre der Signalweg der anterioposterioren Achsendeterminierung um ein weiteres Induktions-System bereichert und verliefe nun von der Keimbahn zum Soma und wieder zurück zur Oocyte.

Nun ist der 'Weg', den die Pro-Oocyte im frisch gebildeten Follikel des Germariums zurückzulegen hat, keine große Angelegenheit. Bereits im Stadium 1 befindet sich die Oocyte am posterioren Rand, und der Querschnitt durch die zu diesem Zeitpunkt nur etwa drei Zellbreiten messende Eikammer (Theurkauf et al. 1992, 926) zeigt, daß es sich lediglich um einen Positionswechsel zwischen zwei Zellen gehandelt haben kann. Ob ein solcher Platzwechsel als Ursache für eine grundsätzliche Achsen-Determinierung in Frage kommt, ähnlich wie das bei der sukzessiven Dorsalisierung des Amphibienkeims durch das einwandernde Mesoderm geschieht (Müller 1995, 69), kann man bezweifeln. Außer Frage steht allerdings, daß die Wanderung der Pro-Oocyte ein Indiz für die Polarisierung der Eikammer bereits zu einem so frühen Zeitpunkt ist (Gutzeit 1990, 34).

Ruohola-Baker, Jan & Jan (1994, 90) sehen den ersten entscheidenden Differenzierungsschritt der Follikelzellen in der Ausbildung der Stielzellen, welche das primäre Follikel von der Anlage des nächsten im Germarium abheben. Die Enden dieses 'Follikel-Stiels' markieren morphologisch den posterioren Pol der Follikel-Anlage im Germarium wie den anterioren Pol des benachbarten Stadium-1-Follikels. Es ist gut möglich, daß von diesen beiden Enden der Stielzellen auch eine spezifizierende Wirkung auf die benachbarten Follikelzellen ausgeht und diese als 'polare Precursor-Zellen' für die Bildung von posterioren bzw. anterioren Polarzellen erstmalig festlegt. Anschließend sind noch weitere Determinationsschritte erforderlich, etwa, um die Scheidung der posterioren Precursor-Zellen in Polarzellen und flankierende Zellen vorzunehmen, wofür sehr wohl eine instruierende Wirkung der Oocyte angenommen werden kann.

In jüngsten Untersuchungen haben González-Reyes, Elliott & St Johnston (1995) Hinweise (allerdings nur indirekte) erbracht, daß das Produkt des *gurken*-Gens (man erinnere sich wieder einmal daran, daß die eigentümliche genetische Namensgebung vom Aussehen bestimmter Mutanten herrührt) das induktive Signal darstellt, durch welches die Oocyte die posterioren Follikelzellen determiniert. Man weiß schon seit längerem, daß maternale *gurken*-mRNA in die Anfangsprozesse der dorso-ventralen Polarisierung involviert ist. Die mRNA lagert sich dazu wie eine Kappe um den in die anterio-dorsale Ecke eingewanderten Oocytenkern und setzt von dort aus ihre Produkte frei, die als 'short-range' Signale in gegenüberliegenden Zellen des Säulenepithels eine Transduktions-Kaskade auslösen (Ruohola-Baker, Jan & Jan 1994, 92). Vorgängig zu diesem Prozeß, der in Oocyten vom Stadium 8 an nachzuweisen ist, zeigt sich schon eine diffusere Ansammlung der maternalen *grk*-RNA am posterioren Ende der Oocyte, und dies veranlaßt González-Reyes und Mitarbeiter, dieselbe instruierende Wirkung von *gurken* für die posteriore Determinierung in Anspruch zu nehmen.

Allerdings ist für diesen Transport des grk-Signals nicht unbedingt die Wanderung der Oocyte zu bemühen. Wie Neuman-Silberberg & Schüpbach (1993, 168) festgestellt haben, wird *gurken* schon von einem sehr frühen Zeitpunkt der Oogenese an (bereits im Germarium!) exprimiert. In der Oocyte finden sich die Transcripte vom Stadium 1 an, wo sie sich bis zum Stadium 6 in der genannten Weise anhäufen − typischer Fall eines maternalen Determinanten-Transports ganz analog zu *bicoid* (Berleth et al. 1988, 1752). Die Konzentration der *grk*-mRNA an der hinteren Polkappe erfolgt parallel zur anfänglich posterioren Orientierung des Cytoskeletts und offenbar auch hier wieder die Anordnung der Microtubuli als Ursache für die Determinanten-Verteilung.

Eine solche Sicht der Dinge ist konsistent mit den erwähnten Veränderungen des microtubulären Transportsystems in den weiteren Oogenese-Stadien (Cooley & Theurkauf 1994, 594). Der Oocyten-Kern wandert vom Stadium 7 an microtubuli-abhängig entlang der dorsalen Eirinde in anteriorer Richtung, wobei er die *grk*-mRNA in einer Art microtubulärer Tasche mitnimmt. Damit können die *grk*-spezifizierten posterioren Polarzellen nun ohne Schwierigkeit mit ihrem Signalsystem einsetzen, welches jene Umorganisation des Microtubuli-Systems auslöst, die für den Transport der endgültigen anterioren und posterioren Determinanten Voraussetzung ist.

6.4 Die maternale Vororganisation des Keims 221

González-Reyes, Elliott & St Johnston (1995, 657) bieten für die dargestellte Rolle von *gurken* bei der Erzeugung der anterio-posterioren und dorso-ventralen Polarität ein einprägsames Schema. Schade nur, daß die Autoren kein Wort darüber verlieren, wie ihr Modell der keimbahn-induzierten Polarisierung der Follikelzellen mit den Erfordernissen des terminalen Determinationssystems zusammengeht, das ja ebenfalls die posterioren Polarzellen in Anspruch nimmt (St Johnston & Nüsslein-Volhard 1992, 208 und 215). Vermutlich kommt es dabei auf den Zeitfaktor an. Nachdem die posterioren Polarzellen durch die *grk*-Induktion veranlaßt wurden, ihr Signal für das Microtubuli-Rearrangement zu liefern, könnten sie einen neuen Determinierungszustand einnehmen, der einen weiteren induktiven Impuls mit einem neuen Signalweg beantworten läßt. Voraussetzung für die Steuerung von zwei verschiedenen Signalwegen durch dieselbe Stelle somatischen Gewebes ist nur, daß die beiden induzierenden Eingangs-Signale (es könnte sich theoretisch sogar um ein und dasselbe handeln) zeitlich gestaffelt sind. Und genau dies ist beim terminalen System im Vergleich zum posterioren der Fall. Wie die Wanderung der Border-Zellen (Montell 1994, 59) zeigt, die die Signalfunktion für den anterioren Teil des terminalen Systems wahrnehmen, beginnt die Etablierung der terminalen Induktion erst mit den Oogenese-Stadien 9 und 10, und da sind die posterioren Polarzellen längst ihren posterioren Signalisierungs-Pflichten enthoben.

Auch für das terminale System hat man Gene in der Keimbahn ausfindig gemacht, von denen die Wirksamkeit des somatischen Induktionsfaktors (es handelt sich um das Produkt von *torsolike*) abhängt. Vor allem das Gen-Trio *trunk*, *fs(1)Nasrat* und *fs(1)Polehole* spielt hier eine Rolle. Allerdings sind die beiden fs(1)-Gene offensichtlich für die temporäre Positionierung des torsolike-Liganden im Perivitellinspalt zuständig, die erforderlich ist, damit der zugehörige, in der Ei-Membran ubiquitär verteilte torso-Rezeptor nur in den Terminal-Regionen aktiviert wird. Bliebe noch *trunk* als Kandidat, um Polarzellen in ähnlicher Weise für das terminale System zu spezifizieren, wie das vor ihm *gurken* für das posteriore getan hat. Allerdings scheint auch *trunk* eher eine Hilfsfunktion beim torso-Signalweg innezuhaben, als die *torsolike*-Aktivität in den Polarzellen zu induzieren (Duffy & Perrimon 1994, 387). So ist es wahrscheinlich, daß die terminale Induktion der Polarzellen von einem noch unbekannten Keimbahnsignal ausgeht, und man darf gespannt sein, ob die 'große Vereinheitlichung' des gurken/torpedo-Signalwegs nicht am Ende auch noch das terminale System erfaßt.

Auf die Frage, wie ein und dieselbe Signal-Schaltung ganz verschiedene Wirkungen auslösen kann (warum also das dorsale *grk*-Induktion nicht das posterior induzierte Microtubuli-System wieder durcheinanderbringt), antworten die Urheber dieses Modells ganz klassisch mit dem Hinweis auf die unterschiedliche 'Kompetenz' der betroffenen Zellen (González-Reyes, Elliott & St Johnston 1995, 658). Dieses Rekurrieren auf einen Begriff aus der Gründerzeit der Entwicklungsmechanik zeigt, wieviel Organisationsprozesse im Spiel sein (und noch aufgeklärt werden) müssen, um einen auf den ersten

Blick so einfach erscheinenden Vorgang wie die Lokalisierung von maternalen Determinanten zu ermöglichen.

Und in der Tat — keine Rede davon, daß die Positionierung der Determinanten mit der Identifizierung der maternalen Gene schon erklärt wäre. Keine Rede auch, daß es sich dabei um einen einfachen epigenetischen Vorgang nach Art der diffusionsabhängigen Verteilung von Morphogenen handelte. Nein, die Deponierung der polaren Determinanten ist ein ausschließlich unter der Voraussetzung der mütterlichen Organisation (Eiapparat) ablaufender Vorgang, dessen einzelnen Schritte nur aus dem Gesamtzusammenhang der Ei-Entwicklung heraus möglich und verständlich sind. In diesem Sinn, das zeigt gerade die Keimesentwicklung von Drosophila überdeutlich, entsteht Organisation, und sei sie auch so elementar wie die eines Eies, immer aus schon vorhandener Organisation — nie aus dem Genom allein. Daran ändern auch die experimentell erzeugten Umdeterminierungen durch Transplantation von Polplasma nichts (Nüsslein-Volhard, Frohnhöfer & Lehmann 1987, 1676), weil in diesem Fall nie nur die maternalen Produkte, sondern auch die im Oogeneseprozeß erzeugten Lokalisations- bzw. Stabilisierungs-Strukturen mit übertragen werden. Und natürlich setzen solche Transplantationen das Vorhandensein eines organisierten Keim-Ganzen — den Empfänger nämlich — gerade erst voraus.

Literaturempfehlungen

Slack (1991)
Lawrence (1992)
Bate & Martínez-Arias (1993)
Wilkins (1993)
Gilbert (1994)
Nüsslein-Volhard (1994a)

7 Bestandsaufnahme: Organisation und Ganzheit

Wir sind mit der Philosophie am Ende. — Gemeint kann natürlich nur die 'Philosophie' von Drosophila selber sein, also die Art und Weise oder auch Raffinesse, wie eine kleine Taufliege mit scheinbar unzulänglichen Mitteln in aller Präzision ihren Organisationsplan erstellt. Nun hat noch einmal die philosophische Reflexion einzusetzen und zu sichten, zu welchem Ende all die aufgetürmten Details denn eigentlich gut waren. Hat Aristoteles angesichts der Molekularbiologie überhaupt noch eine Chance? Ganz so hoffnungslos scheint diese Frage ja nicht ausfallen zu müssen, denn im Verlauf der Untersuchung ist immer wieder einmal das Form- bzw. Ganzheitsproblem zutage getreten. Was haben wir also erreicht?

7.1 Der Keim als initiales Beziehungsgefüge

Wir haben gesehen, wie die Suche nach den Mechanismen des Lebendigen bis auf die Ebene des Molekularen vorangetrieben werden muß — und mit Erfolg vorangetrieben wird. Vermutlich ist das der eigentliche Grund für die Überzeugung von der Richtigkeit und ausschließlichen Gültigkeit der mechanistischen Interpretation: daß sie bisher noch vor keiner Fragestellung kapitulieren mußte. Trotz aller Analyse in molekulare Strukturen und Prozesse stellte sich aber im Fall des lebendigen Werdens nicht das ein, was seit Demokrit das Ideal der Mechanistik ist: Ersatz der Form-Vorgabe durch Resultate ungerichteter Element-Bewegung. Vielmehr lassen sich hier die elementaren Prozesse ausnahmslos darstellen als Funktionen im Dienst einer Organismuseinheit: sie dienen dem höheren Zweck dieser Einheit, statt ihn zu ersetzen.

Es hat sich gezeigt, wie unvollkommen der Informationsbeitrag der Gene ist, die gemeinhin dafür in Anspruch genommen werden, die Formkonstanz im Ablauf der elementaren Prozesse zu garantieren. Man muß nicht so weit gehen wie H.F. Nijhout (1990), der die Berechtigung von Ausdrücken wie 'genetische Kontrolle' oder 'Entwicklungsprogramm' überhaupt ablehnt und im Organismus (auch dieses Wort müßte dann eigentlich als unzulässige Metapher fallen) nur Vorgänge und Elemente eines prinzipiell unprogrammierten biochemischen Interaktionskomplexes sehen will. Die Logik in den regulatorischen Elementen der Segmentierungsgene sollte gezeigt haben, daß die Wirklichkeit des Organischen einmal mehr komplizierter ist als wohlfeile Interpretationsklischees — hier in Form des Modeworts vom Interaktionsnetzwerk. (Solche Netzwerke gibt es freilich zuhauf, und wir haben sie oft genug angesprochen; aber sie sind keine Erklärung des Organismus, sondern eine molekularbiologische Beschreibung seines Aufbaus.)

Der Funktionsplan der genetischen Regulation wurde aber nicht nach kybernetischen Prinzipien entworfen. Die Verteilung von Bindungsstellen auf den Promotoren ist zufällig genug und zeigt häufig den Ursprung neuer Gene aus einer Familie von 'Tandem-Duplikaten' (Lawrence & Morata 1994, 185; Li & Noll 1994, 86). Hier wurde nichts programmiert, sondern lediglich probiert, und es ist stets die Versatilität der Proteine, die aus dem schlampigen Drehbuch des Genoms doch noch ein brauchbares Stück macht. Stromauf wie stromab ist die genetische Information eingebettet in Signalwege, deren elementare Interaktionen weitgehend in eigener Regie verlaufen, aber stets so rechtzeitig auf die konservativen Informationsstrukturen der Gene zurückgebunden sind, daß eine Explosion in chaotische Selbstorganisation vermieden wird. Gerade die wechselweise Funktion von Transcriptionsfaktoren als Aktivatoren und Repressoren (Johnson 1995) ist ein gutes Beispiel für diese Janusköpfigkeit der Proteine: autonome Aktionseinheiten genauso zu sein wie subalterne Befehlsempfänger.

Epigenetische Prozesse spielten sowohl bei der strukturellen Ausgestaltung bzw. Faltung der Proteine eine Rolle als auch bei der (strukturellen wie sequenziellen) Modifikation der genetischen Information. Erst recht ist die Funktion, welche regulatorische Proteine hinsichtlich der Expression der genetischen Information wahrnehmen, als epigenetische Kontrolle einzustufen. Diese Kontrollfunktion ist ja nicht einfach schon mit dem Wirksamwerden einer genetischen Instruktion gegeben, so als wären mit der Auslösung der Synthese einer Proteinspezies ipso facto auch schon deren Funktionsmodi festgelegt. Wir haben betont, daß Parameter wie Diffusion und Degradation eines Genprodukts von dessen genetischer Information zu unterscheiden sind − mögen solche Parameter auch Konstanten des physiologischen Milieus und ihrerseits genkontrolliert sein. Und wir erinnern daran, daß perfekt synthetisierte mRNAs bzw. Proteine wieder aus dem Funktionszusammenhang entfernt werden, wenn sie zur Unzeit darin auftauchen (Bienz & Müller 1995).

Epigenese (und hier trifft der moderne Wortsinn etwas vom klassischen, der Entwicklung als Entstehung von *Neuem* qualifizierte) bedeutet aber noch mehr: sie betrifft vor allem den − zumindest pragmatischen − Informations*zuwachs*, den die Proteine aufgrund ihrer eigenen Interaktivität für das Zell- bzw. Entwicklungsgeschehen beisteuern (Maruta & Burgess 1994, 491).

Eine andere wesentliche Quelle epigenetischer Erweiterung der Gestaltinformation stellen die im 3. Kapitel angesprochenen Mechanismen zellulärer Gestalt- und Ortsveränderungen dar. Genprodukte werden hier nicht für die Auswahl genetischer Aktivität wirksam und auch nicht in der Umsetzung zellulärer Signale, sondern verändern durch ihr Auftreten in der Zellmembran oder im Cytoskelett das morphologische Verhalten ganzer Zellen (Gilbert 1994, 78). So kann die rein quantitative Steuerung der genetischen Aktivität (wieviel von einer bestimmten Proteinsorte erzeugt wird) zu massiven und von der genetischen Information direkt nicht determinierten qualitativen Effekten führen, indem Zellen eines Keimbezirks ihre Adhäsivität untereinander bzw. zu Nachbarbezirken verändern und zusätzlich ihre Form abwandeln.

7.1 Der Keim als initiales Beziehungsfüge

Wir haben von einer genaueren Diskussion morphogenetischer Prozesse abgesehen, weil die Einsicht in die zugrundeliegenden molekularen Mechanismen noch zu sehr in der Anfangsphase der Anhäufung von Einzeldaten steckt (Touchette 1994, 564). Auf der Grundlage des damals Bekannten hat Edelman (1988) den Versuch einer konsequent epigenetischen Betrachtungsweise der morphogenetisch relevanten molekularbiologischen Befunde unternommen. Es handelt sich bei den epigenetischen Prozessen also wirklich um einen Informationsvorgang, der die von den Genen begonnenen Fäden weiterspinnt und miteinander verwebt. So ist das epigenetische Informationssystem nicht unabhängig vom genetischen, aber auch nicht nur subsidiär. Es steht vielmehr zusammen mit dem genetischen im Dienst der Bestimmung des Entwicklungsplans, der selber nicht anders als im Gesamtgefüge der jeweils aktuellen Organisation lokalisiert werden kann. Man sollte darum vielleicht besser vom 'genetic' und 'epigenetic coding' sprechen als den zwei Komponenten des einen komplexen Informationssystems, das der Organismus (bzw. der sich organisierende Keim) selber ist. Die Suche nach einem 'ganzmachenden Teil', der nach Driesch den genetischen Präformismus charakterisierte, ist damit prinzipiell ad absurdum geführt.

Damit halten wir den Gilbertschen Holismus für eine im Prinzip den Tatsachen angemessene Position. Sie besagt − in sinngemäßer Wiederholung von Gilbert (1994, 580) −, daß die ganzheitliche Bezogenheit der Teile aufeinander nicht in einem einzelnen dieser Teile (oder Subsysteme) steckt und auch nicht mit der Aufsummierung dieser Teile gleichzusetzen ist. Der Aphorismus, das Ganze sei nicht die Summe, sondern das Produkt seiner Teile (Sitte 1993b, 41) ist demgegenüber zu allgemein, da es − ähnlich der gegenseitigen Passung von Proteininteraktion und Promotorbau − nicht um eine Kombination aller möglichen Interaktionswirkungen geht, sondern um die Etablierung eines definierten Gefüges. Sitte spricht darum vorsichtigerweise von "funktionellem Produkt", aber auch diese Einschränkung erscheint uns noch zu blaß. An anderer Stelle erklärt er aber eindeutig den gesamten vielzelligen Organismus zur biologischen Grundeinheit (Sitte 1992).

Wir haben den holistischen Aspekt an der mehr und mehr zutage tretenden Viellinigkeit der interzellulären Signalwege festgemacht. Die Vielfalt dieser Linien, das zeigen die gegenseitig sich in Schach haltenden Induktionssysteme von Caenorhabditis (Schnabel 1995) deutlich, repräsentiert aber nicht die eigentliche Logik des Signalwegs, sondern eher das Netz von absichernden Reserveleitungen. Es ist dazu da, im *Bedarfsfall* aktiv zu werden, *um* die Funktion der Schaltung nach einer Störung der 'Harmonik' des Systems wieder herzustellen. Solche unvermeidlichen finalen Formulierungen sind stets, wie öfter im Lauf unserer Untersuchung belegt, Hinweis auf die formale Definiertheit eines dynamischen Gefüges. Sicher ist die Sophistik der zellulären Schaltwege alles andere als perfekt − die Evolution der Lebewesen verlief nicht nur ohne Kybernetiker, sondern auch ohne Elektroingenieur. Aber allein Überlegungen, wieviel 'Redundanz' das zelluläre Informationssystem braucht (Tautz 1992b), wieviel Hintergrund-Rauschen es sich leisten kann (Bird 1995), setzen die Annahme einer Logik im Beziehungsgefüge voraus. Woher diese Logik? Nachdem eine genetische Präformierung als unhaltbar auszuschließen ist, bleibt nur noch die Organisation durch den Organismus selbst. Die Befunde der maternalen Vor-Organisation des Drosophila-Keims belegen dies eindrucksvoll. Organisation kommt immer nur von Organisation — nie vom Genom allein. Das alte Axiom vom 'omne vivum e vivo' hat also nach wie vor seine Gültigkeit, trotz aller anderslautenden Interpretationsversuche (Wolpert 1993, 79). Es muß dabei nicht immer so auffällig zugehen wie bei der Achsendeterminierung von Drosophila — aber ganz ohne maternale Determinierung verläuft die Ei-Organisation in keinem Fall (Müller 1995, 139). Die Henne-oder-Ei-Aporie ist für die Entwicklungsbiologie keine echte Frage: kein Ei ohne Henne — woher auch immer die erste Henne gekommen sein mag.

Entwicklung eines Organismus (der Begriff enthält in sich als historisches Proprium die Vorstellung eines Beziehungsgefüges von Teilen) ist nur möglich, weil ihr Ausgangspunkt — der Keim — nie weniger als ein solches Beziehungsgefüge ist, das die Möglichkeit (das 'epigenetische Informationspotential') seiner weiteren Vervollkommnung darstellt. Ein Keim genügt also dem Phänomen nach vollständig der aristotelischen Definition des Werdens: er ist 'Wirklichkeit des Möglichen'. Nur weil der Keim schon wirklich Organismus ist, das Beziehungsgefüge, das den Organismus charakterisiert, 'im Prinzip' schon hat, ist der Organismus als ganzer möglich. Lebewesen sind damit tatsächlich *primäre* Ganzheiten.

7.2 Drei Modelle der Ganzheitsbegründung

Der Keim enthält im Beziehungsgefüge seiner Organisation das Ganze des Organismus *der Möglichkeit nach*. Der hervorgehobene Zusatz klingt umständlich, enthält aber den entscheidenden Unterschied zum Präformismus: das Ganze existiert als Ziel, 'intentional' im Gefüge der Teile — nicht versteckt. Inwiefern kann aber ein Ziel, trotz der vorhandenen Wirklichkeit gegenüber noch Zukunft ist, diese aktuelle Wirklichkeit jetzt schon bestimmen?

Es geht um die Akzeptanz der finalen Struktur der Keimesentwicklung, die im Verlauf unserer Untersuchung immer wieder zutage getreten ist, und die solange unvermeidlich bleibt, als die Rede vom Entwicklungs*programm* ernst gemeint ist. Wir benützen hier bewußt das Wort 'final', um dem Definitionsstreit, der mit dem Ausdruck 'teleologisch' verbunden ist, aus dem Weg zu gehen. Im Rahmen unserer Argumentation genügt die Gleichsetzung von 'final' mit 'teleonom', weil mit 'teleonom' zwar Absichtslosigkeit, aber durchaus Zielgerichtetheit gemeint ist. An einer derartigen Qualifikation des Entwicklungsgeschehens ist wohl ernsthaft nicht zu zweifeln (Mayr 1979, 86 und 207). Freilich stimmen wir mit Spaemann und Löw (1991, 252) überein,

7.2 Drei Modelle der Ganzheitsbegründung 227

daß der Begriff der Teleonomie eine logische Inkonsequenz enthält, aber die Frage nach der evolutionären Herkunft des Entwicklungsprogramms klammern wir hier aus.

Keimesentwicklung ist also, vom offenbar unvermeidlichen Standpunkt des common sense aus betrachtet, durch ein eindeutiges Ziel bestimmt. Aus einem Froschei wird eine Kaulquappe — oder "überhaupt nix" (Spaemann und Löw 1991, 66). Die Qualifikation von möglichen Endzuständen wie Aberrationen, Monsterbildungen oder Aborten als 'überhaupt nix' zeigt, daß Entwicklung nicht einfach irgendein Resultat indifferenter Ausgangsbedingungen ist (die sich post hoc erschließen lassen), sondern auf etwas Bestimmtes angelegt ist — eben das Entwicklungs*ziel*. Dieses bestimmt als 'propter hoc' die Bedingungen derart, daß man nun auch von einem fehlerhaften Verlauf sprechen kann, der eben keine Entwicklung, sondern 'überhaupt nix' ist.

Wie bewerkstelligt nun dieses Ziel, das im Keim als reale Möglichkeit vorhanden ist, ohne deshalb schon notwendig zu sein, die Auswahl oder Ausrichtung der Entwicklungsbedingungen?

Das Ziel wirkt 'per tractionem', die Wirkursachen 'per actionem', haben die alten Scholastiker gesagt und damit etwas Richtiges in ein mißverständliches Bild gebracht. Denn die Zielursache soll ja nicht Wirkursache sein — aber ist Ziehen nicht auch ein Wirken? Aristoteles spricht darum vorsichtiger von Bewegungsursache ('to kinêsan', Phys. II 7, 198a 24; II 3, 195a) im Unterschied zur Zielsetzung ('to hoû heneka', ebd.), die angibt, *weswegen* sich etwas bewegt. Konsequenz — nicht Wirksamkeit — des Ziels ist also die 'richtige' Auswahl und Ordnung der Bewegung. Sie besteht in der Form-Vorgabe für die in alle mögliche Richtungen bewegungsfähigen Elemente, heißt das in der Korrektur zu Demokrits Mechanistik.

Das Ziel wird also erst durch die Form wirksam, und diese ist beim Lebewesen Prinzip der Bewegung. Wie wir im zweiten Kapitel gesehen haben, läßt es Aristoteles dabei bewenden, ohne die Art der Formübertragung an der Materie näher zu reflektieren, wie er das für die Kunstdinge sehr wohl tut (Met. VII 7, 1032b 23). Unsere Kenntnis des Wirkgefüges der lebendigen Form ist aber zu weit fortgeschritten, als daß wir uns mit dieser bloßen 'Außenansicht' zufrieden geben könnten. Metaphysisch war die Zielgerichtetheit der 'natürlichen Substanz' durch die Präsenz der Form-Idee in der konkret verwirklichten Form konstituiert. Wir haben diese ideelle Erklärungs-Komponente durch den empirisch leichter nachvollziehbaren Begriff des ganzheitlichen Beziehungsgefüges ersetzt. Dann fragt sich: was im Keim garantiert die Aufrechterhaltung und 'organische' Entfaltung dieses anfänglichen Beziehungsgefüges bei Zunahme seiner materiellen Bestandteile? — Drei Lösungsmöglichkeiten bieten sich an.

7.2.1 Die Ganzheit resultiert bei gegebenen Ausgangsbedingungen aus der Kombinatorik der Elemente

Gemäß einer ersten Auffassung ist die Entfaltung des Organisations-Gefüges durch Genom und Geometrie des Eies hinreichend definiert. Die räumlichen Strukturbedingungen (insbesondere die Verteilung bestimmter Positionssignale) vektorisieren das Anlaufen der genetischen Expression in genügendem Maß, um die weitere Entwicklung als sukzessives Interaktions-Resultat von Genexpression und Proteinchemie zu beschreiben. Komplexität erklärt sich in dieser Sicht als Kombinatorik, und unsere Unfähigkeit, die organische Komplexität erkenntnismäßig oder manipulatorisch zu beherrschen, hat ihren Grund nur in der unnachvollziehbar großen Zahl an kombinatorischen Möglichkeiten. Das Ganze ist demnach tatsächlich nur die Summe seiner Teile (Schnabel, mündl. Mitteilung), wenn man darunter das durch 'innere Selektion' geregelte Ausprobieren versteht, welches Element es mit wem kann.

Es ist nicht so leicht, gegen diese Lösung des Ganzheitsproblems etwas Stichhaltiges vorzubringen – vor allem psychologisch nicht. Die Lösung hat den Vorzug, ein zunächst schwer durchschaubares Phänomen wie das Organisationsvermögen einer Keimzelle auf einfache Vorgänge zurückzuführen, die experimentell überprüfbar sind, oder, vorsichtiger formuliert, mit den Einzelschritten der experimentellen Befunde in Einklang stehen. Es wird nicht einem genetischen Präformismus gehuldigt, sondern die logische Präzedenz der Organisation gegenüber dem Genom als Tatsache genommen, von der auszugehen ist. Die unrückführbare Ganzheit der Eizelle aber einmal vorausgesetzt, ist der weitere Entwicklungsverlauf Resultat der Selbstorganisation von Elementen, nicht des Organismus. Die Form-Vorgabe des Ausgangs-Organismus ist notwendig für die richtige Weichenstellung des weiteren Organisationsprozesses, wird dann aber abgelöst durch die Gestaltbildungsresultate der interagierenden Moleküle. Die Form 'als Ganzes' muß also nicht schon in der Ausgangsform vorhanden sein, und die idealistische Konnotation des aristotelischen Formkonzepts ist in dieser Sicht überflüssig.

Ob aber eine solche Auffassung den tatsächlichen Verhältnissen des organisatorischen Beziehungsgefüges entspricht? Es ist die Crux entwicklungsbiologischen Experimentierens, daß es immer nur auf Ausschnitte der Organisation gerichtet sein kann. Damit zerreißt es den Zusammenhang der Elemente zunächst einmal und überläßt seine nachträgliche Restaurierung der in gewissen Grenzen stets willkürlichen Theoriebildung. Ob es einen sukzessiv anwachsenden Gesamtzusammenhang des Organismus gibt, läßt sich experimentell schwerlich beweisen, aber wegen der methodischen Beschränkung im experimentellen Ansatz auch nicht widerlegen. Die Ablehnung eines konstitutiven Holismus in der Embryogenese ist so eher eine Folge der methodischen Brille des Experimentators, als durch Fakten belegt. Immerhin ist es auffällig, daß selbst der eingeschränkte experimentelle Ansatz ein umfassenderes Liniennetz an zellulären Interaktionen zutage gefördert hat, als es seiner ursprünglichen Intention entsprach. Wohlgemerkt – es handelt sich um zelluläre Interaktionen, nicht nur um molekulare. Ob solche Interdependenzen schon zahlreich genug erforscht sind, um die Sicht einer in umfassender Zellkommunikation bestehenden Organismus-Ganzheit zu begründen, sei dahingestellt. Im Widerspruch dazu stehen sie jedenfalls nicht.

Vielleicht ist es gut, zum Abschluß der Frage, was eine nur molekular verstandene Selbstorganisation auf dem Gebiet der organischen Formentstehung zu leisten vermag, noch einmal die Autorität des Freiburger Zellbiologen P. Sitte zu bemühen:

"Auf solche Weise können immer nur begrenzte und vergleichsweise einfache Strukturen bzw. Zuordnungen entstehen wie Elemente des Cytoskeletts, Multienzymkomplexe, Biomembranen u. dgl. (auch Viruspartikel) Diese bedürfen ihrerseits aber wieder der richtigen Einordnung in hierarchisch höhere Einheiten, in Zellen (und diese gegebenenfalls wieder in Gewebe und Organe vielzelliger Organismen). So erscheint also das grundsätzliche Problem [ob die molekularen Interaktionen zur 'Vektorisierung' der Genprodukte genügen, d. Verf.] nur verlagert, nicht gelöst" (Sitte 1994, 254).

Entsprechend dieser Ansicht ist das Formgefüge des Organismus stets, und nicht nur am Anfang, vorauszusetzen, um die Integration der fortschreitenden elementaren Interaktionen zu gewährleisten. Die Erinnerung an organspezifische Kontrollgene bei Caenorhabditis (Granato, Schnabel & Schnabel 1994) erscheint angebracht. Die Existenz solcher Gene kann zeigen, daß das Organisationsgefüge, auch wenn es seinem Wesen nach nur als relationale Größe zu fassen ist, nicht im bloßen aktuellen Zueinander der Teile aufgeht, sondern an definierten Steuermechanismen festgemacht werden kann.

7.2.2 Die Ganzheit ist in der 'Bionomie' der mechanischen Konstruktion begründet

Der holistische Ansatz, den Teilen die Einheit des Organismus vorauszusetzen, scheint mit einer Organismustheorie zu korrespondieren bzw. sogar inhaltlich gefüllt zu werden, die von der morphologischen Schule um F. Gutmann am Frankfurter Senckenberg-Museum stammt und sich selbst als 'Kritische Evolutionstheorie' oder einfach 'Frankfurter Theorie' bezeichnet. Gemäß dieser Auffassung ist jeder Organismus wesentlich als hydraulische Konstruktion zu begreifen, wodurch sowohl seine Form als auch seine phylo- wie ontogenetischen Möglichkeiten der Formveränderung bestimmt sind.

Der membranbegrenzte, wassergefüllte Elementarorganismus der Zelle wird solcherart zum einfachsten hydraulischen Modell: die Spannung aus Innendruck der Flüssigkeit und Elastizität der Körperhülle bestimmt die Gesamtform. Dieses Grundprinzip der Organisation hält sich auch bei Erweiterung der zellulären Grundstruktur durch, gleichgültig, ob diese in der Vermehrung der Zellzahl oder der Ausgestaltung der einzelligen Organisation besteht. Was immer an Polarisierung der elastischen Körperhülle, an Einbau von inneren Stütz- und Verspannungselementen, an Körperanhängen, kurz: an organisatorischer Komplexität auftritt — evolutionären Bestand hat nur, was davon mit den Grundgesetzen der hydraulischen Körperkonstruktion von Innendruck der Leibeshöhle und Spannung der Körperoberfläche in Einklang steht. Die Möglichkeiten tierischer Grundbaupläne: Einzeller-Formen, Wurm-Organisation, Fisch-Gestalt, Tetrapoden-Bauplan werden so biomechanisch verständlich (Gutmann 1989, 52).

Allerdings ist die hydraulische Grundlegung der Konstruktion noch durch ein zweites Konstitutionsprinzip zu erweitern: die Eingebundenheit der Organismen in ein Kontinuum des Energieumsatzes (Gutmann 1991), was sie zu Teilsystemen der 'Megamaschine Biosphäre' stempelt (Gutmann 1993, 31). Organismen sind zur Aufrechterhaltung ihrer Form generell gezwungen, ihrer Umgebung Energie zu entziehen, diese in Bewegung umzuwandeln, um dadurch an Quellen neuer Energiezufuhr zu gelangen.

Die Energieaufnahme macht es möglich, das Gleichgewicht des aktuellen Formzustandes durch partielle Deformierung vorübergehend zu stören. Anschließender Spannungsausgleich (erst dadurch wird die hydrostatisch begründete Form zur eigentlichen Hydraulik) verschafft der Konstruktion einen Vortrieb, der die Grundlage organisierbarer Bewegungsfähigkeit darstellt. Der mechanische Widerpart der körperlichen Deformation kann dabei genauso vielgestaltig sein wie die Organisation der Beweglichkeit: Gallertoide, Leibeshöhlen, Außen- oder Innenskelette stehen im Kraftschluß mit Pseudopodien, Geißelantrieb, Körper- oder Gliedmaßen-Muskulatur. Wichtig ist nur, daß die energieaufwendige Deformationskette durch ein bindendes Kontinuum von den ersten molekularen Kontraktionen bis an die Formgrenzen der Körperhülle reicht (Gutmann 1989, 41), um den Organismus als ganzen zu bewegen, statt nur eine Desintegration einzelner Teile mit chaotischer Auswirkung für die Gesamtkonstruktion hervorzurufen (Gutmann 1991, 255).

Organismen sind also nicht nur hydraulische, sondern zugleich 'kraftschlüssige' Konstruktionen (Gutmann 1989, 39). Dieser Verbund der Kraftübertragung, der die hydraulisch bedingte Form zur hydraulischen Maschine macht, ist der eigentliche konstruktive Hintergrund für das Verständnis von Organisation. Diese muß natürlich auch in die Verhältnisse der energieliefernden Umwelt eingepaßt sein. Schließlich verlangt das Bewegungsmilieu Wasser einen anderen maschinellen Konstruktionstyp als die sessile Lebensweise oder die Fortbewegung auf dem Festland. Aber diese Ausgestaltungen sind Folgen der biomechanischen Grundkonzeption, nicht deren Ursachen (Gutmann 1989, 34).

Die Formbedingungen der Evolution hydraulischer Konstruktionen gelten natürlich in gleicher Weise für die Keimesentwicklung, auch wenn hier aufgrund des embryonalen Dottervorrats eine Bewegung zur Energiequelle noch keine Rolle spielt. Aber Festigkeit und Form der Eihülle sind für die zelluläre Aufteilung des Keims wie für die Anordnung und die Umgruppierung von blastodermalen Bezirken während der Gastrulation entscheidende morphogenetische Vorgaben. Hinzu kommt das Teilungsmuster der Furchungszellen, das vor allem von zwei Parametern bestimmt ist: (a) Menge und Verteilung des Dotters; (b) räumliche Orientierung und Zeitplan der Zellteilungen (Gilbert 1994, 166).

Gewiß ist die Regulation der Zellzyklen genkontrolliert, und auch die für die Teilungsrichtung verantwortlichen Bestandteile des Cytoskeletts organisieren sich in Abhängigkeit von genetisch spezifizierten Signalen, wie wir das bei der Oocyten-Entwicklung von Drosophila gesehen haben (Anderson 1995). Aber man darf die Regulation der Zellteilungen nicht nur vom 'unteren Ende' der Genwirkung aus betrachten. Ingber (1993) hat gezeigt, wie sehr das molekulare Geschehen in der Zelle von mechanischen Einflüssen auf höheren Strukturebenen der Zellarchitektur abhängt und dadurch gesteuert werden kann.

Eine derartige Kette der 'Mechanotransduktion' (Wang, Butler & Ingber 1993) beginnt etwa mit mechanischem Streß an der extrazellulären Matrix. Die Vermittlung der Krafteinwirkung ins Zellinnere geschieht vor allem durch Integrine (Ingber 1991), rezeptorartige Transmembranproteine, welche Komponenten der extrazellulären Matrix mit aktin-assoziierten Proteinen verbinden (Luna & Hitt 1992, 960). Auf diese Weise wird die mechanische Kraft auf das Cytoskelett übertragen, das aufgrund der Vernetzung seiner Elemente auch lokale Verzerrungen mit einer Veränderung seines gesamten Spannungszustandes ('tensegrity': Ingber 1993, 1250) beantwortet. Mit dem Cytoskelett verbundene Gerüststrukturen des Zellinnern (Kernmatrix, Membranen u. dgl.) werden in der Folge ebenfalls deformiert, was zur Veränderung der Tertiärstruktur von darin eingebauten funktionalen Proteinen führen kann, woraus dann schließlich eine biochemische Antwort resultiert.

Es ist leicht nachzuvollziehen, daß auf diese Weise die Architektur der Eizelle über formbedingte Spannungen bei den Furchungsteilungen auch auf die Koordination der molekularen Determinierungsprozesse Einfluß nehmen kann. Man hat sogar schon Promotoren identifiziert, die auf mechanotransduzierte Signale reagieren (Ingber 1993, 1250).

Was sich hier innerhalb der Einzelzelle als Priorität der biomechanischen Struktur gegenüber der biochemischen Funktion abzeichnet, gilt natürlich für den Zellverbund im Organismus erst recht. Im Gewebeverband sind die einzelnen Zellen nicht nur auf einem gemeinsamen Substrat, der extrazellulären Matrix, aneinandergereiht, sondern auch durch spezielle Oberflächenstrukturen miteinander verbunden. Lokale Krafteinwirkungen werden darum einerseits vom Spannungszustand der gesamten hydraulischen Konstruktion aufgefangen und andererseits durch die Stufen der Mechanotransduktion auch ins Zellinnere weitergeleitet. Dort können sie entsprechende Differenzierungsreaktionen auslösen, wobei das biomechanische Konstruktionsgefüge die ganzheitliche Reaktion der molekularen Elemente garantiert. Auf diese Weise wird die Mechanotransduktion zur Mechanoregulation (Ingber 1993, 1249).

Wie sehr die Dotterverteilung im Ei für die Ausbildung und Stabilisierung der Keimblätter und die Gastrulationsvorgänge verantwortlich ist, haben Gutmann und Bonik (1981, 100) herausgestellt. Die Bildung von Kompartimenten, von Auffaltungen, Hohlräumen und dergleichen ist nun aber nicht mehr nur als einfache Folge der räumlichen Gegebenheiten oder der geninduzierten Synthese bestimmter Adhäsionsmoleküle zu begreifen, sondern erfolgt (auch) in Abhängigkeit mechanischer Scherkräfte, die aus der Spannung von zellulärer Proliferation und Trägheit der Dottermasse resultieren. Daß Mechanoregulation auch in späteren Stadien der Entwicklung noch eine wichtige Rolle spielt, etwa bei der Organogenese von Knochen, Muskeln oder Blutgefäßen, ist in der medizinischen Embryologie schon seit langem bekannt (Wolpert 1993, 75 und 141).

Diese Andeutungen können zeigen, wie sehr das Verständnis der biomechanischen Konstruktion eines Organismus der Analyse der molekularen Einzelmechanismen vorausgehen muß. "We must go back to structure to understand function", formuliert Ingber (1993, 1251) lakonisch, um diesen Primat der Organisation herauszustellen. Das bindende Kontinuum der Mechanotransduktion illustriert auch in etwa die Rede von der 'Kraftschlüssigkeit' der hydraulischen Maschine, wenngleich Gutmann hier in umgekehrter Richtung denkt und den Energiefluß von der molekularen Speicherung zur makroskopischen Struktur verfolgt (Gutmann 1991, 255). Dieser scheinbare Gegensatz rührt jedoch nur daher, daß Ingber keine theoretische Ableitung der Biomechanik unternimmt, sondern primär an experimentellen Ansätzen des 'cell engineering' interessiert ist.

Das Anliegen der Gutmann-Schule ist dagegen grundsätzlicher. Sie konstatiert nicht nur biomechanische Einflüsse auf das zelluläre Reaktionsgeschehen, sondern sie will mit der Biomechanik die Konstruktionsprinzipien festsetzen, aus denen sich Aufbau und Gestalt eines Organismus deduzieren lassen. Sie konstituiert also die Möglichkeitsbedingungen von Organisation und macht so aus der vergleichenden Anatomie erst eine eigentliche Wissenschaft — Morpho*logie* im Vollsinn des Wortes, die Gestaltung aus Prinzipien heraus versteht, statt nur die Formenvielfalt 'morphographisch' nebeneinanderzusetzen.

Mit dieser konstruktivistischen Begründung der Morphologie ist der entscheidende Schritt vollzogen, der unseres Erachtens ganz in die Nähe zum aristotelischen Formkonzept führt. Organisation wird ja jetzt nicht mehr nur als faktisch zu konstatierender Ordnungsrahmen für die Elementarprozesse verstanden, sondern als rational einsichtige Logik der Konstruktion, die unter der Prämisse des hydraulischen Konzepts ebenso notwendig ist wie nur irgendein logisches Prinzip. Damit wird das Ganze der Form zur Voraussetzung von Entwicklung.

Gutmann würde sich vermutlich gegen eine ontologische Interpretation seines konstruktivistischen Ansatzes wehren. Für die Art der Begründung von Organisation macht es jedoch keinen Unterschied, ob ich frage, was Organismen wirklich sind, oder mein Denken auf hypothetische Konstruktionen beschränke, deren Richtigkeit aus der erfolgreichen Anwendung auf die morphologische Fragestellung resultiert. Der in der naturwissenschaftlichen Theoriebildung übliche Übergang von der Brauchbarkeit zur Gültigkeit ist für unsere Wertung der Voraussetzungen völlig ausreichend.

Konstruktionsbedingungen von Organisation zu setzen (de facto doch auch zu eruieren), aus denen erst der Ablauf der organisierenden Prozesse verständlich wird, bedeutet inhaltlich die Akzeptanz einer Form-Idee als ontologische Voraussetzung für das Verständnis und damit auch für den Prozeß der Organisation. (Wir tragen schließlich die Ordnung nicht an den Entwicklungsverlauf heran, sondern entnehmen sie von dort.) Dies ist eine genuin aristotelische Denkfigur: die 'zweite Ousia' liegt als Form-Idee der ersten (der konkreten Substanz) voraus und begründet als Verwirklichungsziel deren Werden. Gutmann (1989, 41) will eine solche strukturelle Teleonomie als 'Bionomie' bezeichnet wissen, um ihren Bezug zu Biomechanik und Energiewandel zu betonen und sie vom "verwaschenen" Denken des "Spät-Aristotelismus" (gemeint sind Spaemann und Löw) zu befreien. Warum eigentlich? Die Formulierung: "die Intentionalität der Organismen, ihre Teleologie, ist in der Apparatur und ihren Eigenheiten angelegt" (Gutmann, ebd.) entspricht exakt der aristotelischen Teleologisierung der Substanz (und ihrer Darstellung bei Spaemann und Löw), auch wenn Aristoteles von Thermodynamik und Hydraulik noch nichts wissen konnte.

Mag man sich dann auch an der metaphysischen Grundannahme, Denknotwendigkeit impliziere Seinsnotwendigkeit, stoßen — die Frage ist, ob man eine solche Implikation noch vermeiden kann, wenn man einmal bereit (oder gezwungen) ist, den Begriff der Bionomie im genannten Sinn einzuführen. (Dies ist das eigentliche Problem, dem das Buch von Spaemann und Löw gewidmet ist.) Für unsere Frage nach den Ursachen der Keimesentwicklung reicht es aus, um das noch einmal zu betonen, die Teleonomie (im Sinne Mayrs) des Entwicklungsgeschehens zu konstatieren und sie morphogenetisch als Bionomie (im Sinne Gutmanns) zu begreifen.

Bionomie heißt also, Organisation nicht nur von ihren Zuständen, sondern von ihren Bedingungen her zu verstehen. Damit korrigiert die biomechanische Konstruktionstheorie Gutmanns eine Form des Ganzheitsdenkens, wie es von Bertalanffy (wenigstens zeitenweise) vertreten wurde, in einem entscheidenden Punkt.

Für Bertalanffy (1949) ist das 'Ganze' des Organismus seiner materiellen Konstellation immanent. Damit ist der Unterschied des Holismus zum Vitalismus Drieschs gekennzeichnet, für den die 'Ganzheitskausalität' in einem zum materiellen Geschehen hinzutretenden eigenen 'Faktor' lag. Wir könnten dieser 'organizistischen' Ganzheitstheorie eigentlich beipflichten, stimmt sie doch dem Wortlaut nach mit dem aristotelischen Formkonzept überein, wonach das Ganze nur in der konkreten Substanz zu finden ist und nirgends sonst. Im Hinblick auf die Keimesentwicklung schreibt Bertalanffy (1949, 65) aber: "Die gesamte Erfahrung zeigt, daß jenes 'Ganze', von welchem die Determination abhängt, nicht das in Zukunft zu erreichende, typische Endergebnis ist, sondern der jeweilige und in jedem Einzelfall konkret anzugebende Gesamtzustand des sich entwickelnden Systems."

Damit wird das Defizit dieser Auffassung deutlich. Das Ganze kann nicht schlechthin identisch sein mit dem jeweils verwirklichten Organisations- bzw. Entwicklungszustand, wenn man in ihm die ordnende Instanz (die Formursache) für die Weiterentwicklung sehen will. Es ist dann eben nicht nur (geordneter) Zustand, sondern auch (ordnende) Bedingung und als solche Idee (des Ganzen im Konkreten) – was sonst. Das Verdienst Gutmanns ist es, diese entscheidende Einsicht mit seinem Bionomie-Konzept grundgelegt zu haben. Sie macht erst aus dem Holismus eine über faktisches Konstatieren hinausgehende begründende Theorie – allerdings mit idealistischerer Konnotation, als sie Gilbert (1994, 580) in seiner "mechanistic philosophy" vermutet hätte.

Trotz aller Anerkennung können wir nicht umhin, auch auf zwei Schwachstellen in der Organismusbegründung durch die 'Frankfurter Theorie' hinzuweisen. Zum einen erscheinen die Konstruktionsbedingungen der hydraulischen Maschinen nur negativ, durch die Angabe von 'constraints' formulierbar. Konstruktiv möglich ist demnach, was von der 'internen' Selektion der Funktionalität erlaubt ist (Gutmann und Bonik 1981, 42). Nun werden die Vertreter der Frankfurter Theorie nicht müde, die 'Typen' des konstruktiv Möglichen in schönen Formreihen darzustellen. Allein aus den Rahmenbedingungen des hydraulisch Zulässigen resultieren die Inhalte dieser Konstruktionen aber doch wohl kaum. Gäbe es nicht die konkrete Vielfalt des Stammbaums, wer wollte allein aus den Möglichkeitsbedingungen der Hydraulik die vorhandenen Großbaupläne 'erfinden'?

Gutmanns 'deduzierte' Evolution biomechanischer Konstruktionen ist *Re-Konstruktion* (Gutmann 1991, 257), und für die Etablierung von Bionomie genügt dies auch. Die Möglichkeiten der Ausgestaltung sind aber der Anschauung des Morphologen immer schon gegeben, und er zeigt durch seine Theorie nur, daß die vorhandenen Typen 'konsequent' sind, und nicht, was alles möglich wäre. Auf die Ebene der embryonalen Formbildung übertragen (sollte man in Anlehnung an Ingber sagen, des 'embryonic engineering'?) heißt das, daß neben den biomechanischen Bedingungen eben auch die genetische Expression als eigene Forminstanz gewürdigt werden muß – wenn auch vielleicht in erster Linie als 'Störfaktor' für das gerade etablierte Organisationsniveau. Vermutlich werden Ansätze wie der Ingbers noch einiges zur Füllung dieses inhaltlichen Defizits der konstruktivistischen Morphologie beitragen.

7.2 Drei Modelle der Ganzheitsbegründung

Unser zweiter Einwand betrifft das Organismuskonzept Gutmanns selbst. "Lebewesen sind hydraulisch bewegliche Maschinen, die ihre Beweglichkeit benützen, um die Energie aufzunehmen, die sie für ihre Beweglichkeit brauchen", könnte man dieses Konzept etwas überspitzt definieren. Trotz aller Einwendungen Gutmanns (pers. Mitteilung) erscheint uns diese Definition nach wie vor sachlich zirkulär und damit unbefriedigend (Kummer 1993a, 46). Mag sein, daß dieser Hintergrund genügt, um die verschiedenen Typen von Organisation zutreffend zu rekonstruieren — ob eine solche 'surrealistische' Maschinentheorie aber das Wesen des Lebendigen adäquat erfaßt? Man kann Lebewesen durchaus als Maschinen betrachten. Aber Maschinen dienen immer irgendeinem Zweck, sind für etwas 'gut'. Das 'bonum' der Lebensmaschinen aber sollte in nichts anderem bestehen als im Leerlauf des Motors, und das unter Einsatz immer aufwendigerer Konstruktionen? Man wundert sich wahrhaftig, warum Salvador Dalí daraus nicht ein Thema für eines seiner Bilder gemacht hat.

Müßte man den Grund für die Energietransformation bei einem Lebewesen nicht vielmehr in seiner 'Subsistenz' sehen, in einem Drang oder, neutraler, einer Tendenz, sich in seiner Existenz zu erhalten? Freilich ist eine solche Qualifikation von 'Leben' wieder der eigenen Innenerfahrung entnommen. Aber ist dieses Bewußtsein von Subsistenz, von Selbstbehauptung oder Lebenswillen nur eine subjektive Einbildung oder ursprünglichster Ausdruck dessen, was Leben eigentlich heißt?

Ein Vertreter der 'Frankfurter Theorie' der 'zweiten Generation', der Philosoph Michael Weingarten, hat diesem Subjekt-Aspekt von Lebewesen ein ganzes Buch gewidmet, jedenfalls dem Titel nach. Er geht darin auf das Subsistenzproblem der biologischen Maschine ein und konstatiert, daß diese im Gegensatz zur artifiziellen Maschine die Energie für ihren Betrieb aus der eigenen Struktur bezieht. "Bevor organismische Strukturen [...] als Transformatoren genutzt werden, muß die so genutzte Struktur erst durch innere Arbeit reproduziert (im Sinne von erhalten) werden" (Weingarten 1993, 301). Wenngleich er damit lebendigen Systemen "Selbsterhaltung" (ebd.) zuschreibt, wird dieser Ansatz im weiteren nicht für die Bestimmung des Subjektseins von Lebewesen genutzt, sondern dieses an der gegenseitigen Bezogenheit von Organismen festgemacht. Auch daraus ließe sich ein Argument für subjekthaftes Agieren gewinnen, wie unsere anschließende Bezugnahme auf Teilhard de Chardin zeigen wird. Der Rekurs auf Intersubjektivität kann aber erst der zweite Schritt sein; er setzt voraus, daß die Subsistenz des einzelnen Subjekts begründet ist.

Auf die wegen ihrer Skizzenhaftigkeit kaum nachvollziehbare Argumentation Weingartens sei hier nicht weiter eingegangen. Nur ein Beispiel: "Durch die Bildung einer in sich geschlossenen Grenze bezieht sich eine organismische Konstruktion aber immer auch schon auf Anderes, reflektiert in sich selbst ihr Sein für Anderes" (Weingarten 1993, 301). Solange es bei derartigen kryptischen Formulierungen bleibt, kann die Beteuerung Gutmanns, die Subjektnatur von Lebewesen ließe sich schon auf der konstruktiven Ebene begründen (pers. Mitteilung), kaum überzeugen.

7.2.3 Die Formganzheit von Lebewesen, von Aristoteles 'Seele' genannt, könnte sich als bewußtseinsanaloger Akt erweisen

Trotz der großen Vorzüge der biomechanischen Ganzheitsbegründung kommen wir also anscheinend nicht daran vorbei, die Einheit eines lebendigen Individuums, wenn es denn eine solche gibt, in der Sphäre jener Subjektivität festzumachen, deren unmittelbarster Ausdruck unser eigenes Erleben bzw. Bewußtsein ist.

Damit sind wir bei der letzten Qualifizierung, welche die lebendige Form bei Aristoteles erhält. Wir haben gesehen, daß die Form die (Bewegungs-)Ursachen der lebendigen Substanz bestimmt und das Ganze der Substanz ist. Nun ist sie auch noch Seele ('psyche') dieser Substanz. Man möchte nur zu gern um den 'heißen Brei' dieses Ausdrucks gehen, obwohl er bei einer Einordnung der biologischen Objekte in den Geltungsbereich des Leib-Seele-Problems nur folgerichtig ist. Zu sehr ist jedoch der 'nackte' Gebrauch des Wortes 'Seele' mit einem fundamentalen Dualismus verquickt, der — scheinbar — in der Seelenlehre des Aristoteles zementiert ist.

Wir halten uns in Sachen aristotelischer Textinterpretation keineswegs für kompetent. Dennoch glauben wir, daß die auf einen Dualismus hinweisende Stelle am Anfang des zweiten Kapitels von 'De anima' (412a 16), wonach Lebewesen als 'zusammengesetzte Substanzen' bezeichnet werden, in einem größeren Zusammenhang gesehen werden muß. Wenn es wenig später heißt: "nicht der Körper, der die Seele verloren hat, sondern der sie besitzende ist der in Möglichkeit seiende Körper, so daß er leben kann" (De an. II 1, 412b 25), so ist damit eindeutig wieder die Rückkehr zur substantiellen Einheit vollzogen, wie wir sie bei den Erörterungen der Metaphysik kennengelernt haben.

Die Auffassung von Körper und Seele als zweier getrennter Substanzen (seien sie jede für sich 'unvollständig' oder nicht) kann demnach nicht als genuin aristotelisch gelten. Nicht eine selbständige Seele zieht in einen geformten Körper ein und bewegt ihn, sondern von der Aufnahmebereitschaft (Potenz) des Körpers für die Form läßt sich nur in abstraktem 'An-sich-Sein' (vgl. 2.3.2) sprechen, weil es den Körper nie anders als durch die Seele geformt gibt. Wir brauchen also keine Bedenken gegen den — aristotelischen — Begriff der Seele zu haben, sondern können ihn unbefangen als Bezeichnung der lebendigen Ganzheit (nicht eines Teils an ihr!) verwenden. Wir brauchen aber auch nicht eigens auf die Seelenlehre des Aristoteles einzugehen, wie sie in 'De anima' entwickelt wird, sondern können uns getrost auf die prinzipielle Sicht der Substanz und ihrer Veränderung verlassen, deren Grundlegung in den Büchern der 'Metaphysik' erfolgt.

7.2 Drei Modelle der Ganzheitsbegründung

Unsere Anleihe für eine 'seelische' Fundierung der Organismus-Ganzheit stammt darum auch nicht von Aristoteles, sondern von einem weit 'unverdächtigeren' Autor, nämlich ausgerechnet von dem durch seine strikte methodische Einstellung bekannten 'Entwicklungsmechaniker' Hans Spemann. Am Schluß seiner "Experimentellen Beiträge" schreibt er die bezeichnenden Sätze:

"Immer wieder sind Ausdrücke gebraucht worden, welche keine physikalischen, sondern psychologische Analogien bezeichnen. Daß dies geschah, soll mehr bedeuten als ein poetisches Bild. [...] Es soll heißen, daß diese Entwicklungsprozesse, wie alle vitalen Vorgänge, mögen sie sich einst in chemische und physikalische Vorgänge auflösen, sich aus ihnen aufbauen lassen oder nicht, in der Art ihrer Verknüpfung von allem uns Bekannten mit nichts so viel Ähnlichkeit haben wie mit denjenigen vitalen Vorgängen, von welchen wir die intimste Kenntnis besitzen, den psychischen. Es soll heißen, daß wir uns, ganz abgesehen von allen philosophischen Folgerungen, lediglich im Interesse des Fortschritts unserer konkreten, exakt zu begründenden Kenntnisse diesen Vorteil unserer Stellung zwischen den beiden Welten nicht sollten entgehen lassen" (Spemann 1936, 278).

Zwei Dinge erscheinen an diesem Programm Spemanns für die Zukunft der Entwicklungsbiologie bemerkenswert. Einmal, daß der Rekurs auf seelische Vollzüge nicht als Ersatz für mechanische Prozesse verstanden wird. Es ist anzunehmen, daß die Überzeugung, alle Entwicklungsvorgänge ließen sich in chemische und physikalische Mechanismen auflösen, durchaus Spemanns eigener Meinung entspricht, trotz aller für ihn typischen Über-Vorsicht bei der Formulierung. Dennoch hält er an der Bedeutung, besser am Erklärungswert des Psychischen für die Entwicklungsvorgänge fest, um der "*Art ihrer Verknüpfung*" nicht verlustig zu gehen. Er ist damit (zweitens) der Meinung, daß sich die Eigenart des Organismus, die in der Bezogenheit der einzelnen Teile zum Ganzen besteht (man denke an das erwähnte Beispiel vom Satz und seinen Gliedern: Gilbert 1994, 580), erst von einem psychistischen Standpunkt aus verstehen läßt – und daß dieser Standpunkt auch zum Fortschritt in der mechanistischen Analyse verhilft.

Was das Besondere am Leben ist, wissen wir 'am intimsten' aus unserem eigenen Bewußtsein – das ist die Auffassung, die wir von Spemann übernehmen. Ist mit dieser 'inneren Kenntnis' aber auch schon etwas über die Vorgänge ausgemacht, welche die Ganzheit des Organismus bzw. seiner Entwicklung garantieren? Ist es überhaupt möglich, aus der Bewußtseinsanalyse Paradigmen für das organische Geschehen zu gewinnen? Hier ist ein noch weithin brachliegendes methodisches Feld, und es kann gut sein, daß man dabei nicht über die triviale Feststellung hinauskommt, Erleben sei eben jene Modalität, in der sich die Eigenart des Lebendigseins einem bewußten Subjekt darstellt. Immerhin läßt sich in einer grob-schematischen Skizze illustrieren, in welcher Weise beide Erscheinungsformen des Lebendigen, das Psychische und das Organische, miteinander zu tun haben könnten.

Wir entlehnen den gedanklichen Ansatz bei Teilhard de Chardin. Gemäß seiner Einigungsmetaphysik aus 'Comment je vois' (Teilhard 1973, 208) kann man Bewußtsein durch zwei Eigenschaften kennzeichnen: (in sich selbst) geeint zu sein und (anderes) zu einen. In "Le Phénomène humain" werden diese beiden Aktionsarten oder -richtungen des Bewußtseins mit einer physikalisierenden Metapher als 'radiale' und 'tangentiale Energie' bezeichnet (Teilhard 1955, 62). Man möge sich an dieser eigenartigen Verwendung des Energiebegriffs nicht zu sehr stoßen. Sie geht auf den tiefen Eindruck zurück, den die gerade aufgekommene 'neue Physik' der Relativitätstheorie und Quantenmechanik während Teilhards Studienzeit hinterließ (Becker 1987, 50). Gerade die Äquivalenz von Masse und Energie — in unzulässiger, aber naheliegender Vereinfachung: von etwas substanzhaft Greifbarem und etwas unausgedehnt Geistigem — konnte ihm als griffige Verstehenshilfe für seine Sicht von Materie und Geist als den zwei Seiten des einen Weltstoffs dienen.

Jedenfalls ist das Begriffspaar 'radial/tangential' geeignet, die Aktionsweise des Bewußtseins zu beschreiben. Bewußtsein zeigende Entitäten, von Teilhard 'Korpuskeln' genannt (und das ist alles, was Aristoteles 'Substanz' nennen würde), haben aufgrund ihrer 'tangentialen Energie' die Tendenz, miteinander in Kontakt zu treten (aber — gegen Weingarten — nur, weil diese 'tangentiale Energie' durch die 'radiale' des Selbstseins begründet ist). Sie assoziieren, kommunizieren, beeinflussen sich. Dieser gegenseitige Kontakt führt zur Irritation der radialen Innenseite. Das Aufbrechen des Informationshorizonts bzw. des eigenen Form-Zustandes muß verarbeitet werden. Gelingt eine aktive Hereinnahme des Neuen und Anderen ins eigene Bewußtsein, wird aus der tangentialen Assoziation radiale Erweiterung, und das wachsende Einigungsvermögen zeigt sich in größerer und reicherer innerer ('radialer') Einheit. Aus der *Irritation* des Neuen ist *Integration* in einen neuen Formzustand geworden.

Diese Skizze des teilhardschen Komplexitäts-Bewußtseins-Zusammenhangs soll für unsere Zwecke genügen. (Eine entfaltete Darstellung findet sich bei Kummer 1987, 232). Man kann an sich selbst nachvollziehen, wie der Dreischritt von Aggregation oder Kommunikation, Irritation und Integration den Vorgängen im eigenen Bewußtsein entspricht. Er zeigt, daß die finale Ausrichtung nicht stets in einer expliziten Zielvorgabe bestehen muß, sondern auch schon durch das Integrationsvermögen der eigenen Form zustande kommen kann. Diese Einsicht läßt sich auf den Ablauf der Keimesentwicklung übertragen.

Auch wenn der Organismus nicht durch das Zusammentreten von Einzelentitäten entsteht, sondern die Zellen aus einer zunächst undifferenzierten Ganzheit hervortreten, bedeuten die durch Induktionsereignisse (aber auch durch Morphogen-Gradienten) hervorgerufenen Unterschiede im genetischen Informationszustand eine Irritation des anfänglichen Ganzheitszustands. Interzelluläre Kommunikation vermag daraus eine neuerliche Integration in einen reicher gegliederten Formzustand zu machen. Nicht anders kommt die blastodermale Musterbildung zustande, die eben nicht nur auf zellulärer Diversifikation, sondern auch auf einer jeweils damit einhergehenden Neuausrichtung der Gesamtorganisation beruht ('readjustment': Chandebois & Faber 1987, 98).

Handelt es sich hier nur um eine äußere Analogie oder um eine strukturelle Homologie, weil beide Vorgänge, das Wachstum des Keims und des Bewußtseins, Äußerungen desselben Lebensstoffs sind? Es ist zu früh, darauf eine verbindliche Antwort zu geben, genauso wie es unmöglich ist, das einfache Stufenschema der Bewußtseinsintegration mit inhaltlichem Gewinn auf spätere Phasen der Embryonalentwicklung anzuwenden. Bei allem Psychismus hätte dieses Modell allerdings den Vorteil, die psychische und die organische Erscheinungsweise des Lebens aus einer gemeinsamen Wurzel heraus zu erklären (und damit die evolutionär mißliche Aufpfropfung einer 'eigenen' Welt des Geistes zu vermeiden). Es ist aber gut möglich, daß eine einheitliche Erklärung aller Facetten des Lebendigen so einfach nicht gelingt, und die Fundierung der organischen Ganzheit (tatsächlich oder vorerst) allein auf strukturellem Weg gesucht werden muß.

Wenngleich wir so einer endgültigen Antwort mit gutem Grund noch aus dem Weg gehen, sollte unsere Untersuchung eines doch gezeigt haben. Eine 'Vereinheitlichung' auf nur eine Dimension des Lebendigen kommt nicht in Frage, heiße die zweite nun im Anschluß an Teilhard de Chardin 'Bewußtsein' oder im Gefolge der Holisten 'Ganzheit'. (Wo unsere persönlichen Sympathien liegen, dürfte hinreichend klar geworden sein.) Wie immer der Erkenntnisfortschritt in dieser Frage ausfällt − auf das aristotelische Formkonzept ist in der theoretischen Behandlung der Keimesentwicklung bis auf weiteres nicht zu verzichten, damit nicht unter der Hand verloren geht, was eigentlich erklärt werden soll − das Leben.

Literaturempfehlungen

Bertalanffy (1949)
Gutmann und Bonik (1981)
Kummer (1987)
Edelman (1988)
Davidson (1990)
Wolpert (1994)

Literaturverzeichnis

Abelson, J. (1992). Recognition of tRNA Precursors. A Role for the Intron. *Science, 255*, 1390.
Alberts, B., Bray, D., Lewis, J., Raff, M., Roberts, K., & Watson, J.D. (³1994). *Molecular Biology of the Cell*. New York: Garland.
Anderson, K. (1995). One Signal, Two Body Axes. *Science, 269*, 489-490.
Anfinsen, C.B. (1973). Principles that Govern the Folding of Protein Chains. *Science, 181*, 223-230.
Aristoteles (De an.). *Über die Seele*. Griech.-dt.; mit Einl., Übers. (nach W. Theiler) und Komm. hrsg. von H. Seidl (1995). Hamburg: Meiner.
Aristoteles (De gen. anim.). *De generatione animalium*. Deutsche Ausgabe von P. Gohlke (1959), Paderborn: Schöningh. Griechische Ausgabe von H.J. Droosaart Lulofs (1965), Oxford: Oxford University Press.
Aristoteles (Met.). *Metaphysik*. Übers. H. Bonitz, Hrsg. U. Wolf (1994). Reinbek: Rowohlt; Griechisch-deutsch, 2 Bände. Hrsg. H.Seidl (1982 und 1984). Hamburg: Meiner.
Aristoteles (Phys.). *Physik: Vorlesung über die Natur*. Griech.-dt.; übers., mit Einf. u. Anm. hrsg. von H.G. Zekl (1987). Hamburg: Meiner.
Baldi, M.I., Mattoccia, E., Bufardeci, E., Fabbri, S. & Tocchini-Valentini, P.T. (1992). Participation of the Intron in the Reaction Catalyzed by the Xenopus tRNA Splicing Endonuclease. *Science, 255*, 1404-1408.
Baldwin, R.L. (1994). Matching speed and stability. *Nature, 369*, 183-184.
Ballauf, T. (1954). *Die Wissenschaft vom Leben. Band I: Vom Altertum bis zur Romantik*. Freiburg/München: Alber.
Baringa, M. (1994). Looking to Development's Future. *Science 266*, 561-564.
Bate, M. & Martínez-Arias, A. (Eds.) (1993). *The Development of Drosophila melanogaster*. New York: Cold Spring Harbor Press.
Beardsley, T. (1991). Intelligente Gene. *Spektrum der Wissenschaft, Okt. 1991*, 64-74.
Becker, T. (1987). *Geist und Materie in den ersten Schriften Pierre Teilhard de Chardins*. Freiburg: Herder.
Berleth, T., Burri, M., Thoma, G., Bopp, D., Richstein, S., Frigerio, G., Noll, M. & Nüsslein-Volhard, C. (1988). The role of *bicoid* RNA in organizing the anterior pattern of the Drosophila embryo. *EMBO Journal, 7*, 1749-1755.
Bertalanffy, L.v. (1949). *Das biologische Weltbild*, 1. Band. Bern: Francke.
Bienz, M. & Müller, J. (1995). Transcriptional silencing of homeotic genes in Drosophila. *BioEssays, 17*, 775-784.
Bieri, P. (1992). Was macht Bewußtsein zu einem Rätsel. *Spektrum der Wissenschaft, Okt. 1992*, 48-56.
Bird, A.P. (1995). Gene number, noise reduction and biological complexity. *Trends in Genetics, 11*, 94-100.
Bodnar, J.W. (1993). Telephone book of life. *Nature, 361*, 580.
Boguski, M.S. & McCormick, F. (1993). Proteins regulating Ras and its relatives. *Nature, 366*, 643-653.

Bourne, H.R., Sanders, D.A. & McCormick, F. (1991). The GTPase superfamily: conserved structure and molecular mechanism. *Nature, 349*, 117-126.
Braig, K., Otwinowski, Z., Hedge, R., Boisvert, D.C., Joachimiak, A., Horwich, A.L. & Sigler, P.B. (1994). The crystal structure of the bacterial chaperonin GroEL at 2,8 Å. *Nature, 371*, 578-586.
Branden, C. & Tooze, J. (1991). *Introduction to Protein Structure.* New York: Garland.
Brennicke, A. (1993). Introns und Ribosomen. *Biologie in unserer Zeit, 23*, 350-351.
Bresch, C. (1977). *Zwischenstufe Leben.* München: Piper.
Bresch, C. und Hausmann, R. (^{3}1972). *Klassische und molekulare Genetik.* Berlin/Heidelberg/New York: Springer.
Bretscher, M.S. (1985). Die Moleküle der Zellmembran. *Spektrum der Wissenschaft, Dez. 1985*, 90-99.
Büchel, W. (1965). *Philosophische Probleme der Physik.* Freiburg: Herder.
Buchheim, T. (1994). *Die Vorsokratiker. Ein philosophisches Portrait.* München: Beck.
Buratowski, S. (1994). The Basics of Basal Transcription by RNA Polymerase II. *Cell, 77*, 1-3.
Carey, M. (1994). Simplifying the complex. *Nature, 368*, 402-403.
Carr, C.M., & Kim, P.S. (1994). Flu Virus Invasion: Halfway There. *Science, 266*, 234-236.
Chan, L. (1993). RNA Editing: Exploring One Mode with Apolipoprotein B mRNA. *BioEssays, 15*, 33-41.
Chan, S.-K., Jaffle, L., Capovilla, M., Botas, J. & Mann, R.S. (1994). The DNA Binding Specifity of Ultrabithorax is Modulated by Cooperative Interactions with Extradenticle, Another Homeoprotein. *Cell, 78*, 603-615.
Chandebois, R. (1980). Cell sociology and the problem of automation in the development of pluricellular animals. *Acta biotheoretica, 29*, 1-36.
Chandebois, R. & Faber, J. (1987). From DNA to visible structure: what the development of multicellular animals teaches us. *Acta biotheoretica, 36*, 61-120.
Changeux, J.-P. (1994). Der Acetylcholin-Rezeptor. *Spektrum der Wissenschaft, Jan. 1994*, 84-91.
Cohen, F.E. (1993) The Parallel ß Helix of Pectate Lyase C: Something to Sneeze At. *Science, 260*, 1444-1445.
Cohen, J.S. & Hogan, M.E. (1995). Arzneimittel aus Erbsubstanz: Antisense- und Triplex-DNA. *Spektrum der Wissenschaft, Feb. 1995*, 28-34.
Cohen, S.M. & Jürgens, G. (1990). Mediation of Drosophila head development by gap-like segmentation genes. *Nature, 346*, 482-485.
Colbert, E.H. (1965). *Die Evolution der Wirbeltiere.* Stuttgart: G. Fischer.
Cooley, L. & Theurkauf, W.E. (1994). Cytoskeletal Functions During Drosophila Oogenesis. *Science, 266*, 590-596.

Corces, V.G. (1995). Keeping enhancers under control. *Nature, 376,* 462-463.
Cornelius, G. (1994). Signalübertragung in der Zelle. *Naturwissenschaftliche Rundschau, 47,* 181-189.
Dannemann, F. (^{2}1922). *Die Naturwissenschaften in ihrer Entwicklung und in ihrem Zusammenhange, III. Band.* Leipzig: Engelmann.
Darwin, C. (1875-1888). *Gesammelte Werke.* (Übers. V. Carus). Stuttgart: Schweizerbart.
Davidson, E.H. (1990). How embryos work: a comparative view of diverse modes of cell fate specification. *Development, 108,* 365-389.
Dawkins, R. (1987). *Der blinde Uhrmacher.* München: Kindler.
Dawkins, R. (1988). Auf welche Einheiten wirkt die natürliche Selektion? In: H. Meier (Hrsg.), *Die Herausforderung der Evolutionsbiologie* (S. 53-78). München: Piper.
De Robertis, E.M., Oliver, G. und Wright, C.V.E. (1990). Homöobox-Gene und der Wirbeltier-Bauplan. *Spektrum der Wissenschaft, Sept. 1990,* 84-91.
Descartes, R. (Discours de la Méthode). *Von der Methode des richtigen Vernunftgebrauchs und der wissenschaftlichen Forschung.* Übers. v. L. Gäbe (1978). Hamburg: Meiner.
Diels, H. und Kranz, W. (^{6}1951). *Die Fragmente der Vorsokratiker, Band 1.* Berlin: Weidmannsche Verlagsbuchhandlung.
Dithfurt, H.v. (1972). *Im Anfang war der Wasserstoff.* Hamburg: Hoffman und Campe.
Dixon, D. (1982). *Die Welt nach uns. Eine Zoologie der Zukunft.* München: Bertelsmann.
Dobzhansky, T. (1973). Nothing in biology makes sense except in the light of evolution. *American Biology Teacher 35,* 125-129.
Dohle, W. und Scholtz, G. (1995). Segmentbildung im Keimstreif der Krebse. *Biologie in unserer Zeit, 25,* 90-100.
Doolittle, R.F. (1985). Proteine. *Spektrum der Wissenschaft, Dez. 1985,* 78-88.
Doolittle, R.F. und Bork, P. (1993). Mobile Protein-Module: evolutionär alt oder jung? *Spektrum der Wissenschaft, Dez. 1993,* 40-47.
Doolittle, W.F. & Stoltzfus, A. (1993). Genes-in-pieces revisited. *Nature, 361,* 403.
Drapkin, R., & Reinberg, D. (1994). The essential twist. *Nature, 369,* 523-524.
Driesch, H. (^{4}1928). *Philosophie des Organischen.* Leipzig: Quelle & Meyer.
Driever, W., Thoma, G. & Nüsslein-Volhard, C. (1989). Determination of spatial domains of zygotic gene expression in the Drosophila embryo by the affinity of binding sites for the bicoid morphogen. *Nature, 340,* 363-367.
Duffy, J.B. & Perrimon, N. (1994). The Torso Pathway in Drosophila: Lessons on Receptor Tyrosine Kinase Signaling and Pattern Formation. *Developmental Biology, 166,* 380-395.

Eccles, J.C. (1975a). *Wahrheit und Wirklichkeit*. Berlin/Heidelberg: Springer.
Eccles, J.C. (1975b). *Das Gehirn des Menschen*. München: Piper.
Edelman, G.M. (1998). *Topobiology*. New York: Basic Books.
Eden, S. & Cedar, H. (1995). Action at a distance. *Nature, 375*, 16-17.
Egan, S.E. & Weinberg, R.A. (1993). The pathway to signal achievment. *Nature, 365*, 781-783.
Erben, H.K. (1990). *Evolution*. Stuttgart: Enke.
Erbrich, P. (1985). On the Probability of the Emergence of a Protein with a Particular Function. *Acta biotheoretica, 34*, 53-80.
Erbrich, P. (1988). *Zufall*. Stuttgart: Kohlhammer.
Ettensohn, C.A., & McClay, D.R. (1988). Cell Lineage Conversion in the Sea Urchin Embryo. *Developmental Biology, 125*, 396-409.
Fäßler, P.E. (1994). Hilde Mangold (1898-1924). Ihr Beitrag zur Entdeckung des Organisatoreffekts im Molchembryo. *Biologie in unserer Zeit, 24*, 323-329.
Fäßler, P. und Sander, K. (1992). Meilensteine der Entwicklungsbiologie. In: *Lexikon der Biologie, Bd. X* (S. 389-394). Freiburg: Herder.
Fabry, S. (1995). Kleine G-Proteine: Universelle Schalter und Regler im Zellgeschehen. *Biologie in unserer Zeit, 25*, 44-50.
Fedoroff, N., Schläppi, M. & Raina, R. (1995). Epigenetic regulation of the maize *Spm* transposon. *BioEssays, 17*, 291-297.
Feig, L.A. & Schaffhausen, B. (1994). The hunt for Ras targets. *Nature, 370*, 508-509.
Felsenfeld, G. (1985). DNA. *Spektrum der Wissenschaft, Dez. 1985*, 50-63.
Felsenfeld, G. (1992). Chromatin as an essential part of the transcriptional mechanism. *Nature, 355*, 219-223.
Fenton, W.A., Kashi, Y., Furtak, K. & Horwich, A.L. (1994). Residues in chaperonin GroEL required for polypeptide binding and release. *Nature, 371*, 614-19.
Finkelstein, R. & Perrimon, N. (1990). The *orthodenticle* gene is regulated by *bicoid* and *torso* and specifies Drosophila head development. *Nature, 346*, 485-488.
Frisk, H. (1970). *Griechisches etymologisches Wörterbuch*. Heidelberg: Winter.
García-Bellido, A., Lawrence, P.A. und Morata, G. (1979). Kompartimente in der Entwicklung der Tiere. *Spektrum der Wissenschaft, Sept. 1979*, 8-16.
García-Bellido, A. & Mari-Beffa, M. (1992). Generation of Pattern in Drosophila melanogaster Adult Flies. In: V.E.A. Russo, S. Brody, D. Cove & S. Ottolenghi (Eds.), *Development. The Molecular Genetic Approach* (p. 329-342). Berlin/Heidelberg: Springer.
Garcia-Fernández, J. & Holland, P.W.H. (1994). Archetypal organization of the amphioxus Hox gene cluster. *Nature, 370*, 563-566.
Gee, H. (1994). Return of the amphioxus. *Nature, 370*, 504-505.
Gehring, W.J. (1985). Die molekulare Grundlage der Entwicklung. *Spektrum der Wissenschaft, Dez. 1985*, 148-159.

Gehring, W.J. (1987). Homeo Boxes in the Study of Development. *Science* 236, 1245-1252.
Gehring, W.J., Qian, Y.Q., Billeter, M., Furukubo-Tokunaga, K., Schier, A.F., Resendez-Perez, D., Affolter, M., Otting, G. & Wüthrich, K. (1994). Homeodomain-DNA Recognition. *Cell, 78*, 211-233.
Gesteland, R.F., Weiss, R.B. & Atkins, J.F. (1992). Recoding: Reprogrammed Genetic Decoding. *Science, 257*, 1640-1641.
Gething, M.-J. & Sambrook, J. (1992). Protein folding in the cell. *Nature, 355*, 33-45.
Gierer, A. (1974). Hydra as a Model for the Development of Biological Form. *Scientific American, Dec. 1974*, 44-54.
Gierer, A. (1986). Physik der biologischen Gestaltbildung. In: A. Dress, H. Hendrichs und G. Küppers (Hrsg.), *Selbstorganisation* (S. 103-120). München: Piper.
Giese, N.A., Robbins, K.C., & Aaronson, S.A. (1987). The Role of Individual Cysteine Residues in the Structure and Function of the v-sis-Gene Product. *Science, 236*, 1315-1318.
Gilbert, S.F. ([4]1994). *Developmental Biology*. Sunderland (MA): Sinauer.
González-Crespo, S. & Morata, G. (1995). Control of Drosophila adult pattern by *extradenticle*. *Development, 121*, 2117-2125.
González-Reyes, A. & St Johnston, D. (1994). Role of Oocyte Position in Establishment of Anterior-Posterior Polarity in Drosophila. *Science, 266*, 639-642.
González-Reyes, A., Elliott, H. & St Johnston, D. (1995). Polarization of both major body axes in Drosophila by *gurken-torpedo* signalling. *Nature, 375*, 654-658.
Goodsell, D. (1994). *Labor Zelle*. Berlin/Heidelberg: Springer.
Graeser, A. ([2]1993). *Die Philosophie der Antike 2. Sophistik und Sokratik, Plato und Aristoteles*. München: Beck.
Granato, M., Schnabel, H. & Schnabel, R. (1994). Genesis of an organ: molecular analysis of the *pha-1* gene. *Development, 120*, 3005-3017.
Grant, P.R. (1991). Aktuelle Selektion bei Darwinfinken. *Spektrum der Wissenschaft, Dez. 1991*, 64-72.
Grant, V. (1976). *Artbildung bei Pflanzen*. Berlin und Hamburg: Parey.
Gray, M.W. (1994). Pan-editing in the beginning. *Nature, 368*, 288.
Griffiths, A.J.F., Miller, J.H., Suzuki, D.T., Lewontin, R.C. & Gelbart, W.M. ([5]1993). *An Introduction to Genetic Analysis*. New York: Freeman.
Groß, M. (1994). Wie eine molekulare Anstandsdame Proteine zur (Ent)Faltung bringt. *Spektrum der Wissenschaft, März 1994*, 16-18.
Groß, M. (1995). Chaperonin-60: ein Faß mit Fenstern. *Spektrum der Wissenschaft, April 1995*, 16-18.
Groepler, W. (1986). Das Experiment: Entwicklung von Keimfragmenten beim Seeigel. *Biologie in unserer Zeit, 16*, 186-191.
Grunstein, M. (1993). Die Rolle der Histone bei der Genregulation. *Spektrum der Wissenschaft, Jan. 1993*, 90-101.

Gutmann, W.F. (1989). *Die Evolution hydraulischer Konstruktionen.* Frankfurt (M.): Kramer.
Gutmann, W.F. (1991). Organismus und Energie. *Naturwissenschaftliche Rundschau, 44,* 253-260.
Gutmann, W.F. (1993). Evolution von lebenden Konstruktionen: Perspektiven einer strengen Neubegründung von Evolution. *Ethik und Sozialwissenschaften, 4,* 29-32.
Gutmann, W.F. (1994). Evolution von Konstruktionen: der Abriß der Darwinschen Theorie. *Ethik und Sozialwissenschaften, 5,* 220-223.
Gutmann, W.F. und Bonik, K. (1981). *Kritische Evolutionstheorie.* Hildesheim: Gerstenberg
Gutzeit, H.O. (1990). Die Entwicklung der Eizelle bei Insekten. *Biologie in unserer Zeit, 20,* 33-41.
Haas, A. (1959). Naturphilosophische Betrachtungen zur Finalität und Abstammungslehre. In: ders. (Hrsg.), *Das stammesgeschichtliche Werden der Organismen und des Menschen* (S. 453-514). Freiburg: Herder.
Haas, A. (1963). Der Präsenzakt, ein unerkannter fundamentaler Lebensakt. *Scholastik 38,* 32-53.
Haas, A. (1974). Der Mensch - Evolutionsprodukt und Schöpfungstat Gottes. In: J. Hüttenbügel (Hrsg.), *Gott Mensch Universum* (S. 425-452). Graz/ Wien/Köln: Styria.
Hackney, D.D. (1995). Polar explorations. *Nature, 376,* 215-216.
Haeckel, E. (^{8}1889). *Natürliche Schöpfungsgeschichte.* Berlin: G. Reimer.
Haken, H. (1981, ^{3}1983). *Erfolgsgeheimnisse der Natur.* Stuttgart: Deutsche Verlags-Anstalt.
Hall, B.K. (1992). *Evolutionary Developmental Biology.* London: Chapman & Hall.
Hamburger, V. (1988). *The Heritage of Experimental Embryology.* New York/Oxford: Oxford University Press.
Harding, K. & Levine, M. (1988). Gap genes define the limits of Antennapedia and Bithorax gene expression during early development in Drosophila. *EMBO Journal, 7,* 205-214.
Harding, K., Wedeen, C., McGinnis, W. & Levine, M. (1985). Spatially Regulated Expression of Homeotic Genes in Drosophila. *Science, 229,* 1236-1242.
Harding, K., Hoey, T., Warrior, R. & Levine, M. (1989). Autoregulatory and gap gene response elements of the *even-skipped* promoter of Drosophila. *EMBO Journal, 8,* 1205-1212.
Harrison, S.C. (1991). A structural taxonomy of DNA-binding domains. *Nature, 353,* 715-719.
Hartl, F.U. (1994). Secrets of a double-doughnut. *Nature, 371,* 557-559.
Hartmann, N. (1951). *Teleologisches Denken.* Berlin: de Gruyter.
Haszprunar, G. und Schwager, R. (1994). *Evolution - eine Kontroverse.* Thaur/Wien/München: Kulturverlag

Hausmann, R. (1995). ...und wollten versuchen, das Leben zu verstehen...: Betrachtungen zur Geschichte der Molekularbiologie. Darmstadt: Wissenschaftliche Buchgesellschaft.
Held, K. (1980). Heraklit, Parmenides und der Anfang von Philosophie und Wissenschaft. Berlin/New York: de Gruyter.
Henry, J.J., Amemiya, S., Wray, G.A., & Raff, R.A. (1989). Early Inductive Interactions are Involved in Restricting Cell Fates of Mesomeres in Sea Urchin Embryos. Developmental Biology, 136, 140-153.
Heß, D. (^{4}1976). Pflanzenphysiologie. Stuttgart: Ulmer.
Hett, J. (1959). Epigenese contra Präformation. Kosmos, 55, 489-491.
Hirschberger, J. (^{14}1976, 1991). Geschichte der Philosophie. Band I: Altertum und Mittelalter. Freiburg: Herder.
Hirsh, D. (1994). Operons in eukaryotes follow the spliced leader. Nature, 372, 222-223.
Höfling, O. (^{12}1979). Physik. Bonn: Dümmler.
Holliday, R. (1989). Eine andere Art von Vererbung. Spektrum der Wissenschaft, Aug. 1989, 82-89.
Hollitscher, W. (1960). Die Natur im Weltbild der Wissenschaft. Wien: Globus.
Holz, H. (1984). Über den Begriff der Potenzialität bei Aristoteles, Schelling und Whitehead. In: Holz, H. und Wolf-Gazo, E. (Hrsg.) Whitehead und der Prozeßbegriff (S. 404-423). Freiburg/München: Alber.
Hoppler, S. & Bienz, M. (1994). Specification of a Single Cell Type by a Drosophila Homeotic Gene. Cell, 76, 689-702.
Horder, T.I., Witkowski, J.A. & Wylie, C.C. (1986). A History of Embryology. Cambridge: Cambridge University Press.
Hörz, W. (1994). Chromatinstruktur und Genregulation. Naturwissenschaften, 81, 74-78.
Huang, W.M., Ao, S.-Z., Casjens, S., Oriandi, R., Zeikus, R., Weiss, R., Winge, D. & Fang, M. (1988). A Persistent Untranslated Sequence Within Bacteriophage T4 DNA Topoisomerase Gene 60. Science, 239, 1005-1012.
Hunter, T. (1995). Protein Kinases and Phosphatases: The Yin and Yang of Protein Phosphorylation and Signaling. Cell, 80, 225-236.
Hurley, D.L., Angerer, L.M., & Angerer, R.C. (1989). Altered expression of spatially regulated embryonic genes in the progeny of separated sea urchin blastomeres. Development, 106, 567-579.
Hurley, J.B. (1995). Phospholipids in action. Nature, 373, 194-195.
Hutter, H. & Schnabel, R. (1994). glp-1 and inductions establishing embryonic axes in C. elegans. Development, 120, 2051-2064.
Ingber, D. (1991). Integrins as mechanochemical transducers. Current Opinion in Cell Biology, 3, 841-848.
Ingber, D.E. (1993). The Riddle of Morphogenesis: A Question of Solution Chemistry or Molecular Cell Engineering? Cell, 75, 1249-1252.
Ingham, P.W. (1988). The molecular genetics of embryonic pattern formation in Drosophila. Nature, 335, 25-33.

Isak, R. (1992). *Evolution ohne Ziel?* Freiburg: Herder.
Jäckle, H., Gaul, U., Nauber, U., Gerwin, N., Pankratz, M.J., Seifert, E., Schuh, R. und Weigel, D. (1989). Musterbildung bei Drosophila. *Naturwissenschaften, 76,* 512-517.
Jacobson, K., Sheets, E.D. & Simson, R. (1995). Revisiting the Fluid Mosaic Model of Membranes. *Science, 268,* 1441-1442.
Jahn, I., Löther, R. und Senglaub, K. (1985). *Geschichte der Biologie.* Jena: G. Fischer.
Johnson, A.D. (1995). The Price of Repression. *Cell, 81,* 655-658.
Junker, R. (1993). *Stammt der Mensch von Adam ab?* Neuhausen-Stuttgart: Hänssler.
Junker, R. und Scherer, S. ([2]1988). *Entstehung und Geschichte der Lebewesen.* Gießen: Weyel.
Kalil, R.E. (1990). Nervenverknüpfung im jungen Gehirn. *Spektrum der Wissenschaft, Feb. 1990,* 94-102.
Karplus, M. und McCammon, J.A. (1986). Das dynamische Verhalten von Proteinen. *Spektrum der Wissenschaft, Juni 1986,* 108-118.
Keller, R., Shih, J. & Domingo, C. (1992). The patterning and functioning of protrusive activity during convergence and extension of the Xenopus organiser. *Development 1992 Supplement,* 81-91.
Kessler, D.S., & Melton, D.A. (1994): Vertebrate Embryonic Induction: Mesodermal and Neural Patterning. *Science, 266,* 596-604.
Kies, L. und Kremer, B.P. (1993). Neue Abteilung des Pflanzenreichs entdeckt. *Spektrum der Wissenschaft, April 1993,* 16-17.
Kirk, G. S., Raven, J. E., & Schofield, M. (1994). *Die vorsokratischen Philosophen.* (Zitierweise von Fragmenten: Kirk + Nr.) Stuttgart: Metzler.
Klingensmith, J. & Nusse, R. (1994). Signaling by *wingless* in Drosophila. *Developmental Biology, 166,* 396-414.
Knöchel, W. (1985). Differentielle Genaktivität im Froschembryo. *Biologie in unserer Zeit, 15,* 65-74.
Kobbe, B. (1992). Der einsame Eroberer. *Bild der Wissenschaft 4/1992,* 16-20.
Koch, K. (1994). Etikette im Erbgut. *Biologie in unserer Zeit, 24,* 18.
Kolata, G. (1981). Z-DNA: From the Crystal to the Fly. *Science, 214,* 1108-1110.
Kolata, G. (1983). Z-DNA Moves Toward "Real Biology". *Science, 222,* 495-496.
Koltermann, R. (1994). Zur Ontologie des Lebendigen. In: G. Haszprunar und R. Schwager (Hrsg.), *Evolution - eine Kontroverse* (S. 151-160). Thaur/Wien/München: Kulturverlag.
Koolman, J. und Röhm, K.-H. (1994). *Taschenatlas der Biochemie.* Stuttgart: Thieme.
Kornberg, R.D. (1974). Chromatin Structure: A Repeating Unit of Histones and DNA. *Science, 184,* 868-871.
Kühn, A. ([2]1965). *Entwicklungsphysiologie.* Berlin/Heidelberg: Springer.

Kuhn, T.S. (1981). *Die kopernikanische Revolution*. Braunschweig: Vieweg.
Kummer, C. (1987). *Evolution als Höherentwicklung des Bewußtseins*. Freiburg/München: Alber.
Kummer, C. (1991). Selbstorganisation und Entwicklung. *Theologie und Philosophie, 66*, 547-556.
Kummer, C. (1993a). Evolution: Komplexität und Selektion ohne Sinn? *Ethik und Sozialwissenschaften, 4*, 44-46.
Kummer, C. (1993b). Die soziobiologische Täuschung. *Ethik und Sozialwissenschaften, 4*, 465-467.
Kummer, C. (1994). Synthetische Evolutionstheorie: die Litanei und ihre Lücken. *Ethik und Sozialwissenschaften, 5*, 226-228.
Latchman, D. (^{2}1995). *Gene Regulation: A Eukarotic Perspective*. London: Chapman & Hall.
Lawrence, P.A. (1992). *The Making of a Fly*. Oxford: Blackwell Scientific.
Lawrence, P.A. & Morata, G. (1994). Homeobox Genes: Their Function in Drosophila Segmentation and Pattern Formation. *Cell, 78*, 181-189.
Leclerc, I. (1984). Process and Order in Nature. In: Holz, H. und Wolf-Gazo, E. (Hrsg.) *Whitehead und der Prozeßbegriff* (S. 119-136). Freiburg/München: Alber.
Lehninger, A.L., Nelson, D.L. & Cox, M.M. (^{2}1994). *Prinzipien der Biochemie*. Spektrum Akademischer Verlag: Heidelberg/Berlin/Oxford.
Leptin, M. (1994). Drosophila. In: J. Bard (Ed.), *Embryos. Color Atlas of Development* (pp. 113-134). London: Wolfe.
Lewin, B. (^{2}1991). *Gene*. Weinheim: VCH.
Lewis, E.B. (1978). A gene complex controlling segmentation in Drosophila. *Nature, 276*, 565-570.
Li, X. & Noll, M. (1994). Evolution of distinct developmental functions of three Drosophila genes by acquisition of different cis-regulatory regions. *Nature, 367*, 83-87.
Linder, M.E. und Gilman, A.G. (1992). G-Proteine. *Spektrum der Wissenschaft, Sept. 1992*, 54-62.
Lorenz, K. (1973, 1975). *Die Rückseite des Spiegels*. München: Piper.
Luna, E.J. & Hitt, A.L. (1992). Cytoskeleton-Plasma Membrane Interactions. *Science, 258*, 955-964.
Lüth, J. C. (1970). *Die Struktur des Wirklichen im empedokleischen System "Über die Natur"*. Meisenheim: Hain.
Maddox, J. (1992). Is molecular biology yet a science? *Nature, 355*, 201.
Maddox, J. (1994). Origin of the first cell membrane? *Nature, 371*, 101.
Mangold, O. (1953). *Hans Spemann*. Stuttgart: Wissenschaftliche Verlagsgesellschaft.
Martin, K.J. (1991). The Interactions of Transcription Factors and Their Adaptors, Coactivators and Accessory Proteins. *BioEssays, 13*, 499-503.
Martínez-Arias, A. (1994). Insects take a homeotic test. *Nature, 372*, 408.
Martínez-Arias, A. & Lawrence, P.A. (1985). Parasegments and compartments in the Drosophila embryo. *Nature, 313*, 639-642.

Maruta, H. & Burgess, A.W. (1994). Regulating of the Ras Signalling Network. *BioEssays, 16*, 489-496.

Marx, J. (1993). Two Major Pathways Linked. *Science, 262*, 988-990.

Maslov, D.A., Avila, H.A., Lake, J.A. & Simpson, L. (1994). Evolution of RNA editing in kinetoplastid protozoa. *Nature, 368*, 345-348.

Mayr, E. (1979). *Evolution und die Vielfalt des Lebens.* Berlin/Heidelberg/ New York: Springer.

Mayr, E. (1994). Evolution - Grundfragen und Mißverständnisse. *Ethik und Sozialwissenschaften, 5*, 203-209 und 270-279.

McGinnis, W. und Kuziora, M. (1994). Kontrollgene für den Körperbau. *Spektrum der Wissenschaft, April 1994*, 38-45.

McKnight, S.L. (1991). Molekulare Reißverschlüsse bei der Genregulation. *Spektrum der Wissenschaft, Juni 1991*, 58-67.

Meinhardt, H. (1987). Bildung geordneter Strukturen bei der Entwicklung höherer Organismen. In: B.-O. Küppers (Hrsg.), *Ordnung aus dem Chaos* (S. 215-241). München: Piper.

Meinhardt, H. und Klingler, M. (1991). Schnecken und Muschelschalen: Modellfall der Musterbildung. *Spektrum der Wissenschaft, August 1991*, 60-69.

Metcalfe, W.K. (1994). The Zebrafish. In: J. Bard (Ed.), *Embryos. Color Atlas of Development* (p.135-147). London: Wolfe.

Montell, D.J. (1994). Moving right along: regulation of cell migration during Drosophila development. *Trends in Genetics, 10*, 59-62.

Montminy, M. (1993). Trying on a New Pair of SH2s. *Science, 261*, 1694-1695.

Moyzis, R.K. (1991). Das menschliche Telomer. *Spektrum der Wissenschaft, Okt. 1991*, 52-61.

Müller, W.A. (1979). Positionsinformation und Musterbildung. *Biologie in unserer Zeit, 9*, 135-149.

Müller, W.A. (1995). *Entwicklungsbiologie.* Stuttgart/Jena: G. Fischer.

Müller-Sievers, H. (1993). *Epigenesis. Naturphilosophie im Sprachdenken Wilhelm von Humboldts.* Paderborn: Schöningh.

Muskavitch, M.A.T. (1994). Delta-Notch Signaling and Drosophila Cell Fate Choice. *Developmental Biology, 166*, 415-430.

Mutschler, H.-D. (1992). Mythos "Selbstorganisation". *Theologie und Philosophie, 67*, 86-108.

Nagl, W. (1993). Grenzen unseres Wissens am Beispiel der Evolutionstheorie. *Ethik und Sozialwissenschaften, 4*, 3-16.

Neuman-Silberberg, F.S. & Schüpbach, T. (1993). The Drosophila Dorsoventral Patterning Gene *gurken* Produces a Dorsally Localized RNA and Encodes a TGFα-like Protein. *Cell, 75.* 165-174.

Nijhout, H.F. (1990). Metaphors and the Role of Genes in Development. *BioEssays, 12*, 441-445.

Noordermeer, J., Klingensmith, J., Perrimon, N. & Nusse, R. (1994). *dishevelled* and *armadillo* act in the Wingless signalling pathway in Drosophila. *Nature, 367*, 80-83.

Nowak, R. (1994). Mining Treasures From 'Junk DNA'. *Science, 263*, 608-610.
Nüsslein-Volhard, C. (1994a). Die Neubildung von Gestalten bei der Embryogenese von Drosophila. *Biologie in unserer Zeit, 24*, 114-119.
Nüsslein-Volhard, C. (1994b). Of Flies and Fishes. *Science, 266*, 572-574.
Nüsslein-Volhard, C. (1994c). Tätigkeitsbericht in: *Max-Planck-Gesellschaft Jahrbuch 1994* (S. 151-159). Göttingen: Vandenhoeck & Ruprecht.
Nüsslein-Volhard, C., Frohnhöfer, H.G. & Lehmann, R. (1987). Determination of Anteroposterior Polarity in Drosophila. *Science, 238*, 1675-1681.
O'Farrell, P. (1994). Unanimity waits in the wings. *Nature, 368*, 188-189.
Pankratz, M.J. & Jäckle, H. (1990). Making stripes in the Drosophila embryo. *Trends in Genetics, 6*, 287-292.
Patel, N.H. (1994). Developmental Evolution: Insights from Studies of Insect Segmentation. *Science, 266*, 581-590.
Pawson, T. (1995). Protein modules and signalling networks. *Nature, 373*, 573-579.
Platon. *Werke in acht Bänden griechisch und deutsch*. Hrsg. G. Eigler (1972). Darmstadt: Wissenschaftliche Buchgesellschaft.
Preuss, A. (1975). *Science and Philosophy in Aristotle's Biological Works*. Hildesheim: Olms.
Ptashne, M. (1989). Wie Genaktivatoren funktionieren. *Spektrum der Wissenschaft, März 1989*, 58-79.
Ptashne, M., Johnson, A.D. und Pabo, C.O. (1983). Ein Schalter für Gene. *Spektrum der Wissenschaft, Jan. 1983*, 30-40.
Purves, W.K., Orians, G.H., & Heller, H.C. (^{3}1992). *Life. The Science of Biology*. Sunderland (Mass.): Sinauer.
Rahner, K. (1961). Die Hominisation als theologische Frage. In: P. Overhage und K. Rahner (Hrsg.), *Das Problem der Hominisation* (S. 13-90). Freiburg: Herder.
Remane, A. (1952). *Die Grundlagen des natürlichen Systems, der vergleichenden Anatomie und der Phylogenetik*. Leipzig: Akademische Verlagsgesellschaft.
Remane, A., Storch, V. und Welsch, U. (^{3}1978). *Kurzes Lehrbuch der Zoologie*. Stuttgart: G. Fischer.
Rennie, J. (1993). Neue Drehs der DNA. *Spektrum der Wissenschaft, Mai 1993*, 32-40.
Rensch, B. (^{2}1954). *Neuere Probleme der Abstammungslehre*. Stuttgart: Enke.
Rensing, L. und Deutsch, A. (1990). Ordnungsprinzipien periodischer Strukturen. *Biologie in unserer Zeit, 20*, 314-321.
Rhodes, D. und Klug, A. (1993). Zinkfinger. *Spektrum der Wissenschaft, April 1993*, 54-61.
Richards, F.M. (1991). Die Faltung von Proteinmolekülen. *Spektrum der Wissenschaft, März 1991*, 72-81.
Ricken, F. (^{2}1993). *Philosophie der Antike*. Stuttgart: Kohlhammer.
Ridley, M. (1993). *Evolution*. Boston: Blackwell.

Riedl, R. (1976). *Die Strategie der Genesis*. München: Piper.
Rivera-Pomar, R., Lu, X., Perrimon, N., Taubert, H. & Jäckle, H. (1995). Activation of posterior gap gene expression in the Drosophila blastoderm. *Nature, 376*, 253-256.
Röd, W. (²1988). *Die Philosophie der Antike 1. Von Thales bis Demokrit*. München: Beck.
Roe, S.A. (1981). *Matter, Life, and Generation*. Cambridge: Cambridge University Press.
Ronchi, E., Treisman, J., Dostatni, N., Struhl, G. & Desplan, C. (1993). Down-Regulation of the Drosophila Morphogen Bicoid by the Torso Receptor-Mediated Signal Transduction Cascade. *Cell, 74*, 347-355.
Roux, W. (1913). *Über kausale und konditionale Weltanschauung und deren Stellung zur Entwicklungsmechanik*. Leipzig: Engelmann.
Ruohola-Baker, H., Jan, L.Y. & Jan, Y.N. (1994). The role of gene cassettes in axis formation during Drosophila oogenesis. *Trends in Genetics, 10*, 89-94.
Ruppert, E.E. & Barnes, R.D. (⁶1994). *Invertebrate Zoology*. Philadelphia: Saunders.
Sallés, F.J., Lieberfarb, M.E., Wreden, C., Gergen, J.P. & Strickland, S. (1994). Coordinate Initiation of Drosophila Development by Regulated Polyadenylation of Maternal Messenger RNAs. *Science, 266*, 1996-1999.
Sánchez-Herrero, E., Vernas, I., Marco, R. & Morata, G. (1985). Genetic organization of Drosophila bithorax complex. *Nature, 313*, 108-113.
Sander, K. (1985). Hans Spemann (1869-1941). *Biologie in unserer Zeit, 15*, 112-119
Sander, K. (1989). Theodor Schwann und die "Theorie der Organismen". *Biologie in unserer Zeit, 19*, 181-188.
Sander, K. (1992). Laudatio auf Prof. Herbert Jäckle. *Biologie in unserer Zeit, 22*, 184-185.
Sander, K. (1993). Mosaikeier - gibt's die? *Biologie in unserer Zeit, 23*, 22.
Sapienza, C. (1990). Väterliche und mütterliche Prägung von Genen. *Spektrum der Wissenschaft, Dez. 1990*, 82-90.
Schier, A.F. & Gehring, W.J. (1992). Direct homeodomain-DNA interaction in the autoregulation of the *fushi tarazu* gene. *Nature, 356*, 804-807.
Schierenberg, E. (1987). Vom Ei zum Organismus. Die Embryonalentwicklung des Nematoden Caenorhabditis elegans. *Biologie in unserer Zeit, 17*, 97-106.
Schindewolf, O.H. (1950). *Grundfragen der Paläontologie*. Stuttgart: Schweizerbart.
Schindewolf, O.H. (1972). Phylogenie und Anthropologie aus paläontologischer Sicht. In: H.-G. Gadamer und P. Vogler (Hrsg.), *Neue Anthropologie I* (S. 230-292). Stuttgart: Thieme und München: dtv.
Schmidt, K. (1994). A Puzzle: How Similar Signals Yield Different Effects. *Science, 266*, 566-567.

Schnabel, R. (1994a). Tätigkeitsbericht in: *Max-Planck-Gesellschaft Jahrbuch 1994* (S. 116-127). Göttingen: Vandenhoeck & Ruprecht.
Schnabel, R. (1994b). Autonomy and Nonautonomy in Cell Fate Specification of Muscle in the Caenorhabditis elegans Embryo: A Reciprocal Induction. *Science, 263*, 1449-1452.
Schnabel, R. (1995). Duels without obvious sense: counteracting inductions involved in body wall muscle development in the Caenorhabditis elegans embryo. *Development, 121*, 2219-2232.
Schnabel, H. & Schnabel, R. (1990). An Organ-Specific Differentiation Gene, *pha-1*, from Caenorhabditis elegans. *Science, 250*, 686-688.
Schuster, W. und Brennicke, A. (1990). RNA-Editing. *Biologie in unserer Zeit, 20*, 201-210.
Schwemmler, W. (1991). *Symbiogenese als Motor der Evolution*. Berlin/Hamburg: Parey.
Scott, M.P. & Carroll, S.B. (1987). The Segmentation and Homeotic Gene Network in Early Drosophila Development. *Cell, 51*, 689-698.
Seidel, J. (1994). *Isolierung und Charakterisierung durch α-Faktor abgeschalteter Gene in Saccharomyces cerevisiae*. Diss. Univ. Regensburg.
Siegfried, E., Wilder, E.L. & Perrimon, N. (1994). Components of *wingless* signalling in Drosophila. *Nature, 367*, 76-80.
Simon, M.A. (1994). Signal Transduction during Development of Drosophila R7 Photoreceptor. *Developmental Biology, 166*, 431-442.
Simpson-Brose, M., Treisman, J. & Desplan, C. (1994). Synergy between Hunchback und Bicoid Morphogens Is Required for Anterior Patterning in Drosophila. *Cell, 78*, 855-865.
Singer, M. und Berg, P. (1992) *Gene und Genome*. Heidelberg/Berlin/New York: Spektrum Akademischer Verlag.
Sitte, P. (1985). Keimplasma-Theorie und Genom-Konstanz. *Freiburger Universitätsblätter 87/88*, 91-98.
Sitte. P. (1991). Die Zelle in der Evolution des Lebens. *Biologie in unserer Zeit, 21*, 85-92.
Sitte, P. (1992). A Modern Concept of the "Cell Theory". *Int. Journal of Plant Sciences, 153 (3)*, 51-56.
Sitte, P. (1993a). Subjektive und objektive Grenzen für das Erkennen der Grenzen unseres Wissens am Beispiel der Evolutionstheorie. *Ethik und Sozialwissenschaften, 4*, 102-109.
Sitte, P. (1993b). Evolution - Fakten, Faktoren, Konzepte, Konsequenzen. *Biologen in unserer Zeit 3/93* (Beilage zu: Biologie in unserer Zeit), 38-42.
Sitte, P. (1994). Wissen wir genug vom 'Yang' der Evolution? *Ethik und Sozialwissenschaften, 5*, 253-255.
Sitte, P. und Eschbach, S. (1992). Cytosymbiosis and Its Significance in Cell Evolution. *Progress in Botany, 53*, 29-43.
Slack, J.M.W. (²1991). *From Egg to Embryo*. Cambridge: Cambridge University Press.

Slack, J.M.W., Holland, P.W.H. & Graham, C.F. (1993). The zootype and the phylotypic stage. *Nature 361*, 490-492.
Snyder, S.H. (1985). Signalübertragung zwischen Zellen. *Spektrum der Wissenschaft, Dez. 1985*, 126-135.
Sollner-Webb, B. (1991). RNA editing. *Current Opinion in Cell Biology, 3*, 1056-1061.
Sommer, V. (1993a). Die Vergangenheit einer Illusion: Religion aus evolutionsbiologischer Sicht. In: E. Voland (Hrsg.), *Evolution und Anpassung* (S. 229-248). Stuttgart: Hirzel.
Sommer, V. (1993b). Die evolutionäre Lüge bei Mensch und Tier. *Ethik und Sozialwissenschaften, 4*, 439-449.
Sommer, V. (1993c). Alles Denken hat Geschichte. *Ethik und Sozialwissenschaften, 4*, 499-508.
Spaemann, R. (1984). Sein und Gewordensein. Was erklärt die Evolutionstheorie? In: R. Spaemann, P. Koslowski und R. Löw (Hrsg.), *Evolutionstheorie und menschliches Selbstverständnis* (S. 73-91). Weinheim: Acta humaniora.
Spaemann, R. und Löw, R. (^{3}1991). *Die Frage Wozu?* München: Piper.
Spemann, H. (1936). *Experimentelle Beiträge zu einer Theorie der Entwicklung.* Berlin: Springer.
Spudich, J.A. (1994). How molecular motors work. *Nature, 372*, 515-518.
St Johnston, D. & Nüsslein-Volhard, C. (1992). The Origin of Pattern and Polarity in the Drosophila Embryo. *Cell, 68*, 201-219.
Stebbins, G.L. (^{2}1980). *Evolutionsprozesse.* Stuttgart/New York: G. Fischer.
Stern, M.J. & DeVore, D.L. (1994). Extending and Connecting Signaling Pathways in C. elegans. *Developmetal Biology, 166*, 443-459.
Stoltzfus, A., Spencer, D.F., Zuker, M., Logsdon Jr., J.M. & Doolittle, W.F. (1994). Testing the Exon Theory of Genes: The Evidence from Protein Structure. *Science, 265*, 202-207.
Struhl, G., Johnston, P. & Lawrence, P.A. (1992). Control of Drosophila Body Pattern by the hunchback Morphogen Gradient. *Cell, 69*, 237-249.
Struhl, G., Struhl, K. & Macdonald, P.M. (1989). The Gradient Morphogen *bicoid* Is a Concentration-Dependent Transcriptional Activator. *Cell, 57*, 1259-1273.
Stryer, L. (^{4}1995). *Biochemistry.* New York: Freeman.
Surani, M.A. (1993). Silence of the genes. *Nature, 366*, 302-303.
Takeichi, M. (1991). Cadherin Cell Adhesion Receptors as a Morphogenetic Regulator. *Science, 251*, 1451-1455.
Tautz, D. (1988). Regulation of the Drosophila segmentation gene *hunchback* by two maternal morphogenetic centres. *Nature, 332*, 281-284.
Tautz, D. (1992a). Genetic and Molecular Analysis of Early Pattern Formation in Drosophila. In: V.E.A. Russo, S. Brody, D. Cove & S. Ottolenghi (Eds.), *Development. The Molecular Genetic Approach* (p. 309-327). Berlin/Heidelberg: Springer.

Tautz, D. (1992b). Redundancies, Development and the Flow of Information. *BioEssays, 14*, 263-266.
Taylor, G.R. (1963). *Das Wissen vom Leben. Eine Bildgeschichte der Biologie.* München/Zürich: Droemer - Knaur.
Teilhard de Chardin, P. (1955). *Le Phénomène humain.* Paris: Seuil.
Teilhard de Chardin, P. (1948, 1973). Comment je vois. In: ders., *Les Directions de l'Avenir* (p. 177-222). Paris: Seuil.
Theurkauf, W.E., Smiley, S., Wong, M.L. & Alberts, B.M. (1992). Reorganization of the cytoskeleton during Drosophila oogenesis: implications for axis specification and intercellular transport. *Development, 115*, 923-936.
Tiedemann, H. & Tiedemann, H. (1995). Molecular Mechanisms of Tissue Determination and Pattern Formation in Amphibian Embryos. *Naturwissenschaften, 82*, 123-134.
Tjian, R. (1995). Der menschliche Transkriptionsapparat. *Spektrum der Wissenschaft, April 1995*, 56-63.
Tjian, R. & Maniatis, T. (1994). Transcriptional Activation: A Complex Puzzle with Few Easy Pieces. *Cell, 77*, 5-8.
Touchette, N. (1994). Finding Clues About How Embryo Structures Form. *Science, 266*, 564-565.
Troll, W. (1928). *Organisation und Gestalt im Bereich der Blüte.* Berlin: Springer.
Troll, W. (^{2}1942). *Gestalt und Urbild. Gesammelte Aufsätze zu Grundfragen der organischen Morphologie.* Halle: Niemeyer.
Uexküll, J.v. und Kriszat, G. (1956). *Streifzüge durch die Umwelten von Tieren und Menschen.* Hamburg: Rowohlt.
Vamus, H. (1987). Reverse Transkription. *Spektrum der Wissenschaft, Nov. 87*, 112-119.
Van Dijk, M.A. & Murre, C. (1994). extradenticle Raises the DNA Binding Specifity of Homeotic Selector Gene Products. *Cell, 78*, 617-624.
Voet, D. und Voet, J.G. (1992). *Biochemie.* Weinheim: VCH.
Vogel S. (1972). Komplementarität in der Biologie und ihr anthropologischer Hintergrund. In: H.-G. Gadamer und P. Vogler (Hrsg.), *Neue Anthropologie I* (S. 152-194). Stuttgart: Thieme und München: dtv.
Vollmer, G. (1984). Evolutionäre Erkenntnistheorie. *Information Philosophie, 12*, Heft 5, 4-23.
Vollrath, E. (1972). Aristoteles: Das Problem der Substanz. In: Speck, J. (Hrsg.) *Grundprobleme der großen Philosophen. Philosophie des Altertums und des Mittelalters* (S. 84-128). Göttingen: Vandenhoeck & Ruprecht.
de Vries, J. (1980). *Grundbegriffe der Scholastik.* Darmstadt: Wissenschaftliche Buchgesellschaft.
Wagner, R.P., Maguire, M.P. & Stallings, R.L. (1993). *Chromosomes: A Synthesis.* New York: Wiley-Liss.

Wang, N., Butler, J.P. & Ingber, D.E. (1993). Mechanotransduction Across the Cell Surface and Through the Cytoskeleton. *Science, 260,* 1124-1127.
Warren, R.W., Nagy, L., Selegue, J., Gates, J. & Carroll, S. (1994). Evolution of homeotic gene regulation and function in flies and butterflies. *Nature, 372,* 458-461.
Watson, J.D., Gilman, M., Witkowski, J. & Zoller, M. (^{2}1992). *Recombinant DNA.* New York: Scientific American (Freeman & Co.).
Webb, J.E. (1968). Altertümlich oder modern, ein neuer Blick auf Amphioxus. *Umschau in Naturwissenschaft und Technik, 68,* 410-411.
Weigel, D., Jürgens, G., Klingler, M. & Jäckle, H. (1990). Two Gap Genes Mediate Maternal Terminal Pattern Information in Drosophila. *Science, 248,* 495-498.
Weinberg, R.A. (1985). Die Moleküle des Lebens. *Spektrum der Wissenschaft, Dez. 1985,* 38-48.
Weiner, J. (1995). Evolution Made Visible. *Science 267,* 30-33.
Weingarten, M. (1993). *Organismen - Objekte oder Subjekte der Evolution?* Darmstadt: Wissenschaftliche Buchgesellschaft.
Weismann, A. (1902). *Vorträge über Descendenztheorie.* Band I. Jena: G. Fischer.
Weiss, R.B. (1991). Ribosomal frameshifting, jumping and readthrough. *Current Opinion in Cell Biology, 3,* 1051-1055.
Weissmahr, B. (1985). *Ontologie.* Stuttgart: Kohlhammer.
Weissmahr, B. (1983). *Philosophische Gotteslehre.* Stuttgart: Kohlhammer.
Welch, W.J. (1993). Stress-Proteine. *Spektrum der Wissenschaft, Juli 1993,* 40-47.
Wharton, R.P. & Struhl, G. (1991). RNA Regulatory Elements Mediate Control of Drosophila Body pattern by the Posterior Morphogen *nanos. Cell, 67,* 955-967.
Whitehead, A. N. (1929, 1978). *Process and Reality* (PR). New York: The Free Press.
Wickens, M. & Takayama, K. (1994). Deviants - or emissaries. *Nature, 367,* 17-18.
Wickler, W. (1991). Welches Vorbild für ethisches Verhalten liefert die Natur? *Stimmen der Zeit, 209,* 795-809.
Wickman, K.D., Iñiguez-Lluhi, J.A., Davenport, P.A., Taussig, R., Krapivinsky, G.B., Linder, M., Gilman, A.G. & Clapham, D.E. (1994). Recombinant G-protein ßγ-subunits activate the muscarinic-gated atrial potassium channel. *Nature, 368,* 255-257.
Wieser, W. (1994). *Die Evolution der Evolutionstheorie.* Darmstadt: Wissenschaftliche Buchgesellschaft.
Wilkins, A.S. (^{2}1993). *Genetic Analysis of Animal Development.* New York: Wiley-Liss.
Wilson, P. & Keller, R. (1991). Cell rearrangement during gastrulation of Xenopus: direct observation of cultured explants. *Development, 112,* 289-300.

Wilson, R. et al. (1994). 2.2 Mb of contiguous nucleotide sequence from chromosome III of C. elegans. *Nature, 368,* 32-38.
Woese, C.R. (1981). Archaebacterien - Zeugen aus der Urzeit des Lebens. *Spektrum der Wissenschaft, Aug. 1981,* 74-91.
Wolf, K.W. (1994). Die Architektur der Centromeren. *Biologie in unserer Zeit, 24,* 306-314.
Wolfe, S. L. (1993). *Molecular and Cellular Biology.* Belmont (CA): Wadsworth.
Wolffe, A.P. (1994). Transcription: In Tune with the Histones. *Cell, 77,* 13-16.
Wolffe, A. (^{2}1995). *Chromatin - Structure and Function.* London: Academic Press.
Wolpert, L. (1978). Musterbildung. *Spektrum der Wissenschaft, Dez. 1978,* 28-36.
Wolpert, L. (1993). *Regisseure des Lebens.* Heidelberg/Berlin/Oxford: Spektrum Akademischer Verlag.
Wolpert, L. (1994). Do We Understand Development? *Science, 266,* 571-572.
Wuketits, F.M. (1990). Moral - eine biologische oder biologistische Kategorie? *Ethik und Sozialwissenschaften, 1,* 161-168.
Zeller, E. (^{6}1920, ^{7}1963). *Die Philosophie der Griechen in ihrer geschichtlichen Entwicklung, Band I 2.* Hildesheim: Olms.
Zeltner, H. (1954). *Schelling.* Stuttgart: Frommanns.
Zimmermann, W. (1953). *Evolution.* Freiburg/München: Alber.
Zimmermann, W. (^{2}1969). *Geschichte der Pflanzen.* Stuttgart: Thieme und München: dtv.
Zoeger, D., Beyersmann, D., Rensing, L., Hagemann, M. (1992). Streßverarbeitung in der Zelle. *Naturwissenschaftliche Rundschau, 45,* 9-16.
Zorio, D.A., Cheng, N.N., Blumenthal, Th., & Spieth, J. (1994). Operons as a common form of chromosomal organization in C. elegans. *Nature, 372,* 270-272.

Personenregister

Aaronson, S.A. 116
Abelson, J. 152
Aischylos 76
Alberts, B. 13, 101, 102, 107, 111, 112, 120, 127, 131, 134, 144, 145, 164, 170, 188, 189, 192, 200, 205, 218
Anaxagoras 51, 53-56, 73, 74, 183
Anaximander 41, 42, 47, 55
Anaximenes 40-42, 47, 48
Anderson, K. 231
Anfinsen, C.B. 139
Aristoteles 12-13, 36, 41, 45, 49, 52, 54, 57-64, 65-70, 76-79, 80-82, 99, 101, 178, 196, 215, 223, 226-228, 232-234, 236-239
Atkins, J.F. 171

Baldi, M.I. 152
Baldwin, R.L. 143
Ballauf, Th. 50, 75
Barinaga, M. 103
Barnes, R.D. 28
Bate, M. 222
Bateson, W. 183
Beardsley, T. 111, 208
Becker, T. 238
Belon, P. 28
Berg, P. 173
Berleth, T. 216, 220
Bertalanffy, L.v. 233, 234, 239
Bienz, M. 193, 224
Bieri, P. 29
Bird, A.P. 166, 226
Blumenbach, J.F. 81, 85
Bodnar, J.W. 156
Bonik, K. 232, 234, 239
Bonnet, C. 80, 81
Bork, P. 152
Bourne, H.R. 134, 135
Braig, K. 144
Branden, C. 139-142, 146, 159
Brennicke, A. 151, 171

Bresch, C. 27, 107
Bretscher, M.S. 123, 126
Büchel, W. 12, 18
Buchheim, T. 68
Buffon, G.L. 79, 80, 82
Buratowski, S. 158
Burgess, A.W. 224
Butler, J.P. 231

Carey, M. 110
Carr, C.M. 124
Carroll, C.B. 187, 190
Cedar, H. 167
Chan, L. 19, 171
Chan, S.-K. 190
Chandebois, R. 90, 195, 239
Changeux, J.-P. 126
Cohen, F.E. 115
Cohen, J.S. 156
Cohen, S.M. 204
Colbert, E.H. 28
Cooley, L. 216, 218
Corces, V.G. 167, 170
Cornelius, G. 126
Cox, M.M. 114, 136, 139, 146

Dannemann, F. 75, 76
Darwin, C. 15, 19-23, 29, 31
Davidson, E.H. 239
Dawkins, R. 38, 84
De Robertis, E.M. 109, 111
Delbrück, M. 20
Demokrit 51-56, 73, 223
Descartes, R. 44, 80
Desplan, C. 202
Deutsch, A. 71
De Vore, D.L. 132
Diels, H. 40, 45
Dixon, D. 26
Dobzhansky, T. 15
Dohle, W. 210
Doolittle, R.F. 118, 152
Doolittle, W.F. 152
Drapkin, R. 111

Driesch, H. 11, 36, 66, 69-73, 84-87, 196, 225
Driever, W. 158, 202, 203
Duffy, J.B. 200, 216, 221

Eccles, J.C. 56, 138
Edelman, G.M. 225, 239
Eden, S. 167
Egan, S.E. 130, 131
Elliott, H. 220-222
Empedokles 5, 47-51, 55
Erben, H.K. 27, 29, 34
Erbrich, P. 27, 67, 70, 150
Eschbach, S. 21, 27
Ettensohn, C.A. 88
Euripides 76

Faber, J. 195, 239
Fabry, S. 130, 132, 134, 138
Fäßler, P.E. 96, 112
Fedoroff, N. 149
Feig, L.A. 131
Felsenfeld, G. 119, 162
Fenton, W.A. 144
Finkelstein, R. 204
Flemming, W. 83
Frisk, H. 58
Frohnhöfer, H.G. 222

García-Bellido, A. 191-193
Garcia-Fernández, J. 28
Gee, H. 28
Gehring, W.J. 109, 137, 142, 157, 182, 183, 192, 209
Gesteland, R.F. 171
Gething, M.-J. 143
Gierer, A. 71
Giese, N.A. 116
Gilbert, S.F. 13, 32, 85-87, 91, 93, 97-99, 101, 102, 123, 132, 151, 155, 162, 163, 165-167, 172, 184, 188, 189, 196, 200, 201, 205, 207-212, 222, 224, 225, 231, 234, 237
Gilman, A.G. 126, 127
Goethe, J.W. 26

Goldberg, M.E. 142
González-Crespo, S. 190
González-Reyes, A. 220-222
Goodsell, D. 119, 144, 146
Goodall, J. 180
Graeser, A. 57, 61
Graham, C.F. 187
Granato, M. 197, 229
Grant, V. 21
Grant, P.R. 22
Gray, M.W. 171
Griffiths, A.J.F. 20, 149, 211
Groepler, W. 88
Groß, M. 26, 54, 76, 97, 109, 144, 145
Grunstein, M. 161, 162
Gutmann, W.F. 28, 229, 230, 232-234, 239
Gutzeit, H.O. 216, 219

Haas, A. 15, 63, 88
Hackney, D.D. 218
Haeckel, E. 28, 30
Haken, H. 70, 71
Hall, B.K. 80, 215
Haller, A. 74-76, 79, 80
Hamburger, V. 87, 89, 91, 92, 96, 100, 112
Harding, K. 188, 206, 207
Harrison, S.C. 90, 91, 110, 120, 121
Hartl, F.U. 144, 145
Hartmann, N. 63
Haszprunar, G. 34
Hausmann, R. 20, 105, 107, 159, 173, 178
Held, K. 45-47
Heller, H.C. 13, 92, 109, 159, 162
Hennig, W. 121, 148, 150, 153, 154, 160, 166, 167, 173, 192, 205, 218
Henry, J.J. 88
Heraklit 5, 45-48, 67, 73
Hertwig, O. 82
Heß, D. 108
Hett, J. 75, 76, 80

Hirschberger, J. 41, 57, 61
Hirsh, D. 170
Hitt, A.L. 102, 231
Höfling, O. 16-18
Hogan, M.E. 156
Hogness, D.S. 109
Holland, P.W.H. 28, 187
Holliday, R. 166, 168, 169
Hollitscher, W. 122
Holtfreter, J. 91, 96, 100
Holz, H. 36, 42, 62
Hooke, R. 122
Hoppler, S. 193
Horder, T.I. 112
Hörstadius, S. 86
Hörz, W. 162
Huang, W.M. 172
Hunter, T. 169
Hurley, D.L. 88
Hurley, J.B. 138
Hutter, H. 194, 195

Ingber, D.E. 231, 232, 234
Ingham, P.W. 198, 211
Isak, R. 34

Jäckle, H. 202, 204-206
Jacob, F. 105, 108
Jacobson, K. 124
Jahn, I. 28, 81, 82
Jan, L.Y. 219, 220
Jan, Y.N 219, 220
Johnson, A.D. 204, 224
Johnston, P. 198, 203, 205, 219-222
Junker, R. 16, 30
Jürgens, G. 204, 205

Kalil, R.E. 180
Kant, I. 19, 81
Karplus, M. 125
Keller, R. 100
Kessler, D.S. 98, 99
Kies, L. 21
Kim, P.S. 124
Kirk, G.S. 40-43, 45-55, 68
Klingensmith, J. 210

Klingler, M. 71, 205
Klug, A. 120
Knöchel, W. 93
Kobbe, B. 21
Koch, K. 166
Kolata, G. 160
Koltermann, R. 31
Koolman, J. 113, 115, 133, 162
Kornberg, R.D. 109
Kranz, W. 40, 45
Kremer, B.P. 21
Kriszat, G. 124
Kuhn, T.S. 15
Kühn, A. 81, 100, 101
Kummer, C. 11, 25, 27-29, 33, 38, 50, 57, 58, 71, 80, 235, 238, 239
Kuziora, M. 183

Lamarck, J.-B. 23
Latchman, D. 173
Lawrence, P.A. 181, 187, 192, 193, 203, 205, 222, 224
Leclerc, I. 36
Leeuwenhoek, A. 75
Lehmann, R. 198, 222
Lehninger, A.L. 113, 136, 139, 146
Leibniz, G.W. 75, 80
Leptin, M. 175, 180, 199
Levine, M. 206, 208, 211
Lewin, B. 148, 153, 154, 157-159
Lewis, E.B. 183-188, 197
Lewis, W. 89
Li, X. 149, 224
Linder, M.E. 126
Linné, C. 15, 19
Lorenz, K. 19, 50, 124
Löther, R. 28
Löw, R. 33, 58, 62, 65, 66, 68, 70, 214, 227, 233
Luna, E.J. 102, 231
Luria, S. 20
Lüth, J.C. 48
Lyell, C. 19

Macdonald, P.M. 202

Maddox, J. 18, 123, 154, 190
Maguire, M.P. 173
Malebranche, N. 75
Malpighi, M. 75
Malthus, T.R. 22
Mangold, H. 96
Mangold, O. 86, 89-91, 95, 96, 112
Maniatis, T. 111, 158
Margulis, L. 27
Mari-Beffa, M. 192, 193
Martin, K.J. 112
Martínez-Arias, A. 191, 222
Maruta, H. 224
Marx, J. 131
Maslov, D.A. 171
Mayr, E. 15, 20, 28, 163, 226, 233
McCammon, J.A. 125
McClay, D.R. 88
McCormick, F. 134, 135
McGinnis, W. 183
McKnight, S.L. 121
Meinhardt, H. 71
Melton, D.A. 98, 99
Mendel, G. 24-25, 175
Metcalfe, W.K. 182
Monod, J. 105, 108
Montell, D.J. 221
Montminy, M. 129
Morata, G. 190, 192, 193, 224
Moyzis, R.K. 148
Müller, J. 224
Müller, W.A. 13, 166, 167, 179, 182, 183, 213-215, 219, 227
Müller-Sievers, H. 75, 79-82
Murre, C. 190
Muskavitch, M.A.T. 192
Mutschler, H.-D. 71

Nagl, W. 153
Nelson, D.L. 113, 136, 139, 146
Neuman-Silberberg, F.S. 220
Newton, I. 18, 80
Nijhout, H.F. 223
Noll, M. 149, 224

Nordermeer, J. 210
Nowak, R. 153, 155, 156
Nusse, R. 210
Nüsslein-Volhard, C. 158, 177, 181, 182, 198, 199, 203, 212, 219, 221, 222

O'Farrell, P. 198
Orians, G.H. 13, 92, 109, 159, 162

Pankratz, M.J. 204, 206
Parmenides 5, 42-45, 48-53, 56-61, 64, 67, 73
Patel, N.H. 180, 182
Pawson, T. 129, 130, 169
Perrimon, N. 200, 204, 210, 216, 221
Platon 40, 57, 58, 61, 62
Preuss, A. 76, 77, 79
Pröscholdt, H. 94, 95
Ptashne, M. 109
Purves, W.K. 13, 92, 109, 159, 162
Pythagoras 5, 41, 42, 48, 55, 67, 73

Rahner, K. 15
Raina, R. 149
Raven, J.E. 40, 42, 43, 45, 68
Reinberg, D. 111
Remane, A. 25, 26, 108
Rennie, J. 168
Rensch, B. 38
Rensing, L. 71
Rhodes, D. 120
Richards, F.M. 142
Ricken, F. 41, 43, 44, 46, 54-56, 59-61, 68
Ridley, M. 34
Riedl, R. 27
Rivera-Pomar, R. 204
Robbins, K.C. 116
Röd, W. 48-56, 68
Rodbell, M. 127
Roe, S.A. 76, 103, 112

Röhm, K.-H. 13, 113, 115, 133, 162
Ronchi, E. 206
Rossmann, M.G. 119, 135
Roux, W. 84-87, 91
Ruohola-Baker, H. 219, 220
Ruppert, E.E. 28

Sallés, F.J. 216
Sambrook, J. 143
Sánchez-Herrero, E. 187
Sander, K. 82, 86, 91, 95, 112, 122, 203
Sanders, D.A. 134, 135
Sapienza,C. 166, 167
Schaffhausen, B. 131
Scherer, S. 30
Schier, A.F. 209
Schierenberg, E. 194
Schindewolf, O.H. 26, 32
Schläppi, M. 149
Schleiden, M. 82
Schmidt, K. 13
Schnabel, H. 197, 229
Schnabel, R. 178, 180, 193-197, 225, 228, 229
Schofield, M. 40, 42, 43, 45, 68
Scholtz, G. 210
Schüpbach, T. 220
Schuster, W. 171
Schwager, R. 34
Schwann, T. 82
Schwemmler, W. 19, 27, 28
Scott, M.P. 187, 190
Seidel, J. 13, 118
Senglaub, K. 28
Siegfried, B. 210
Simon, M.A. 132
Simpson-Brose, M. 202
Simpson, R. 202
Singer, M. 173
Sitte, P. 15, 16, 20, 21, 27, 82-84, 214, 216, 225, 229
Slack, J.M.W. 98, 100, 174, 175, 186-188, 190, 191, 199, 200, 207, 211, 215, 222
Snyder, S.H. 125

Sollner-Webb, B. 170, 171
Sommer, V. 19, 27
Spaemann, R. 33, 58, 62, 65, 66, 68, 70, 214, 227, 233
Spemann, H. 86, 89-91, 94-97, 100, 107, 237
Spudich, J.A. 101
St Johnston, D. 198, 205, 219-222
Stallings, R.L. 160, 173
Stebbins, G.L. 21
Stern, M.J. 132
Stoltzfus, A. 152
Storch, V. 108
Struhl, G. 155, 201-203, 205
Struhl, K. 202
Stryer, L. 124, 139-143, 146
Surani, M.A. 166
Swammerdam, J. 75

Takayama, K. 155
Takeichi, M. 102
Tautz, D. 179-181, 201-204, 226
Taylor; G.R. 82
Teilhard de Chardin, P. 29, 235, 238, 239
Thales 40, 47
Theurkauf, W.E. 216, 218-220
Thoma, G. 158, 202, 203
Thompson, d'A.W. 38
Tiedemann, H. 99
Tjian, R. 112, 158, 179, 204
Tooze, J. 139-142, 146, 159
Touchette, N. 174, 225
Treisman, J. 202
Troll, W. 15, 26

Uexküll, J.v. 124

Vamus, H. 149
Van Dijk, M.A. 190
Voet, D. 114-116, 119, 123, 127, 137, 139, 142, 146, 159, 171
Voet, J.G. s. Voet, D.
Vogel, S. 18
Vogt, W. 97
Vollmer, G. 19

Vollrath, E. 58, 60, 68
de Vries, J. 59, 67

Waddington, C.H. 174
Wagner, R.P. 160, 173
Waldeyer, W. 83
Wang, N. 231
Warren, R.W. 191
Watson, J.D. 150, 152, 179, 181
Webb, J.E. 28, 170, 171
Weigel, D. 205
Weinberg, R.A. 130, 131
Weiner, J. 22
Weingarten, M. 235, 238
Weismann, A. 83, 84, 86, 96
Weiss, R.B. 171, 172
Weissmahr, B. 13, 43, 57
Welch, W.J. 144
Welsch, U. 108
Wharton, R.P. 155, 201
Whitehead, A.N. 35, 36
Wickens, M. 155
Wickler, W. 31
Wickman, K.D. 138
Wieser, W. 34
Wilder, E.L. 210
Wilkins, A.S. 24, 107, 110, 152, 172, 175, 177, 184, 189-191, 209, 213, 216, 217, 222
Wilson, P. 100
Wilson, R. 108
Witkowski, J.A. 112
Woese, C.R. 28
Wolf, K.W. 148
Wolfe, S.L. 102, 122, 126, 136, 147-149, 157, 159, 160, 164, 170, 192
Wolff, C.F. 74-76, 79-82, 103
Wolffe, A.P. 163, 173
Wolpert, L. 67, 84, 103, 142, 226, 232, 239
Wuketits, F.M. 19
Wylie, C.C. 112

Zeller, E. 45
Zeltner, H. 30

Zimmermann, W. 26, 31, 32
Zoeger, D. 144
Zorio, D.A. 108

Sachregister

(Artnamen und Genbezeichnungen *kursiv*)

A-DNA 159
abdominal-A (abd-A) 187, 212
Abdominal-B (Abd-B) 187
abstrahieren 56
Acetylcholin-Rezeptor 126
Achsen-Induktion 95
Achsensystem 92
Actinfilamente 101, 218
actual entities 35
Adenosintriphosphat s. ATP
Adenylatcyclase 128
Aktionssystem 90
Aktualismus 25
akzidentell 59, 70
Allel 24, 176
Allgemeines 56, 61
alpha-Helix 114, 141
Aminogruppe 113
Aminosäure 113
amorph 178
Amphibienkeim 92
Amphioxus 28
amphiphil 123
An-sich-sein 60
Ankerproteine 124
Anlagenplan 200
Anordnung 50
Anpassung 23
Anstichversuch 85
ANT-C 184
Antennapedia (Antp) 186
Antennapedia-Komplex, s. ANT-C
anterio-posterior 200
Antisense-Targeting 156
Apeiron 41
Apoproteine 171
Archaeopteryx 28
Argyroxyphium 21
Artenentstehung 21
Atomismus 51
ATP 128, 136
ATPase 136, 145
Augenanlage 89

autonome Zellprogression 90
Autophosphorylierung 130
Autoregulation 202, 209

B-DNA 159
balanced stock 177
Balancer-Chromosom 175
Basalfaktoren 158
Basalfaktor TFIID 162
Basalkomplex 111
basic body plan 174, 206, 212
Basisgrößen 17
Basissystem 17
bcd-Kontrolle 206
Beschreibungsrahmen 18
beta-Faltblatt 115, 141
beta-Haarnadel 120
Bewegung 37
Bewegungsdefinition, aristot. 65
Bewußtsein 235, 237
Beziehungsgefüge 226
bicoid (bcd) 201, 218
Bildungstrieb 81
Biogenese 26
Biomechanik 230
Bionomie 233
Bithorax 183
Bithorax-Komplex, s. BX-C
Blastocoel 92
Blastoderm 93, 199
Blastomeren s. Furchungszellen
Blastoporus s. Urmund
Blastula 92
border cells 217, 221
Brachydanio rerio 182
BX-C 184

C-Wert-Paradoxon 148
Cadherine 102
Caenorhabditis elegans 108, 155, 170, 193
cAMP 128, 131, 134
Carboxylgruppe 113

caudal 204
cDNA 153
Centromer 148
Centrosom 219
Chaperone 144
Cholesterol 124
Chromatinaktivierung 162, 167
Chromatinschleife 208
Chromatinstruktur 161
chromosome walking 179
Chromsomen-Mutationen 168
Co-Aktivatoren 158
Code, genetischer 113
codierende Sequenz 105
commitment 191, 215
Consensus-Sequenz 157, 203
convergent extension 101
CpG-Inseln 165
creationistisch 16, 30
Cuticula 180
Cyste 217
Cystein 116, 139
Cystoblast 217
Cytosin-Methylierung 160, 165
Cytoskelett 101, 124, 231
Cytosol 116

Darwinfinken 22
Decodierung 104
Definition 17
Deletion 184
Delta 192, 219
Denken 44
Dentikel s. Zähnchenmuster
Determinante 83, 194, 198
Determination, embryonale 89
DG 137
Diacylglycerin s. DG
differentielle Genaktivität 107, 169
Differenzierung 105, 191
Dimension 16
Dipol 116
Disulfid-Brücken 116, 139
DNA-Konformationen 159
dominant 24, 175, 187
dorso-ventral 200

Dotterverteilung 230
Drk 132
Drosophila 155, 174, 199
Dualismus 237
duellierende Induktionssysteme 195
Dynein 218

echtzellig s. Eukaryonten
Effektor 128
Eidos 62
Eihülle 218
Eikammer 217
Einheitensystem 17
Einigungsmetaphysik 238
Ektoderm 93
ektopische Genexpression 150
Element 48
Elemetarisierung 50
Elongationsfaktor 136
Emergenz 29, 51
Endocytobiose 21
Endonuclease 168
Endosymbiontentheorie 27
Endosymbiose 21
Energiewandel 231
engrailed (*en*) 190, 209
Enhancer 111
enhancer trapping 192
Enhancermodule 208
Entelechie 66
Entoderm 93
Entwicklungsbiologie 108
Entwicklungsgenetik 108
Entwicklungsmechanik 87
Entwicklungsprogramm 223
Enzym 104
Epibolie 93, 101
Epigenese 73, 75, 224
epigenetic coding 215, 225
epigenetisch 73, 103, 118, 142, 143, 169, 171, 213
Erhaltungsmethylase 168
Erklärung 50
Erklärungswert (d. Psychischen) 237
erste Philosophie 60

Escherichia coli 105
essentielle Gene 177
Eucyte 27
Eukaryonten 108
even skipped (*eve*) 207, 210
Evolution (als Dimension) 19
Evolution d. Genoms 149, 150, 156, 163, 171
Evolution (der G-Proteine) 136
Evolution, kosmische 26
Evolution, präformistische 80
Evolutionsmechanismus 27
evolutionäre Erkenntnistheorie 19
Evolutionstheorie, synthetische 23
Exon 151, 156
exon shuffling 151
Expressionsdomäne 188
Expressionskontrolle, gegenseitige 190, 209
extradenticle (*exd*) 190
exuperantia (*exu*) 216

Faltungsmotiv 142
Faserproteine 115
Fettsäuren 123
Fibroin 115
Fibronectin 101
final 226, 238
Flaschenzellen 100
Flip-Flop 124
Fluid-Mosaik-Struktur 124, 127
Follikelzellen 217
Form 33, 41, 53, 61
Form-Idee 233
formgebende Kraft 74
Formübertragung 77, 227
Formursache 62
Formveränderung 38
Fortpflanzung 32
frame shifting 151, 172
Frankfurter Theorie 28
fs(1)Nasrat 221
fs(1)Polehole 221
Fulguration 50
fundamentalistisch 30
Furche, große 119
Furche, kleine 119

Furchungszellen 92, 231
fushi tarazu (*ftz*) 207, 209, 210

G-Proteine, kleine 129
G-Proteine, trimere 127
Galápagos 21
Ganzheit 69, 72, 112, 131, 138, 142, 170, 193, 195, 222, 236
Ganzheit, primäre 226
Ganzheit, sekundäre s. System
GAP 134
Gap-Gene 201, 205, 211
Gastrula 93
Gattung 61
GDI 130, 134
GDP 127
GDS 130
Geist 29
Gen 104, 147, 156
Gen, gestückeltes 151
Genaktivierung, Kaskade der 212
Gen-Cluster 148
Gen-Dosis 167
Genfamilie 149
Genkartierung 177, 178
Genkontrolle, eukaryontische 170
Gentransfer, horizontaler 149
Genzahl 179
genetische Information 69, 164
genomic imprinting 166
Germarium 216
Gestaltinformation 224
Gewißheit 40
giant (*gt*) 202
glp-1 194
Glycerin 123
Glycin 114
GNRP 130, 134
Gradient 198
grauer Halbmond 92, 98
GRB2 132
Grenzzellen s. border cells
gRNA 171
Großbaupläne 28
Größe 16
Größen, abgeleitete 17

Größenart 17
GroEL 144
GroES 145
Grund 39
Gründerzelle 193, 217
GTP 127
GTPase 127, 130, 133
Guanosindiphosphat s. GDP
Guanosintriphosphat s. GTP
gurken (grk) 220

hairy (h) 207
Halteren 187, 191
haploinsufficient 24, 187
harmonisch-äquipotentielles System 85, 196
Harnstoff 140
Haushaltsgene 181
herkunftsgemäße Entwicklung 90, 94
Heterochromatin 154, 167
heterozygot 175
Histone 111, 117, 161
Hitzeschock-Proteine 144
hnRNA 154
hnRNPs 154
hochrepetitive Sequenzen 148
Holismus 225, 233
holistischer Organizismus 196
Hologenie 32
HOM-Gene s. homeotische Gene
Homeobox 109
Homeodomäne 109, 120
homeotische Gene 183, 188, 211
Homoiomerien 54
homozygot 175
HTH-Motiv ('helix-turn-helix') 120
huckebein (hkb) 202
hunchback (hb) 155, 201, 203
Hybrid-Helices (v. DNA und RNA) 160
hydraulische Konstruktion 230
hydrophil 116
hydrophob 116, 142, 160
Hylemorphismus 66
Hylozoismus 47

hypomorph 178

Idee 57
Identität 36
Idioplasma 85
inäquale Teilung 193
Individualität 33
Induktion 129
Induktion, entodermale 98
Induktion, genetische 107
Induktion, mesodermale 98
Induktion, negative 87, 194, 196
Induktion, neurale 99
Induktion, reziproke 195
Induktion, somatische 219
Induktionsketten 100
Information, sterische 160, 171
Informationsgehalt 173
Informationsmodul 150
Initiationsfaktor 136
Innenseite 29, 238
inneres Milieu 123
Inositol-Triphosphat s. IP_3
Integration 238
Integrine 101, 231
intentional 226
intermediär 24
intermediäre Filamente 101
intertaxonische Kombination 21
Intron 151
intron delay 189
IP_3 137
Irritation 238

Jacob-Monod-Modell 105
junk DNA 153

Keim 65
Keimbahn 32, 84
Keimblätter 93
Keimplasma 83
Keratin 115
Kinase 128
Kinasen-Kaskade 130
Kinesin 98, 218
Klon 193
klonales Mosaik 167

Sachregister 267

knirps (*kni*) 121, 202
Kollaps, hydrophober 142
Kombinatorik 228
Kompartiment 187
Kompetenz 90, 222
Komplexität 102, 228
Konformation 140
Konformationsänderung 125, 127, 138
Konkurrenzkampf 22
konservierte Sequenz 109
konstruktivistisch 233
Kontext, molekularer 141, 192
Koordinatentransformation 38
Kopf-Segmentierungsgene 204
Körperachse 198
Körperschema 182
Kr-Expression 203
Kraft 49, 82
Kraftschlüssigkeit 230, 232
Krüppel (*Kr*) 202
Kumulation 70

Lamellipodien 100
Laser-Ablation 196
leader-Sequenz 155
Leben 125, 239
Lebenskraft 79
Lecithin 123
Leseraster 151, 170, 172
letal 175
Leucin-Reißverschluß 121
Lewis-Modell 185
Ligand 125
lin-4 155
lin-14 155
LINEs 154
Linker 161
Linsen-Induktion 89
Lipid-Doppelschicht 123
Lipide 123
lipophil 137
Logos 45
Lysosomen 127

Mannigfaltigkeit 38, 70
MAP-Kinase 130

Marker, morphologische 180
MARs 164
Maschinentheorie 80, 87
master gene 183
Materie 51, 64
maternale Gene 181
maternale Determinanten 201, 218
maternale mRNA 155
Mathematik 42
Mechanismus 52, 83
mechanistisch 237
mechanistische Interpretation 103, 223, 237
Mechanoregulation 232
Mechanotransduktion 231
mental 29
Mercaptoethanol 140
Mesoderm 93, 98
mesokosmisch 15, 22
Metaphysik 35, 60
Methylase 166
Methylierungsmuster 168
Micelle 123
Microtubuli 97, 101, 218
mikromutativ 25, 28
mittelrepetitive Sequenzen 148
Möglichkeit 60, 64
molten globule 143
Monismus 30
Morphogen 198
Morphogen-Gradienten 205, 213
Morphogenese 73, 97, 103
Morphologie 232
Mosaikentwicklung 85
Motorproteine 218
mRNA 104
Multienzymkomplex 117
Musterbildung, embryonale 174, 198, 212
Mutation 150

Nährzellen 217
nanos (*nos*) 155, 201
Nasobemia 183
Natur 30, 63
Neoevolution 84
Netzwerk 110, 112, 131, 169,

190, 196
Neuralplatte 93
Neurotransmitter 125
Neurula 93
Nichts 42
Nieuwkoop-Zentrum 98
Notch 192, 219
Notochord 93
Nous 55
nucleäre Matrix 164
Nucleosom 161
Nucleotid 113
Nullmutante 178

offener Leserahmen 172
omne vivum e vivo 226
Oncogene 133
Ontogenese 32
ontologisch 44, 67, 233
Ontologismus 43
Oocyte 217
Oogenese v. Drosophila 216
Operon 106, 108
Organisationsmodul 182
Organisationszentrum 95
Organisator 96
Organismus 164, 170, 173, 197, 222, 229, 233
Ortsbewegung 52
ortsgemäße Entwicklung 90, 94
Ousia 58

Paarregel-Gene s. Pair-rule-Gene
Pair-rule-Gene 207
Paläontologie 25
Pangenesis 77, 79
Parasegment 187
parmenideisches Dilemma 43
Peptid-Bindung 114
Perivitellinspalt 200
Phänotyp 181
Phosphatase 133
Phospholipase C 137
Phospholipide 123
Phosphorylierung 117, 128
Pleiotropie 25
polar 116

Polarisierung d. Eikammer 219
Polyadenylierung 155, 216
Polygenie 25
Polzellen 199
Positionsinformation 199, 209
posteriore Determinierung 221
posttranscriptionale Kontrolle 169
posttranslationale Kontrolle 172
Präformation 72, 74, 80
Präformismus, genetischer 225
Präsenzakt 88
präsumptiv 94
Prinzip 66
Pro-Oocyte 219
Processing 151
Progenot 28
Programm, genetisches 164
Promoter 105, 157, 186
Promoterbau 213
prospektive Potenz 94
prospektive Bedeutung 94
Protease 145
Protein 113
Protein, globuläres 115
Proteinfaltung 142, 145
Proto-Oncogene 133
Prozeßphilosophie 35
Pseudogene 149
psychisch 29
psychistisch 238
Punktmutation 118, 168, 178

Qualität 54
Qualitäten, primäre 56
Qualitäten, sekundäre 53
Quantität 53
Quartärstruktur 117

radiale Energie 238
Raf-Protein 131
ras 132
Ras-Protein 129
Ras-Signalweg 130
Raum, leerer 52
Raumdatierung 36
readjustment 195, 239
Reaktionssystem 90

Sachregister 269

Realismus 20
Realmöglichkeit 66
recognition helix 120
Reduktionismus 18
Redundanz 133, 138, 181, 195
Regeneration 81
regional specification 174
Regulationskeim 86
regulatorische Sequenz 157, 189
Rekonstruktion 234
Renaturierung 139
Reportergen 192
Repressor 185
Retinsäure 137
Retroposons 150, 192
Retroviren 149, 172
Rezeptor 125
Rezeptor-Tyrosin-Kinase 130
rezessiv 175, 187
Rhizomata 48
Ribonuclease A 139
Ribosom 143, 155, 172, 200
Riesenchromosomen 174, 178
Ringkanal 217
RNA-Editing 170
RNA-Polymerase 104
RNA-Recoding 172
Rossmann-Falte 119, 135
Rotation der Eirinde 98
rRNA 147
Rückkoppelung, negative 107
runt (run) 207

Satelliten-DNA 153
Sättigungsmutagenese 175
Säulenepithel 217
Scheinentwicklung 72
Schleifen 115
Schnürversuche 91
Schöpfungsmodell 30
Seeigel-Keim 85
Seele 78, 236
Segment 182
segmentale Identität 211
Segmentgrenzen 210
Segmentierungsmuster 181, 191, 206

Segmentpolaritätsgene 190, 209
Sein 42
Sein, veritatives 60
Seinsbegriff, vierfacher 59
Seinsbegriff, einstelliger 44
Seinsprädikate 43
Seinszuwachs 38, 53, 64
Seitenketten 115
Sekundärstruktur 115
Selbsterhaltung 235
Selbstorganisation 71, 228
Selektion 22
Selektion, innere 228, 234
Selektorgen 183, 191
Sem5 132
Sequenzanalyse 118
Serin 133
sevenless 132
SH2-Domäne 129
Signal 125
Signaltransport 125, 126, 128
Silberschwert 21
SINEs 154
Solenoid 161
Soma 32, 84
Somiten 93
Sonde, genetische 153, 179
Sos-Faktor 130, 132
Soziobiologie 19, 84
Spacer 151
Spermata 54
Spiegelbildisomerie 113
Spleißen 151, 170
Spleißen, differentielles 152
Stammzelle 193, 217
staufen 216
Steroid-Rezeptor 120
Steroidhormone 137
Stielzellen 217, 220
Stöchiometrie 48
Stoff 62, 64
Stop-Codon 155, 172
Streß-Gene 144
Subjekt 33, 235
Subsistenz 235
substantielle Einheit 236
Substanz 58, 233

Substratinduktion 105
super-coiling 160, 165
suprazelluläre Differenzierung 197
swallow 216
Symbiogenese 19
Syncytium 199
Synergetik 70
synergistisch 202
System 33, 70
Systematik, phylogenetische 26
systemtheoretisch 27

tailless (*tll*) 202
tangentiale Energie 238
TATA-Box 158, 162
teleologisch 66, 214, 226
teleomatisch 163
Teleonomie 226, 233
Telomer 148
tensegritiy 231
Terminal-System 200, 206, 221
Tertiärstruktur 116, 118, 139
Thagmata 183
Threonin 133
Thyroxin 137
Tod 32
Toll-Signalweg 200
Topoisomerase II 165
Toroid 144
Torso-Signalweg 200
torsolike 221
trailer-Sequenz 155
Trans-Spleißen 170
Transcription 104
Transcriptionsfaktoren 109, 137
Transcriptionsfaktoren, fakultative 121
Transcriptionskontrolle 107
Transcriptionskomplex 110, 158, 162
Transducer 125, 127
Translation 172, 201
Translationskontrolle 155, 201, 216
Transmembranprotein 125
Translokations-Mutante 184
Transplantation 94

transposable Elemente 149
Triplett 113
Triturus cristatus 95
Triturus taenius 95
tRNA 147
trunk 221
Tumor-Suppressoren 133
Tyrosin 130, 133

U-Transition, posttranscriptionale 171
Überspiralisierung 160, 165
Ultrabithorax (*Ubx*) 187, 189, 191
Umdeterminierung 88
Unbestimmtheit 41
Urdomäne 119, 156
Urmund 92
Urmundlippe 95
Ursache 39, 67
Ursache, vierfache 62
Urstoff 40
Ursuppe 123
UTR 155, 201

van-der-Waals-Abstand 116
van-der-Waals-Kräfte 116
Variabilität 23
Vektorisierung 216
Vereinheitlichung 18
Verstärker 127
viellinige Signalwege 225
vis essentialis 74
vitalistisch 81, 87
Volvocales 32
Vororganisation, maternale 222, 226

Wasserstoffbrücken 114, 142
Werden 45, 63
Wesen 39, 58
Wesenheit 61
Wildtyp 175
wingless (*wg*) 190, 209
Wirklichkeit 60, 64-66

Z-DNA 160
Zähnchenmuster 180, 183, 189

Sachregister

Zebrafisch 182
Zelladhäsionsmoleküle 102
zellautonom 84, 187, 193
Zellbewegung 101
Zelle 82, 123
Zellkommunikation 112, 211, 229
Zellmembran 123
Zellschicksal 193
Zielgen 191
Zielursache 227, 238
Zinkfinger 117, 120
zonierte Genexpression 199
Zoogonie 50
Zusammensetzung 48
Zwei-Welten-Lehre 57
zweidimensionale Flüssigkeit 124
zweiter Bote 127

VERLAG FÜR GEISTES-, SOZIAL- UND
WIRTSCHAFTSWISSENSCHAFTEN

Ein weiterer Titel aus der Reihe KON-TEXTE:

Hans Goller
Psychologie
Emotion, Motivation, Verhalten
1995. 196 Seiten. Kart.
DM 34,–
ISBN 3-17-013544-9
KON-TEXTE, Band 1

Psychologisches Denken und Arbeiten berühren die Frage der Beziehung zwischen seelischen und körperlichen Prozessen. Wie sind die Verschiedenheit und Einheit von erlebten Bewußtseinszuständen und neurophysiologischen Prozessen im Menschen zu verstehen? Der Autor thematisiert diese Grenzfragen zwischen Psychologie und Philosophie. Er gibt einen Einblick in die Denk- und Arbeitsweise der Psychologie als Wissenschaft vom Erleben und Verhalten. Er charakterisiert die Hauptströmungen der Psychologie (Psychoanalyse, Behaviorismus, Kognitive und Humanistische Psychologie) und bringt die widersprüchlichen Menschenbilder zur Sprache, die ihnen zugrunde liegen.

W. Kohlhammer GmbH · 70549 Stuttgart